同济博士论丛
TONGJI Dissertation Series
总主编 伍 江 副总主编 雷星晖

张 立 赵 民 著

改革开放后中国社会的城市化转型：进程与趋势

Urbanization Transformation of Society after China's Reform and Opening Up: Process and Trend

同济大学出版社
TONGJI UNIVERSITY PRESS

内 容 提 要

本书以二元城市化理论为基础，建立了城市化人口的二次转换模型，将改革开放后中国城市化发展划分为第一次转型（计划向市场）和第二次转型（数量向质量），认为城市化的第二次转型有内在的必然性和必要性。结合对第一次转型的分析和现时人口结构转变、经济和社会发展趋势的观察——作者判断——未来一段时间，尽管局部省区的城市化水平仍然会保持快速提升，但中国城市化水平的总体增速将会放缓。这个缓和期为中国城市化的健康发展（第二次转型）提供了时间机遇，但是实现城市化健康发展的第二次转型，还有赖于转变思想观念和发展方式。本书可供高校规划等相关专业师生及专业人员阅读参考。

图书在版编目（CIP）数据

改革开放后中国社会的城市化转型：进程与趋势 / 张立，赵民著. —上海：同济大学出版社，2020.6

（同济博士论丛 / 伍江总主编）

ISBN 978-7-5608-9286-3

Ⅰ. ①改… Ⅱ. ①张… ②赵… Ⅲ. ①城市化—研究—中国—现代 Ⅳ. ①F299.21

中国版本图书馆 CIP 数据核字（2020）第 104512 号

改革开放后中国社会的城市化转型——进程与趋势

张 立 赵 民 著

出 品 人 华春荣 责任编辑 熊磊丽 特约编辑 于鲁宁

责任校对 徐春莲 封面设计 陈益平

出版发行 同济大学出版社 www.tongjipress.com.cn

（地址：上海市四平路 1239 号 邮编：200092 电话：021-65985622）

经 销 全国各地新华书店

排版制作 南京展望文化发展有限公司

印 刷 浙江广育爱多印务有限公司

开 本 787 mm×1092 mm 1/16

印 张 20.5

字 数 410 000

版 次 2020 年 6 月第 1 版 2020 年 6 月第 1 次印刷

书 号 ISBN 978-7-5608-9286-3

定 价 92.00 元

“同济博士论丛”编写领导小组

"同济博士论丛"编辑委员会

总 序

在同济大学110周年华诞之际，喜闻“同济博士论丛”将正式出版发行，倍感欣慰。记得在100周年校庆时，我曾以《百年同济，大学对社会的承诺》为题作了演讲，如今看到付梓的“同济博士论丛”，我想这就是大学对社会承诺的一种体现。这110部学术著作不仅包含了同济大学近10年100多位优秀博士研究生的学术科研成果，也展现了同济大学围绕国家战略开展学科建设、发展自我特色，向建设世界一流大学的目标迈出的坚实步伐。

坐落于东海之滨的同济大学，历经110年历史风云，承古续今、汇聚东西，秉持“与祖国同行、以科教济世”的理念，发扬自强不息、追求卓越的精神，在复兴中华的征程中同舟共济、砥砺前行，谱写了一幅幅辉煌壮美的篇章。创校至今，同济大学培养了数十万工作在祖国各条战线上的人才，包括人们常提到的贝时璋、李国豪、裘法祖、吴孟超等一批著名教授。正是这些专家学者培养了一代又一代的博士研究生，薪火相传，将同济大学的科学研究和学科建设一步步推向高峰。

大学有其社会责任，她的社会责任就是融入国家的创新体系之中，成为国家创新战略的实践者。党的十八大以来，以习近平同志为核心的党中央高度重视科技创新，对实施创新驱动发展战略作出一系列重大决策部署。党的十八届五中全会把创新发展作为五大发展理念之首，强调创新是引领发展的第一动力，要求充分发挥科技创新在全面创新中的引领作用。要把创新驱动发展作为国家的优先战略，以科技创新为核心带动全面创新，以体制机制改革激发创新活力，以高效率的创新体系支撑高水平的创新型国家建设。作为人才培养和科技创新的重要平台，大学是国家创新体系的重要组成部分。同济大学理当围绕国家战略目标的实现，作出更大的贡献。

大学的根本任务是培养人才，同济大学走出了一条特色鲜明的道路。无论是本科教育、研究生教育，还是这些年摸索总结出的导师制、人才培养特区，“卓越人才培养”的做法取得了很好的成绩。聚焦创新驱动转型发展战略，同济大学推进科研管理体系改革和重大科研基地平台建设。以贯穿人才培养全过程的一流创新创业教育助力创新驱动发展战略，实现创新创业教育的全覆盖，培养具有一流创新力、组织力和行动力的卓越人才。“同济博士论丛”的出版不仅是对同济大学人才培养成果的集中展示，更将进一步推动同济大学围绕国家战略开展学科建设、发展自我特色、明确大学定位、培养创新人才。

面对新形势、新任务、新挑战，我们必须增强忧患意识，扎根中国大地，朝着建设世界一流大学的目标，深化改革，勠力前行！

万　钢

2017 年 5 月

论丛前言

承古续今，汇聚东西，百年同济秉持“与祖国同行、以科教济世”的理念，注重人才培养、科学研究、社会服务、文化传承创新和国际合作交流，自强不息，追求卓越。特别是近20年来，同济大学坚持把论文写在祖国的大地上，各学科都培养了一大批博士优秀人才，发表了数以千计的学术研究论文。这些论文不但反映了同济大学培养人才能力和学术研究的水平，而且也促进了学科的发展和国家的建设。多年来，我一直希望能有机会将我们同济大学的优秀博士论文集中整理，分类出版，让更多的读者获得分享。值此同济大学110周年校庆之际，在学校的支持下，“同济博士论丛”得以顺利出版。

“同济博士论丛”的出版组织工作启动于2016年9月，计划在同济大学110周年校庆之际出版110部同济大学的优秀博士论文。我们在数千篇博士论文中，聚焦于2005—2016年十多年间的优秀博士学位论文430余篇，经各院系征询，导师和博士积极响应并同意，遴选出近170篇，涵盖了同济的大部分学科：土木工程、城乡规划学(含建筑、风景园林)、海洋科学、交通运输工程、车辆工程、环境科学与工程、数学、材料工程、测绘科学与工程、机械工程、计算机科学与技术、医学、工程管理、哲学等。作为“同济博士论丛”出版工程的开端，在校庆之际首批集中出版110余部，其余也将陆续出版。

博士学位论文是反映博士研究生培养质量的重要方面。同济大学一直将立德树人作为根本任务，把培养高素质人才摆在首位，认真探索全面提高博士研究生质量的有效途径和机制。因此，“同济博士论丛”的出版集中展示同济大学博士研究生培养与科研成果，体现对同济大学学术文化的传承。

“同济博士论丛”作为重要的科研文献资源，系统、全面、具体地反映了同济大学各学科专业前沿领域的科研成果和发展状况。它的出版是扩大传播同济科研成果和学术影响力的重要途径。博士论文的研究对象中不少是“国家自然科学基金”等科研基金资助的项目，具有明确的创新性和学术性，具有极高的学术价值，对我国的经济、文化、社会发展具有一定的理论和实践指导意义。

“同济博士论丛”的出版，将会调动同济广大科研人员的积极性，促进多学科学术交流、加速人才的发掘和人才的成长，有助于提高同济在国内外的竞争力，为实现同济大学扎根中国大地，建设世界一流大学的目标愿景做好基础性工作。

虽然同济已经发展成为一所特色鲜明、具有国际影响力的综合性、研究型大学，但与世界一流大学之间仍然存在着一定差距。“同济博士论丛”所反映的学术水平需要不断提高，同时在很短的时间内编辑出版 110 余部著作，必然存在一些不足之处，恳请广大学者，特别是有关专家提出批评，为提高同济人才培养质量和同济的学科建设提供宝贵意见。

最后感谢研究生院、出版社以及各院系的协作与支持。希望“同济博士论丛”能持续出版，并借助新媒体以电子书、知识库等多种方式呈现，以期成为展现同济学术成果、服务社会的一个可持续的出版品牌。为继续扎根中国大地，培育卓越英才，建设世界一流大学服务。

伍　江

2017 年 5 月

前　言

改革开放以来，我国的经济社会发展进入了快车道，与之相关联的是城乡二元体制的逐步打破，以及国家治理体系和治理能力现代化水平的不断提升。从1978年安徽凤阳小岗村农民的“承包”探索，到20世纪80年代初期的个体经济和私营经济萌芽，以及1984年的乡镇企业改革和城乡商品经济发展，再到1992年邓小平同志“南巡讲话”和改革开放再掀高潮，以及1993年的分税制改革、1997年的国企改革和1998年的城镇住房制度改革，再到2001年加入WTO，加快融入全球经济体系，一系列的改革探索和制度变革为我国的现代化和城市化持续发展奠定了坚实基础。

城市化（在我国特定政策语境下被称为“城镇化”，城市化和城镇化都对应英语URBANIZATION）是伴随工业化发展，非农产业在城镇集聚、农村人口向城镇集中的自然历史过程，是人类社会发展的客观趋势，是国家现代化的重要标志。同时，城市发展及推进城市化亦需要遵循其规律性。进入新世纪以来，我国政府对城市化问题高度重视。2001年国家“十五计划”纲要提出了“实施城镇化战略，促进城乡共同进步”的发展思路；2006年在国家“十一五规划”纲要的第五篇“促进区域协调发展”中提出了“促进城镇化健康发展”的理念；2012年党的十八大提出了“走中国特色新型城镇化道路”，2014年国务院印发了《国家新型城镇化规划（2014—2020年）》，这是国家颁布施行的第一部全国城镇化规划，具有宏观层面的战略性指导作用。该规划提出，“2020年城镇化水平达到60%，户籍人口和常住人口城镇化率缩小2个百分点，努力实现1亿左右农业转移人口和其他常住人口在城镇落户”。这些目标正在实现之中。

新时代的城市化发展要有新的理念。与经济发展从偏重数量转向关注质量、从效率优先转向效率与公平兼顾等导向相契合，新时代的城市规划建设要真正转向“以人为本”，要以实现“人的城市化”和满足人的各方面需求为宗旨；同时，新时代的城市化应是城乡协调发展、城乡融合发展的新型城市化。对中国的城市化这一恢宏使命和历史进程，需要当代学者悉心观察、研究解析和做出理论性阐释，并进而建立起本土理论话语体系。

我们的研究团队从2000年以来一直在承担相关科研课题，或是结合实践项目开展城乡发展和规划研究，通过田野调查探究城乡要素流动、城乡空间格局变化、城乡经济发展趋势和城乡社会演进等问题。随着实证案例的不断积累，对我国城市化的总体图景感受愈加清晰；亦逐步认识到，改革开放以来一系列激烈的制度变革和经济动能释放推动了我国社会形态从农业社会向城市社会的全面转型——即现代化和城市化转型。在转型过程中，我国的城市化表现出一定的特殊性，诸如国家控制和市场机制作用力的互动和此消彼长、以非户籍人口增加为主体的城市化水平提升、农村以家庭为单元的“城乡统筹”等。转型机理之复杂可见一斑。

然而，既有的城市化研究习惯于把“转型”狭义地理解为“经济体制的转型影响了城市化发展”，这种习惯使研究者常常把“转型”仅仅作为城市化发展的背景，而较少对“转型”本身加以研究。实际上，城市化作为一种复杂的社会发展现象，其本身也存在转型，而且是整个社会转型体系中核心层面及居于支配地位的转型。

在我国社会的城市化转型过程中，基于不同条件，各个区域城市化水平的提升速度不一，城市化质量差异也很大。因此，本书的一个基本假设是“在我国经济转型的过程中伴随着社会的城市化转型，城市化的转型与人口管理制度、区域政策、城市调控方针、行政区划体制、经济全球化的外部力量及人口迁移的自主选择等诸多因素有关，这些因素所构成的内在机制也将作用于城市化的区域特征及未来趋势”。以该假设为基础，本书紧密围绕城市化的四大属性——即“人口”“经济”“空间”和“社会”，籍以描述城市化转型的全过程；并应用翔实缜密的统计数据和文献资料实证检验了上述制度转变的实效，以及作为外部环境的经济全球化进程对城市化转型的影响。

研究的基本结论为，改革开放以来我国社会的城市化发展进程已经从过去单纯的“国家控制”转向了“市场引导为主，国家控制为辅”的格局。这一深刻的社会转型过程和全球化的外部环境变化影响了人口的区域流动，也改变了区域城市化差异的演变趋势，使区域城市化的数量与质量的发展表现出明显的不一致性。继而以二元城市化理论为基础，建立起城市化人口的二次转换模型，即将改革开放后中国城市化发展划分为第一次转型(计划向市场)和第二次转型(数量向质量)，并认为城市化的第二次转型有其内在的必然性及必要性。

结合对第一次转型的分析和现时人口结构转变、经济和社会发展趋势的观察，判断在未来一段时间内，尽管局部省区的城市化水平仍然会保持快速提升，但中国城市化水平的总体增速将会放缓；这个缓和期即现在所称的“新常态”阶段，为中国城市化的健康发展(第二次转型)提供了时间机遇，但是实现城市化健康发展的第二次转型，还有赖于转变思想观念和发展方式。十八大以来的指导方针和决策部署可谓高屋建瓴地解决这些问题。

本书的研究成果形成于十年之前。但时过境不迁，当时的分析和提出的见解至今仍具现实意义和价值。比如城乡人口统计应建立以居委会和村委会的划分标准，实现公民权利的平等是户籍改革始终不变的价值内涵。城市化从重视增长转向关注质量、从倚重效率转向追求社会和谐、从推动区域经济增长转向产业结构调整，以及推进大都市地区的健全发展和分区域的城市化政策等建议，在今天看来依然中肯和受用。

虽然本书所承载的博士学位论文研究工作早已圆满完成，但我们的研究并没有停止。2010 年以来，我们继续关注中国城市化发展的多个领域，尤其是在城市群、小城镇和乡村领域做了更多的调研。2010年，我们结合“湖北省城镇化与城镇发展战略研究”课题，联合华中科技大学组织了对湖北省57个小城镇的田野调查，获得了对小城镇的更加深入的认识；2015年，我们结合住建部村镇司委托的“我国人口流动与安居性研究”课题，开展了覆盖全国13省480村7 578户的乡村田野调查，使得我们对中国乡村有了更加全面的认识；2016年参与了住建部的全国121镇的社会调查课题，使得我们对小城镇问题有了更加全面的理解。同样值得一提的是，自2013年以来，我们多次走出国门，开展了对日本、韩国、美国、法国、德国、澳大利亚、印尼和印度的农村和城镇调研，此外还深入考察了台湾地区的村镇建设经验。这些考察，既使我们开拓了国际视野，也让我们对本土的城市化及城乡协调发展的研究和认知有了新的感悟。

研究工作要在继承的基础上不断开拓，这也是我们在十年之后还原封不动地出版本书的勇气及意愿之所在。我们认为，中国城市化转型发展的道路依然漫长，城市化率达到60%只是中国城市化长远历史发展中的一个阶段性节点，而较城市化数量增长更具难度的是质量提升。例如，大量已经被纳入“城镇”范畴的小城镇，其人居环境建设水平与城市还有很大差距；大量已统计为城市化人口的乡村流出人口尚未真正被城镇所公平接纳，大量城乡分离、分居家庭正在期盼着实现家庭居住和工作空间的统一。此外，我们近几年的研究、观察还发现，城市群以外地区的城镇人口增速也并不慢，中西部地区的小城镇人口也有一定程度的增长。这些现象提示我们，既要重视国家层面的城市群战略，也要重视量大面广的县城及小城镇建设。总之，亟需研究的课题很多，将研究成果运用于实践更是任重道远。

本书尝试建构理论框架，以解释中国城市化转型的特征和趋势，但主要工作仍是经验研究和实证分析——以大量的统计数据来建构图景和论证观点。书中的很多原始数据在今天堪称弥足珍贵。为了便于读者阅读和汲取历史信息，核心章节均有数据附录。最后，希冀本书的出版能对我国的城市化研究和实践工作有所裨益。

目 录

第1章 绪论

1.1 研究的背景

1.1.1 世界城市化发展的趋势

联合国资料(表1-1)显示,1950—1980年的30年间全世界城市化①率增长了10个百分点,其中发达国家城市化率增长了16.3个百分点,不发达国家和亚洲分别增长了11.6和9.5个百分点,这一时期世界城市化的重心在发达国家。1980年至2010年的30年间,世界城市化率增长了11.5个百分点,其中发达国家仅增长了6.2个百分点,不发达国家增长了15.7个百分点,而亚洲地区增长了16.2个百分点。近30年来世界城市化的发展重心很明显地从发达国家转向了不发达国家,尤其是亚洲地区。按照联合国数据测算,2009年世界城市化率已经超过50%,这意味着全世界有一半以上的人口居住在城市。城市化是世界发展中的重要现象,有诸多课题需要研究。

表1-1 1950—2010年世界与中国城市化水平

年份	世界	发达区域	不发达区域	亚洲	中国
1950	29.1%	52.5%	18.0%	16.8%	11.2%
1980	39.1%	68.8%	29.6%	26.3%	19.4%
1985	40.9%	70.0%	32.3%	29.0%	23.7%
1990	43.0%	71.2%	35.1%	31.9%	26.7%

① 城市化的英文是"urbanization",在中国的语境中,为了强调"镇"在城市化进程中的作用(尤其是20世纪80年代的小城镇建设的热潮),社会各界经常使用"城镇化"一词,实际上二者并无本质的区别。本书为叙述的前后一致,除引文外,全部采用"城市化"表述,后文不再注释。

续 表

年 份	世 界	发达区域	不发达区域	亚 洲	中 国
1995	44.7%	72.2%	37.6%	34.4%	31.3%
2000	46.6%	73.1%	40.2%	37.1%	36.2%
2005	48.6%	74.0%	42.7%	39.7%	43.0%
2007	49.4%	74.4%	43.8%	40.8%	44.9%
2010	50.6%	75.0%	45.3%	42.5%	45.7%*

*注：此数字是2008年中国城市化水平。

资料来源：中国数据摘自本书表1-3，其余数据摘自 United Nations，2008：69-77。

1.1.2 新时期我国城市化的快速发展

我国是世界第一人口大国，我国的城市化问题具有全球性的意义。在20世纪80年代以前的30年，我国的城市化率仅提升了8.2个百分点，不仅在发展速度上滞后于发达国家，在绝对水平上也远远落后于世界平均水平。20世纪80年代的改革开放给我国的城市化发展注入了活力，若以2008年的城市化率45.7%计算的话，已比1980年增长了26.3个百分点，比亚洲和不发达国家的城市化速度高出10个百分点，比世界城市化速度高出近15个百分点。显然，在新的历史时期，我国的城市化发展将在世界城市化进程中占据十分重要的地位。

1.1.3 我国城市化发展的历史阶段

在讨论现时期我国社会的城市化发展问题前，有必要了解我国城市化发展的三个历史阶段，即自由发展时期(1949—1958年)、逆城市化时期(1958—1978年)和快速发展时期(1978年至今)(图1-1)。

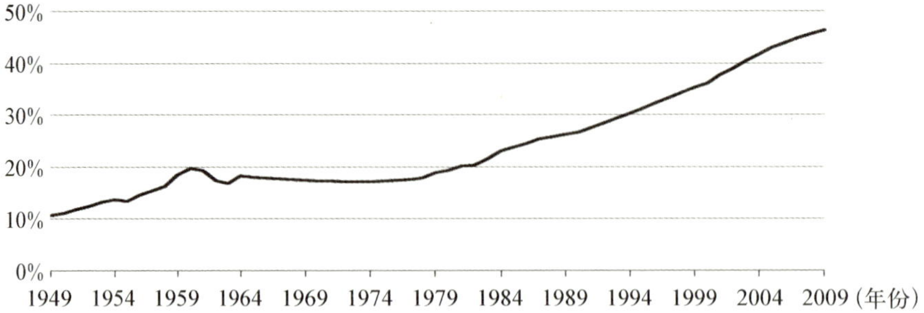

图1-1 1949—2009年中国城市化水平

数据来源：同表1-3。

(1) 自由发展时期：1949—1958 年

1949 年新中国成立，大规模的城市建设和改造带动了成千上万的农村劳动人口进入城市。这一阶段农民进入城市没有户籍制度的束缚①，进出基本自由，是城市化发展的自由阶段。城市人口从 1949 年的 5 765 万，增加到 1961 年的 12 704 万人，12 年间翻了一番，城市化水平也从 10.6%发展到了 19.3%，增长了 8.7 个百分点(表 1-3)。

(2) 逆城市化时期：1958—1978 年

这一阶段的户籍制度、高度集中的计划经济体制和政治运动制约了城市经济的发展，也减缓了城市化的脚步。“文革”的十年浩劫，给我国经济和城市化发展带来了严重的创伤。这期间国家为缓解城市的就业压力，把农村作为城市剩余劳动力的蓄水池，有超过 1 700 万城市知识青年被下放到农村(刘小萌，2009：537)，而在知青下乡之前就已有约 2 600 万城镇人口被下放到农村(刘小萌，2009：532)。因此，1978 年城市化水平跌落至 17.4%，17 年间城市化水平没有得到提升，反而下降了近 2 个百分点。

(3) 快速发展时期：1978 年至今

随着“文革”的结束，党的十一届三中全会把工作重心重新转移到经济建设上来。在农村，家庭联产承包责任制给农民以生产经营自主权，解放了农村生产力，农业经济的繁荣为城市化发展创造了物质条件。同时，大量早先下放到农村的知识青年陆续返城，给城市带来了巨大的就业压力，但也为城市经济发展的多样性提供了滋生的土壤。农村农业生产力的解放产生的大量剩余劳动力和城市自身的就业压力催生了个体经济和私营经济，从而推动了我国经济体制改革和城市化的快速发展。这一阶段，我国城市化从停滞中走出，快速发展，至 2008 年全国城市人口已经达到 6.07 亿，城市化水平已经达到了 45.7%，30 年间增长了 28.3 个百分点，年均增速近 1 个百分点(图 1-1)。

1.2 研究的提出

1.2.1 一般问题：城市化转型

图 1-1 显示，20 世纪 60 年代初期和 80 年代初期是我国城市化发展的两个

① 虽然户籍制度于 1958 年颁布，但其真正发挥人口的区域调配作用是在 1961 年开始的。详见第 5 章。

转折点，不同的制度和环境给我国的城市化发展带来了不同的影响。1958年户籍制度的形成和60年代初期“农业户口和非农户口的划分”标志着我国的城市化与经济发展一样完全纳入了“国家计划控制”的发展轨道。以1978年中国共产党十一届三中全会为标志，我国开始了改革开放的进程，计划经济逐步向社会主义市场经济转型，各项社会制度也发生了深刻的变革，束缚城市化发展的各项政策和制度逐步放松，如允许农民自理口粮到小城镇就业、落户，个体和私营经济得到国家的承认和鼓励，城镇国有土地使用权有偿转让等等。

改革开放以来这一系列激烈的制度变革，推动了我国社会形态从农业社会向城市社会的全面转型，即城市化转型，在这一社会转型过程中，我国的城市化进程表现出一定的特殊性，即国家控制在减少和弱化，市场机制的影响在加深。然而，现有的城市化研究习惯于把“转型”狭义地理解为“经济体制的转型影响了城市化发展”，这种习惯使研究者常常把“转型”仅仅作为城市化发展的背景，而较少对“转型”本身进行研究。实际上，城市化作为一种复杂的社会发展现象，其本身也存在转型，而且是核心层面的，居于支配地位的转型。

1.2.2 具体问题：城市化转型的区域特征和未来趋势

在我国社会的城市化转型过程中，各个区域的城市化发展都有了长足的进步，但是也表现出很大的不同，城市化水平的提升快慢不一，城市化质量差异依然很大，城市化的区域空间特征也表现出很大的不同。转型对城市化的影响机制还不清晰，转型的过程如何，通过哪些制度和政策的演进影响了城市化的发展，进而影响了区域城市化的时空演变，这些问题都需要研究。因此在改革开放30多年后的今天，全面分析我国城市化如何从“政府控制”向“市场主导”转型，继而对区域城市化产生了怎样的影响以及未来的趋势如何，是亟待研究的重要课题。

1.3 研究的意义

本研究具有多方面的意义，具体如下：

1.3.1 深化认识我国的经济社会转型

我国从计划经济体制向市场经济体制的转型推动了经济社会的全面发展，

过去由国家控制的城市化也随着经济社会的转型而逐步向“市场主导”转化，这种转化是经济社会转型的一部分。认识城市化如何转型，认识城市化转型对区域城市化演进产生的影响，有助于深化认识经济社会的全面转型。

1.3.2 辨析区域发展差异问题

区域发展差异贯穿于现代社会发展的始终，从工业革命时期的英国到20世纪中期的法国、日本以及美国无一例外地实施过“区域发展政策”。非均衡的区域发展政策使得我国社会经济发展不平衡指数（Gini 系数）从80年代的33.0（Fan and Sun，2008）上升到了2007年的41.5（UNDP，2009：196），超过了联合国的警戒线（40）。大量的文献对此进行了深入的研究（Fan，1995，1997，2008；Lee，2000；Lu，2001；Liu，2006；Chan and Wang，2008）。不同的学者出于不同的目的采用了不同的指标和研究方法，但有一个共同点就是其研究的焦点都集中在区域经济发展差异或者是城乡差异上，从城市化的角度研究区域差异的文献还很少。因此，分析城市化转型的区域发展差异有助于深入研究和理解“区域发展差异”。

1.3.3 为国家政策制定提供依据

通过对城市化转型过程的全面回顾，评价政策和制度实施的效果，有利于国家城市化政策的制定和完善。另一方面，虽然许多学者提出了我国要走“区域城市化”的道路，不宜采取全国统一的城市化政策（王胜今，1988；崔功豪，1989；路明，2000；刘盛和，2003；等），但至今对中国城市化区域差异还没有统一的认识（梁明，2007）。更重要的是，在“十一五”计划中，“推进城市化健康发展”和“促进区域协调发展”占了六大重点之二①，足见“区域”和“城市化”对于新时期我国全面建设小康社会进程的重要地位。从区域城市化差异的角度认识城市化的转型是中央政府作出正确的城市化政策导向和设计的基础。

1.3.4 丰富世界城市化的理论研究成果

中国的城市化转型研究将进一步丰富世界城市化理论。联合国资料（表1-2）显示，1975—2007年期间，发展中国家城市人口中居住在千万人口以上规

① http://news.xinhuanet.com/politics/2005-10/18/content_3640318.htm“中共中央关于制定‘十一五’规划的建议”。2008年12月10日登录。

模城市的比例从3.5%上升到8.5%；至2007年，全世界2.86亿人居住在超过1 000万人口规模的特大城市中，其中有1.97亿人居住在发展中国家。这种高度集中于(特)大城市的发展模式加剧了区域之间和城乡之间发展的极度不平衡。这种状况仅用经济结构的转变以及经济发展过程中城市发展的集聚效应已不足以解释，因为这些理论并没有把城市放在它们所处的区域中来考察。因此，我国社会城市化转型的研究成果将有可能为世界城市化和经济发展理论的进一步发展作出贡献。

表1-2　1975—2007年城市人口中居住在规模以上人口城市的比例(百万)

	年份	1 000万以上		100万—1 000万		100万以下	
		人口	比例	人口	比例	人口	比例
世界	1975	53	3.5%	434	28.6%	1 031	67.9%
	2007	286	8.7%	974	29.6%	2 034	61.8%
发达国家	1975	42	6.1%	187	26.7%	472	67.3%
	2007	89	9.8%	251	27.3%	570	62.6%
发展中国家	1975	11	1.3%	248	30.4%	559	68.3%
	2007	197	8.3%	723	30.1%	1 464	61.4%

资料来源：作者整理，原始数据摘自United Nations，2008：9(Table 1.5)。

1.4　研究的目标

1.4.1　总体目标

研究的总体目标是：城市化如何转型，并进而影响区域城市化的时空演变。

1.4.2　具体目标

在总体目标下，要达到以下几个具体目标：

- 中国社会的城市化转型涉及的主要政策、制度和内、外部环境；
- 转型前这些制度和政策对城市化发展的影响；
- 转型过程中这些制度和政策的演进和变迁；
- 转型时期我国区域城市化特征及其演变；
- 除了区域地理差异和历史因素外，这些政策和制度的转变对城市化区域差异的影响；

- 在构建和谐社会的时代诉求下，我国城市化的未来发展导向。

1.5 研究方法和资料

1.5.1 研究方法

本书以“改革开放后我国社会的城市化转型——进程和趋势”为命题，属解释—描述性研究范畴，需要描述城市化转型的一系列政策和制度变迁，需要测定和分析区域城市化差异的演变，需要分析转型如何影响区域城市化差异的演变。要完成这些工作需要从理论解析到实证检验的逻辑过程。与之相应，需应用GIS地理信息系统分析工具、SPSS数理统计分析工具和Excel等软件。

1.5.2 研究资料

本书的研究资料主要来自国家统计局公布的各类统计报表及出版物，同济大学、墨尔本大学的馆藏资料，同济大学和墨尔本大学图书馆Web数据库，中国人民大学数量经济学论坛提供的电子数据以及其他网络资源。

本书使用的数据源主要包括历次人口普查资料（快速汇总、10%抽样，全部汇总）、历年的中国统计年鉴、历年中国人口（和就业）统计年鉴、中国城市统计年鉴以及历年各省的统计年鉴等。很多数据会在不同的资料中有不同的统计口径，基于本研究的目的需要进行甄别、选择并注明，必要的时候采用科学的方法适当修正。

1.5.3 研究阶段

本书研究的时间阶段从1978年至后，重点研究时段是1982年至2007年，选取这一重点时间段主要是基于以下三点考虑：一是这一阶段是我国改革开放全面展开的年代，比较完整地反映了国家经济体制转型这个敏感时期；二是1982年国家统计年鉴首次发行，第三次人口普查于这一年展开，我国官方的统计数据才逐步丰富起来；三是2007年前的统计数据比较齐全，而2008年的数据不够全面。尽管如此，考虑到制度和政策的历史连贯性，在数据可以获得的情况下，本书的部分内容也会（尽可能地）涉及1982年前的历史时段，以便更好地对比转型前后的变化。

1.5.4 研究区域划分

本书研究的基础单位是省、自治区和直辖市（为叙述简便，本书统称“省”）。考虑海南于1987年建省，重庆于1997年设立直辖市，为保证研究区域和数据的历史可比性，将海南纳入广东省，将重庆纳入四川省。在以省为基础单元的情况下，根据研究需要划分若干区域。

虽然区域政策在我国一直存在，但并没有统一的区域划分，政府在不同的时期基于不同的目的会划分出不同的区域。影响最为深远的是1986年“七五”计划的东、中、西三大地带划分①，既有的大量研究成果亦基于此（Fan，1995，2005；王茂军等，2006；Chan，2008；Fan. et al.，2008）。为更好地与既有的研究成果衔接及比较，本书沿用此划分方法，同时为了数据的历史可比性，也将重庆纳入四川省、海南纳入广东省。这样西部地区包括的省级行政区共10个，分别是四川（含重庆）、贵州、云南、西藏、陕西、甘肃、青海、宁夏和新疆；中部地区省级行政区9个，分别是山西、安徽、江西、河南、湖北、湖南、内蒙古、黑龙江和吉林；东部地区包括12个省级行政区，分别是辽宁、北京、天津、河北、山东、江苏、上海、浙江、福建、广东（含海南）和广西。

1.5.5 城市化水平数据

本书的核心研究主题是“城市化”，因此城市化水平数据是所有研究工作的基础。本书拟将城市化水平分为全国、三大区和分省三个层面，作说明如下。

（1）全国的数据

我国历次人口普查的统计口径变化使得进行我国城市化发展的历史可比性研究必须谨慎（Carsten，2002）。2000年后，国家统计局根据历次人口普查数据对全国城市化水平进行了一定的修正，构建起了完整的城市化发展历时数据。尽管各次人口普查对城市人口的统计口径不一致，但在一定的历史阶段内数据在某种程度上是可比的，基本可以反映我国城市化发展的历史脉络（表1-3）。

① “七五”计划东部地区包括北京、天津、河北、辽宁、上海、江苏、浙江、福建、山东、广东和海南11个省（市）；中部地区包括山西、内蒙古、吉林、黑龙江、安徽、江西、河南、湖北、湖南、广西10个省（区）；西部地区包括四川、贵州、云南、西藏、陕西、甘肃、青海、宁夏、新疆9个省（区）。2000年国家制定的在西部大开发中享受优惠政策的范围又增加了内蒙古和广西。2003年东北振兴战略将黑龙江、吉林、辽宁划为东北区域。最新的区域划分方法，西部地区包括的省级行政区共12个，分别是四川、重庆、贵州、云南、西藏、陕西、甘肃、青海、宁夏、新疆、广西、内蒙古；中部地区有6个省级行政区，分别是山西、安徽、江西、河南、湖北、湖南；东北地区有3个省级行政区，分别是黑龙江、吉林和辽宁；东部地区包括的10个省级行政区，分别是北京、天津、河北、山东、江苏、上海、浙江、福建、广东和海南。

表 1-3 1949—2008 年中国城市化发展(万人)

年份	年末总人口	非农口径人口	常住口径人口		年份	年末总人口	非农口径人口	常住口径人口	
			城镇	比重				城镇	比重
1949	54 167	9 441	5 765	10.64%	1959	67 207	13 567	12 373	18.41%
1950	55 196	9 137	6 171	11.18%	1960	66 207	13 731	13 076	19.75%
1951	56 300	8 674	6 632	11.78%	1961	65 859	12 415	12 704	19.29%
1952	57 482	8 291	7 162	12.46%	1962	67 295	11 271	11 662	17.33%
1953	58 796	8 729	7 826	13.31%	1963	69 172	11 584	11 649	16.84%
1954	60 266	9 229	8 250	13.69%	1964	70 499	11 677	12 951	18.37%
1955	61 465	9 335	8 285	13.48%	1965	72 538	12 122	13 042	17.98%
1956	62 828	10 002	9 185	14.62%	1966	74 542	12 340	13 313	17.86%
1957	64 653	10 618	9 950	15.39%	1967	76 368	12 637	13 548	17.74%
1958	65 994	12 210	10 724	16.25%	1968	78 534	12 554	13 838	17.62%
1969	80 671	12 403	14 117	17.50%	1989	112 704	23 371	29 540	26.21%
1970	82 992	12 660	14 424	17.38%	1990	114 333	23 887	30 493	26.67%
1971	85 229	13 350	14 711	17.26%	1991	115 823	24 418	31 909	27.55%
1972	87 177	13 632	14 933	17.13%	1992	117 171	25 298	33 335	28.45%
1973	89 211	13 992	15 344	17.20%	1993	118 517	26 388	34 808	29.37%
1974	90 859	14 079	15 591	17.16%	1994	119 850	27 638	36 327	30.31%
1975	92 420	14 278	16 026	17.34%	1995	121 121	28 555	37 862	31.26%
1976	93 717	14 517	16 344	17.44%	1996	122 389	29 459	39 446	32.23%
1977	94 974	14 694	16 668	17.55%	1997	123 626	30 211	41 069	33.22%
1978	96 259	15 230	17 250	17.92%	1998	124 761	30 785	42 693	34.22%
1979	97 542	16 186	18 494	18.96%	1999	125 786	31 242	44 314	35.23%
1980	98 705	16 800	19 139	19.39%	2000	126 743	32 249	45 906	36.22%
1981	100 072	17 413	20 175	20.16%	2001	127 627	33 202	48 064	37.66%
1982	101 541	17 910	20 659	20.35%	2002	128 453	34 934	50 212	39.09%
1983	103 008	18 378	22 270	21.62%	2003	129 227	37 427	52 376	40.53%
1984	104 357	19 686	24 013	23.01%	2004	129 988	39 140	54 283	41.76%
1985	105 851	21 054	25 097	23.71%	2005	130 756	40 898	56 212	42.99%

续　表

年份	年末总人口	非农口径人口	常住口径人口		年份	年末总人口	非农口径人口	常住口径人口	
			城镇	比重				城镇	比重
1986	107 507	20 902	26 361	24.52%	2006	131 448	42 071	57 706	43.90%
1987	109 300	21 592	27 675	25.32%	2007	132 129	43 077	59 379	44.94%
1988	111 026	22 551	28 656	25.81%	2008	132 802		60 664	45.68%

注：① 常住口径总人口数据 1982 年以前数据为户籍统计数；1982—1989 年数据根据 1990 年人口普查数据有所调整；1990—1999 年数据根据 2000 年人口普查有所调整；2001—2004 年和 2006 年数据为人口变动情况抽样调查推算数；2005 年数据根据全国 1%人口抽样调查数据推算。② 总人口中包括中国人民解放军现役军人，按城乡分人口中现役军人计入城市人口，并计入非农人口。

资料来源：总人口数据摘自中国人口统计年鉴 2005，中国统计年鉴 1992、2006、2007、2008；城市人口 1990—1999 年数据利用 1990 年和 2000 年人口普查数据根据联合国法调整计算，其余摘自中国人口统计年鉴 2005，中国统计年鉴 1992、2006、2007、2008；非农人口 1949—1998 来自"中国人口统计年鉴 1999"，1999 年后来自相应年份中国人口统计年鉴。

(2) 分省数据

官方公布的资料目前还没有 2000 年前连续可比的分省城市化水平数据，诸多学者采用不同的修补方法推算了相应年份的分省城市化水平。刘耀彬(2005)采用复合指标重构了 1985 年，1990 年，2000 年，2002 年份省城市化率；沈建法(2005)假设城市非农业人口和城市农业人口增长率之比为定值，推算了 1982 年—2000 年份省城市化水平；李震(2006)采取同样方法算了 1990 年和 2000 年份省城市化水平；周一星等(2005，2006)采用联合国法假设城市人口增长率与乡村人口增长率之差保持不变，并根据非农人口增长趋势做了进一步修正，得出 1982—2000 年份省城市化水平。大部分学者认为，1990 年的城市人口数据与其他时间的人口普查数据不具有可比性，而 1982 年与 2000 年虽然城市人口的统计口径存在差异，但高估和低估互相抵消，是基本可比的(沈建法，2005；周一星，2005)。因此本书采用 1982 年人口普查和 2000 年人口普查的城市化水平数据作为基准数据。

不同的修补方法有着各自的优缺点，其中周一星等和沈建法修补的数据与实际更加接近，且覆盖的年度与本书研究的时间范围较一致。在保证截面可比和历史可比的前提下，考虑到周一星等的修正数据与城市化发展的 S 形曲线拟合较好，因此本书 1982—2000 年份省城市化水平数据采纳之。2000 年后我国大部分省份公布了基于五普口径的城市化水平数据。2005—2007 年的完整数据摘自"中国统计年鉴 2006，2007，2008"；2000—2004 年数据大部分从《新中国五十五年统计资料汇编》摘录。2000—2004 年天津、河北、吉林、上海、福建、四川(含重庆)、山东、广东(含海南)、广西、西藏的城市化水平数据采用相应年份的非农人口增长率(数据摘自相应年份“中国人口统计年鉴”),并结合 2000 年和 2005 年的城市化水平采用内插法计算得出推算值。这样就建立了 1982—2007 年完整的全国分省城市化水平历史及截面可比的数据库(表 1-4,表 1-5,表 1-6)。

表 1-4 1982—2007 年全国分省城市化水平

年份	北京	天津	河北	山西	内蒙古	辽宁	吉林	黑龙江	上海	江苏
1982	65.1%	68.8%	14%	21.3%	29.2%	42.7%	39.9%	40.8%	59.9%	16.3%
1983	65.7%	69.2%	14.3%	22%	33%	43.4%	40.3%	41.7%	61.6%	16.9%
1984	66.1%	70.1%	16.6%	27.1%	30.9%	45.7%	42.9%	43.8%	63.8%	19.1%
1985	66.5%	70.4%	17.3%	27.4%	32.5%	47.9%	44.2%	45.1%	65.7%	20.6%
1986	67.1%	70.2%	18%	28.4%	33.4%	48.1%	45%	45.5%	67.2%	20.3%
1987	68.1%	69.9%	18.6%	29%	34.4%	48.8%	45.9%	47.2%	68.6%	21.6%
1988	68.7%	70.8%	18.9%	29.7%	35.4%	49.5%	46.9%	48.3%	69.9%	23.3%
1989	68.8%	70.8%	19.5%	30.1%	36%	49.8%	47%	48.1%	71.7%	24.6%
1990	68.9%	70.9%	19.1%	30.1%	36.2%	49.8%	46.9%	48.7%	72.6%	24.8%
1991	70.3%	70.9%	19.4%	30%	36.4%	50.2%	46.9%	48.6%	73.4%	25.4%
1992	70.6%	70.8%	20.4%	30.3%	36.8%	50.8%	47.6%	49%	74.2%	26.5%
1993	71.2%	70.8%	20.9%	31%	37.5%	52%	48.8%	49.6%	77.6%	29.1%
1994	72%	70.8%	21.7%	31.9%	38.1%	52.4%	49.6%	50.5%	79.8%	30.3%
1995	72.6%	70.8%	22.8%	32.4%	38.7%	53%	49.9%	50.6%	82.1%	31.6%
1996	73.3%	71.2%	24.2%	33.2%	39.3%	53.3%	49.8%	51.1%	83.1%	32.7%
1997	74.2%	71.2%	24.8%	33.7%	39.9%	53.7%	50%	50.7%	85%	33.3%
1998	73.7%	71.4%	25.2%	34.1%	40.6%	54%	50%	51.2%	86.1%	33.9%
1999	75.6%	71.8%	25.5%	34.5%	41.2%	54.2%	49.8%	51.4%	87.5%	36.1%
2000	77.6%	72%	26.2%	35.1%	42.8%	54.4%	49.8%	51.6%	88.5%	41.8%
2001	78.1%	72.7%	28.3%	35.1%	43.5%	55%	50.3%	52.4%	88.6%	42.6%
2002	78.6%	73.3%	30.5%	38.1%	44.1%	55.5%	50.9%	52.6%	88.7%	44.7%
2003	79.1%	73.9%	32.8%	38.8%	44.7%	56%	51.4%	52.6%	88.9%	46.8%

续　表

年份	北京	天津	河北	山西	内蒙古	辽宁	吉林	黑龙江	上海	江苏
2004	79.5%	74.5%	35.2%	39.6%	45.9%	56%	52%	52.8%	89%	48.2%
2005	83.6%	75.1%	37.7%	42.1%	47.2%	58.7%	52.5%	53.1%	89.1%	50.1%
2006	84.3%	75.7%	38.4%	43%	48.6%	59%	53%	53.5%	88.7%	51.9%
2007	84.5%	76.3%	40.3%	44%	50.2%	59.2%	53.2%	53.9%	88.7%	53.2%

表 1－5　1982—2007 年全国分省城市化水平(续表 1)

年份	浙江	安徽	福建	江西	山东	河南	湖北	湖南	广东	广西
1982	26.2%	14.5%	21.6%	19.6%	19.5%	14.3%	17.8%	14.7%	19.4%	12.1%
1983	26.2%	14.9%	22.3%	19.9%	20.7%	14.6%	18.9%	15%	20.8%	13.7%
1984	27.6%	15.6%	24.4%	20.5%	24.7%	15.1%	21.2%	16.3%	23.9%	14%
1985	35.1%	16.5%	26%	22.1%	26.3%	16%	24.3%	17.9%	26.9%	14.8%
1986	34.2%	18.6%	26.7%	22.4%	25.3%	16.3%	25.7%	18.5%	30.3%	15.1%
1987	35.2%	19.3%	27.2%	23%	26%	16.7%	27.8%	19.2%	34%	15.9%
1988	35.9%	19.7%	28.1%	23%	30.3%	17.5%	28.8%	20%	32.8%	16.8%
1989	36.6%	19.9%	29.2%	23.2%	30.9%	17.9%	29.6%	20.5%	36.8%	17.6%
1990	36.5%	19.6%	29.3%	23.2%	31.1%	17.8%	29.4%	20.7%	37.5%	17.8%
1991	36.8%	20.1%	29.9%	23.3%	31.2%	18%	30.1%	21.1%	38.9%	18.6%
1992	38.6%	22.8%	32.2%	23.8%	32.7%	18.5%	31.3%	22.1%	40.9%	20.2%
1993	39.6%	23.3%	34.7%	24.6%	34%	19.4%	32.4%	23.5%	45%	22.2%
1994	40.7%	23.5%	35.9%	25.4%	37.1%	20.9%	35.4%	24.6%	48.4%	23.8%
1995	41.7%	24.7%	36.6%	26.2%	37.6%	21.7%	36.9%	25.6%	49.5%	25.3%
1996	42.6%	25.6%	37.9%	26.6%	39.2%	22.3%	38%	26.8%	50.9%	26.6%
1997	44%	26.2%	38.7%	27%	39%	22.8%	39%	27.7%	51.7%	27.4%
1998	45.6%	26.7%	39.8%	27.1%	37.9%	23%	39.5%	28.4%	52.1%	28%
1999	47.1%	27.7%	41%	27.3%	37.5%	23%	39.9%	29.1%	52%	28.4%
2000	48.9%	28%	41.8%	27.8%	38.2%	23.3%	40.5%	29.9%	53.8%	28.4%
2001	50.9%	29.3%	42.9%	30.4%	39.5%	24.4%	41%	30.8%	54.9%	29.4%
2002	51.9%	30.7%	44%	32.2%	40.9%	25.8%	41.7%	32%	56%	30.4%

续 表

年份	浙江	安徽	福建	江西	山东	河南	湖北	湖南	广东	广西
2003	53%	32%	45.1%	34%	42.3%	27.2%	42.9%	33.5%	57.2%	31.5%
2004	54%	33.5%	46.2%	35.6%	43.6%	28.9%	43.7%	35.5%	58.3%	32.5%
2005	56%	35.5%	47.3%	37%	45%	30.7%	43.2%	37%	59.4%	33.6%
2006	56.5%	37.1%	48%	38.7%	46.1%	32.5%	43.8%	38.7%	61.6%	34.6%
2007	57.2%	38.7%	48.7%	39.8%	46.8%	34.3%	44.3%	40.5%	61.8%	36.2%

表 1－6 1982—2007 年全国分省城市化水平(续表 2)

年份	四川	贵州	云南	西藏	陕西	甘肃	青海	宁夏	新疆
1982	14.6%	19.8%	13.1%	9.7%	19.3%	15.5%	20.8%	22.7%	28.5%
1983	15%	19.8%	14.5%	9.1%	20.6%	16.3%	21.1%	23.8%	29.8%
1984	15.9%	21.6%	15.5%	9.2%	22.8%	17.3%	27.1%	24.1%	32%
1985	17.6%	21.8%	16%	10.6%	24.1%	19.1%	29.8%	25.4%	33%
1986	18%	21.6%	16.2%	10.2%	24.4%	20%	30.4%	27.7%	32.3%
1987	18.2%	21.6%	16.7%	11.5%	24.8%	20.3%	31.2%	28.8%	33.2%
1988	18.8%	19.3%	17.1%	11.6%	25.3%	20.3%	31.5%	29.1%	33.5%
1989	19.1%	21.6%	17.5%	13%	25.6%	20.8%	32%	28.7%	33.6%
1990	19.5%	21.4%	17.6%	12.1%	25.6%	20.7%	32.1%	29.7%	32.8%
1991	19.8%	21.7%	17.9%	12.3%	25.9%	20.9%	32.3%	29.8%	32.7%
1992	21.9%	23%	18.6%	12.5%	26.5%	21.3%	32.6%	29.7%	32.8%
1993	22.6%	22.9%	19.3%	14.2%	26.9%	21.5%	32.9%	29.7%	33.1%
1994	23.9%	24%	19.9%	14.8%	27.6%	22.1%	33.4%	32.2%	33.5%
1995	24.7%	23.8%	20.4%	15.9%	28.5%	22.5%	33.7%	32.2%	33.9%
1996	25.4%	24.1%	20.9%	16.3%	29.3%	22.9%	34.3%	32.4%	34.3%
1997	26.7%	24.1%	21.5%	16.9%	30.4%	23.2%	34.8%	32.8%	33.9%
1998	26.5%	24.2%	21.9%	17.5%	31.1%	23.5%	35.3%	33.2%	33.9%
1999	27.4%	24.2%	22.8%	18.6%	31.5%	23.6%	34.7%	33%	34%
2000	28.1%	23.9%	23.5%	19%	32.4%	24.1%	34.9%	32.5%	33.9%
2001	29.6%	24%	24.9%	20.4%	33.6%	24.5%	36.3%	33.3%	33.8%

续 表

年份	四川	贵州	云南	西藏	陕西	甘肃	青海	宁夏	新疆
2002	31.2%	24.3%	26%	21.9%	34.6%	26%	37.7%	34.2%	33.8%
2003	32.8%	24.8%	26.6%	23.4%	35.5%	27.4%	38.2%	36.9%	34.4%
2004	34.4%	26.3%	28.1%	25%	36.4%	28.6%	38.6%	40.6%	35.2%
2005	36.1%	26.9%	29.5%	26.7%	37.2%	30%	39.3%	42.3%	37.2%
2006	37.5%	27.5%	30.5%	28.2%	39.1%	31.1%	39.3%	43%	37.9%
2007	38.9%	28.2%	31.6%	28.3%	40.6%	31.6%	40.1%	44%	39.2%

资料来源：1982—2000年数据摘自周一星等(2005)；2000—2004年天津、河北、吉林、上海、福建、四川(含重庆)、山东、广东(含海南)、广西、西藏数据为作者修正数据，其余省份摘自《新中国五十五年统计资料汇编》，2005年，2006年，2007年数据摘自相应年份中国统计年鉴。

(3) 分区域数据

分区域数据的计算有两种方式，一是直接采用区域内各省的城市化水平值的均值；二是用各省总人口数据和城市化水平计算出各省的城市人口，然后再计算区域内总的城市人口与总人口之比。除非特别指出，本书采用后者(表1-7)。

表1-7　1982—2007年全国三大区域城市化水平

	中　国	东　部	中　部	西　部
1982	20.35%	23.50%	20.65%	16.67%
1983	21.62%	24.37%	21.34%	17.37%
1984	23.01%	26.72%	22.66%	18.73%
1985	23.71%	28.87%	24.07%	19.99%
1986	24.52%	29.33%	24.90%	20.30%
1987	25.32%	30.56%	25.80%	20.59%
1988	25.81%	31.75%	26.51%	20.72%
1989	26.21%	32.99%	26.84%	21.31%
1990	26.67%	33.11%	26.84%	21.46%
1991	27.55%	33.67%	27.10%	21.72%
1992	28.45%	35.05%	28.05%	22.98%
1993	29.37%	36.97%	28.96%	23.49%
1994	30.31%	38.75%	30.17%	24.44%
1995	31.26%	39.85%	31.02%	25.02%

续　表

	中　国	东　部	中　部	西　部
1996	32.23%	41.04%	31.78%	25.59%
1997	33.22%	41.67%	32.32%	26.39%
1998	34.22%	42.00%	32.72%	26.49%
1999	35.23%	42.64%	33.10%	27.05%
2000	36.22%	44.51%	33.58%	27.57%
2001	37.66%	45.70%	34.58%	28.61%
2002	39.09%	47.04%	35.78%	29.75%
2003	40.53%	48.45%	36.93%	30.87%
2004	41.76%	49.73%	38.20%	32.29%
2005	42.99%	51.67%	39.46%	33.66%
2006	43.90%	52.85%	40.76%	34.83%
2007	44.94%	53.74%	42.01%	35.99%

资料来源：同上表。

除特别注明外，本书所有关于城市化水平的数据均来自以上表1-3、表1-4、表1-5、表1-6、表1-7，后文不再标注。

第2章 城市化研究文献综述

2.1 西方城市化发展理论与研究

城市化产生和发展的模式一直是学者研究的热点，西方关于城市化的研究主要起始于“二元结构”概念。理论上而言，二元结构的概念最早由荷兰经济学家贝克(Baker)提出，而后希金思(Higgins)、赫希曼(Hirschman)、缪尔达尔(Myrdral)从技术部门、地域结构和政策效应方面作了不同程度的探索。1955年美国经济学家刘易斯(Lewis)在《经济增长理论》一书中提出的二元经济理论，试图解决一种工业化与现代化的发展模式问题，随后拉尼斯和费景汉以及托达罗对该理论做了进一步改进。此外，集聚理论、新马克思主义“中心边缘”范式和新兴古典经济学的“分工演进”理论对城市化的发生机制做了进一步的解释。在实践领域，霍华德提出了一种城乡一体化的田园模式，麦吉在对东南亚城市的实证研究中总结出了所谓“Desakota”的城乡一体化发展模式。在地理学领域，中心地理论、位序数量分布、城市首位度和城市位序规模分布等理论为研究城市化的区域空间结构提供了理论源泉。

2.1.1 二元经济城市化发展理论

(1) 刘易斯二元城市化模型

1954年刘易斯(Lewis，A)创立了经济发展的二元结构模型(刘易斯，1989)。这一模型将发展中国家经济划分为农业和工业两个部门，同时将经济发展的过程归结于经济结构转变的过程，即农业比重逐渐下降而工业比重逐渐上升的过程。模型认为，在发展中国家的农村里存在着大量的剩余劳动力，农业劳动力的边际生产率几乎为零，农业部门的工资水平很低，而工业部门代表着先进的生产力，工业劳动力的边际生产率明显高于农业，其工资水平也必然高于农业，这就促使农业劳动力源源不断地从农村流向城市。这一过程将一直延续到农村剩余劳动力被城市完全吸收，农村工资和城市工资趋向一致，城乡差别逐步消失，国民经济实现现代化为止（唐文进等，2004）。

刘易斯模型包含着十分鲜明的城市化含义：首先，模型把工业部门或资本主义部门与城市相统一，认为城市是经济发展的起点，资本和新思想并非稀薄地分散在整个经济中，经济发展是城市现代工业部门不断扩张的过程；其次，经济发展的中心事实是迅速的资本积累，而资本积累的主要来源是城市工业利润，新就业机会是由城市工业部门的不断扩大创造出来的，在两种不同经济中就业的相对人口的比例，取决于高工资经济中能提供就业机会的资本数量，也取决于高工资经济中的工资水平；最后，城市化带来的人力资源在城市和农村间的重新配置，是实现经济发展的基本途径，经济发展的完成，是城市现代经济部门的扩张促成农业的工业化，即在资本装备、技术水平和组织制度等方面实现农业与工业的趋同（王学真等，2002）。

刘易斯提出的“二元经济模型”影响了后来许多发展中国家经济政策的制定，亦对发展经济学的产生产生了重要影响，也是许多人口城市化研究（尤其是乡镇人口迁移）的重要理论基础。尽管刘易斯模型对发展中国家政策的制定和人口城市化研究产生了重要的影响，但实际上刘易斯模型的种种假定与现实世界存在较大差距。首先是其提出的假设，诸如“农村剩余劳动力并不是无限供给，城市不存在失业①，农村剩余劳动力被吸纳完毕前城市部门实际工资保持不变②，农村零值边际生产力的剩余劳动以及城市工业的就业创造率与其资本积累率成正比③”等，并不完全符合发展中国家的实际情况。实践中，发展中国家如因循这一模型而忽视农业，由此而制定国家政策难免会损害农业的发展。

（2）乔根森的二元模型

针对刘易斯二元模型基本假设中的缺陷，乔根森（Jogenson，D. W）提出了以“农业剩余”（不是农业劳动力剩余）为基础和核心的二元经济理论。乔根森认为，农业部门不存在边际生产率等于零或小于零的剩余劳动。即使经济陷入低

---

① 在城市化水平极低的国家或是地区，实际上城市中就业仍然不充分，存在着大量的失业现象。

② 大量的国家发展经验证明，无论是名义上的还是经过购买力平价的城市工资水平都是有一直上升的趋势。

③ 这一假设意味着，资本积累率越高，则现代部门的经济增长率越高，创造工作的速度也越快。但是如果资本家将所获得利润投资于劳动节约的精密仪器（而不是简单地扩张现有的生产条件），结果又会怎样呢？未必会增加就业，甚至可能较少就业，这实际上是现代经济发展的普遍现象。

水平均衡状态，人口增长也伴随着农业产出增长。其暗含的思想是，当农业剩余等于零时，不存在农村剩余劳动力转移；只有当农业剩余大于零时，才有可能形成农村剩余劳动力转移。因此他认为，劳动力转移不可能以剩余劳动为前提，农村和城市都不存在失业（戴炳源、万安培，1998）。进而乔根森提出，农村向城市人口转移的根本原因在于消费结构的变化，是消费需求拉动的结果。因为人们对农产品的需求是有限的，而对工业品的需求是无限的，当农产品的供应已能满足需求时，农业的发展动力就消退，农业人口开始向工业部门转移。在政策主张上，乔根森和刘易斯一样，都提出要加速农村到城市的人口转移过程。

乔根森二元模型也有其自身的缺陷，那就是他关于粮食需求收入弹性的假定（即在存在农业剩余时，粮食需求收入弹性为零）显然与事实不符。此外，该模型应用马尔萨斯人口论的观点，认为人口的增长是由经济增长决定的，这更不符合发展中国家的实际情况。

（3）拉尼斯和费景翰的改进

刘易斯模型暗含的一个假设是农村劳动力的无限供给，而拉尼斯（Ranis，G）和费景翰（Fei，J）（2004）认为农村劳动力并不是无限供给的，继而对刘易斯模型加以修改和扩充，并分析农业—工业间劳动力转移的理论框架。其核心思想是，当农业劳动力减少到一定程度时农业总产出开始下降，引致农产品价格上升，现代工业部门利润减少，从而农业劳动力平均工资水平和工业部门平均工资水平持平，此时劳动力向工业部门的单向转移将停止，农业、工业间劳动力的再次流转将由市场机制决定。同时他们认为农业中也存在技术进步，通过提高劳动生产率水平，可以弥补由于农业人口向工业部门转移带来的农业总产出的减少，以保证农村剩余劳动力的持续转移和工业部门的持续发展。拉尼斯—费景汉模式考虑了农业生产率的增长，但是仍然认为工业部门不存在失业，只要工业部门的工资水平高于农业部门，农村隐性剩余劳动力还是会源源不断地向城市转移（惠宁，2005）。

（4）托达罗改进的二元模型

乔根森和拉尼斯-费景翰改进了刘易斯的二元经济（城市化）模型，但仍然不能对发展中国家城市失业与农村人口流入城市同步增长现象作出合理解释。托达罗（Todalo，1969）认识到发展中国家城乡普遍存在的失业问题，提出了他的城乡人口流动模型。托达罗认为，影响人口迁移决策的不是实际的工资收入，而是“期望收入”，继而以“期望收入”的概念来取代城市的实际收入，从而较好地解释了当时在发展中国家普遍存在的农村人口向城市大规模迁移与城市高失业率持续并存的现象。托达罗模型的核心思想在于：① 农村劳动力向城市转移取决于在城市里获得较高收入的概率和对相当长时间内成为失业者风险之间的利弊权衡；② 发展中国家二元经济结构决定了较大的城乡收入差距，而这又导致了农村人口源源不断地涌入城市，造成城市劳动力市场严重失衡，使失业问题日益严重；③ 注重农业和农村自身的发展，鼓励农村综合开发，增加农村就业机会，缓解城市人口就业压力。

尽管托达罗模型似乎是在贬低城市的重要性，但其本身的政策含义是显而易见的。第一，城乡就业机会的不平衡是由城市偏见造成的，尤其是：城市发展战略偏见必须缩小；第二，城市工作创造不足以解决城市失业问题，传统的凯恩斯主义解决城市失业问题的方法（创造更多的城市现代部门工作，但未能同时尝试改善农村收入和增加农村就业机会）可能会引起奇怪的现象，即城市就业增多引起失业增高；第三，全盘教育扩大会导致更多的移民失业；第四，工资补贴和传统稀缺要素的定价可能阻碍生产；第五，整合农村发展的计划应该受到鼓励（托达罗等，2009）。很明显，托达罗模型的重点是在解决城市失业问题，而刘易斯模型则侧重分析农村失业问题；托达罗特别重视农业部门和农村发展，放慢劳动力流向城市的速度，而刘易斯和乔根森则认为应将经济发展的重点放在城市工业部门，并加快农村向城市的劳动力流动。

尽管“二元经济”理论并非是针对城市化问题而提出的，但在之后的城市化领域的研究中却将它作为城市化的一个重要的解释性理论。今天来看，二元经济所描述的“劳动力无限供给条件下的经济发展”依然是中国经济发展的现实，而且就中国来说，更面临着人口总量与土地空间资源之间的紧张关系。

2.1.2 城市化空间机制理论

二元经济模型为从经济发展和结构转变的角度分析农村城市化的产生提供了一个便捷而高度简化的理论框架。研究者都将城市化作为一种历史发展过程来看待的，虽然也涉及经济活动和人口的聚集这一空间现象，但城市在这一过程中是被当作一个点来对待的。然而，城市是区域发展的产物，城市化过程中并未说明的问题是不同规模城市之间以及城市与其所处区域之间的关系。

（1）区域政策的渊源

现代社会的区域发展政策可以追溯到工业革命时期的英国。随着工业化的深入，英国以煤炭和原材料为基础的重工业开始衰退，如船舶、钢铁等。作为工业衰退的结果，20世纪初英国的南北发展表现出明显的差异，北部的苏格兰和北英格兰由于重工业的衰退而不景气，南部由于新工业的发展而强劲增长。从而大量的人口从衰落的北部向南部迁移，引起了公众的关注。从 20 世纪 20 年代开始，英国实施了一系列的试图缩小区域差异的政策①，试图通过刺激北部发展和抑制南部增长来控制越来越多的由北至南的移民。这些政策一直持续到 70 年代末，其经验被许多发达国家政府所借鉴以缩小区域发展差异，如 1963 年法国将全国划分成 20 个区域，日本 1965 年通过法案促进 3 个特别区的发展，即使是美国亦在实施促进特别地区发展的政策(Sit and Lu, 2001)。对于区域发展的理论，传统的经济学原理并没有给予太多的关注，但是对于这一存在的现实，许多学者试图解释并提出理论。这些观点可以概括为“集中/平衡发展理论”“非均衡的区域发展理论”“增长极理论”“扩散—极化理论”和“核心—外围理论”。

(2) 集中/平衡发展理论与非均衡的区域发展理论

平衡发展理论认为，各经济要素间存在相互依赖性和互补性，不能够侧重于某一部门或某一区域，否则会受到其他未受重视的部门或者区域的阻碍。因此所有的经济部门和地区应该同步前进，共同发展。持集中/平衡发展观点的学者亦承认区域不平衡现象的存在，但其坚信，区域不平衡现象是暂时的，今后会消失。平衡发展理论的政策结果就是“自由放任经济”(Sit and Lu, 2001)。

平衡发展和不平衡发展两种理论的争论焦点在于是否给予更多的发展自主权、优惠的税收政策、资源的集中投入等。非均衡发展理论认为，市场力并不能自发收敛，因此当市场趋向于产生极化时，政府的干预就是必要的了。

(3) “增长极”理论

“增长极”理论最初由法国经济学家佩鲁(Francois, Perroux.)提出，后来法国经济学家布代维尔(Boudeville, J. B.)、美国经济学家弗里德曼(Friedmman, J.)、瑞典经济学家缪尔达尔(Myrdal, Gunnar)、美国经济学家赫希曼(Hischman, A. O.)分别在不同程度上进一步丰富和发展了这一理论。“增长极”理论认为发展在空间分布上必然是不均衡的，经济增长是一系列不平衡机制组成的过程。该理论强调产业间的前后向联系和产业间的相互带动作用。佩鲁后来还提出了“发展极”的概念，因为“增长”只表示量的增加，而“发展”则还意味着质的变化，体现在经济结构、社会结构和文化意识上的提高等诸多方面(叶舜赞，1994)。

① 如针对北部的特别地方税优惠、财政和基础设施建设激励，同时严格控制南部的工业和办公的扩张以及新的企业兴办。

(4)"扩散-极化"理论

缪尔达尔(1957)和赫希曼(1974)则分别创设了内容大致相当的"扩散效应"——"回波效应"、"极化效应"——"涓滴效应",用以解释区域之间尤其是城乡之间的发展不平衡现象。"扩散效应"是指所有位于经济扩张中心的周围地区,都会随着与扩张中心地区的基础设施的改善等情况,从中心地区获得资本、人才等,并被刺激促进本地区的发展,逐步赶上中心地区。"回波效应"("极化效应")是指经济活动正在扩张的地点和地区将会从其他地区吸引净人口流入、资本流入和贸易活动,从而加快自身发展,并使其周边地区发展速度降低。赫希曼强调指出,尽管这两种效应会同时起作用,但在市场机制自发作用下,极化效应占支配地位,并进而提出了"边际不平衡增长理论",以及"核心与边缘区理论"。后来的研究者以实证方式论证了在工业化初期,"回波效应("极化效应")对区域负作用会逐渐增大而产生发展失衡,导致地区间差异扩大,出现两极化境地。而后随着区域的综合协调发展,"回波效应"("极化效应")的影响强度不断减弱,增长极逐渐为整个区域所兼容,"扩散效应"("涓滴效应")开始显性化,并在一定时期超过"回波效应"("极化效应"),最终使区域经济发展达成均衡,整个经济发展过程呈现出倒"U"形趋势。后来一些发展中国家应用增长极理论的基本原理,结合本国经济发展的实际情况,发展了上述"不平衡增长",比如,梯度推移理论与地域生产综合体理论等①。

(5)"核心-外围"理论

1966年美国学者弗里德曼(Friedmann, J.)依据熊彼特的创新思想,认为发展可以看作一种由基本创新群最终汇成大规模创新系统的不连续积累过程,而创新往往是从具备有利于创新活动条件的大城市向外围地区进行扩散的。基于此他提出了核心和外围的依赖关系的假设。该理论试图解释一个区域如何由互不关联、孤立发展,变成彼此联系、发展不平衡,又由极不平衡发展变为相互关联的平衡发展的区域系统(Friedman, 1966)。这一理论由两部分组成,一是空间经济增长的阶段,一是不同区域类型的划分。

弗里德曼认为,随着一国经济增长周期性地发生,经济空间转换随之出现,这样就产生了区域的不平衡,即产生了经济增长区域(核心区域)和经济增长缓慢或停滞衰退的区域(外围区域)。他根据一个国家工业产值在国民生产总值中所占比重的不同,划分出空间经济增长的四个阶段,每个阶段都反映了核心和外

① 百度百科 http://baike.baidu.com/view/1615191.html? fromTaglist,2009年4月8日登录。

围区域之间关系的变化：① 前工业阶段，工业产值比重小于10%。此时，经济发展水平的区域不平衡现象不显著；② 过渡阶段，工业产值比重在10%—25%之间，此时，国内具有区位优势的地区表现出很高的增长速度，从而使核心—外围的对比开始出现；③ 工业阶段，工业产值比重25%—50%。此时，外围区域内部相对优越的部分出现了经济增长的高速度，国家规模上的核心—外围结构逐步转变为多核结构；④ 后工业阶段，工业产值比重开始下降，工业活动逐步由城市向外扩散，特大城市区域内的外围区域逐渐被特大城市的经济所同化，在职能上相互依存的城市体系产生，即形成大规模城市化区域（中国城市规划设计研究院、建设部城乡规划司，2003）。

通过对空间经济增长的分析，并根据经济及区位特征，弗里德曼对一些国家进行了区域类型的划分，以揭示区域不平衡的性质和程度。

> 核心区是具有较高创新变革能力的地域社会组织子系统，外围区则是根据与核心区所处的依附关系，而由核心区决定的地域社会子系统。核心区与外围区已共同组成完整的空间系统，其中核心区在空间系统中居支配地位。弗里德曼非常重视核心区在空间系统中的作用。他认为，核心区位于空间系统的任一网络结构上，空间系统可以有全球级、洲级、国家级、大区级和省级水平，一个支配外围地区重大决策的核心的存在具有决定性意义，因为它决定了该地区空间系统的存在①。
>
> 外围区又分为三种。第一种类型是向上的过渡区域，它不断受到核心区域的影响，具有向内移民、资源集约使用和经济持续增长等特征。这个区域有可能成为包含有新城市的、附属的或次一级的核心区域。第二种类型是资源型外围区域，由于资源的发现和开发，经济出现了增长局面。与此同时，新的聚落、新的城市形成。这种区域也有可能发展成为次一级的核心区域。第三种类型是向下的过渡区域，这类区域曾经具有中等城市的发展水平，但由于初级资源的消耗，以及某些工业部门的放弃，与核心区域的联系又不紧密，经济增长放慢，甚至停滞衰退，趋于萧条（中国城市规划设计研究院、建设部城乡规划司，2003）。

弗里德曼的“核心-外围”理论为从区域空间过程的角度研究城市化过程提

① 维基百科 http://wiki.mbalib.com/wiki/核心边缘理论，2009年5月31日登录。

供了重要理论框架。因为其在处理城市与乡村的关系、国内发达地区与落后地区的关系、发达国家与发展中国家的关系方面具有实际的应用价值，一直是许多发展中国家空间规划理论和实践的主流指导思想。

2.1.3　经济学中的城市化模型

（1）规模报酬递增与分工演进

集聚经济理论认为城市经济具有规模报酬递增的特点。具有一定规模的城市可以提供较好的基础设施、较完善的生产、金融、信息、技术服务、较集中且有规模的市场以及较大的劳动力市场，因而有较高的经济效益。这种聚集效应会吸引工业向城市集中，这种集中还会进一步加强城市的集聚效应，从而促使城市规模扩大。集聚经济理论揭示了城市为什么会出现，城市规模为什么会扩大。典型的规模经济和城市化的一般均衡模型是福基塔—克鲁格曼模型（Fujita and Krugman，1995）。

集聚经济理论认识到了“规模”带来的好处，但是他们并没有意识到与“规模”同在的还有“分工”。实际上美国经济学家杨格（Young）在 1928 年就提出“城市化程度由社会分工水平决定；分工水平由市场大小决定；递增报酬的实现依赖于劳动分工的演进”。由于工业中的分工比农业发展得快，在市场机制的作用下，大量的农业人口转向城市，使城市化呈加速发展的过程。古典经济学家“马尔萨斯-洪亮吉”过程更是证明了这一点，这两人发现人口的增长总是倾向于超过土地承载力增长这一事实，或者更广义地说，如果人口基数足够大，城市化人口增长速度总是倾向于超过城市生产力发展这一事实（缪军，2003）。

（2）新兴古典城市化模型

杨小凯等人在其新兴古典城市化模型中利用“交易效率”将“规模”和“分工”联系起来，提出“分工演进、市场扩大、交易效率提高是城市化演进的基础”。实际上，色诺芬和威廉·配第曾经认识到了分工与城市出现之间的内在联系，杨小凯用一般均衡模型研究了城市化和分工演进的关系[①]。但该模型不能预言城乡二元结构的出现，因为按照该模型的思路，所有的人应该居住在一起。继而杨小凯和赖斯发展了第一个新兴古典一般均衡的城市化模型，它可以预见“城市的起源、城乡的分离都是分工演进的结果”（Yang and Rice，1994）。模型的故事是这

① 该模型预见，如果所有人居住在一起组成城市，则交易效率会因每对贸易伙伴之间距离的缩短而提高，从而分工水平和生产力也会提高（Yong，1991，转引自杨小凯，2003）。

样的，在城市化和分工的发展中，由于城市居民之间的交易距离比农村居民要短得多，其交易效率也就更高，城市居民的专业化水平和生产力就比农村居民提高快得多。在经济从低分工水平向高分工水平过渡的转型阶段，用生产力差别和商业化收入差别表示的城乡二元结构就会发生。但是，不同地区之间以及不同职业之间的自由流动，会使城乡之间人均真实收入均等化，尽管其人均商业化收入会不平等。随着交易效率的提高，经济将演进到一种完全分工状态。此时城乡二元结构就会消失，而城乡之间生产力、商业化程度以及商业化收入也会均等（杨小凯，2003：286－287）。城乡不平衡状态将随着分工水平的提高逐步缩小而最终达到平衡的状态。但是我国由于既有的制度约束（户籍制度、土地产权制度等），在现阶段上述城乡演进均衡化的条件并不存在。

杨小凯等人证明了“驱动城市化的力量是外部经济效益，而不是内部规模经济”，进而指出“资源边界”“剩余人口”将会是制约中国城市化的重要因素。新兴古典理论城市化模型为这一问题的解决提供了两个可能的发展方向：向外扩张或内部升级。向体制外扩张，争取更多的“资源边界”，寻求更大的市场。内部升级（即新兴古典理论所谓的知识积累和制度创新）是解决这一问题的另一个方向，它要求体制内的分工不断演进，突破城市化过程中资源边界的瓶颈，在新的分工制度下，使剩余人口重新成为“有意义的人口”（杨小凯、张永生，2000）。

2.1.4 新马克思主义城市化理论

20世纪60年代列斐伏尔把阶级冲突分析引入城市研究领域，从而开创了新马克思主义城市研究的先河。所谓的“新马克思主义”是指马克思之后各种信仰和阐释者学说的混合体，也称“西方马克思主义”（高鉴国，2007：2）。资本主义国家的发展始终伴随着工业化和城市化。传统的城市化理论认为工业会和城市化有密切联系。但新马克思主义者认为，以人文生态学和新古典经济学为基础的传统城市化认识过于肤浅，继而认为社会现象只能按支配的生产方式来理解，即社会组织其生产活动的方式。新马克思主义的观点侧重于表象之下的结构分析，强调资本积累和流通对城市化进程的作用（宁越敏，1990）。新马克思主义城市化理论就是运用马克思恩格斯的基本思想来分析城市化的理论，主要讨论了以下几个问题：如何通过城市视角理解资本主义？反之，如何通过资本主义生产关系认识城市化？城市化进程是否具有独特机制，如何将马克思主义引入城市研究？其主要代表人物是列斐伏尔、卡斯特尔斯和大卫·哈维以及约翰·弗里德曼（高鉴国，2007：129－180）。

(1) 集体消费论

法国社会学家卡斯特尔斯在 20 世纪 60 年代末 70 年代初以"集体消费"为突破口,将马克思主义分析方法引入当代城市科学。所谓"集体消费"是指:"工人能够每天不断地提供劳动力,就必须供应他们食品、住房和交通工具,同时通过教育机构进行培训;由于人口过于集中,所有这些消费项目日益在城市化逆境中提供;教育、交通、住房和医疗保健方面的供给越来越成为国家事务,因为私人资本认为无利可图;这种由国家提供的集体形式消费,正在成为政治关心和行动的对象;然而国家很难满足集体消费的巨大付出,因此存在一个消费供应的危机趋势,并导致城市社会运动。"卡斯特尔斯的"集体消费"理论的突出特点就是与城市特征的有机联系。卡斯特尔斯认为,集体消费问题也是城市问题,因为居民的聚集形式构成集体消费的组织或条件。城市居民的管理和各种集体财产的组织管理之间有直接关系,城市管理不失空间形式的简单设置。卡斯特尔斯的研究开始于国家福利被广泛认可和接受的时候。然而社会情况从卡斯特尔斯的研究著作出现时已经开始发生新的变化。随着 20 世纪 80 年代的里根主义和撒切尔主义以及意识形态和实践的右倾倾向,市场被认为是比国家更有效率的物品供应手段,许多资本主义国家提供的集体消费项目有所减少……到 80 年代,他已经很大程度上放弃了早期提出的宏观理论推理。尽管如此,卡斯特尔斯对消费政治和围绕消费所形成的政治联盟的观点已成为城市研究的重要参照点,其理论创新在学术界留下了深远影响(高鉴国,2007: 141 - 153)。

(2) 资本积累论

与其他西方马克思主义城市学家相比,大卫·哈维更直接地运用马克思历史唯物主义进行城市分析,他多次谈到他的研究重点是要建构资本主义城市化理论:

> 我在《资本的局限》中要做的最重要的工作是建设一个解释城市化的基本理论,那就是将空间生产和空间性整合起来……

哈维的主要理论在于说明资本主义城市化的主要动因是资本积累,是资本家受利益驱使的产物。关于城市和资本积累的探讨主要集中在哈维的以下著作中:《社会正义与城市》《资本的局限》和《资本的城市化》。哈维的主要城市化观点体现在以下几个方面: ① 城市化是资本积累的重要形式,构成了资本主义再生产的基本条件;② 城市建筑环境在资本积累过程中具有两重性,即资本向城市建成环境的流动既是解决危机的一种手段，但反过来又引起进一步的危机；③ 在列斐伏尔的资本二次循环理论的基础上，哈维根据资本周转的时间和投资领域，区分了资本主义条件下的三种资本循环形式[①]；④ 从多个角度说明了资本积累和城市化的关系。哈维对资本积累和城市化的解释，开阔了对多种资本循环形态和相互关系的认识。与马克思一样，哈维也认为城市化是一种过程，资本和城市化都在发展变化、包含多种联系的东西，而不是一种固定不变的东西，应当从运动和多维的眼光看待城市化和资本积累（高鉴国，2007：129—140）。哈维认为资本的积聚和城市化是手牵手（hand in hand）同时出现的。这是新马克思主义解释城市及其规划应用的要点，即城市是在资本主义不断的压力下，通过积聚的“效用”来反映不断增长的利润要求，通过营建城市产生劳动力和资本的积累，并通过积聚维持资本主义。

（3）世界城市体系理论与新国际劳动分工

新马克思主义者在分析认识不同国家的城市化问题上，并没有把眼光局限于西方和国家的阶级关系和依附性地区模式，而是扩大到从资本主义世界体系的进程分析城市化和阶级关系产生和变化的条件。世界城市体系理论将全球分为中心、半边缘和边缘地区[②]。资本主义世界体系所以运转至今，其根本点在于中心和边缘地区之间长期横向分工和资本积累的运动所产生的一个不等价交换体系。世界体系理论为分析不同国家的城市化进程提供了理论框架。

第三世界边缘国家和地区的城市结构、地区和国家城市体系与中心国家相比，存在明显差异。资本主义世界经济体系对边缘影响的主要表现是后者城市化进程出现的“首位城市体系”“非正规经济部门膨胀”和“过度城市化”等特点。继而新马克思主义者提出“新的国际劳动分工”“劳动的空间分工”等概念，描述分析中心和边缘的关系。从而跨国公司的投资去向在很大程度上决定不同国家城市经济、就业机会的变化。发达国家占统治地位的世界大城市、大型国际银行和跨国公司的情况表明，现代资本主义的网络组织与国家城市的网络之间有内在的联系。在20世纪末，全球1/3的生产力集中在跨国公司，同时，跨国公司还分别在国际贸易、国际贷款和国际技术上分别占到2/3。主要城市作为跨国公

---

① 第一资本循环：资本用于普通商品生产；第二资本循环：资本用于固定资产和消费基金项目；第三资本循环：科学技术投入和主要用于劳动力在生产过程中的各项社会开支。

② 世界城市体系理论受到华勒斯坦的“世界体系理论”的影响，世界体系理论的要点是：现代资本主义经济组织是一个全球系统，不只是建立在国家基础上；这个体系分为中心、边缘和半边缘三个地带；中心地区发展为工业生产体系，而边缘地区提供原材料、并依赖于中心地区所决定的价格；这种世界经济格局起源于15世纪欧洲农业向资本主义的逐步转变。

司网络“节点”的驻地，将资本主义世界的经济联系在一起。

在漫长的人类发展史上，由于种种条件的限制，不同国家和民族处在相互隔绝的、平行的不平衡发展状态中，资本主义的世界扩展将这种隔绝的不平衡发展打破，但也可能带来新的全球性的不平衡发展。因为资本是全球流动的，而劳工需求相对固定，劳动力就按照资本的需要而流动，因此，造成空间变化的机制是资本。

2.1.5　城乡融合理论和思想

(1) 霍华德的田园城市理论思想

与二元城市化理论相对应的是“城乡融合”理论，其思想最早可以追溯到始于 19 世纪末期的霍华德的田园城市思想。1898 年 10 月，霍华德在其代表作《明日：一条通向真正改革的和平道路》(*Tomorrow: A Peaceful Parth to Real Reform*)一书中提出用一种城乡一体的新社会结构形态来取代城乡分离的旧社会形态(霍华德，2002)。霍华德以英国 19 世纪史无前例的快速城市发展为背景，针对工业化、城市化过程中出现的一系列社会问题(公共卫生、水污染、住房短缺、失业和贫困等)，提出创造一个有别于传统的同时具有城市和乡村优点的“田园城市”。田园城市坐落在开放的乡村中，每一个家庭都拥有自己的庭院，毗邻工作地点，同时也容易到达田野和农场。但田园城市绝不是孤立的市镇，霍华德用其称之为市际铁路的轻轨系统把一系列田园城市连接为一个巨大的多中心的巨型城市地区，他称之为“社会城市”。网络化成“社会城市”的“田园城市”不是一种简单乌邦托设想，霍华德对城市的适合规模、日常运营和居民的福利等都做了仔细的经济计算，其核心思想是利用城市扩张引起的土地增值的收入来支持田园城市的运营开销。

霍华德提出“社会城市”思想后不久，他就在伦敦以北 60 km 的莱奇沃斯开始了第一座“田园城市”的实验。此后，在离伦敦更近的韦林以及其他地区也进行了“田园城市”的建设。尽管霍华德的“田园城市”思想的本意是通过“私人合作”来提供就业岗位和城市运营的日常开销，但是在实践中遇到了种种困难，建设福利型的“社会城市”的理想目标难以推广。事实上，后来的英国新城建设全部是由集权化的政府来组织实施的(霍尔、沃德，2009)。

(2) 麦吉的东南亚实证研究

20 世纪中叶，加拿大地理学家麦吉(J. G. McGee)在对东南亚城市化做了大量实证研究后，认为传统西方学者的“西方中心主义观”想当然地认为世界城市化只有一种模式(即西方模式)是一种误解。实际上,传统的城乡结构在亚洲的实际演进过程中有其自身特征,产生了一种新的城市化发展模式,他将其称为“Desakota”(在印度语中,desa 即乡村,kota 即城市)。即在城乡紧密联系的前提下,建立在区域整体混合发展基础上的亚洲城市化发展模式,根本不同于西方传统城市化发展道路。因此,麦吉提出了以区域为基础的城市化道路。认为这种区域不同于欧美等发达国家的区域范围,欧美重点研究的区域是由“中心城市支持起来的系统”,主要由城市居民外迁引起的,而东南亚城市化与区域发展相结合的支持系统是城市、乡村相混合的复杂体系,主要是由工业化、城市扩张等引起的。麦吉考察的对象是农村与城市的空间高度密集的区域,包括大都市外围区、城市间靠近主干道的走廊区。这种模式已经成为许多发展中国家,特别是亚洲国家的一种普遍的新的区域发展模式(McGee, 1988, 1991a, 1991b)。但麦吉对于 Desakota 并没有做严格的科学分类,并且这一概念也缺乏历史背景的特征内涵;此外,麦吉也没有论述 Desacota 是否是亚洲各国政治体制下的产物(史育龙、周一星,1997)。

2.1.6 城市化空间结构理论研究

城市体系研究是探索人类集中居住和进行各种社会经济活动的场所分布的规律,城市化的区域空间结构与城市体系发育有一定的关系。城市化的区域空间结构是城市地理学者研究的主要内容之一,产生了丰富的研究成果。

(1) 中心地理论

城市体系研究成果最早可以追溯到杜能的农业区位论和韦伯的工业区位论,而最具影响力的当属德国地理学家克里斯泰勒(1933)提出的中心地理论,在美国(B. 贝里和加里森,华盛顿)、英国(英格兰、威尔士)、德国(巴伐利亚州区域规划)、荷兰(1960 年围海造地)得到了实际应用。虽然中心地理论已经得到了直接的公认,但对其自身的缺陷也必须有一定的认识,在实践中要进行一定修正:① 地理条件的复杂性;② 现代城市的功能多样性;③ 城镇之间的横向联系;④ 城市体系的发展是动态的,具有不同的发展阶段;⑤ 历史形成的城市体系基础;⑥ 除考虑区位经济效益外,还要考虑政治体制、政策影响和民族特点等人文因素(叶舜赞,1994)。

1940 年,廖什在其代表作《经济空间秩序》中用更系统、更严密的论证,从提供最低级的商品的中心地展开,向上构筑了与克氏基本相同的六边形区位模型。廖氏模式比克氏更先进之处在于,设计了一套有多因素变动分析的动态区位模式，其 k 值可以为任意值（克氏只能是 3、4、7）。

(2) 城市首位律

杰斐逊(Jefferson, M)于 1939 年提出了首位城市律，即一个国家（或地区）的首位城市同其他城市在规模上大得不成比例，而且在很大程度上体现了该国（或地区）的实力和特征。在对 1938 年至 1959 年间 51 个国家进行分析后，杰斐逊发现有 28 个国家的城市首位度大于 2，有 18 个城市的首位度大于 3，且城市的首位度呈现出不断提高的趋势（周一星，2007：254－258）。

与城市首位律密切相关的两个概念是城市首位度[①]和首位城市。贝里(Berry)认为，城市首位度与一国经济发展的早期阶段有关；林斯基(Linsky)进一步认为，首位城市概念最适合于较低的经济发展水平，较为单一的空间结构，较小的地域和人口，较低的经济收入，经济发展主要依靠农产品出口，以及具有殖民地历史的国家城市特征描述（叶舜赞，1994）。

(3) 二倍数规律

戴维斯(Davis，1978)利用一种特殊的城市规模级的划分原则，研究世界 10 万人口以上城市的规模分布，发现每一级的城市个数几乎是高一级的 2 倍。这一规律的数学表达式是

$$A_i = A_{i+n} \times (2^n)$$

$$F_i = F_{i+n} / 2^n$$

式中，A_i 是 i 级城市的最低人口规模，A_{i+n} 是比 i 级低 n 级的那一规模级城市的最低人口规模；F_i 是 i 级的城市数，F_{i+n} 是比 i 级低 n 级的那一规模级城市数（转引自周一星，2007：265）。

(4) 金字塔分布

西蒙(Simon H. A.)从概率分布的角度，对城市体系的金字塔结构进行了最为一般的描述，其概括的简化公式为

$$F(i)/F(i-1) = (i-1)/(i+1)$$

式中，i 为城市规模等级，$F(i)$ 为 i 等级的城市人口规模

贝里和加里森以美国华盛顿州 1954 年的居民人口资料，对该规律进行了实证研究(Berry and Garrison，1958)。虽然西蒙的理论有着广泛的适用性，但是

① 为克服城市首位度两城市指数过于简化的缺陷，有人提出了四城市指数和十一城市指数。

各规模等级城市数量变化首先受到最低城市门槛人口的影响，其次是各规模等级人口跨度的划分，这两点都是人为确定的，具有很大的随意性，这是其不足之处（叶舜赞，1994）。

(5) 位序-规模法则

1949 年齐夫（Zipf，1949）经过研究提出，如果把城市位序和规模置入双对数坐标中，其特征接近一条直线，大致可用下式表示：

$$P_r = k/r^q,$$

式中，P_r 为第 r 级城市的人口，r 为按人口规模排列的城市顺序，q，k 为常数

贝里采用图解的方法，对不同国家和地区的城市体系进行了横向的比较研究。认为位序规模分布与经济发展具有相关性，即不发达国家在城市化的初级阶段倾向于首位分布，而高度城市化、经济发达的国家倾向于位序规模分布（Berry，1960）。总体上看，位序规模分布公式主要是在经验归纳的基础上得出的，用以分析比较大的区域内城市群和城市体系，可以得出比较概括的结果，如果用于分析较小尺度的城市体系，依据远远不足。

虽然中心地理论、城市首位律和城市位序规模法则是城市地理学的核心基础理论①，但无一例外，这些理论或研究成果都是建立在统计分析的基础之上的，由于不同学者的研究对象、方法和时间阶段不尽相同，亦没有一个统一的研究框架，因此也就难以形成普适的理论（Carroll，1982；周一星，2007）。

2.1.7 城市化发展规律的探讨

(1) 诺瑟姆的 S 形曲线

人口的城乡迁移，空间的城乡转换或是融合固然是城市化理论研究的重要方面，但城市化发展本身亦存在一定的规律性。美国地理学家诺瑟姆（Northam，1979）对世界各国的城市化率进行了历时和截面的统计分析后，于 1979 年提出各国城市化过程的轨迹为“S”形曲线的理论，可用来检验国家或地区的城市化水平和过程（图 2-1）。曲线的大致含义是在工业化的初期是劳动密集型为特征的轻工业化，工业化发展吸纳大量劳动力，就业结构转变，工业发展所形成的聚集效应使工业化对城市化产生直接和较大的带动作用，此阶段国民经济实力相对较低，城市化率以平缓上升的态势向 30% 发展；在工业化的中

① 这里不再赘述，具体可查阅周一星著《城市地理学》(2007)或许学强、周一星和宁越敏著《城市地理学》(2009)等书。

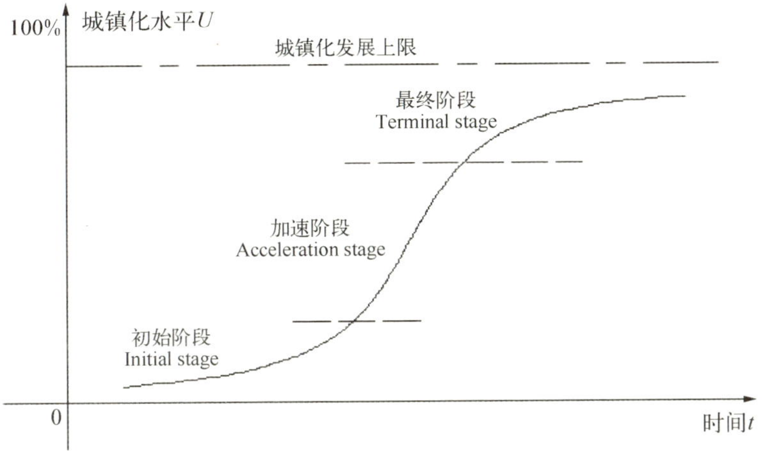

图 2-1　诺瑟姆城市化发展“S”形曲线及三阶段划分理论思想示意图

资料来源：王建军，2008。

期(扩张期)以资金资源密集型为特征的重工业化阶段和以技术密集型为特征的高度化阶段，有机构成的提高使工业就业人数随技术水平的提高出现相对甚至绝对下降，这时产业结构升级化和消费结构升级的作用超过了聚集效应的作用，城市化的演进不再主要表现为工业比重上升的带动，而更多地表现为由工业化带动的非农产业比重上升的拉动。此阶段工业和国民经济进入加速发展、实力迅速增强的时期，城市化水平的年增长率是工业化同期的 1.5—2.5 倍，城市化率将以较快的速度向 70%攀升。在工业化后期(成熟期)第二产业在国民经济中的比重，无论从就业结构还是 GDP 结构来看，在上升到 40% 左右后，将缓步下降，与此相应，城市化的速度亦有所降低并主要依赖于第三产业的发展(王建军，2008)。

概括起来就是当城市化水平小于 30%时发展速度较慢；当城市化水平达到 30%时开始加速，直至达到 70%左右，再次平稳发展。但必须注意，上述规律仅仅是基于经验的统计观察，并不是说每个国家的城市化一定按照“S”形曲线发展。

(2) 大都市带

大都市带(Megalopolis①)的概念(Gottmann，1957，1967，1976)是戈特曼于 1957 年提出的，戈特曼在对美国东海岸区域进行了长达五年的研究后，认为在

① 20 世纪 20 年代芒福德和格迪斯就将 megalopolis 用于描述城市兴衰发展阶段的模型中，50 年代戈特曼将其首字母大写，提出 Megalopolis，强调城市化发展进入一个新的历史阶段(伊丽莎白，2007)。

这一巨大的城市化地域内，支配空间经济形式的已不再仅仅是单一的大城市或都市区，而是集聚了若干都市区并在人口和经济活动等方面密切联系形成的一个巨大整体（史育龙、周一星，1996）。虽然严格意义上大都市带同格迪斯的集合城市概念（Geddes，1915）都是不同尺度下城市体系的表现形式之一，但两者之间的区别还是比较明显的，集合城市是城市建成区的连续，而大都市带是都市区的连绵，二者的尺度不同，一般而言后者的尺度要明显大于前者。

大都市带的概念从提出开始就饱受争议，芒福德就在他的代表著作《城市发展史》中批评大都市（或大都市带）忽视了人的基本生活需要，并对特大城市、大都市区和大都市带的未来作了悲观的预言（芒福德，2005）。尽管对大都市带是否将成为城市化过程中空间格局演进的必然结果以及对其利弊得失仍然存在争议，甚至至今人们对于究竟应该将其理解为一种区域性的偶然现象，还是看作人类社会居住形式发展演变过程中出现的新的地域空间类型仍有着不同看法（史育龙、周一星，1996，1997）。但半个世纪以来包括中国在内的许多国家的发展实践表明，大都市带这一地区空间组织形态具有一定的普遍性。

(3) 逆城市化

与城市化发展理论研究的热潮相反，也有西方学者观察到 20 世纪 70 年代后美国的城市化出现了新现象：大部分大都市区的人口增长慢于其他的小型都市区，尤其是特大都市区人口的下降最快，大都市区的部分人口正在迁入周边的非大都市区。这与早先的大都市区周边地区人口向大都市区迁移的趋势相反，因此贝利把这一现象定义为“逆城市化（counterurbanization）”（Berry，1976；贝利，2008：188—193）。逆城市化是城市化发展到较高级阶段的一种空间再分布现象，其与正常的人口城市化进程是并存的。逆城市化与乡村化是完全不同的两个概念，前者主要是空间趋向于乡村，但生活方式仍然是城市性的；而后者主要是生活方式和空间都趋向于乡村。

2.2 中国城市化发展研究

尽管西方城市化的理论和研究成果如此丰富，但我国的现有情况和西方国家以及西方城市化理论有很大不同，因此，研究我国城市化发展面临的实际问题和具体特征就自然成为当代我国学者的主要任务之一（孙施文，2005）。新中国成立后的很长一段时间，社会科学研究基本停滞，城市化的研究也不例外，其直接的影响就是，虽然中央政府对苏联模式的质疑一直存在，但城市发展政策很大程度上仍受到苏联模式的影响。南京大学吴友仁先生于 1979 年发表了《关于我国社会主义城市化问题》一文，被认为是新中国城市化研究学说史上的开篇之作（何念如，2006）。此后，城市化研究开始逐步展开，概括起来主要包括五个方面的内容①：城市化发展道路、城市化的动力机制、适宜的城市化水平、城市化的国际比较和西方的中国城市化研究。

2.2.1　城市化发展道路

（1）大中小城市发展的争论

中国城市化的发展道路一直以来是学者研究的热点（辜胜阻，1991；孟晓晨，1990；秦庭栋，1994；顾朝林，1995；Wu，1995；Fan，1997；薛凤旋、杨春，1997；Zhang and Zhao，1998；宁越敏，1998；崔功豪、马润潮，1999；孙施文，2005；赵燕菁，2000；Roger，Chan and Zhao，2002；韦亚平、赵民，2006）。

而 1983 年费孝通《小城镇、大问题》一文的发表，在全国掀起了小城镇研究的热潮，以小城镇为主要内容的农村城市化成为这一时期中国城市化的主流观点。与此同时，我国学术界展开了围绕“规模论”的城市化战略的探讨，讨论的中心主要集中在不同规模城市的效率和成本，以及对城市化人口的吸纳能力，大致形成了“小城镇、大城市、中等城市和大中小城市协调发展”四种观点（赵新平、周一星，2002）。

（2）小城镇论

费孝通的小城镇论的出现有一定的时代背景。在改革开放初期，我国的大中城市仍然囿于计划经济的制度体系，各项改革虽已经逐步展开，但城市产业部门对劳动力的吸纳非常有限，且受到严格的农转非指标限制。而 20 世纪 80 年代，由于经济体制的改革，乡镇企业发展迅速，虽然户籍制度和人口迁移政策限制了人口（劳动力）的转移，却在一定程度上促成了小城镇的繁荣。中国的城市化首先表现为农村人口向小城镇转移而非传统意义上的大中城市吸纳农村人口的过程（何念如，2006）。正是有小城镇蓬勃发展，加之国家明确的“积极发展小城镇”的政策，“小城镇论”成为改革开放后我国城市化发展道路讨论的主流观点。

① 顾朝林和吴莉娅（2008a，2008b，2008c）对中国城市化研究作了精彩的综述，为本书的研究综述提供了启发。

(3) 大城市论

马克思、恩格斯认为,大城市具有中心作用,列宁的城市化理论认为在整个城市体系中,大城市优先增长,而中等大城市在城市化初期增长最快(路明,2000)。因此有人主张“大城市论”(崔功豪,1985;赵玉馨,1985;胡兆量,1986;金本科,1986;杨重光,1988;张秉忱等,1988),认为“小城镇论”忽视了城市发展的规模效应,指出大城市具有远大于小城镇的规模效益,大城市的发展是现代化、工业化和第三产业发展的需要,并引用世界城市化的发展道路证明“大城市的超前发展是一条客观规律”。针对“大城市战略”,靳新中(1988)认为“大城市的发展战略是需要条件的”,并用经济学的“成本-收益”法对城市化战略进行分析,认为“大城市战略并不是无成本的”[①]。

(4) 中等城市论

如其他的学术争论一样,会有中间立场,即“中等城市论[②]”(吴友仁、夏宗轩,1981;刘纯彬,1988;王晓红,1988;沈建法,1999:67)。“中等城市论”的提出主要是针对当时的“大城市病”和小城镇的“耕地浪费、能源浪费、环境污染”等问题而提出的折中和调和,并试图运用数据证明中等城市从经济效益、社会效益和环境效益的统一来看矛盾最小。

(5) 大中小城市协调发展论

实际上,世界上没有第二个国家主张以某种“模式”来发展城市化(何念如,2006)。实际上,以“规模论”为主题的城市化思路从出现的开始就遭受着质疑(周一星[③],1988;陈鹏,2005)。继而一些学者(王颖,1985;崔功豪,1989;张秉忱等,1988)认为,城镇体系永远是由大中小各级规模城镇组成的,不存在普适的最优城市规模,孤立地发展大城市、中等城市或小城市(镇)都是片面的。因此提出,中国城市化道路的选择,必须转变战略思路,转向以大中城市为主导、大中小城市实现全面发展。具体来讲就是:挖掘大城市的潜力,扩大和建设中等城市,择优和适度发展小城市,进而加速中国的城市化进程。这就是“大中小城市协调

---

① 包括逆规模经济效益成本、大城市发展中的“门槛”成本、发展大城市的区域机会成本和发展大城市的疏散成本等。转引自何念如,2006。

② 该论点源于“经济学动态”编辑部于1984年召集一批学者共同探讨中国城市化的道路问题。经过讨论,学者们首次提出了“中等城市论”。之后,刘纯彬1988年在《财经科学》上发表了《中国城市化要以建设中等城市为重点》一文,由于观点鲜明、立论有据,成为这一时期中等城市论的代表性文章。转引自何念如,2006。

③ 周一星教授(1988)首先提出,用规模来判定一个城市是要发展还是要控制的做法对于城市化这个论题是不适合的,这种源于计划经济管理模式下的思维定势延误了我们关于利用市场机制来调节城市规模的思考和探索。转引自何念如,2006。

发展”的观点，基本上与现实的国家城市化发展战略接近。

(6) 城乡一体化

很长一段时间学者们否认城市和乡村的联系，直到 20 世纪 90 年代一些学者开始关注于城乡的联系，认为城乡的联系比分隔更加有意义。唐文进等(2004)根据二元经济结构理论和聚集经济理论，认为城市化的一个主要机制是经济发展和经济结构转变所带来的经济活动和人口在城市的聚集，空间极化并非工业化过程中的必然现象。在对发生在苏南地区的农村城市化现象分析后，认为农村城市化的动因源于农村本身，而不像传统二元区域结构理论所认为的那样要在工业化进行到一定阶段后再由核心城市的扩散效应①。进入 21 世纪以来，快速城市化地区城乡空间利用无序、低效，生产和生活空间发展面临瓶颈，人居环境改善的要求日益迫切，在这一背景下，一批学者(如陈小卉，2003，等)提出了快速城市化地区城乡空间统筹规划的一元模式，其核心是淡化农村。按照城区—卫星城—独立社区的结构安排市域居住空间；工业空间集中于省市级开发区，统筹安排市域物流空间；市域生态空间包括农业空间和生态绿地，农业空间兼具生产、环境、旅游、社会保障功能。“城乡一体化”的观念已经开始在政策层面上主导中国的城市化发展。2007 年《城乡规划法》的实施，多少算是对城乡一体化思想的承认，但是内涵上是完全不同的。

(7) 城市群

大中小城市发展道路的争论至今也没有形成统一的观点，继而有学者跳出城市规模论发展的框框，将大都市圈、大都市带、都市连绵带、城市群、城市区域等概念引入中国(姚士谋，1992；诸大建，2003)。虽然称谓有所区别，但实质上都是在更大的空间范畴讨论城市化发展，是对城市连绵地区的概括。为阐述方便，部分简称“城市群”。概括起来，这些研究主要包括以下三类(何念如，2007)：

一是介绍国外相关的理论研究成果和发展经验，主要是美国波士顿—华盛顿大都市带、北美五大湖芝加哥—匹兹堡都市带、英国伦敦伯明翰地区、荷兰阿姆斯特丹—兰斯塔德城市区域、日本东京—名古屋—大阪都市圈、德国鲁尔城市带以及中国长三角城市群。

二是结合中国的具体现实和最新形势，阐述发展城市群模式的理由，突出论述了大都市圈在带动整个国家经济发展中的重要作用。主要观点是：大都市圈

① 实际上，结论的获得并没有建立在严格的分析基础上，按此观点苏南现象应该是全国现象，实际上并不尽然。

是规模经济和集聚经济发展的必然结果，其形成必须具备一定的条件；大都市圈是国家的政治或（和）经济中心，是由核心城市领导的。

三是对城市群理论在中国实践的总结。中国大都市圈建设模式有多种构想，如八大城市集聚带（杨建荣，1995）、九大都市圈（国家计委经济研究所课题组，1996）、五大城市集聚区（中国设市预测与规划课题组，1997）、四大都市圈（顾朝林，1999）、三大都市连绵区（诸大建，2003）等。一些学者更是提出，未来的区域竞争将是都市圈之间的较量（周牧之，2001）。

尽管大都市圈的建设仍然存在很多诸如行政体制的理顺、产业结构趋同、区域的协调、环境污染和交通组织等问题，但其不失为城市化道路之争提出了一个新的视角。国家"十一五"规划明确提出："要把城市群作为推进城镇化的主体形态；已形成城市群发展格局的京津冀、长江三角洲、珠江三角洲等区域，要继续发挥带动和辐射作用，加强城市群内各城市的分工协作和优势互补，增强城市群的整体竞争力；具备城市群发展条件的区域，要加强统筹规划，以特大城市和大城市为龙头，发挥中心城市作用，形成若干用地少、就业多、要素集聚能力强、人口分布合理的新城市群。"这标志着城市群的发展理念已经被管理层接受。

(8) 其他

辜胜阻（1991）结合对中国城市化动力机制的分析，提出了"二元城市化战略"，即"设想发展两种圈带：第一种是发展比较密集的圈带（如长江三角洲），第二种是发展市管县这种圈带，即通过加强主体城市和延续城市（市管县的县城）之间的网络建设来加强市管县内镇的城市化"。可以说，这是后来"城市群"思想的早期雏形。孟晓晨（1990）在运用经济学模型分析方法对中国城市化机制研究的基础上，提出了中国城市化道路的"双轨归一说"，即在目前我国的城市化过程中，农村人口向城市的空间迁移和向非农业的职业转移不能同时实现，因而现实中"我们选择的城市化是双轨的，一轨是直接的城市化，两个转移同时完成；一轨是滞后的城市化，先职业转移后空间迁移。最终必将双轨归一，实现完全的城市化"。王红扬（1998）认为后工业化将改变传统的城市化进程，未来我国城市人口和用地都将以内涵增长为主，体系结构演化中单纯的"等级-规模"序列（层次结构）将被"核心-边缘"关系下的网络结构部分取代。

……

尽管关于城市化道路的争论如火如荼，但也有学者对城市化道路的争论持反对态度，认为城市化战略最关键的是要加强制度建设（路永忠、陈波翀，2005；陈鹏，2005）。城市化作为伴随经济社会增长和结构变迁而出现的社会现象，与制度安排及其变迁密切相关，即制度安排和变迁是城市化的推阻机制（刘传江，1998）。相关的研究主要包括对现行制度的剖析、批判和创新。

2.2.2 城市化动力机制

城市化的动力机制是指“推动城市化发生与发展所必需的动力的产生机理，以及维持和改善这种作用机理的各种经济关系、组织制度等所构成的综合系统的总和”（陈柳钦，2005）。

（1）“自上而下”和“自下而上”论

在城市化动力机制的理论中，最为经典的是“推拉模式”，其理论渊源可以追溯到恩格斯，他认为曼彻斯特的繁荣和人口增长源于其工业化迅速发展所产生的拉力，而威廉姆森则将农村向城市的人口迁移归因于马尔萨斯式的人口压力、土地稀缺及圈地运动。恩格斯和威廉姆森分别从城市的拉力和农村的推力两个方面阐释了当时的城市化进程（朱宇，2001；唐文进等，2004）。20 世纪 80 年代中国小城镇的蓬勃发展，推动了城市化理论界思考“是什么力量在推动城市化发展，推力和拉力如何作用于城市化”。由于农村工业①的发展和城市扩张在同时进行，因此普遍认为，中国有两种类型的城市化（Shen，2002）：一是自上而下的城市化，由中央政府有计划地对城市（包括新城）进行投资建设，其主动力是来自中央政府发动的工业化。自上而下型城市化支配了中国 20 世纪 50—70 年代的城市化进程，至今仍在起作用；二是自下而上的城市化，以乡村集体或个人为投资主体，通过乡村工业化实现乡村城市化，其根本动力来自农村经营体制和经济体制的改革创新（冯尚春，2004）。自下而上城市化始于 20 世纪 70 年代，并且在 80 年代达到高潮，成为具有中国特色的中国城市化道路（冯雨峰，1983；马清裕，1983；辜胜阻，1991，1998；阎小培，1994；宁越敏，1998；崔功豪、马润潮，1999），典型的如苏南模式、温州模式、珠三角模式和胶东模式（顾朝林、吴莉娅，2008a，2008b）。此外，也有研究认为大型项目建设的驱动作用是城市化的动力机制（顾朝林，1999），但实际上这只是“自上而下”论的组成部分而已。

（2）产业结构转换论

城市化的根本在于从事农业人口向非农产业人口转变，城市化与产业结构

---

① 改革开放以来农村工业化推动了乡镇企业的繁荣发展，表明一个新的部门——农村工业部门已经从传统的农业部门中逐渐独立出来，并初步形成了与农业部门、城市产业部门相互联系又相互分离的另一种独立的经济力量，由此对中国社会、经济结构、地域空间转换产生的深远影响，李克强（1991）将这种现象总结为传统农业、乡村工业和现代工业三大系统并存的三元结构。

之间有密切的联系。早在1992年,顾朝林就对不同产业在城市化过程中的影响进行了分析,指出在工农业发展较低的阶段,其本身对城市化的影响也较小,当工业化水平突破一个极限状态时,即从农业占较大比重的阶段向工业占较大比重的阶段转化,其对城市化的影响也就加强,这个极限状态就隐含着产业结构的转换。严国芬(1988)通过实证研究证明城市化的动力机制存在阶段性,在1978年前,城市化进程缓慢,主要受农业发展水平的影响,这时第二三产业居次要地位;1978年后城市化快速发展,工业化和由此带动的农业发展成为主要推定力量。辜胜阻和刘传江(2000)指出,产业结构变革是城市化的动力机制。段杰和李江(1999)指出,同全球化发展趋势一样,中国城市化发展的最基本的动力机制是产业的空间集聚。仇保兴(1999)将产业结构转换总结为"工业集聚、市场建设和第三产业发展"。何念如(2007)把三大产业对城市化的推拉作用总结为"农业是最基本的推动力、工业化是城市化的核心拉动力、第三产业给城市化以后续拉动力"。因此,大多数学者认为,产业结构的转换是城市化发展的基本动力。

(3) 矛盾动力论

在研究理论的过程中,对经济社会的大背景的理解是需要的,然而把相关的大背景作为主体来研究是比较少见的。华民(2004)从整个经济社会的矛盾运行角度出发,论证了中国国内蕴含的矛盾恰恰是城市化发展的动力,具体包括:环境、人口与经济增长之间的矛盾、城乡之间的矛盾、经济增长和社会发展的矛盾。这透视出一个信息,即城市化在中国经济发展中已经上升到了核心的层面——成为有效解决矛盾并实现经济持续增长的途径(何念如,2007:228-231)。

(4) 资本来源论

随着中国经济体制转型的不断深入,城市化的动力已呈现越发复杂的局面,城市化动力机制的研究也在不断深入,研究者逐步摆脱了"内力"的思维定势,以资本来源作为切入点。宁越敏(1998)认为,中国20世纪90年代以来城市化的动力机制已经多元化,一方面传统的计划经济模式痕迹依然清晰可见;另一方面市场经济的制度正在逐步建立,其结果是经济运行主体多元化,政府、企业、个人都积极参与了经济发展乃至城市化的进程,并从政府(财税放权、决策放权、制度放松)、企业(国有、外资)、个人(私营经济、农村经济、开发区)三个城市化主体的角度分析了90年代中国城市化的动力机制和特点,认为当前中国正出现新城市化趋势,即多元城市化动力替代以往一元或二元城市化动力,较为集中的城市开发模式替代分散的乡村企业发展模式。

(5) 内生与外力

在全球经济一体化的大背景下，学者逐渐认识到外资对中国城市化格局、过程和机理产生了影响，是城市拉力和乡村推力之外的第三种力量(薛凤旋、杨春，1995，1997)。实际上早在 20 世纪 80 年代末，许学强等(1988)就已经认识到沿海开放地区城市化动力是计划经济体制、乡镇企业和外向型经济；宁登(1999，2000)指出，中国城市化的动力来源取决于两大系统：一是外生系统的输入，如全球化的力量、信息化的推动、交易革命和生产体制变化等；二是内生系统的变革，如农村工业化带来的经济、社会和空间结构的变化。继而华民(2004)指出，如果我们变封闭经济的讨论为开放经济的讨论，国际贸易的发展也会对一国城市化的发展产生巨大影响，主要表现在“影响城市的区域分布，影响城市能级和产业结构”。而美国著名区域经济学家约翰·弗里德曼在 2005 年出版的著作《中国的城市转型》中亦指出，“中国的城市化是由内在的社会动力所推动的，而不是像一般认为的由全球资金的涌入而导致”。

(6) 全球化

南京大学吴莉娅(2005)研究了全球化背景下我国城市化的动力机制，认为在全球化视角下的城市化动力机制主要包括三部分：生产要素市场建设是中国城市化的发展动力，全球化和地方共同构建中国城市化的产业基础，国际贸易加速中国城市化进程。进而指出全球化视角下的中国城市化动力机制作用主要是指：全球化所带来的全球生产要素的自由流动、产业结构的重组与转移，以及全球市场的建立，将进一步推动中国工业化的发展，拓宽对中国商品的国际需求，对中国市场经济建设，以及产业结构升级都有积极作用。而且随着中国市场经济建设向纵深发展，以及产业结构的变迁，国家发展战略、政策、法规等的安排与创新，必然会促进农村人口向城市人口转变，增加城市数量，促进城市规模的扩大，推动中国城市化的发展。

2.2.3　中国城市化水平

对于中国城市化水平是滞后还是正常，一直以来存在着争论(侯学英，2008)。

持滞后论观点的学者认为：① 我国城市化水平滞后于工业化水平，理论依据是钱纳里的城市化率与工业化率相比较的世界发展模型，即城市化率要高于工业化率，而我国的情况与之相反，城市化率大大滞后于工业化率(王小鲁，2002)；② 我国城市化水平滞后于非农化水平，即城市人口的增长滞后于非农产业的发展(李新伟，2002)；③ 我国城市化水平滞后于经济水平，依据是世界银行提供的世界各国城市化水平与经济发展水平的数据。

持正常论观点的学者认为：① 承认我国城市化水平偏低的事实，但认为还处在正常合理的区间，与经济发展水平是基本适应的(李文博、陈永杰，2001)；② 我国城市化发展与工业化发展不协调的原因不在于城市化滞后，而在于工业化发展的偏差；③ 应用中外数据的对比，发现我国城市化并非滞后于非农化，且二者之间的差距在逐步缩小(樊杰、田明，2003)；④ 通过人均GNI和购买力水平评价的国际对比等方法，认为我国城市化水平与经济发展水平大体相当(李京文，2004；葛永军、许学强、闫小培，2003；周一星，2006)。

此外，以诺瑟姆的"S"形曲线为基础，也产生了大量的关于中国城市化水平的研究文献(焦秀琦，1987；李新运等，1995；王远飞等，1997；陈彦光等，1999；王建军，2008)，这些研究主要是关注于中国城市化的加速发展阶段的判定。

2.2.4 中国城市化的国际比较研究

城市化的国际比较研究对于进一步认识中国城市化发展具有重要意义，对于城市化空间特征的描述同样是必不可少的。对于城市化的比较研究而言，首先遇到的问题就是各个国家对城市概念的理解的不同[①]，对城市化的界定也是有一定的区别的。即使是这样，也并不妨碍国际间比较研究的开展，虽然比较研究不能给出一个完整的研究成果，但是其在某个研究视角下的结论还是具有实际意义的(柴彦威，1999)。

(1) 日本

马约生(2006)认为，日本早期城市化给日本社会经济的发展带来了极大的影响：它推动了工业化的进程，促进了农业的发展，进而改变了城乡关系，引起了家庭结构的变化、城市居民生活的变化，还直接推动了日本政治现代化的发展。高强(2002)和郑宇(2008)的研究表明，战后日本城市化发展在地域上高度集中，东京、大阪和名古屋三大都市圈集中了全国半数以上的人口。顾朝林等(2007)认为，全球化导致日本的城市化出现了新动向，即东京持续增长、区域性中心城市发展停滞和地方城市衰退。韦伟和赵光瑞(2005)认为，日本城市化的发展主要以产业结构的演变及其政府的制度选择为支撑，政府的合理政策选择为城市化重要的外部条件。王桂新(2002)研究了中日两国的人口分布、迁移和

① 如西方有的国家定义人口达到2 500人即为城市，而我国则要求至少不低于7万非农人口(除人口标准外还有一系列的经济、社会发展方面要求，具体参见民政部《关于调整设市标准的报告》)。

城市化的特征，认为两国之间既有共性又有差异。

王德和彭雪辉(2004)对日本的分区域城市化做了研究，认为我国城市化政策和目标的制定要重视区域之间的差异。李杰(2006)比较了中日城市化发展的特点，认为政府对城市规模的规划事实上是无效的，应减少对城市发展的控制，进而认为大城市优先发展是中国城市化的必由之路。高强(2002)和汪冬梅(2003)对比研究了日本和美国的城市化，认为城市化是系统工程，只有通过各方努力，协调好各种关系，才能推动城市化快速健康地发展。刘志仁(2000)通过对日本的考察，介绍了日本农村推进小城镇城市化的经验。

此外还有学者对日本城市化进程中的农村土地制度(郝寿义等，2007；肖绮芳，2008；肖绮芳、张换兆，2008)、农地和农民非农化(简新华、张国胜，2006)、人口城市化对耕地变动的影响及机制(贾绍凤、张军岩，2003；张军岩、贾绍凤，2005)等做了较深入的研究。

(2) 美国

工业化城市芝加哥和后工业化城市洛杉矶代表了美国两种截然不同的城市化模式(王旭，2001)。王金虎(1997)研究了 19 世纪美国城市化，认为是经济和城市人口增长等多种因素推动了美国早期城市化的发展。王磊等(2001)考察了美国西部城市化的历史进程，认为政府所承担的基础设施建设，是落后地区实现其发展的第一推动力。王家庭和张换兆(2009)认为美国城市化、工业化与土地制度的相互协调发展，是促进美国经济社会健康发展的重要保证。大都市区的发展是美国 20 世纪城市发展的主导模式(刘敏，2005；戈特曼，2009)。然而进入 20 世纪 70 年代以后，美国非都市地区的人口增长速度超过了大都市地区。由此一些学者认为美国的城市时代和大都市区时代行将结束，"非都市化"时代或"逆城市化"时代即将来临。实际上，这种"非都市化"或"逆城市化"是城市扩张即郊区化进程的继续，是大都市区进一步膨胀的结果(孙群郎，2005)。80 年代以来，美国的城市化又有了一些新的变化，有人称之为"再城市化"。"再城市化"一方面是由于中心城市人口的迅速发展，从而有别于年代的"逆城市化"运动，另一方面则是由于少数民族郊区化的崛起，使得郊区的人口有了进一步的增加并日益异质化，同时郊区已不只是附属的"卧城"，而正日益成为居民工作、学习、生活的主要活动场所，成为都市化地区的重要部分，从而有别于以往传统的"城市化"(唐晓阳，1994a)。科技进步、第三产业繁荣和多样化的经济是 80 年代美国城市化健康发展的保障(唐晓阳，1994b)。

钟水映等(2003)认为，在美国的城市化进程中，伴随着产业结构的变化，人口区域分布也经历了"非都市转折"和"再城市化"的过程，因此认为我国的城市化发展要重视产业支撑，根据区域发展格局的调整和产业结构的演进实施不同的城市化发展模式。国家发展和改革委员会产业发展研究所(2004)考察了美国、巴西的城镇化后，认为我国在加快推进城镇化的同时，应重视乡村经济发展。许可(2005)研究了美国的大都市区化，认为中国以都市区的城市化组织模式取代传统的城镇体系组织模式是中国城市化发展的走向。丁成日和孟晓晨(2007)论述了美国城市理性增长理念对中国快速城市化的启示。

在美国城市化研究中，对美国城市化的特点和一般规律的总结是研究的热点(黄柯可，1995；徐和平、蔡绍洪，2006；王春艳，2007)。美国城市化过程中农地城市流转与农地保护(张安录、杨钢桥，1998；张良悦，2008)、农村城市化的过程(高强、王富龙，2002)、外来移民对美国城市化的影响(梁茂信，1997)、美国郊区城市化所衍生的区域问题(白国强，2004)、城市化的区域差异(王旭，2005)等方面也产生了一些研究成果。

此外，还有学者研究了美国的人口流动(黄柯可，1996；王磊等，2001)、西部开发(丁平，2004；王储，2008)、贫民窟(吴晓、吴明伟，2008)、外商直接投资(王小侠，2005)、黑人(胡锦山，1998)、农业现代化(刘自强，2007)印第安人(李晓岗，1992)、宗教(金卫星，1997)、内战(隋笑宇，2009)以及现代城市规划(李山勇，2007)与城市化的联系。城市史也是美国城市化研究中的重要领域(黄柯可，1994；王旭，2004，2006，2008)。

(3) 欧洲

第二次世界大战后，美国和欧盟的城市化出现分散趋势，但由于城市化政策差异，其城市化模式具有很大的不同。美国土地使用十分慷慨，而欧洲相对谨慎；美国发达的公路交通促使了人口的分散，而英国稠密的铁路网促进了城市人口的相对集中；美国政府对公房介入很少，而欧洲把发展公共住房作为政府的社会责任……这些差异直接导致了欧洲城市化与美国的截然不同，主要表现在：郊区化程度和城市空间结构的差异(徐和平，2009)。

计翔翔(1992)研究了法国近代的城市化发展，认为法国城市化速度较慢，人口集中与工农业发展基本协调，因此没有出现其他资本主义国家城市化进程中严重的社会问题。冯超英和贾保维(2004)研究了德国统一对德国近代城市化的影响。邢来顺(2005)的研究表明，德国两次工业革命引起的经济地理结构的变化使德国人口的地域分布发生明显变化。谷延方(2005)的研究认为，英国中古时期城市化发展的最根本原因是英国农业生产力的进步。农业生产力的进步使得非农产业和城市人口获得赖以生存的生产生活资料，从而为劳动力转移获得发展打下坚实的基础。加拿大(林玲,1993)和澳大利亚是典型的移民国家,其城市化进程具有移民导入的特点,即不是乡村人口的迁移,而是国际移民促进了国家城市化水平的提高。余斌等(2005)认为世界城市化与城乡发展具有明确的阶段性规律,城市化与城乡发展遵循“城乡依存—城乡对立—城乡融合—城乡一体”的阶段性演变规律。

(4) 其他地区

刘文龙和罗平峰(2000)对比研究了近代拉美与美国城市化的不同进程与经济职能。拉美国家的城市化与工业化进程严重脱节,城市人口过度和过快增长,城市却不能为其提供必要的就业机会和生活条件,从而导致一系列严重的“城市病”,并最终危害经济和社会的健康发展。拉美国家是过度城市化的典型代表,因而也被称为“拉美陷阱”(张惟英,2006)。拉美国家的过度城市化也造成了极大的社会问题,环境污染严重,超过了城市的资源和环境承载力,甚至部分城市居民无法忍受城市贫民窟的生活方式而开始逃离城市(程洪、陈朝娟,2006)。拉美“过度城市化”的教训给我国农民工的不完全城市化现象敲响了警钟(田雪原,2006)。

非洲城市化的特点是:城市化起步晚但发展迅速;大城市、特大城市集中效应凸显,城镇体系尚未形成;城市化进程快于现代化;城乡差别大、城市内部二元结构突出;城市化水平地区差异大(姜忠尽等,2007),几乎所有非洲国家都越来越呈现出人口向少数几个较大城市集中的趋势,在某些情况下甚至集中到一个主要的城市中心(CISSE 等,2008)。姜忠尽等(2007)认为非洲城市化的发展是被社会、经济、历史和战争等因素所驱动,CISSE 等(2008)认为非洲城市的高成长率,是农村到城市的人口迁移、人口增长以及一些地区冲突的结果。非洲的人口过度城市化降低了农业生产的活力,也使城市背上了沉重的人口包袱,事实上已经一定程度地阻碍了非洲的经济发展(舒运国,1994)。

2.2.5　西方的中国城市化研究

较早对中国城市化发展进行研究的是西方学者。韦伯和杰尔斯(Weber and Gerth, 1951)认为,儒教作为中国的统治思想客观上阻碍了中国的资本主义和城市化发展,促进了乡村主义的壮大。罗兹曼(1989)在研究中国的现代化中,根据中国 20 世纪 60—70 年代的城市政策,认为中国积极发展小城市,形成了一个有利于小城市发展的网络[①],但这一观点缺少足够的论据支撑。施坚雅

① 国内很多文献提到罗兹曼的网络城市观点,据笔者查阅的资料,其并没有单独著述来阐明这一论点,很有可能是当时的某学者对其著作的误读而流传开来。

(Skinner，1977)在参阅了中国的地方志的基础上，指出中国城市化的最显著特征是具有“区域性”，因此研究中国的城市化要从区域着手。

近代西方学者普遍认为，20 世纪 80 年代以前中国城市化是具有明显的社会主义性质，不同于西方资本主义城市化(Chan，1994，1996；Fan，1995；Guldin，1997；Chan and Zhang，1999；Ma，2002；Friedmann，2005)，国家政策深刻地影响着城市化的进程(Chiu，1980；Leubg and Ginsberg，1980；Ma and Edward，1981；Chang，1981；Lin，1997；Wei，2000)。在中国城市化的特点上，帕金斯(1984)从中国农业发展的角度考察了中国城市化发展，认为农业生产力限制了历史上的城市化进程；柯克比(Kirkby，1985)认为，长期以来中国过于注重工业化的发展，尤其是重工业发展，从而削弱了城市进一步发展的动力，柯能和詹金斯(Cannon and Jenkins，1990)从三线建设的分散布局角度，进一步阐释了这个观点。在城市化与工业化的关系上，西方学者的认识很不一致，虽然大部分学者认为中国的城市化处于一种滞后状态(帕金斯，1969；Chan，1992，1994)，也有学者认为中国是过度城市化(Kirkby，1985；Ran and Berry，1989)。

此外，陈金永(Chan，1994)对户籍制度与中国城市化的关系做了全面分析，沈建法(Shen，1999)研究了城乡人口的迁移。源于中国城市人口统计口径的复杂和多变，导致西方学者对中国城市化水平产生混淆，因此，关于城市化统计数据和城乡人口统计口径问题也是西方学者热议的话题(Zhang and Zhao，1998；Zhou and Ma，2003；Shen，2005，2006；Chan，2007)。关于中国城市化的研究也很广泛，中国城市形态(Chang，1970)、城市体系(Chang，1976)、城市化增长(Pannell，1986)、小城镇发展(Ma and Lin，1993)、中国城市化道路(Zhu，1999)以及全球化下的中国城市化(Sit and Yang，1997；Logan，2002)的研究都有所涉及。

2.3 中国城市化转型与区域差异研究

2.3.1 中国城市化转型研究

世界银行在《2020 年的中国》(1997)中指出，当前的中国正在经历两个转变，即从指令性经济向市场经济转变和农村、农业社会向城市、工业社会的转变。如果用一个词来概括的话，那就是“转型”。转型意味着一种混合和交替的状态，即市场正逐步在资源配置中发挥基础作用，同时政府仍然在很大程度上直接影响着经济增长，城市化在“市场”和“计划”两种体制的同时作用下前行，政府主导的城市化模式(谷荣,2007)逐渐被新的制度安排和投资引导的方式所取代(刘传江,1998;陈波翀等,2004;盛广耀,2008)。

> ……中国的城市转型与全球化过程有关,这个过程已经影响到空间的生产、城市的消费,以及资本、人口和技术的流通。中国的多重转型至少包含了制度转变的八个方面:
>
> Ⅰ. 从社会主义制度模式下的国家在分配经济向市场调节型经济的转变……;
>
> Ⅱ. 从国家控制经济生产向国家调控市场转变;
>
> Ⅲ. 从中央集中决策和资源自上而下的分配,向财政分权化和较大的地方几经自主转变;
>
> Ⅳ. 从集中于重工业的外延式国家工业化,以满足中央计划下的强制性生产配额,向满足全球和国内市场需求的商品生产转变;
>
> Ⅴ. 从低效的国家经济为主的工业化大生产,向面向全球市场的消费商品的生产制造业转变,或者说是从"国家工厂"向"世界工厂"转变;
>
> Ⅵ. 从在资源约束条件下过分强调生产国家认为适当的物资,转变为较为均衡的消费品及服务业的生产;
>
> Ⅶ. 从土地公有(国有和集体所有)和土地的无偿使用,向很大程度上遵循以地价的区位为原则的土地有偿使用的转变;
>
> Ⅷ. 从由工作单位实质上免费供应住房向住房商品化转变。
>
> (马润潮、吴缚龙,2007:4)

"转型"已经是我国社会发展进程中的公认的普遍现象,但在城市化研究领域大多是把"转型"作为背景来讨论的(如宁登、蒋亮,1999;朱宝树,2000;刘耀彬、李仁东,2003;季小立、洪银兴,2007;张京祥等①,2008)。王瑞成(1996)在研究近世城市化时,提出了"城市转型"的概念:转型就是中国近世城市化的过程,

① 张京祥等在《体制转型和中国城市空间重构》(绪论 p1)中写道:"90 年代以来发达国家和发展中国家都在经历着经济社会、体制转型。正是在这一发生着巨大变化的发展背景里,转型(transition)成为一个吸引全球学术界广泛关注和重点研究的领域,并且相应在 90 年代中期以后诞生了转型制度学、转型经济学、转型社会学等等诸多分支领域……什么是转型?从本质上讲,转型是一种由于根本发展环境变化所导致的发展目标、发展模式的巨大变迁过程……主流观点将转型视作一个发生根本性变化的过程——从过于强调国家控制的传统社会经济环境,转向新自由主义市场经济与社会治理环境,是一个新制度代替旧制度的过程……"

就是城市化道路的转变;转型就是中国城市化动力的转变……转型还包括城市网络和城市空间布局的变化。与此同时,西方学者也注意到了中国经济社会转型过程中城市发展的独特性,从城市转型的角度勾画和描绘了中国城市化发展(Wu, 1995;Pannell, 2002;Friedmann, 2005;Wu and Ma, 2005)。

2.3.2 区域城市化发展研究

大量的研究文献对我国城市化的特征和历史发展做了充分的研究,初步形成了具有中国特色的城市化理论和实践经验。大部分的研究视角是把中国作为一个整体,从全中国的视角来研究中国城市化特征或者是历史发展。而实际上,"区域"对地域辽阔、发展差异极大的中国来说具有非常重要的意义,中国的城市化必须注意区域差异的存在(王德、彭雪辉,2004;彭雪辉等,2005)。正如斯金纳①(1991)所说,"把中国作为一个整体,笼统地考察其近代时期的城市化几乎毫无意义,明智的做法是从区域城市化的角度加以阐述,主要原因在于各区域发展特征不同、国家的政策不同、经济发展水平也不同"。虽然西方的区域理论如同西方的城市化理论一样丰富,但是把二者结合起来研究中国的城市化方面,取得的进展依然很少。西方学者对中国城市化的研究大都把中国作为一个整体(Ma, 2002;Zhang, 2004;Friedmann, 2005),而对中国的分区域的城市化研究还很缺乏,除少数文献外(Pannell, 2003),大多也是东部沿海比较发达的省份或者城市的案例研究(Skinner, 1977;Goodman, 1989,1997;Chen, 2006)。在国内对区域城市化的研究成果较丰富,几乎每个省份都有独立的研究成果[李涛,1999(西藏);俞滨洋、赵景海,1999(黑龙江);安祥生,2000(山西);刘科伟、刘玉亭,2000(陕西);孙建丽,2000(新疆);张永庆、王士君,2000(浙、苏、鲁、川、吉);陈林生、李刚,2003(四川);李娟文等,2003(湖北);马永欢、樊胜岳,2004(甘肃);叶滢等,2003(江西);段进军等,2004(内蒙古、上海);刘庆和、刘岸东,2004(贵州);当代上海研究所,2005(长三角);天津市档案馆,2005(天津);宣国富等,

---

① 斯金纳在考察了1843—1893年中国城市化的发展状况后,得出结论认为,城市化的区域差异除了与行政因素有关外,还需要考虑其他五个密切相关的因素:人口密度、劳动分工(区域内外、区域之间的地区分工和行业分工)、商品化程度、科技应用水平(尤其是交通方面)、区域外贸易水平(区域间和国外)。斯金纳将上述六个方面的统计数据进行处理,得出了与现实比较吻合的城市化水平。但是,斯氏在考察区域城市化发展时,过于关注各区域的独立性,而忽视了区域之间的联系,这样认识东北区域、云南和贵州区域尚可,而对于长江下游区域则未免有些欠缺。虽然斯金纳在研究中引入了计量手段来处理历史资料,但学术界至今未见其数据的原始资料,可信度仍存在争论。对G. W. Skinner的研究的评论可参考王旭著《美国城市化的历史解读》和王旭译(G. W. Skinner著)《中华晚清帝国的城市》(1977)。

2005(安徽);蒋剑芬,2006(福建);马玉英,2006(青海);宋建钢,2006(宁夏);熊鹰等,2006(湖南);徐林发,2006(珠三角);张强,2006(北京);郭尚武,2007(湖北);李立纲、王志雄,2007(云南);李林杰等,2007(河北);李秀霞、刘春艳,2007(吉林);彭荣胜、覃成林,2007(河南);史晋川等,2008(浙江);王茂军,2009(山东)],但这些成果过于独立,没有统一的研究框架,严格的横向比较工作很难展开。

2.3.3　区域城市化差异研究

源于统计数据口径的不断变化,从整体上来考察中国的区域城市化差异的西文文献还很少,尤其是在翔实的统计数据的应用上,西文文献极度缺乏。即便如此,我国的学者对城市化区域差异问题的研究仍然取得了很大的进展。

国内最早关于城市化区域差异问题的研究始于周一星 1983 年的一篇论文,其用区域不平衡指数测算了城市化的区域差异,认为城市化的地域差异基本上均衡,差别在于东部、内地和边远地区(周一星,1983)。1986 年许学强等利用因子分析方法分析了分省城市化水平,指出省区城市化水平不仅与工业化进程有关,而且与人口密度负相关(许学强等,1986),侯学英(2008)从人口、经济、社会、环境和开放度角度探讨了中国城市化进程的时空差异。随着统计数据的不断完善和丰富,尤其是第五次人口普查数据的发布,2000 年后掀起了区域城市化差异研究的热潮,产生了大量的研究成果(表 2-1)。城市化区域差异的研究方法亦在不断发展,不仅有描述性分析,也有理论推导,在统计测量方面也有了长足的进步,新的测度方法被引进。但丰富的研究成果并没有带来统一的认识,关于中国城市化的区域差异的结论仍然是含混不清的,有认为差异在持续扩大,也有认为差异在不断缩小,这与采用的城市化人口数据有关①,亦与研究方法有关,但都承认区域差异的显著存在。张颖和赵民(2004)论述了区域发展差异与总体城市化水平滞后的关联性。

表 2-1　中国城市化水平区域差异研究概况

学　者	论文时间(年)	研究阶段(年)	研究方法	观　　点
蒋耒文等	2001	1954,1980,1989	描述性分析	改革开放前,中、西部城市化速度快于东部,区域城市化差异趋于缩小;改革开放后相反

① 其中很多文献的基础数据使用的是由非农人口计算的分省城市化水平,从而很大程度上影响了分析结果,如陈瑾玫(2005)和范剑勇(2008)的论文。

续　表

学　者	论文时间（年）	研究阶段（年）	研究方法	观　　点
黄扬飞等	2001	1990，2000	描述性分析	人口密度高的地区城市化增幅在原来的基础上扩大，相反，人口密度低的地区增幅有相当程度的缩水
黄扬飞等	2002	1980，2000	描述性分析	2000年城市化水平东高西低，西部地区北高南低
张善余	2002	1990，2000	数据描述	地区差异显著
李　震	2006	1990，2000	描述性分析	研究发现省区间城市化进程差异较大
张颖等	2004	—	理论推导与描述	区域间的发展差异程度过大会导致全国总体城市化发展水平的滞后
沈建法	2005	1982，2000	描述性分析	运用修正数据得出东西部城市化差距拉大
刘盛和（等）	2003，2004，2007	1990—2000	人口区位商	城市化省际差异已从北高南低向东高西低演变；从土地、人口、经济、区域政策等角度全面分析
王良健等	2005	1982，1990，2000，2003	Theil，CV，S，E，G	东、中、西三大地带城市化的差距呈现缩小之势，三大地带内部的城市化水平差异明显
陈瑾玫	2005	1954—2003	CV	东、中、西部城市化差异呈现出逐渐扩大的趋势
赵群毅等	2005	1982—2000	σ标准差，回归	城市化发展速度存在空间不平衡；从时间序列上看，我国各省区的城市化进程具有同步性（五普修正值）
王茂军等	2006	1982—2000	Theil，CV，σ，E	省际相对差距缩小，三地带内部差距缩小，地带间的差距扩大，地带内差距变动贡献率大于地带间（五普修正值）
李　震	2007	1984—2004	CV，不平衡指数	20年来省际城市化水平总体上与地区经济综合发展水平一致，地区差异正在逐渐缩小

续　表

学　者	论文时间	研究阶段	研究方法	观　　点
郑勤华等	2008	1982—2003	省级，市镇人口，D_{ab}，CV	三大区域内部的城市化差异有逐渐缩小的趋势；三大区域之间的城市化差异不断上升
范剑勇	2008	1980，1990，2005	城市化水平区位商	六个地区城市化推进速度差异巨大，但在时间趋势上表现为地区趋同
文余源	2005	1996—2002	复合指标 Theil Index	区域差异有缩小的趋势，但三大地带城市化水平差异是扩大的
肖六亿等	2008	1978 后	描述性分析	城市化水平的地区差异诱发了劳动力从中西部地区向东部地区流动

注：Theil 为 Theil 指数；CV 为变异系数；D_{ab}为地区分布差异指数；σ 系数为 $\ln(Y_i)$（Y_i为 i 省份城市化水平与全国之比）的变异系数；E 系数为极值系数，S 为均方差指数；G 为地理集中指数。

2.4　小　　结

本章综述了西方城市化发展的主要理论和中国城市化实践的研究成果，这些理论和研究成果是开展我国城市化转型研究的丰厚基础。尽管与城市化转型较为接近的“城市转型”或者是“经济社会转型”概念已经在部分文献中提出，但是至今学界对“城市化转型”的范畴及其过程还缺少深入的研究，从区域城市化的视角来研究城市化转型更是一个新的研究课题。另一方面，虽然区域城市化的研究成果较多，但这些成果大多较为独立，没有统一的研究框架，严格的横向比较工作很难展开；而且既有的研究主要集中在城市化的数量差异上，而比城市化数量更重要的空间差异和质量差异还没有得到足够的重视。此外，尽管非常多的研究对城市化的区域差异进行了度量，但至今还没有对此做过全面深入的论证和有力的解释。

第3章

理论建构和研究结构

3.1 逻辑起点

西方城市化研究理论非常丰富，二元经济模型在城市化研究的早期占据了主导地位，但随着研究的深入，模型在被不断地改进；在城市化的空间机制方面，“增长极”理论、“扩散-极化”理论和“核心-边缘”理论占据了主流；20世纪60年代以后的集体消费论、资本积累论、世界城市体系理论和新国际劳动分工理论为主的新马克思主义城市化理论风靡一时；此外，基于乌邦托设想（霍华德）或实证研究总结（麦吉）的“城乡一体化”模式以及基于分工的新兴古典城市化模型也是比较有意义的城市化理论成果。另一方面，关于城市化发展的“S”形曲线规律和以中心地理论、位序数量分布、位序规模分布和首位度为主的城市化空间结构理论等也是重要的城市化研究成果。

与西方城市化理论的丰富成果相比，我国城市化研究起步较晚，且较注重实践，理论性成果较少，但实用性较强。改革开放后最先占据中国城市化研究核心的是“关于城市化发展道路”的争论和城市化动力机制的分析。近年来关于城市化的研究趋势正在从城市化技术方面转向对其体制的、制度的研究转变。因此，关于城市化制度研究、城市化的内涵、城市化的过程等产生了大量成果。解释性分析主宰了早期的城市化研究，由于统计数据的日渐丰富和统计手段的改进，近年来定量研究在逐渐增多，但仍然缺少系统的框架和分析平台供学者交流和讨论，尤其是在政策和制度分析与空间分析的结合上，还缺少具有说服力的研究成果。

另一方面，巨大的区域差异是我国经济社会发展的基本事实，但是在区域差异研究上，经济、消费、社会发展层面研究较多，从城市化角度入手的研究还很有限，研究的范围和视角主要集中在城市化水平的区域差异上。实际上，城市化的区域差异不仅表现在数量上，还表现在空间和质量上，结合区域城市化的空间差异和质量差异来研究区域城市化，可以更加全面地理解城市化的区域差异。在区域差异的影响因素分析上，主要的研究结论是“历史、地理区位和经济发展等影响了城市化的区域差异”，从制度和政策层面的分析还很少见，也缺少一个理论框架来解释区域城市化差异的形成机制和影响因素。

由此，本书的一个基本假设是：“在我国向市场经济转型的过程中伴随着社会的城市化转型；城市化的转型与人口管理制度、区域经济政策、城市调控方针、行政区划体制以及全球化的外部力量及人口迁移的自主选择等诸多因素有关，这些因素所构成的内在机制也将作用于城市化的区域差异及未来趋势。”亦即为本书研究的逻辑起点。

3.2 相关概念

3.2.1 城市化

城市化概念在西方语境中最早出现在马克思 1858 年所著的《政治经济学批判》中，他在谈论城乡分离和城市发展时说，“现代的历史是乡村城市化，而不像古代那样，是城市乡村化”（顾朝林，2008）①。从马克思提出“乡村城市化”概念开始，城市化理论的发展已经经历了 100 多年的时间。但对于究竟什么是城市化？不同领域和不同学者仍然有着不同的理解。最朴素的定义是：“城市化是人口向城市集中的过程”（宁越敏，1997：36）或者“城镇化就是乡村变为城镇的一种复杂过程”（周一星，2007：60）。

对人类学家而言，城市化并非简单地指越来越多的人居住在城市和城镇，“其深层次的内涵”应该指（人类）社会中城市和非城市地区之间的来往和相互联系日益增多这种过程（Grogery，1992）②。

对社会学家而言，城市就是一个“有着特殊政治管理结构的社区”（Weber and Gerth，1951）。城市化是社会关系与组织结构的变迁，是在工业革命和商业革命共同作用之下的历史进程，是农村生活方式转化为城市生活方式的过程。城

① 载于保罗等，2008，译者序。
② 转引自祝影，2001：34。

市化的实质是由于社会生产力的发展引起的人类在居住场所方面变化的过程，城市化的结果是使城市成为人类生活的主要场所，形成城市社会（王瑞成，1996：7）。

对经济学家而言，城市是人类从事非农生产活动的中心，城市化是由于经济专业化的发展和技术的进步，人们离开农业经济向非农业活动转移并在城镇集聚的过程，即农村农业经济转化为城市非农经济的过程；对人口学家而言，城市化是城市性生活方式的扩大，是人口向城镇地区集中的过程（周一星，2007：60）。

对地理学家而言，城市化是农村人口和空间向城市人口和空间转化的过程，是城市形成和发展的过程，城市地理学所要解决的是城市化过程中城市人口的空间分布，以及城市形成的城市系统在社会和经济中的作用（王瑞成，1996：7）。

对城市学家而言，城市化是农业人口和土地向非农业的城市转化的现象及过程，具体包括人口职业的转变、产业结构的转变和土地及地域空间的变化（董鉴泓，2001）。

史学家兰帕德把城市化看作是一个“生态复合体”，主张从人口、地志、经济、社会组织，城市立法和管理等政治过程，城市领导、城市文化、城市与所在地区和全社会的关系，城市在市民心目中的形象，城市的建设过程及城市各社区之间的联系等 11 个相互关联的方面去研究城市化过程。这无疑扩大了城市化的理论，即城市化不仅是人口的集中，而且包括环境技术传播媒介和社会组织方面的变化。加拿大城市史学家吉尔伯特 · A. 斯蒂尔特则在兰帕德的基础上将城市化概括为三个方面的内容，即人口/社会生态城市化、结构城市化和行为城市化（王瑞成，1996：7）。

此外，赵新平和周一星（2002）从制度创新的角度定义了城市化，即城市化是落后的农业国在工业化、现代化过程中全面制度创新的结果，是一个国家内部人口、资源与产业在市场机制作用下以城市为主导重新进行空间配置的过程，其间伴随着全社会生产、生活方式的根本性变化。也有学者从“文明”的角度定义城市化，如蔡俊豪等（1999）在比较了城市文明和乡村文明之后，提出“城市化的本质是城市文明的形成”。彼得 · 霍尔则在《2000 年的欧洲》中提出，城市化作为人的主体行为要给予关注。

城市化的含义是如此广泛，至今也并未达成共识①。本书认为，“城市化是

① 更多的关于城市化的定义和概念界定可参考：王瑞成（1996）、宁越敏（1997）、姜爱林（2003）、周一星（2005）和何念如（2006）等的综述。

人类生活方式的转化，是以人口转变为主的社会、经济和空间集聚的过程”。研究将紧密围绕城市化的上述四大属性，即“人口”“社会”“经济”和“空间”。

3.2.2 转型

《现代汉语分类大词典》(董大年，2007：1026)中，与“转型”近义的两个词语是“转化”和“转变”。“转化”的解释是“转变，指事物发展过程中对立面转换位置”；“转变”的解释是“从一种形式、状态或特点变为另一种形式、状态或特点”。转型是近年来才出现的词语，意思与“转变”较接近，一般特指制度的转换、变迁等，是指一个社会的政治、经济等制度发生变迁的过程，与“转变”的差别在于，转型更加强调过程，倾向于“渐变”，而不是“突变”。本书中所指“城市化转型”就是指与城市化相关的一系列重要的政策和制度变迁的过程，即影响人口、经济、社会和空间从“计划模式主导”的时代向“市场机制引导”的时代转变的一系列政策和制度变迁的过程。

3.2.3 区域

《现代汉语分类大词典》(董大年，2007：674)中将“区域”定义为按行政管理或自然条件划分的地区范围。区域经济学中把区域视为动态的有机整体，要研究解决的是一个有意义的地区(吴殿廷，2003：1)。区域城市化研究与区域经济学对区域的界定有相似之处，也有区别。相同点在于，两者都是研究一个有意义的地区，都强调区域的相对独立性，都包含有区域内部的变化和区域外部的影响；区别在于城市化研究更加强调空间和人口结构的变化，而经济学研究更强调区域的经济含义。因此本书将区域定义为“按照行政管理划分的具有一定规模的地区范围”。本书所称“区域”主要指各省、自治区和直辖市，或者由它们组成的空间相连的地区。

3.3 概念框架

城市化作为全世界发展的空间现象，不同国家的发展不完全相同。社会主义中国的城市化与资本主义制度下的西方国家城市化的差异很大(Fan，1995；Chan，1996；Ma，2002)，其主要成因就是“政府的干预和调控”，中央政府通过一系列的法律、法规、规章、制度约束着城市化的发展(谷荣、顾朝林，2006)。我国1978年以前的城市化是在计划经济体制下运行的，国家控制着城市人口的登记、就业和粮食供给等。1978年党的十一届三中全会将工作重点由“以阶级斗争为纲”转到发展生产力，并明确了“以经济建设为中心”，从而开始了漫长而艰难的市场经济改革之路，这段时期也被称作经济体制转轨时期。与经济体制转轨并行，我国城市化的各项制度安排和公共政策也在经历着变化——从严格的计划调控向市场导向转变。在这段充满混沌和不确定的时期，我国的城市化虽然在很大程度上仍然受国家政策调整的影响，但这种影响正在发生着悄然的变化，也就是所谓的“转型”，城市化转型的一系列制度安排和公共政策不仅影响了中国的整体城市化进程，也塑造了城市化的区域差异和空间分布。

一个基本事实是，不平衡的“区域基础条件”将直接导致城市化发展出现几个阶段的相互重叠，从而使研究的问题复杂化。区域的基础条件包括区位、气候、地形、地质情况、资源和环境等等，这些因素一般不会随着时间的改变而改变。其隐含的含义是，外部条件的变化可能会诱发这些先天条件对区域城市化发展的影响，如全球化会对区域的区位和环境条件做出选择，从而诱发区域城市化的差异化发展，但这并不是“基础条件”本身的影响，而是外来的变化所激发。至少到目前为止还没有研究证明“区域的基础条件”决定了区域差异持续演进。因此，区域城市化差异的变化是由于“外部条件”的改变而发生了改变。在中国，区域城市化的差异在改革开放后发生了很大的变化，而引发这种“变化”的是与城市化相关的制度安排的变革和国际环境的变化，也就是本书所讨论的“城市化转型”。

必须注意的事实是，我国社会的城市化转型是在内部制度安排和外部国际环境发生双重变迁的情况下进行的。内部制度安排的转型主要是与城乡人口流动密切相关的户籍制度、直接影响区域经济发展的区域政策、与区域城市空间结构演进相联系的城市发展方针、影响政府权力分配和城市化统计的行政区划体制等制度和政策的转变。外部国际环境的变化主要是经济全球化为区域产业结构的调整注入了活力，外资的投放和中国参与国际贸易的程度日益加深，改变着我国城市化的区域差异。一系列城市化相关的制度政策变迁和国际环境的变化对区域城市化的发展产生了相当的影响，也引发了大规模的区域人口流动，改变着区域城市化水平的空间演进格局。另一方面，城市化的转型不仅影响了区域城市化的数量差异，而且也影响了区域城市化的质量差异和空间差异。

本书的研究概念框架如图3-1所示。

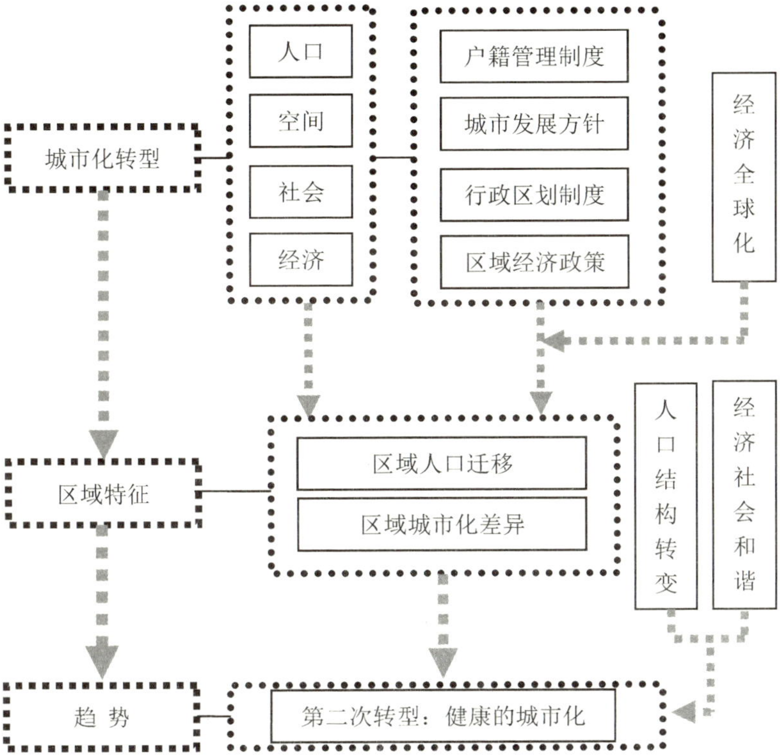

图 3-1　概念框架

3.4　研 究 结 构

全书分为十三章，相对分为四个部分，即：研究问题和理论建构、城市化转型、区域特征、未来趋势。

● 第一部分：研究问题和理论建构

第 1 章　绪论。主要介绍选题的背景、研究的主要问题、研究的目标、意义、研究方法和基础数据。

第 2 章　城市化研究文献综述。综述了西方城市化发展理论和中国城市化发展研究的主要成果，概述了我国城市化转型与区域城市化发展的相关研究文献和区域城市化差异研究的最新进展。

第 3 章　理论建构和研究结构。在对第 2 章文献的理解基础上，提出城市化转型研究的逻辑起点，对重要的概念做了界定，并建构本研究的概念框架。

第 4 章　我国改革开放进程简述。本章简要论述我国经济体制改革的进程，特别是与城市化密切相关的土地使用制度和财税制度的演变等，从而铺垫全文研究的总体背景。

● 第二部分：城市化转型

本部分从与人口、空间、经济和社会发展紧密相关的城市化政策和制度入手，剖析城市化转型的关联因素及作用过程。

第 5 章　人口管理制度转型。人口管理制度在我国的城市化进程中扮演了十分重要的角色。本章回顾了户籍制度的发展历程和研究成果，探讨了户籍制度对我国城市化转型的影响，并用大量的统计数据检验了国家通过户籍制度对城市化发展控制的实效。

第 6 章　区域政策转变。国家区域政策的结果之一是形成(或者是改变)了巨大的区域经济差异。本章全面回顾了我国的区域政策转变过程，梳理并描述了区域城市化发展的时空格局，利用历史和横向可比的全国分省经济增长数据和城市化增长数据对二者的关系做了分析论证。

第 7 章　城市化发展方针演变。规模政策贯穿于我国城市化发展的始终，塑造了区域城市化的空间格局。本章以“市”的市辖区作为基础研究对象，建立历史可比的研究数据库，考察不同规模城市发展的历史轨迹，进一步阐释规模政策对区域城市化空间结构形成的作用。

第 8 章　行政区划制度变革。20 世纪 80 年代以来，我国行政区划体制经历了深刻的变革，使地方经济越来越有活力，从而推动了区域城市化的差异化发展，但也部分地改变了城市化的统计结果。

第 9 章　经济全球化的趋势及影响。经济全球化已经是新时期世界发展的基本特征，中国作为世界最大的“制造业加工工厂”，深受全球化的影响；全球资本在中国的区域发展中扮演了重要的角色。因而需要认识全球资本的空间分布及国际贸易联系与区域城市化进程的关系。

● 第三部分：区域特征

城市化转型过程中，人口迁移的个体选择发生了很大变化，区域人口迁移表现出了新的特征。另一方面，虽然这期间各区域城市化水平快速增长，但也表现出了很大的差异性。

第 10 章　城市化转型中的人口区域迁移特征。城市化转型的结果是直接引发了大量的区域移民，区域移民重构了区域城市化的格局，改变了区域城市化差异。本章利用最近的两次人口普查和三次人口抽样调查数据全面分析了人口迁移对区域城市化的影响。

第 11 章　城市化转型中的区域差异及演进。本章从数量差异、质量差异和空间差异三个层面测度和评价了我国区域城市化的历史进展，探讨了区域城市化质量差异的演变以及与区域城市化数量差异的关系，继而以“都市化水平”和“城市化的空间集聚度”为线索，探讨了区域城市化的空间差异。

- 第四部分：未来趋势

我国经济社会发展的现实和城市化转型的阶段特点都要求城市化发展要迈入新的历史阶段，以“健康城市化”作为未来城市化发展的核心目标。如果把我国的城市化从“计划控制转向市场引导”作为第一次转型的话，健康城市化就是我国城市化的第二次转型。

第 12 章　城市化的第二次转型——趋势、机遇及对策。本章以二元城市化理论为框架，建立了城市化人口的二次转换模型。结合对人口结构以及若干社会经济指标的观察，认为现时期是我国城市化从重视数量提升转向质量改善的机遇期，但是实现城市化发展的第二次转型，还有赖于转变思维和转变发展方式。

第 13 章　研究总结。综述了研究的主要结论、创新点、研究的不足和未来进一步研究的方向。

第4章 我国改革开放进程简述

始于1978年的一系列思想和社会的变革开启了我国改革开放的序幕，经济体制、土地制度、财税制度等一系列的制度革新给中国社会和经济发展带来了活力，由此也促成了我国城市化的史无前例快速发展。认知这些制度变革的背景和进程是全面理解我国社会的城市化转型机制和特征的必要基础。

4.1 经济体制改革

4.1.1 市场经济体制探索

(1) 序曲："实践是检验真理的唯一标准"的讨论

1976年，"文化大革命"结束标志着一个新时代的开始。但在当时，对于是继续"以阶级斗争为纲"还是以"经济建设为主"仍然没有一个清晰的认识。1977年8月的党的十一大仍提出全党"一定要遵照毛主席的教导，把无产阶级专政下的继续革命进行到底"。很显然，在当时的背景下，以"两个凡是"①为代表的意识形态禁锢仍然严重。

胡耀邦曾指出："禁锢我们这个民族的创造力的，一个是精神枷锁……还有一个是组织枷锁……在这样一个精神上、组织上被禁锢、被压制的不自由的民族，怎么可能与世界上发达国家进行自由竞争呢？"(胡德平，2008)1978年5月《理论动态》刊发了《实践是检验真理的唯一标准》一文，随后《人民日报》《光明日报》《解放军报》等全国各大媒体纷纷转载，从而在全国掀开了"真理标准"的大讨论。正反两方面意见针锋相对，其内核实际上是要坚持"以阶级斗争为

① 即："凡是毛主席作出的决策，我们都坚决拥护；凡是毛主席的指示，我们都始终不渝地遵循。"

纲”还是推行“改革开放”的争论。阻碍“解放和发展生产力”的意识形态终究抵挡不住历史发展的潮流，“实践是检验真理的唯一标准”最终战胜了“两个凡是”。

(2) 开端：十一届三中全会

“真理标准”的讨论为“解放思想”奠定了理论基础。继而，邓小平在 1978 年 12 月的中共中央工作会议上作了题为“解放思想，实事求是，团结一致向前看”的重要讲话；随后，十一届三中全会召开，会议确定了将工作重点由以阶级斗争为纲转到发展生产力，实施以经济建设为中心的方针。会议提出要“对经济管理体制和经营管理方法着手认真的改革”，这是在中央全会上首次提出“改革”。全会还提出：“积极发展同世界各国平等互利的经济合作，努力采用世界先进技术和先进设备”，这实际上就是“开放”的方针(马立诚，2009：25)。

十一届三中全会开启了我国改革开放的序幕，这是新中国发展史上的重要转折点。

(3) 萌芽：个体经济

20 世纪 70 年代末和 80 年代初的另外一件影响城市化进程的重要事件是大量知青返城。当年国家提出知识青年“接受贫下中农再教育”，更重要的是缓解城市日益严峻的就业压力，把农村作为城市剩余劳动力的蓄水池。1962—1979 年全国有 1 700 多万知识青年被下放到农村①(刘小萌，2009：537)，下放的知青中后来只有很少一部分因与当地青年结婚等原因而选择了在农村扎根，绝大部分知青最终选择了返城。据统计，从 1962 年至 1979 年全国有 1 490 万知青因各种原因返城，其中“招生、征兵、提干和转制”的人员比例仅 15.1%，其余全部是招工或病退和困退②回城，总计达 1 264 万人(同上：538)。返城的时间主要集中在 1978 年以后，短时间内的知青返城潮给城市就业带来了很大的压力，很多返城知青连续几年待业，生活困难；而由于就业的知青挤占了城市有限的就业岗位，又引发了城市居民就业的更大困难。

我国长期以来强调集体经济向国营经济的过渡，压制和取消个体经济，劳动就业由政府大包大揽。但当时的这一系列的现实问题让城市中的部分无业人员只能选择“自力更生”的谋生道路。于是，大小城市的街巷里，悄悄冒出了修鞋

① 在知青下乡运动以前，就已有约 2 600 万城镇人口被下放到农村(刘小萌，2009：532)。
② 病退是当年除正常渠道外知青返城的主要手段(刘小萌，2009：452，466)。

的、修车的、补锅的、照相的、开饭馆的。总之，知青的返城潮带来了就业压力，而城镇就业的不充分激发了个体经济的壮大。1979 年个体户发展到 31 万人，1980 年 81 万人，1982 年 261 万户，就业人员 320 万（马立诚，2009：82）。

个体经济的生存和被认可经历了曲折的过程。1979 年，叶剑英在中华人民共和国成立 30 周年大会上说："目前在有限范围内继续存在的城乡劳动者的个体经济，是社会主义公有制经济的附属和补充。"1981 年，党的十一届六中全会通过了《关于建国以来若干历史问题的决定》，其中说："国营经济和集体经济是我国基本的经济形式，一定范围内的劳动者个体经济是公有制经济的必要补充。"至 1982 年，修改后的《宪法》明确规定："在法律规定范围内的城乡劳动者个体经济，是社会主义公有制经济的补充。"

（4）波折：私营经济

在个体经济出现的同时，也出现了雇佣经营的私营企业。但是与个体经济的发展相比，私营经济得到国家和社会的认可则经历了更多波折。因为《资本论》中马克思在举例说明剩余价值时，例子中资本家雇佣工人的数量是 8 人；在教条主义思想十分严重的时代，8 个人就成为划分个体经济和私营经济的门槛值，而私营经济与资本主义剩余价值之间有着先天的联系。邓小平支持了私营经济的发展。1984 年中共中央在《关于 1984 年农村工作的通知》中说，对于雇请人数超过规定人数的企业，可以不按照资本主义的雇工看待。这个文件在当时"佑护"了私营企业。至 1987 年 1 月，中共中央政治局文件《把农村改革引向深入》中第一次正面用了"私营经济"这个敏感词。同年召开的十三大，更进一步提出了要鼓励私营经济的发展。1988 年《宪法》修正案首次明确："国家允许私营经济在法律规定的范围内存在和发展。私营经济是社会主义公有制经济的补充……"同年国务院颁布《中华人民共和国私营企业暂行条例》和与之相配套的私营企业税收法规。到 1988 年底，全国个体户发展到了 1 455 万户，从业人员 2 305 万人；私营企业 40 638 家，雇工 723 782 人①（马立诚，2009：86）。

（5）意外：乡镇企业的勃兴

20 世纪 80 年代的个体经济和私营经济蓬勃发展过程中，农村经济也获得了较大发展，涌现了一大批村（队）办企业。1984 年 3 月中共中央、国务院以 4 号文件名义转发农牧渔业部的《关于创建社队企业新局面的报告》，将社队企业

① 董辅礽在《中华人民共和国经济史》中说，如果加上大量挂集体企业和混杂于个体工商户、个体合伙及乡镇企业中的私营企业在内，实际私营企业估计有 20 多万家（转引自马立诚，2009：86）。

改名为“乡镇企业”①。后来邓小平曾说：“在农村改革中，我们完全没有预料到的最大的收获，就是乡镇企业发展起来了，突然冒出搞多种行业，搞商品经济，搞各种小型企业，异军突起。”这是可以与家庭联产承包责任制相媲美的一大“奇观”。

从 1978 年到 1987 年，全国乡镇企业从 152 万个发展到了 1 750 万个，从业人数从 2 826 万人增长到 8 815 万人，产值达到 4 764 亿元，占当时农村社会总产值的 51%，首次超过农业总产值；1987 年的乡镇工业总产值占全国工业总产值的 1/4，到 1997 年这一比例更是达到了 1/2（马立诚，2009：41）。乡镇企业的崛起，直接促进了农村劳动力的转移，催生了我国“离土不离乡，进厂不进城”的二元城镇化格局。

（6）争论：商品经济

发生在 1978 年的小岗村“包产到户”引发了全国的农村改革。以家庭联产承包责任制为标志的一系列农村改革，解放和促进了农村生产力；此后我国粮食连年增产，乡镇企业也迅速发展起来。随之而来的是农产品对市场的需求，对销售渠道的需求，对交换生产资料的需求，农民也越发地需要进城做生意。计划经济体制越来越不适合时代发展的需要，从产品经济向商品经济过渡已经是大势所趋。1981 年 6 月，十一届六中全会通过的《关于建国以来若干历史问题的决议》指出：“必须在公有制基础上实行计划经济，同时发挥市场调节的辅助作用。”1982 年《全国农村工作会议纪要》指出：包产到户/包干到户或大包干等等，都是社会主义集体经济的生产责任制，是社会主义农业经济的组成部分。1982 年召开了党的十二大，对此的明确提法是“计划经济为主，市场经济为辅”。

1983 年，中央在《当前农村经济政策的若干问题》文件中，要求继续完善家庭联产承包责任制，实行政社分开，改革人民公社体制。文件还要求搞活农村工商业，放宽农村流通领域政策，促进农业生产向商品生产转化；农民完成统购统派任务后的产品，私人可以经营和买卖，可以进城，可以出县、出省……1984 年的《中共中央关于 1984 年农村工作的通知》宣布：土地承包期一般应在 15 年以上……文件要求疏通城乡流通渠道，允许农民资金自由流动，发展农村商品生产，放宽农村雇工政策，鼓励农民进入城镇务工。这是鼓励农民脱离土地进城当

① 乡镇企业的发展有几种类型，一是江苏等地的乡镇企业是从过去的社队企业基础上发展起来的；二是广东的乡镇企业，则得益于香港产业升级转型，将大量劳动密集型企业移往了广东。

“农民工”的最早文件。1984年十二届三中全会通过了《中共中央关于经济体制改革的决定》，明确提出：“社会主义经济是公有制基础上有计划的商品经济。”至此，“商品经济”在国家政策层面得到了正式认可。

1985年，《中共中央、国务院关于进一步活跃农村经济的十项政策》提出：“改革农产品统购统派制度……实行合同定购和市场收购……按照自愿互利原则和商品经济要求，积极发展和完善农村合作制……”这标志着农村经济将进入商品经济发展的新阶段。

(7) 突破：计划经济走向市场经济

到1980年代中期，历经波折的个体经济和私营经济先后得到国家承认，商品经济也得到了认可；其直接的结果就是，实施了三十多年的“计划经济”日益受质疑。关于“我国经济发展是继续采取计划经济体制、还是实施市场经济体制”已成为国家改革所绕不开的关键问题，由此也引发了激烈的争论。

实际上，关于经济体制问题的争论一直都没有停止过。早在1956年，顾准就提出用自由浮动的市场价格来调节经济；1961年，卓炯①也曾撰写论文《论商品经济》，“冒死”提出要建立“有计划的商品经济”，1981年，再次撰文《破除产品经济，发展商品经济》；1982年，十二大提出“计划经济为主，市场经济为辅”；1984年，十二届三中全会提出“有计划的商品经济”；1987年，十三大提出“国家调节市场，市场调节企业”。似乎一切的发展都十分的顺利，然而1989年后世界形势风云突变：苏联解体、1990年柏林墙倒塌和后来的东欧剧变，给中国的市场化改革进程蒙上了阴影。关于“计划经济还是市场经济”的讨论演化成了“姓资姓社”的争论。大部分的经济学家支持“市场经济”的发展方向，而也有人则坚持认为“市场经济是资本主义化的改革”(马立城，2009：136)。到1989年下半年，全国登记注册的个体户减少到1 234.3万户，从业人员减少到1 943.6万人，分别比1988年底下降了15.0%和15.7%；私营企业从20万户减少到9万户，减少了一半多；在1990年则几乎没有增加(董辅礽，1999：417)。

在历史发展的十字路口，邓小平再次为中国改革开放指明了方向。1992年初，邓小平去南方视察，他的一系列重要讲话被称为“南方谈话”。邓小平说：“计划多一点还是市场多一点，不是社会主义与资本主义的本质区别。计划经济不等于社会主义，资本主义也有计划；市场经济不等于资本主义，社会主义也有市

① 原广东省社会科学院副院长，经济学家。

场，计划和市场都是手段[1]。”同年江泽民在十四大报告中宣告：“我们经济体制改革的目标是建立社会主义市场经济体制。”在这一时期，国家先后批准开发浦东，设立海南洋浦经济开发区，进一步开放沿海延边城市；批准黑河、绥芬河/珲春和满洲里作为开放城市，批准温州设立经济技术开发区，批准大连、广州设立保税区，批准南宁和昆明实行沿海开放政策，批准长江沿岸的芜湖、九江、岳阳、武汉和重庆五个内陆城市开放。同期，国家的指令性计划减少了 50%(马立诚，2009：162)。

可以说邓小平的南方谈话开启了一个新阶段，使我国的经济社会加快发展；这比 20 世纪 80 年代的改革更加全面地改变了中国的面貌。

(8) 各类型工业企业发展

20 世纪 80 年代起的市场经济体制探索取得了很大的成绩，图 4 - 1 显示，20 世纪 80 年代个体经济从无到有，至 1993 年个体工业企业已达到了近 800 万家；而国有工业企业数量仍然是 10 万家左右，较 80 年代初略有增长；集体工业(主要是乡镇企业)在 80 年代前半期增长较快，至 1985 年达到 180 万家左右，之后发展比较平稳。但从产值增长来看，国有和集体工业的增长仍然是工业增长的主要部分，个体工业和其他工业的产值比例和增长幅度相对较小(图 4 - 2)。所以这一阶段全民所有制和集体所有制经济依然是我国经济的最主要部分。

4.1.2　社会主义市场经济体制进程

(1) 推进：生产要素市场化

长期以来一直说，工人阶级是主人翁，只有奴隶社会、封建社会和资本主义社会，才把劳动力放在市场上。在关于姓资姓社争论不休的社会背景下，建立我

---

① 从 1979 年到 1990 年，邓小平关于市场经济的谈话至少有 6 次。第一次：1979 年 11 月 26 日，邓小平会见美国和加拿大客人时说：“说市场经济只存在于资本主义社会，只有资本主义有市场经济，这肯定是不正确的。社会主义为什么不可以搞市场经济？这个不能说是资本主义……社会主义也可以搞市场经济。”(《邓小平文选》第二卷，236 页)第二次：1980 年 1 月 16 日，邓小平在《目前的形势和任务》的讲话中说：“计划调节和市场调节相结合。”(《邓小平文选》第二卷，247 页)第三次：1982 年 10 月 14 日，邓小平在与国家计委负责同志的谈话中指出，我们的经济体制“缺点在于市场运用得不好，对经济搞得不活”(《邓小平文选》第三卷，17 页)。第四次：1985 年 2 月 6 日，邓小平在同美国企业家代表团的谈话中说：“只搞计划经济会束缚生产力的发展”，“社会主义和市场经济之间不存在根本矛盾”(《邓小平文选》第三卷，148 页)。第五次：1987 年 2 月 6 日，邓小平与中央负责同志谈话时说：“为什么一谈市场就说是资本主义，只有计划才是社会主义呢？计划和市场都是方法嘛。”“我们以前是学苏联的，搞计划经济。后来又讲计划经济为主，现在不要再讲这个了。”(《邓小平文选》第三卷，203 页)第六次：1990 年 12 月 24 日，邓小平说：“资本主义与社会主义的区分不在于是计划还是市场这样的问题。社会主义也有市场经济，资本主义也有计划控制。”(《邓小平文选》第三卷，364 页)上述摘录转引自马立诚(2009：145)。

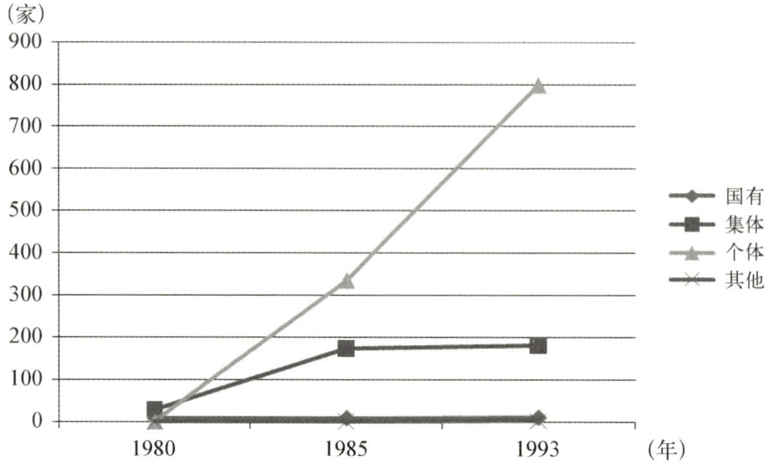

图 4-1　改革开放初期我国按企业注册类型分工业企业数(万)

数据来源：中国统计年鉴 1982、1994。

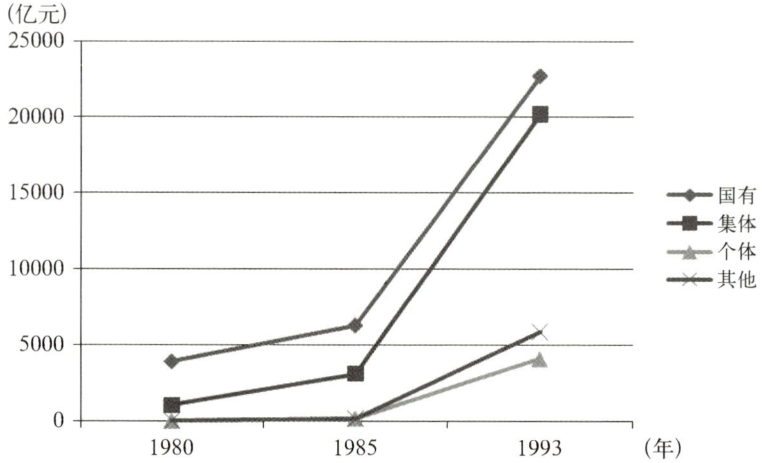

图 4-2　改革开放初期我国按企业注册类型分工业企业总产值增长(当年价格：亿元)

数据来源：中国统计年鉴 1982、1994。

国“劳动力市场”的概念几乎成了理论禁区。在十二届三中全会通过的《关于经济体制改革的决定》曾说：“在社会主义条件下，劳动力、银行、土地和矿山不是商品。”即把商品经济限制在产品领域，而不包括生产要素。而 1993 年的十四届三中全会通过的《中共中央关于建立社会主义市场经济体制若干问题的决定》则提出：“包括劳动力在内的金融、房地产、技术和信息等生产要素要实现市场化。”

(2) 调控：顺利实现“软着陆”

在“社会主义市场经济”的号召下，前几年被压抑的经济发展热情瞬间爆发出来，全国各地出现了井喷式的投资和开发。股市井喷①，各地银行大量发放贷款，开发区如雨后春笋般遍及全国，外资也开始大量涌入，人民币现钞当年多发行500多亿元，当年固定资产投资到5月已经增长了70%(马立诚，2009：161)。1993年钢铁、水泥等价格比1992年涨了50%以上，整个生产资料价格上涨38%；这直接影响到了工业品价格，导致工业品价格比1992年上涨38%；最终影响了消费品价格，当年大城市生活物价快速上涨，比1992年涨了22%(同上：168)。

当时的经济过热已经成为不争的事实。1993年开始货币政策收紧，时任国务院副总理朱镕基兼任中国人民银行行长。当年6月，中共中央/国务院联合发出《关于当前经济情况和加强宏观调控的意见》，提出16条紧缩措施，重点是整顿金融秩序②。但这次宏观调控与1988年相比，不是“全靠行政控制”，而是“采取行政、经济和法规综合手段调控经济”。宏观调控稳定了中国经济发展，几年之后顺利实现了“软着陆”。

(3) 提升：所有制的实现形式

20世纪90年代初中期的经济发展过热和其他一系列社会问题的出现，引起了一些人对改革开放的质疑。反对人士首先将私营经济作为攻击对象。1995年曾有一篇广泛流传的匿名文章《影响我国国家安全的若干因素》，文中指出我国私营个体经济数量将超过1/2，进而会对国家安全产生不利影响；另一篇文章《未来一二十年我国国家安全的内外形势及主要威胁的初步探讨》则强调：“我国已经产生了新的资产阶级……阶级斗争可能重新上升为我国社会的主要矛盾……全党应开展反和平演变斗争。”

改革开放已经涉及传统体制的核心部分，改革的锋芒已经指向了所有制。十五大再次给改革开放带来了春风，提出了新的所有制理论。十五大报告关于所有制的创新提法主要包括：我国现在的所有制结构仍然不合理，需要调整和完善；提出了混合所有制的概念；公有制应该包括更大的范围，不仅是国有经济和集体经济两部分，还应该包括混合经济中的国有和集体成分；公有制主体地位是针对全国而言，不同地区和不同产业可以有所不同；国有经济减少一些不会影响社会主义性质；把公有制和公有制的实现形式分开；股份制有利于生产力的发展，资本主义可以用，社会主义也可以用；非公有制经济是社会主义市场经济的

① 1992年5月21—23日，仅三个交易日，股票价格暴涨570%(马立诚，2009：161)。

② 包括严格控制货币发行，坚决纠正违章拆借资金，灵活利用利率杠杆增加储蓄，坚决制止各种乱集资，加强房地产市场宏观管理，抑制物价总水平过快上涨等。

重要组成部分……(同上：194)

1999年《宪法》修正案则把个体经济和私营经济的地位提升到了一个新的高度，确认“在法律规定范围内的个体经济、私营经济等非公有制经济，是社会主义市场经济的重要组成部分”。

(4) 接轨：加入WTO

世界贸易组织(WTO)成立于1995年，其前身是成立于1947年的“关税及贸易总协定”，我国是缔约国之一。1984年1月18日，中国正式成为关贸总协定下的国际纺织品贸易协议的成员，我国政府从1986年开始申请“复关”，1995年申请加入新成立的WTO。经过艰难的谈判历程，至2001年11月11日我国正式签署加入世界贸易组织协议(管仁林，2002：6)。在改革的进程中，加入WTO进一步促进了经济领域的开放进程，推动了我国各方面制度建设较快与世界接轨，为企业参与全球化的国际竞争提供了制度化基础。“中国加入WTO工作组报告书”第67—70条阐明：中国将通过修改现行法律和制定新法的方式，全面履行WTO协定的内容；按照承诺时间及时制定实施WTO协定有关的行政法规、规章或者其他措施；中国将及时废除与中国承诺义务不一致的地方性法规、政府规章和其他地方性措施。保证中国的法律/法规及其他措施符合中国在《WTO协定》和中国加入协定书中承诺的义务(管仁林，2002：48-50)。

据统计，为与WTO规则对接，1999—2005年全国人大共制定和修改了与贸易有关的法律20件，国务院制定和修订行政法规47件，行政审批项目由3 948项减少到了1 195项。加入WTO后的2002—2007年，我国经济每年均以超过10%的速度增长，2008年我国GDP总量仅次于美国和日本居世界第三位，进出口总额也位列世界第三。WTO的签署标志着我国社会主义市场经济加快融入全球经济。

(5) 深化：促进非公有制经济发展

2003年10月，十六届六中全会作出了《关于完善社会主义市场经济体制若干问题的决定》，提出要“清理和修订限制非公有制经济发展的法律法规和政策，消除体制性障碍。放宽市场准入，允许非公有制资本进入法律法规未禁入的基础设施、公用事业及其他行业和领域。非公有制企业在投融资、税收、土地使用和对外贸易等方面，与其他企业享受同等待遇”。2005年1月，《国务院关于鼓励支持和引导非公有制经济发展的若干意见》提出了36条鼓励支持和引导非公有制经济发展的措施，主要包括七个方面：“一是放宽市场准入；允许非公有制经济进入垄断行业、公用事业、基础设施、社会事业、金融业和国防工业；二是加大对非公有制经济的财税金融支持；三是完善对非公有制经济的服务……”十七大进一步提出了对公有制和非公有制经济实行“平等保护和平等竞争”。

（6）审视：科学发展观

我国改革取得了举世瞩目的成就，然而各种问题也接踵而至。国有资产流失、腐败滋生、制假贩假、贫富分化、环境污染等问题日益严峻；尤其是医疗、住房和教育等方面的改革并没有达到预期的目标。与此同时，城乡收入差别持续扩大，至2008年基尼系数上升到了41.5①，超过了联合国的警戒线(0.40)。

在这样的发展背景下，2003年召开的十六届三中全会通过了《中共中央关于完善社会主义市场经济体制若干问题的决定》，提出要“坚持以人为本，树立和落实全面、协调和可持续的科学发展观……”。这是继20世纪70年代的“以经济建设为中心”和90年代初的“发展是硬道理”两种发展观之后的全新的发展观表述，强调发展的以人为本和可持续性。该文件同时还提出了“五个统筹”的发展思路，即“统筹城乡发展/统筹区域发展、统筹经济社会发展、统筹人与自然和谐发展、统筹国内发展和对外开放”。2006年，胡锦涛在政治局第37次集体学习时提出要“充分认识建设资源节约型、环境友好型社会的重要性和紧迫性”。此后，党的十七大明确提出了“建设和谐社会”的发展目标。在新的发展观的指导下，我国各项事业的改革继续深化，一系列惠民政策不断推出②。

（7）跨越：物权法

我国的改革开放进程，始终伴随着法律法规体系的不断建设和完善。尤其是1992年我国确立了“社会主义市场经济体制”之后，“产权明晰”便成为改革的目标之一，立法机关遂把物权法③的制定纳入了立法日程（梁彗星、陈华彬，2005）。然而物权法的制定过程并非一帆风顺，反对的声音一直没有停止过④。

---

① 联合国计划发展署UNDP网站http://hdrstats.undp.org/en/indicators/161.html，2009年11月20日登录。

② 比如九年义务教育免费、农村合作医疗制度全覆盖和千年农业税取消等。

③ 按照大陆法系民法理论，规范财产关系的法律为财产法。财产法又分为物权法和债权法两大部分。物权法是规范财产的归属关系和利用关系的法律，债权法是规范财产的流转关系（主要是市场交易关系）的法律。由于我国经济体制改革是从搞活流通开始的，因此规范财产流转关系的法律较早受到重视，比如现有的合同法就属于债权法。

④ 2005年8月，北京大学教授巩献田给全国人大发了一封信，企图叫停《物权法（草案）》。巩献田说，《物权法（草案）》是“以保护个人物权为核心，保护国家/集体物权为陪衬”，“按照目前的《草案》思路，形成的只能是资本的平等，而不是劳动的平等”。他认为《物权法（草案）》背离了苏俄民法典的社会主义传统，背离了我国革命根据地和建国后人民民主法制的优良传统，背离了1986年《民法通则》的社会主义原则，背离了马克思主义的社会主义立法原则和传统。

尽管如此，2007年3月全国人民代表大会仍以高票通过了《物权法》。

《物权法》确立了以所有权、用益物权和担保物权为基础的财产制度，并涉及土地承包经营权、宅基地使用权、地役权①等权益制度，平等保护市场经济中的国有、集体、私人等各经济主体的合法权益。《物权法》的出台，解除了私营企业家及改革中先富起来的群体的内心不安（即对自己的财产是否受到法律保护的担忧），也为规范国有、集体和非公有经济的产权提供了法律依据，从而将社会主义市场经济体制建设又向前推进了一大步。

(8) 各类型工业企业发展

20世纪90年代初期，我国"社会主义市场经济体制"确立以后，非公有制经济得到了国家的确认，各种类型的非公有制企业的活力得到大大释放。从（规模以上工业）企业数量上看，2008年国有和集体企业数量不足2000年的三分之一，而2008年私营工业企业数量是2000年的10倍多，其他类型工业企业也增长了一倍多（图4-3）。从产值来看，集体企业产值有所下降，国有企业产值增长了一倍多，而2008年私营企业工业总产值比2000年增长了25倍多；其他类型企业也增长了5倍多（图4-4）。社会主义市场经济体制已经是基于多种所有制经济成分，经济发展的活力大大增强。

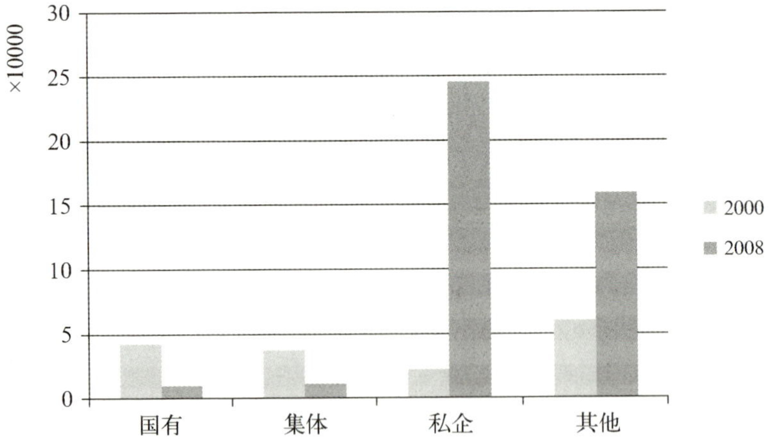

图4-3　2000年后我国按企业注册类型分（规模以上）工业企业数（万）

数据来源：中国统计年鉴2001、2009。

① 地役权是土地所有权上设定的一种他项权利。土地所有人为了其毗邻土地的权益，有义务允许他人在自己所有的土地上采取某种行为。地役权主要包括：建筑支持权、采光权、眺望权、取水权、道路通行权等。近年各城市的居民日常建设纠纷很多是因为地役权的纠纷。

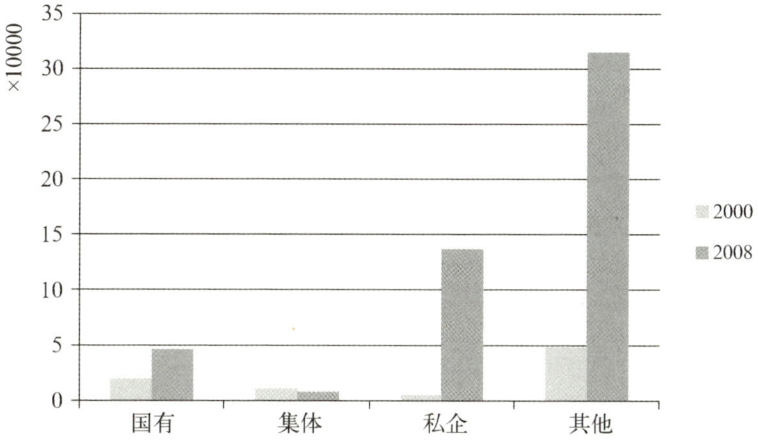

图4-4　2000年后我国按企业注册类型分(规模以上)工业企业总产值增长(当年价格：亿元)

数据来源：中国统计年鉴2001、2009。

4.2　城乡土地制度改革

4.2.1　土地所有制

我国自1978年以来的经济体制改革，已将社会主义计划经济变成了社会主义市场经济，并将生产资料的单一公有制变成了多种所有制并存。但在这一激烈变革的过程中，土地公有制始终没变，在某种程度上还得到了强化(毕宝德，2006：181)。《宪法》和《土地管理法》都规定：中华人民共和国实行土地的社会主义公有制，即全民所有制和劳动群众集体所有制。全民所有，即国家所有土地的所有权由国务院代表国家行使。

新中国成立后，先后通过开展土地改革、农业合作化和人民公社化等运动，废除了封建半封建的土地所有制，逐步建立起了农村土地的农民集体所有制；并通过立法手段把大荒地、大森林、大草地和部分其他土地收归国家所有，构成了农村的国有土地。1978年后农村开始推行家庭联产承包责任制，将土地承包给农户家庭经营，但土地的集体所有制并没有发生根本性变化。1988年、1998年、2004年的《土地管理法》修正或修订也没有对这一制度进行改变①。一些学者认

① 仅1982年和1996年的修订中对农村和城市郊区的国有土地作了进一步明确的规定。

为，目前农村土地的所有权主体还不够明确，主要是20世纪80年代初的家庭联产承包责任制之后，作为原农村人民公社基本核算单位的生产队或生产大队纷纷解体，而相应的经济组织又未普遍建立起来，或未能有效运转(毕宝德，2006：201)。

对于城市土地，新中国成立后没有立即采取全部国有化的措施，而是针对不同性质的所有权形式，分阶段分别采取接管、没收、赎买、征收[①]和法律宣布等方式，逐步实现了社会主义国家所有制。《宪法》第十条规定，"城市的土地属于国家所有"，《土地管理法》第八条也明确"城市市区的土地属于国家所有"。[②] 据统计，中国土地总面积中，国有土地占54%，集体土地占46%(刘育成，2000)。

4.2.2 农村土地承包经营

人民公社体制下，以队为单位的生产组织并不适应生产力的发展要求。1978年底，以安徽省凤阳县小岗村为代表的部分地区的农民开始了"分田到户"的农村改革试验[③]，由此揭开了我国农村改革的序幕[④]。1980年秋，四川省广汉县向阳人民公社在全国第一个摘下人民公社的牌子，选举产生向阳乡人民政府。至1981年，包产到户席卷全国，1982年全国80%的农民参与了包产到户，人民公社的"三级所有，队为基础"的体制逐步瓦解。至1985年，人民公社全部退出历史舞台，代之而起的是九万多个乡镇。

针对农村土地制度与农村生产力发展的矛盾，国家"十五计划"首次提出了"土地经营权"的概念，鼓励有条件的地区探索土地经营权流转制度的改革(赵燕菁，2001)，由于土地制度是国家的根本制度，涉及国家的多项根本性的法律，所以这种如履薄冰的措辞也暗示了这项改革的敏感程度，但至少表明中国经过多年的改革终于触到了体制的最最核心的部分(何念如，2007：270)。2002年《中华人民共和国农村土地承包法》获得通过，明确了农村土地承包经营制度，规定

---

① 1982年前城市土地还有少部分仍然属于集体或者个人所有，因此土地"征收"的对象包括集体所有土地和个人所有土地，1982年新《宪法》通过法律规定"城市的土地属于国家所有"。因为当时城市中先前私人所有的土地数量非常有限，且土地的市场价值尚未完全体现，所以并没有造成较大的社会波动。

② 这里所指的"城市"是指国家设立建制的城市，不同于某些法规中的城市含义。比如，《中华人民共和国城乡规划法》指出，"本法所称城市，是指国家按行政建制设立的直辖市、市、镇"，《中国城市统计年鉴》的定义也有所不同。1982年《关于中华人民共和国宪法修改草案的报告》指出："草案第十条中原来是把镇的土地和农村、城市郊区一样看待的……镇的土地所有权问题，可以根据实际情况分别处理。"

③ 在改革的进程中，得到了万里和邓小平的支持。关于小岗村的包产到户的详细历史可参阅陈桂棣和春桃著《小岗村的故事》(2009)。

④ 1979年，小岗村大丰收，1980年是个中等年成，年终统计产量，以生产队为核算单位的持平，包产到组的增产10%～20%，包产到户的增产30%～40%。同年，山西昔阳县(大寨所在县)连续5年虚报产量的丑闻被揭穿。

了农村集体土地承包给农户经营的程序、期限、形式以及承包期内发包方和承包方的权利和义务，明确界定和保护了农民的土地使用权、收益权和转让权。

4.2.3　农村土地使用权

土地承包经营权是一个不很完整和明晰的土地使用权。法律规定的农村土地承包经营权仅限于从事农业生产，因此土地承包经营权不包含土地发展权①，即不可以用作非农业生产。《土地管理法》第六十三条规定："农民集体所有的土地的使用权不得出让、转让或者出租用于非农业建设；但是，符合土地利用总体规划并依法取得建设用地的企业，因破产、兼并等情形致使土地使用权依法发生转移的除外。"现实中，农村经济的全面发展迫切要求农村集体建设用地使用权进入市场流转②。可喜的是，国土部已在浙江开展农村土地整理改革试点，在全省范围内推广农村集体建设土地入市，并逐步实现与城市国有土地"同地、同价、同权"的健康流转模式，并将在全国推广③。据规定，目前农村集体建设土地入市还仅仅是针对乡镇企业等用地而言，还不能作为居住用地开发使用。

现行的农村土地制度对城市化的影响既有积极的一面也有消极之处。积极的一面在于，它满足了农民把"土地作为生存和发展的基本依托和社会保障"；消极之处在于，不稳定的土地产权制度构架制约了农业的规模经营和农业现代化的发展、提高了土地作为生产要素的供给成本从而阻碍了非农化的发展等（汪晖，2002；夏英煌、张家义，2003；夏绪梅，2004；刘传江、郑凌云，2004；胡俊波、竹俊，2006）。

4.2.4　城市土地使用权

改革开放前，我国长期实行"行政划拨、土地无偿无限期使用和禁止土地使用权转让"的城市土地使用制度。20 世纪 80 年代我国开始了城市土地使用制度的改革。20 世纪 80 年代初，我国对外资企业和中外合营企业提出征收"土地使用费（税）④"，1982 年深圳特区开始按城市土地的不同等级向土地使用者收取

---

① 土地发展权是一种可与土地所有权分离而单独处分的财产权。具体说，就是变更土地使用性质之权（如农地变为城市建设用地）或者使土地原有的使用强度升高（毕宝德，2006：179）。

② 《中华人民共和国农村土地承包法》允许土地承包经营权流转，但农民的宅基地不得出租和买卖。

③ 新浪网 http://news. sina. com. cn/c/2009 - 11 - 22/044019100777. shtml，2009 年 11 月 21 日登录。

④ 1988 年 11 月 1 日《中华人民共和国城镇土地使用税暂行条例》施行后，土地使用费改征土地使用税。

不同的使用费，1984 年抚顺和广州等城市也先后推行，遂逐步全国推广，确立了国有土地有偿使用的实践。

征收土地使用费(税)的改革虽然使得国有土地使用由无偿变为有偿，但土地使用权的转让仍然是被禁止的。1987 年下半年，深圳借鉴香港的经验，实行土地使用权有偿出让和转让的试点，即规定土地使用年限、一次收取地价、允许受让方转让土地使用权或进行抵押。1988 年，福州、海口、广州、厦门、上海和天津等城市也先后施行新的做法，后在全国普遍推广，在立法跟进后，完成了土地使用权与土地所有权的分离。

1988 年《宪法》修正案删除了原第十条第四款中不得出租土地的规定，修改为："土地的使用权可以依照法律的规定转让。"同年《土地管理法》也做了相应的修改。1990 年 5 月，国务院发布了《中华人民共和国国有土地使用权出让和转让暂行条例》和《外商投资开发经营成片土地暂行管理办法》，对土地使用权出让、转让、出租、抵押、终止等问题作了明确具体的规定。1994 年《中华人民共和国城市房地产管理法》颁布，对土地使用权出让(协议、招标和拍卖)和转让作出了进一步的法律规定。土地使用权从土地所有权中剥离出来实行有偿出让和转让，从而可以进入市场进行流转，促进了城市土地的优化配置和有效利用，并增大了地方政府的财力；另一方面，这也导致了许多地方政府过于依赖"土地财政"，加剧了土地资源的消耗。

4.2.5 土地征用的"矛盾"

《土地管理法》第四十三条规定："任何单位和个人进行建设，需要使用土地的，必须依法申请使用国有土地；但是，兴办乡镇企业和村民建设住宅经依法批准使用本集体经济组织农民集体所有的土地的，或者乡(镇)村公共设施和公益事业建设经依法批准使用农民集体所有的土地的除外。"这意味着除了兴办乡镇企业、农民宅基地、农村公共设施和公益事业外，农地转为非农地首先必须通过国家征用转为国有土地。而《宪法》第十条第三款："国家为了公共利益的需要，可以依照法律规定对土地实行征收或者征用并给予补偿。"《土地管理法》第二条："……土地使用权可以依法转让。国家为了公共利益的需要，可以依法对土地实行征收或者征用并给予补偿。国家依法实行国有土地有偿使用制度。但是，国家在法律规定的范围内划拨国有土地使用权的除外。"也就是说，只有符合"公共利益"的要求，才能够转为国有土地，但目前我国对"公共利益"还无明确的定义，这是目前土地征用过程中引发村民与政府矛盾的主要根源之一。

另一个问题是,《宪法》和《土地管理法》都规定城市(市区)的土地属于国家所有,这就意味着如果某个县的行政建制改为“市”,那么其市区范围内的全部土地都要相应地变为国有,否则就是“违法”。但如果新设立为“市”后,对该市市区范围内原集体所有的土地未经征用补偿而宣布为国有,这在客观上将是对集体土地所有权的否定与侵害。

对于 20 世纪 80 年代以来的这次土地制度改革,学术界普遍认识是“方向是正确的,但改革是不彻底的”(文贯中,2002)。

4.3　财税改革

新中国成立后,我国的税制有过五次重要变革,即 1953 年、1958 年、1973 年、1979—1993 年和 1994 年的税制改革。1978 年之前虽然曾对税制进行了三次变革,但税制结构基本上没有大的变化,始终保持着商品课税占绝对主体的税制结构模式。伴随着 1978 年以来的经济体制改革,税制结构逐步发生变化(李海莲,2004)。

4.3.1　涉外税收法制体系建设

20 世纪 80 年代初期,我国经济体制改革尚未全面展开,税制改革的方向并不明确。因此,我国采用了涉外税法与国内税法相分离的独特立法方式,率先建立了涉外税法体系。1980 年通过了《中外合资经营企业所得税法》和《个人所得税法》,1981 年通过了《外国企业所得税法》,1982 年国务院通过了《关于鼓励外商投资的规定》《关于沿海经济开放区鼓励外资投资减征、免征企业所得税和工商税的暂行规定》。此外,涉外企业仍然沿用 1958 年颁布的《工商统一税条例(草案)》(全国注册税务师执业资格考试教材编写组,2009:48)。

4.3.2　“利改税”

涉外税法体系建立后,国内税法体系改革也逐步展开。1983 年财政部公布《关于对国营企业征收所得税的暂行规定》,迈出了国营企业“利改税”的第一步;1984 年国务院发布《国营企业所得税条例(草案)》和《国营企业调节税征收办法》,正式对国营企业由原来的上缴利润改为征收所得税,同时废除 1958 年颁布的《工商统一税条例(草案)》,颁布《产品税条例(草案)》《增值税条例(草案)》《营业税条例(草案)》和《盐税条例(草案)》四部税收行政法规和实施细则(全国注册税务师执业资格考试教材编写组,2009：49)。之后陆续开征和恢复了一些税种,建成了包含30多个税种的完整的税收体系,为1993年开始的"分税制"改革奠定了基础。

4.3.3 "中央—地方分税"制度改革

随着改革开放的深入,现行财政包干体制越来越不适应经济社会的发展,其弊端日益明显,主要表现在：税收调节功能弱化,影响统一市场的形成和产业结构优化;国家财力偏于分散,制约财政收入合理增长,特别是中央财政收入比重不断下降,弱化了中央政府的宏观调控能力;财政分配体制类型过多,不够规范(国务院,1993)。1993年新一轮的财税体制改革主要从三方面展开：一是财税体制从地方财政包干制转向"分税制",即从过去的行政性分权走向经济性分权。1978—1993年间我国财税体制实行的是"包死基数,几年不变",即事先定好上交中央的额度,多出部分归地方,一定期限内不变,是一种不规范的行政性分权的过渡措施。"分税制"则是以中央与地方政府的事权划分为基础,确定中央与地方的收入范围,将税制划分为中央税、地方税和共享税①,建立中央和地方两套税收机构,实行中央对地方的税收返还并逐步建立起转移支付制度,为合理规范中央、地方和企业的分配创设了制度性基础。二是税收从侧重于征收流转税改为对要素征税。在流转税改革方面,普遍实行增值税;在所得税方面统一了内资企业所得税(一律实行33%税率),并建立统一的个人所得税制;规范关税;在工商税制改革方面,取消一些杂乱税种,并新开征土地增值税;规范农业特产税;建立新的税收征管制度。三是预算管理从高度机密逐步走向公开透明,1998年

① 中央政府与地方政府税收收入划分：中央政府固定收入包括：国内消费税,关税,海关代征增值税,消费税,车辆购置税;地方政府固定收入包括：房产税,城市房地产税,城镇土地使用税,耕地占用税,契税,土地增值税,车船税,烟叶税;中央政府与地方政府共享收入包括：a. 国内增值税：中央政府分享75%,地方政府分享25%;b. 营业税：铁道部、各银行总行、各保险公司总公司集中缴纳的部分归中央政府,其余归地方政府;c. 企业所得税：铁道部、国家邮政、四大国有银行、三个政策性银行(国家开发银行、中国农业发展银行、中国进出口银行)、部分企业缴纳的部分归中央政府;其余企业的所得税由中央政府分享60%,地方政府分享40%;d. 外商投资企业和外国企业所得税：海洋石油、天然气企业缴纳的部分归中央政府;其余部分中央政府分享60%,地方政府分享40%;e. 个人所得税：中央政府分享60%,地方政府分享40%;f. 资源税：海洋石油企业缴纳的部分归中央政府,其余部分归地方政府;g. 印花税：股票交易印花税收入的97%归中央政府,其余3%和其他印花税收入归地方政府;h. 城市维护建设税：铁道部、各银行总行、各保险总公司集中缴纳的部分归中央政府,其余部分归地方政府;i. 西藏自治区除了关税、进口环节的增值税、消费税归中央政府外,该自治区征收的其他税全部留给该自治区。(国务院,1993)

还提出了建立公共财政的改革方向(马立诚,2009：172)。

4.3.4　生产型增值税向消费型增值税改革

1994 年实施的增值税,是生产型增值税,在税收额度中不允许扣掉企业的固定资产投资额,企业负担重。因此,2000 年的增值税改革把征收生产型增值税改为征收消费型增值税,即允许在税收额度中扣除当期购进的固定资产额,实质上是给企业减税。我国现行的税收制度就是建立在 1994 年的税制改革基础上的。

在财税体制改革的同时,金融、投资和汇率体制也进行了一系列的改革①,这些改革为我国建设社会主义市场经济奠定了坚实的制度基础。1994 年以来中央与地方财政收入稳步增长,2000 年全国财政收入是 1993 年的 3.08 倍②;2000 年后更是呈现了加速增长的态势,2008 年全国财政收入是 2000 年的 4.58 倍(图 4 - 5)。1993 年税制改革后中央与地方的财政收入比例也发生了较大的变化,1993 年中央财政收入仅占全部财政收入的 22.0%,而 1994 年这一比例迅速提升为 55.7%,之后就一直稳定在 48%～55%之间(图 4 - 6)。在中央和地方税收加速增长的同时,中央财政收入比例的增大,使得中央对经济发展各领域的调控能力大大增强。

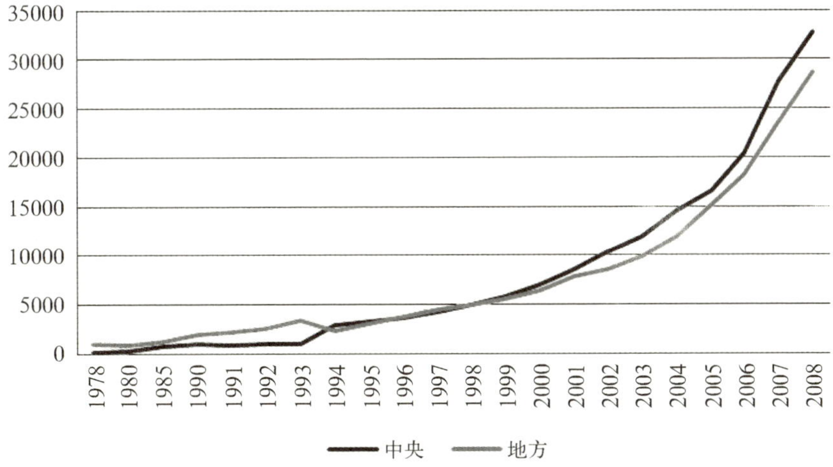

图 4 - 5　改革开放以来中央与地方财政收入变化趋势(亿元)

数据来源：中华人民共和国统计年鉴 2009、表 7 - 3。

① 比如,1994 年初我国取消了"外汇双重汇率",人民币牌价与外汇调剂市场价并轨,建立起了单一的浮动汇率制度。

② 数据由中华人民共和国统计年鉴 2009 中表 7 - 3 计算,为当年价格。

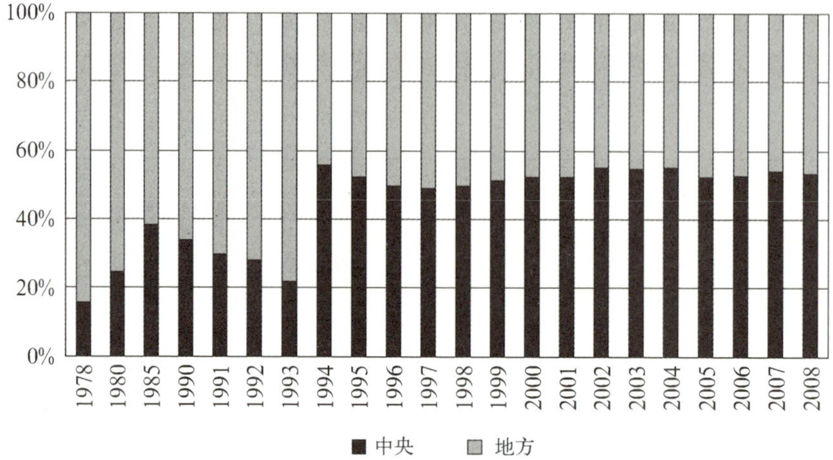

图 4-6 改革开放以来中央与地方财政收入比例

数据来源：中华人民共和国统计年鉴 2009、表 7-3。

4.3.5 “省直管县”财税体制试行

在充实的财政收入基础上，2006 年国家取消了征收了两千多年的农业税①。2009 年，中央启动了新一轮的财税体制改革，在全面推行“省直管县”的财税体制，减少了地级市（或地区等）的管理层级。可以预见，这一改革必将进一步释放县级政府的发展活力，县一级城市建设有了更加稳定的财政基础，这必然会影响城市化的区域空间模式。我国区域人口的城乡分布显示，“县”是城镇化人口的主要来源地，因此县级财政强化的可能结果是——“县城”在未来的城镇化发展中会释放出巨大的活力，从而再次改变我国城镇化的空间格局。

4.4 其　　他

4.4.1 社会保障制度改革

新中国成立以来直至 20 世纪 90 年代初期，我国的社会保障制度具有明显的“企业保障”和城市特征，即城市企事业单位职工的退休养老和医疗等保障主要由企业或者事业单位负责。1993 年中共中央十四届三中全会通过的《中共中

① 2006 年以前，农业各税包括农业税、牧业税、耕地占用税、农业特产税、契税和烟叶税；从 2006 年起，农业各税只包括耕地占用税、契税和烟叶税。

央关于建立社会主义市场经济体制若干问题的决定》正式决定实行“社会统筹和个人账户相结合”的社会保障制度。2003 年以来，先后开展了新型农村合作医疗试点和城镇居民基本医疗保险试点，逐步实现了医疗保障制度的城乡全覆盖，于 1999 年首先在城市建立的最低生活保障制度也于 2007 年扩展到农村地区。2006 年十六届六中全会提出，到 2020 年要建成全面覆盖城乡的社会保障体系。

30 多年来我国社会保障制度改革的方向是逐步使“单位人”转化成为“社会人”，已极大地促进了劳动力的流动。然而，“统账”结合的新制度对跨地域尤其是跨省、跨城乡的劳动力流动尚未作出合理的安排①。社会保障机制的不健全一定程度上阻碍了城乡人口的流动，也使得我国城镇化在快速发展的进程中质量始终得不到同步提升。

4.4.2　政治体制改革

在一系列的经济体制改革过程中，政治体制改革也迈开了步伐，以基层的改革最具标志性。1998 年 6 月 4 日四川省遂宁县保石镇的镇长公选和 12 月 31 日的步云乡乡长直选，把传统的村委会选举扩大到了乡镇层面。

自从十七大提出“进一步深化政治体制改革”之后，2008 年江苏南京和贵州贵阳先后进行了公推公选试验。除了选官之外，新疆阿勒泰地区还试行了“官员财产申报制度”。2009 年，全国人民代表大会组织法正酝酿改革人大代表选举的名额分配比例，从传统的城乡人大代表份额比例 4∶1 调整到 1∶1 的比例。紧随经济体制改革的步伐，政治体制改革正在稳步推进。

4.5　小　　结

尽管在改革开放过程中一直有不同的声音，有人对改革提出质疑甚至是攻击，但不可否认的是，30 多年来我国的改革开放取得了举世瞩目的成就。20 世纪 80 年代个体经济、私营经济、乡镇企业的勃兴以及农村土地实行家庭联产承包责任制和城市土地使用权有偿出让和转让制度的推行，为我国从计划经济向社会主义市场经济体制转型奠定了坚实的基础。20 世纪 90 年代随着商品经济的大潮和生产要素的市场化进程，曾出现过“经济过热”和“通货膨胀”的问题，但

① 比如在珠三角地区出现的农民工退保潮就是这一制度弊端的集中反映。

也顺利实现了“软着陆”。1993 年的分税制改革保持了地方政府发展经济的积极性，同时也提升了中央的财政支付能力。1999 年非公有制经济地位得到了《宪法》的认可，非公有制经济从“被质疑”走向“被认同”。新的世纪伊始，随着加入 WTO，国家对非公有制经济的发展从“允许”又走向了“促进”，一系列的国家制度的转变为我国的经济发展注入了鲜活的动力。面对新形势下我国经济社会发展中出现的一系列问题，中央又适时地提出了“实施科学发展观，构建和谐社会”的发展理念。2007 年《物权法》的通过则标志着社会主义市场经济体制建设又向前跨进了一步。

在改革开放的方针指引下，农村发展和城市发展以及农民和市民的关系问题日益得到国家的重视，“城镇化”问题逐步引起了中央的重视。2001 年国家“十五计划”纲要提出“实施城镇化战略促进城乡共同进步”①的发展思路，2006 年在国家“十一五规划”纲要的第五篇“促进区域协调发展”中，又提出了“实施区域发展总体战略”“推进形成主体功能区”和“促进城镇化健康发展”的发展方略。② 2007 年党的十七大报告中进一步提出：“增强发展协调性……转变发展方式……优化结构、提高效益、降低消耗、保护环境……居民消费率稳步提高，形成消费、投资、出口协调拉动的增长格局。城乡、区域协调互动发展机制和主体功能区布局基本形成。社会主义新农村建设取得重大进展。城镇人口比重明显增加。”虽然城市化是改革发展进程的结果之一，但其上升为国家发展战略则具有里程碑的意义。在改革开放的大潮下，城市化作为我国社会发展的现象之一，其内在的机制也在发生转变，即从计划经济时代的“国家控制”逐步走向改革开放后的“市场引导”。

---

① “中华人民共和国国民经济和社会发展第十个五年计划纲要”(2001 年 3 月 15 日第九届全国人民代表大会第四次会议批准)第九章，实施城镇化战略促进城乡共同进步。

② “中华人民共和国国民经济和社会发展第十一个五年规划纲要”(2006 年 3 月 14 日第十届全国人民代表大会第四次会议批准)第二十一章，促进城镇化健康发展。

第5章 人口管理制度改革

人口管理制度是政府职能部门对所辖区域人口的出生、死亡、迁徙、婚姻等基本状况登记并进行管理的一项国家行政管理制度。历史上自从国家出现后便有了“人口登记”。中国的人口登记最早可以追溯到公元前 2000 年(Zhu, 2003: 540),到了周朝(公元前 685 年)以职业对人口进行划分(王太元,2004a;Fan, 2008: 43),直到 1949 年新中国成立,其间的 4 000 多年历史长河中,虽然形式在不断变化,人口登记制度却始终扮演着重要的社会角色(税收与土地分配)(Fan, 2008: 43)。为与历史上的“人口登记制度”或者“户政制度”区分,本书对新中国成立后的关于人口管理①的制度体系统称为“户籍制度”或者“户籍政策”,其有狭义和广义之分。狭义的户籍制度是指以 1958 年颁布的《中华人民共和国户口登记条例》为核心的限制农村人口流入城市的规定以及配套的具体措施;广义的户籍制度还要加上定量商品粮油供给制度、劳动就业制度、医疗保健制度等辅助性措施,以及在接受教育、转业安置、通婚子女落户等方面又衍生出的许多具体规定。它们构成了一个利益上向城市人口倾斜、包含社会生活多个领域、措施配套、组织严密的体系,政府的许多部门都围绕这一制度行使职能(宋嘉革,2006: 29)。因此,户籍制度就成了影响我国城市化发展的最核心的基本制度安排之一。

我国的户籍制度有着鲜明的特点,它与社会身份、社会秩序、国家财政收入高度整合,集中反映了我国社会结构的一些特殊性,是在探索社会主义建设过程中实行计划经济体制的产物(赵文远,2004),是国家施行社会控制的工具,是政治经济系统的一部分,其职能远远超出了人口流动的控制范畴(Chan and

① 人口管理与人口政策是两个不同的概念,人口政策还包括生育等方面的内容,更广泛的内容可参阅田雪原,2009。

Zhang，1991；Cheng，1994）。户籍制度作为国家政策发挥着城市人口的空间调配作用，从一开始就与城镇化进程紧密联系在一起，已经成为西方学者研究中国城市化必然讨论的话题（Cheng，1991；Chan，1994；Mallee，1995，2006；Zhu，1999；Zhang，2004；Mallee，2006；etc.）。户籍制度影响了人们生活的方方面面，其中最为重大的影响就是建立了人口的城乡差别，成为一堵看不见的墙（Chan，1994）。

户籍制度在我国实行了半个多世纪，在激烈的社会变革过程中，至今仍然保持着完整的生命力，继续影响着城市化的发展。本章综述了关于户籍制度发展、演进和改革的讨论，并用翔实的统计数据分析了户籍制度转型对我国区域城市化发展产生的影响。

5.1 户籍制度的发展演变

5.1.1 户籍制度的形成

新中国成立之初，国家就对城镇居民进行户口登记，1951 年 7 月 16 日颁布的《城市户口管理条例》将这一制度程序化（宋嘉革，2006：47），农村户口的登记管理是从 1953 年第一次人口普查开始的，1955 年 6 月 22 日颁布的《关于建立经常户口登记制度的指示》将户口登记和迁移管理正式扩展到农村（张力，1999）。当时城市户口管理的目的是维护社会治安，农村户口登记的目的是掌握农村人口数量（万川，1999）。而 1954 年的宪法明确国人有充分的迁徙自由①。

1958 年 1 月，《中华人民共和国户口登记条例》（以下简称《条例》）颁布，标志着户籍制度的正式形成。《条例》的核心是限制农村人口流入城市的规定以及配套的具体措施，但更重要的是附着于其上的一系列差别化的制度安排，如定量商品粮油供给制度、劳动就业制度、医疗保健制度等辅助性措施，以及在接受教育、转业安置、通婚子女落户等方面衍生出的许多具体规定（刘海波，2006）。

5.1.2 城乡分割的确立

《条例》在限制人口向城市流动方面的功能的真正体现是在 20 世纪 60 年代

① 1949 年第一次全国政协会议通过的《共同纲领》和 1954 年第一届全国人民代表大会通过的《中华人民共和国宪法》都明确写有公民享有迁徙自由的条款。1975 年通过的《宪法》以及后来历次修改的《宪法》取消了这一条款，这是户籍制度在国家根本大法中的体现（陈成文、孙中民，2005）。关于迁徙自由的详细论述文献，可参考 Zhu Lijiang，2003。

初的“三年灾害”后。1963 年公安部依据是否吃国家计划供给的商品粮，将户口分为“农业户口”和“非农业户口”，使得这个制度具有了真正的操作依据（赵燕菁，2003）。1964 年国务院批转《公安部关于处理户口迁移的规定（草案）》比较集中体现了处理户口迁移的基本精神，即严格控制城市人口增长（万川，1999）。这一政策对农村人口进入城市的限制在 1977 年达到了顶峰，国务院再次批转《公安部关于处理户口迁移的规定》（1977，11），对农村迁往城市、集镇，从集镇迁往城市、从一般城市迁往北京、上海、天津的人口落户作了严格的规定，并第一次正式提出了严格控制“农转非”（公安部，1977）。稍后在公安部《关于认真贯彻〈公安部关于处理户口迁移的规定〉的通知的意见》中，提出了“农转非”的内部年度指标为 1.5‰（万川，1999），1980 年后改为 2‰—5‰（Wang，2004）。这些指标主要用于大中专学生、调干、军人转业安置、职工离退休顶替、熬够分居年头的夫妻随调等。

5.1.3　户籍制度的内容

户籍制度包括户口的所在地、类型、职业、婚姻、年龄、迁移等多方面的内容，但其演变至今，影响最广的核心内容是户口类型和户口所在地。前者涉及农业户口与非农业户口的城乡差别①，后者涉及大、中、小城市、集镇和农村的差别以及不同省份区域经济发展水平的差别。城乡差别、城镇等级差别和区域差别共同影响了户口持有者的粮食供给②、就业机会、教育、住房、医疗和社会保障等社会福利。因此，户籍制度的核心是与人口流动（主要是向城市迁移，尤其是向大城市迁移）相关的规定以及配套的具体措施（表 5－1）。

5.1.4　户籍制度的历史作用

官方定义的《条例》职能是维护社会秩序、统计人口数量和证明公民身份（宋嘉革，2006：51），城乡户籍的不同仅仅是社会分工的不同（俞德鹏，1994）。但学术界存在着三种主流观点（Fan，2008：43）：(1) 认为户籍制度的推出是中国政府为了国家安全③和移民控制的需要（Zhu，2002：15－21；田炳信，2003；Wang，

---

① 目前世界上只有朝鲜和贝宁两个国家实行类似于中国的城乡割裂、地区分割、城市隔离的户籍制度（胡星斗，2007，p32）。

② 粮食供给主要是 20 世纪 80 年代中期以前，国家实行粮食统购统销。农民口粮自理，城镇居民粮食国家按标准以低价配给。

③ 如对可疑人口和重点人口的监控（Wang，2005）。

2004)；(2) 认为户籍制度除了移民控制以外，更是国家(计划经济)发展战略的需要，是为实施工业优先，城市优先战略的产物(White, 1977；Cheng and Selden, 1994；Tang, 1991；Wang, 1997；Chan and Zhang, 1999；马福云，2001；Zhang, 2004；伍先江，1998；赵燕菁，2003；赵文远，2004；樊小钢①，2004)；(3) 也有学者把 1958 年户籍制度的产生定位于保护市民利益(吴怀连，1991；俞德鹏，1994，2002)。三种观点的共同之处在于，都承认《条例》实际上取消了国民的迁徙自由、实行了人口迁移控制②(Fan, 2001，2008；宋嘉革，2006)。

户籍制度不仅发挥着社会控制功能，而且执行着社会分配功能，造成了城市和乡村的不平等(马福云，2001；Liu, 2004)。尽管如此，户籍制度对我国的快速经济增长也作出了贡献，在提供大量的廉价劳动力的同时，保持了社会的稳定(Mallee, 2006)。

表 5－1　户籍差别演变简表

<table>
<tr><th>内　容</th><th>时　间</th><th>非　农　户　口</th><th>农　业　户　口</th></tr>
<tr><td rowspan="2">粮食配给
(口粮)</td><td>1985 年前</td><td>国家安排，居民以低价购买</td><td>自　　理</td></tr>
<tr><td colspan="3">1985 年，中国政府规定“取消粮食、棉花的统购，改为合同定购”。1993 年放开粮油价格，自此，城乡“口粮”的差别彻底消失[1]</td></tr>
<tr><td rowspan="2">就　业</td><td>1980 年前</td><td>本地招工有优先权</td><td>受“农转非”限制，除升学、从军等特殊情况以外，很难进入城市就业</td></tr>
<tr><td colspan="3">1985 年 7 月，公安部颁布了《关于城镇暂住人口管理的暂行规定》，决定对流动人口实行“暂住证”、“寄住证”制度，允许暂住人口在城镇居留。从而真正赋予了农民在城市就业的权利。但户籍的所在地仍然影响着城市“正规就业”[2]</td></tr>
<tr><td>教　育</td><td>至　今</td><td>城市居民就读学校教学质量高，同时拒绝非辖区生源</td><td>农村学校师资力量薄弱、教学设备简陋，教学质量低</td></tr>
<tr><td>住　房</td><td colspan="2">城市单位职工达到一定工作年限和标准可以享受福利分房，或者以极低的租金租住公房[3]。1980 年后，国家逐步实施了“城镇住房商品化”政策[4]，1998 年后，城市福利分房正式取消</td><td>农村每户均有宅基地，但不可以在市场上完全流通[5]</td></tr>
</table>

① 户籍制度本身并不是为了控制人口流动，是为了国家战略的需要，控制城市人口规模。这一启示的政策含义在于：传统户籍制度是为传统经济发展战略服务的，在当时的历史条件下，自有其存在的合理性。当经济发展的战略选择发生了转变，作为服务于原来的发展战略的工具也应该加以变革(樊小钢，2004)。

② Wang(2005)认为户籍制度对人口迁移的控制作用并不是十分有效，尤其是 80 年代后。

续　表

<table>
<tr><th>内　容</th><th>时　间</th><th>非　农　户　口</th><th>农　业　户　口</th></tr>
<tr><td>社会保障</td><td colspan="3">1998 年城乡社会保障水平：农村人均社会保障支出 11.2 元，而同期城市的人均社会保障支出 1 462 元，城市人均享受的社会保障费约是农村人均的 100 倍之多[6]。虽然农村合作医疗已在全国推行，但还仅限于指定的当地医疗机构，大量外出的流动人口受益十分有限。其他各项制度亦在改革，但差距仍然十分巨大</td></tr>
<tr><td rowspan="2">出生户籍和户口迁移</td><td colspan="3">1998 年前，子女户籍随母，妻子如是农业户口则不能迁入男方的城市户口</td></tr>
<tr><td colspan="3">1998 年 7 月 22 日，国务院正式批转公安部《关于解决当前户口管理工作中几个突出问题的意见》。户口制度的“母系继承制”被突破。放宽了夫妻投靠、亲友投靠、投资落户、老人落户的限制</td></tr>
<tr><td rowspan="2">农村人口正式[7] 进入城市的通道</td><td colspan="3">农业户口转非农业户口的指标受到严格限制。考取大学、从军和极少量的国企招工以及“后门”关系是仅有的通道</td></tr>
<tr><td colspan="3">2001 年取消了统一的“农转非”指标限制。全面放开县及县以下城镇的户口登记。随着小城镇户籍制度的改革，农村人口落户小城镇的障碍基本消除，但大城市和发达地区城镇以及直辖市市区的户籍依然有很高的进入门槛</td></tr>
</table>

资料来源：作者根据相关文献资料整理。

注：1. 这是真正意义上的中国第一次粮食流通体制改革，也是中国农产品购销体制由统购统销走向“双轨制”的转折点。粮票是我国特定历史条件下的产物，只在省内流通，是计划经济时代的一种购粮凭证。粮票从 1955 年开始正式发行，到 1993 年粮油商品实现敞开供应，粮票正式被废止，退出流通市场(言咏，2006)；

2. 户籍对城市“正规(formal)就业”的影响的详细分析，可参考 Guo，Fei，Iredale，Robyn(2004)；

3. 我国在建国以后很长一段时期内，对职工住宅实行统建、统分、统包的公有住房政策和实物福利分配办法，1980 年后，公房租金有一定提高，但相对于市场定价而言仍然很低；

4. 1980 年 6 月，中共中央、国务院批转了《全国基本建设工作会议汇报提纲》，正式宣布将实行住宅商品化的政策。1982 年，国家选定常州、郑州等四个城市开始进行将住房补贴出售给职工的试验，原则是个人、单位和政府各支付房价的 1/3，房屋售价以建筑成本价为标准，每平方米在 150—200 元之间，售房时还对职工采取了一系列优惠政策。从 1988 年开始，住房制度改革已经正式列入中央和地方的改革计划，但 1988 年开始的通货膨胀持续两年之久，国家宏观经济全面调整，银根紧缩、开支节流，刚刚上马的许多房地产住宅项目被明令停建，尚未收到任何成效的第一次房改便匆匆以夭折而告终。1994 年，《国务院关于深化城镇住房制度改革的决定》发布实施。其基本内容是把住房投资由国家、单位统包的体制变为国家、单位和个人三者合理负担的体制。1998 年 7 月 3 日，国务院下发了《关于进一步深化城镇住房制度改革、加快住房建设的通知》，明确指出从 1998 年下半年开始停止住房实物分配，逐步实行住房分配货币化；新建住房原则上只售不租，同时全面推行住房公积金制度。以取消福利分房为特征的中国住房制度改革从此拉开大幕。但事实上，国务院相关文件出台以后并未得到一些地方政府的切实执行，2000 年初福利分房仍然在或明或暗地进行。(李嫣，2007)；

5. 很多实践部门的处理惯例及一些学者认为，宅基地只能转让给本集体经济组织内部成员；而遍观《土地管理法》及现行法规，并未有明确的法律条文限制宅基地不能转让给本集体之外的农民，更未对农民之间转让房屋进行限制；

6. 城乡社会保障制度的更具体的差异可参考(姬便便、王国军，2004)；

7. 正式进入指获得城市非农业户口。关于正式迁移人口和非正式迁移人口的进一步论述，可参考 Chan(1994，1999)和 Fan(2008)的研究。

5.2 户籍制度的转型

户籍制度实施了已经半个多世纪，深刻地影响了我国的城市化进程。在主流的户籍制度与城市化发展研究文献中，普遍认为户籍制度阻碍了城市化的发展，使我国的城市化水平滞后于工业化水平（成德宁，2004）。因此“户籍制度亟须变革”是学术界和民间的一致声音（Chan，1994；Cheng，1994；俞德鹏，1994；赵燕菁，2003；樊小钢，2004；宋嘉革，2006）。

5.2.1 户籍制度改革模式

关于户籍制度的改革有不同的观点，其主要的分歧在于是采取激进（废除）的方式还是渐进（制度变革）的方式来完成户籍改革。前者认为户籍制度阻碍了市场要素的流动，进而抑制了经济发展，需要废除①（Cheng，1991；高佩义，2004；胡星斗，2008）；后者认为户籍制度问题产生的根源在于附着在户籍制度上的利益分配，因此改革要循序渐进（Mackenzie，2002；赵燕菁，2003；王太元，2004b；陈成文等，2005；万川等，2005；刘海波，2006；肖海英，2006；宋嘉革，2006）。但无论哪种观点，都认为户籍制度的改革已经势在必行。

5.2.2 小城镇户籍改革

20 世纪 80 年代国家逐步放宽了户籍的限制。1984 年国务院发布《关于农民进入集镇落户问题的通知》，开始允许那些有经营能力和有技术专长的农民进集镇落户，公安部门发给“自理口粮户口簿”，将其统计为非农业人口，口粮自理，不享受计划供应的商品粮，于是一种新的户口种类——自理口粮户口开始出现。1984—1990 年全国有近 500 万农民落入城镇自理口粮户口（张庆五，1994）。快速增长的城市人口也给城镇基础设施带来了相当的压力，并伴随出现了一些不正常的现象，部分地区地方政府出卖户口的现象相当普遍，严重冲击着户籍制度的法律权威。1989 年国务院发出《关于严格控制“农转非”过快增长的通知》，决定再次严格控制农转非。经过 80 年代末、90 年代初的再次户籍控制，初步抑制

① 有专家说中国城市现行户籍制度废止一定具备两个条件，第一个是国家完全取消对城市和城市居民的补贴，第二个是要实现不同区域的均衡发展。笔者认为如果这两个条件具备了，户籍制度也就不再成为人们热议的话题，而回归到其本身最基本的“人口信息登记”的功能上，也就没有必要废除了。

了城市户籍人口的过快增长。

1992年8月公安部发出《关于实行当地有效城镇居民户口的通知》，决定在小城镇、经济特区、经济开发区、高新技术产业开发区实行当地有效城镇户口制度(即蓝印户口)。1993年，国务院召开会议研究户籍制度改革问题，将户籍改革重点转向小城镇户籍制度，小城镇户籍改革成为主流(姚秀兰，2004)。1997年6月，国务院批转公安部《关于小城镇户籍管理制度改革的试点方案》，提出在继续严格控制大中城市人口机械增长的同时，改革小城镇的户籍管理制度。1998年7月22日，国务院正式批转公安部《关于解决当前户口管理工作中几个突出问题的意见》，户口制度的"母系继承制"被突破，户籍政策进一步放宽。这个《意见》涉及"有可能改变农民身份"的内容包括：

第一，今后新生儿可以随父母任何一方登记申报户口。第二，对已在配偶所在城市居住一定年限的公民，将根据自愿的原则准予在该城市落户。第三，男性超过60岁，女性超过55岁，身边无子女需投靠子女的公民，可以在子女所在城市落户。第四，在城市投资、兴办实业、购买商品房的公民及随其共同居住的直系亲属，在城市有合法固定的住所、合法稳定的职业或收入来源，并已居住一定年限，可准许其在该城市落户。

2001年3月，国务院批转公安部《关于推进小城镇户籍管理制度改革的意见》进一步规定：对小城镇(县级市市区、县人民政府驻地镇及其他建制镇)常住户口的管理，根据本人意愿均可办理，不再实行计划指标管理(表5-2)。这宣告了小城镇户籍制度改革的基本到位。

表5-2　户籍制度发展简表

时　间	事　　　件	备　　注
1949年	1949年《共同纲领》和1954年《宪法》中规定"国人有充分的迁徙自由"	1975年《宪法》修改时取消
1951年	《城市户口管理条例》颁布	为维护治安
1953年	为配合人口普查实行"农村户口登记"，中央政务院发布《关于制止农民盲目流入城市的紧急通知》	人口迁移控制逐步开始
1955年	《关于建立经常户口登记制度的指示》将户口登记和迁移管理正式扩展到农村	为掌握人口数量

续　表

时　间	事　　　件	备　　注
1958年	《中华人民共和国户口登记条例》颁布	标志着户籍制度的正式形成
1963年	依据是否吃"商品粮",将户口划分为"农业户口"和"非农业户口"	城乡差别
1964年	《公安部关于处理户口迁移的规定(草案)》	严格控制城市人口增长
1977年	国务院批转《公安部关于处理户口迁移的规定》	"农转非"指标1.5‰
1980年	"农转非"指标改为2‰—5‰	
1984年	国务院发布《关于农民进入集镇落户问题的通知》	自理口粮户口出现
1989年	国务院《关于严格控制"农转非"过快增长的通知》	严格控制"农转非"
1997年	《关于小城镇户籍管理制度改革的试点方案》	小城镇户籍改革
1998年	《关于解决当前户口管理工作中几个突出问题的意见》	"母系继承制"被突破
2001年	《关于推进小城镇户籍管理制度改革的意见》	对小城镇"农转非"不再实行指标管理
至今	全面的户籍改革试验	试图取消城乡户口差别

注:小城镇指县级市市区、县人民政府驻地镇及其他建制镇。
资料来源:作者根据相关资料制作。

5.2.3　全国户籍改革试验

虽然1980年以来的小城镇户籍制度改革已经基本完成,但城市户籍制度的改革进展非常有限,仅仅是放宽了城市户口的要求。改革措施中,除全国人大常委会颁布的《居民身份证条例》外,其余基本上都是以政策形式发布,如规定、意见、办法等,这些政策的精神、内容缺乏法律的严谨性和公开性,而户籍制度本身并没有实质性的变化(Cheng, 1991;Chan Zhang, 1999;姚秀兰,2004)。随着2001年"农转非"内部控制指标的基本取消,全国各地开展了户籍改革的试验①,总体思路如下。

> 实行居民在居住地登记户口的原则,形成由户口登记、迁移为基础,居民户口簿、公民身份证两种证件和常住、暂住两种户口组成的管理制度……

① 如河南郑州、江苏苏州、浙江湖州等全面取消城乡户籍登记,甚至浙江省政府提出要在几年内将全部取消浙江省的城乡二元户籍制度。

摘自“我国户籍制度全面改革的目标已经明确”,《城市规划通讯》,2002,n20

国家“十五规划”(2001—2005)更是提出要在 2005 年底完成大中城市的户籍制度改革,公安部也提出要在 2005 年底彻底改革二元的城乡户籍制度,建立统一的人口登记体系(Fan, 2008, p52)。时值 2009 年,改革并没有完成既定的目标。

5.2.4　小结:户籍改革成效

与 20 世纪末期的改革相比,2000 年后的户籍制度改革最大的变化在于改革的地区从小城镇扩展到了中小城市和大城市的郊区①。资料显示,目前全国已有河北、辽宁、江苏、山东、重庆、四川、广西等 12 个省级行政区相继取消了农业户口和非农业户口的二元户口性质划分,建立了城乡统一的户口登记制度(朱中原、包蕴,2007)。新的户籍改革虽然很大程度上取消了农业户口和非农业户口的城乡区别,但同时也隐含了新的二元分割——城市与小城镇的分割、大城市与小城市的分割,以及(特)大城市城市中心区和郊区的分割;另一方面,各城市户籍的准入均设定了一定的“经济门槛”,这又势必加剧城乡差别②。实际上,户籍制度的改革对推进城市化的作用并没有预想的那么大,拥有高比例流动人口的直辖市和特大城市的户籍制度改革还仅仅局限于类似“居住证”的制度创新上。

上海、成都、昆明、沈阳已经进行了“居住证制度”的尝试。2002 年 4 月,上海市政府开始实施居住证制度,但仅仅局限于引进国内外的人才方面,申请者需“具有本科以上学历或者特殊才能”;2004 年 8 月,上海市政府将居住证的办理范围从“引进人才”调整为“在上海居住的非本市户籍的境内人员”。截至 2007 年底,上海全市办理居住证件的外来人员已超过 433 万人,2008 年覆盖人群将达到 700 万以上。成都、昆明、沈阳的居住证制度

---

① 例如,2008 年 7 月,凡在武汉市连续务工满 3 年,且与用人单位签订了 2 年以上劳动合同,年收入超过武汉市最低工资标准的农民工,均可办理武汉城市户口,成为武汉的“新市民”。但农民工入武汉市户口,还仅限于武汉市的远城区,暂不包括中心城区。按照武汉市的条件,要拿到武汉市城区户口,必须要在中心区范围内购买商品住宅总价在 30 万元以上,或者购房总建筑面积在 120 平方米以上,才可申办包括购房者本人、配偶、子女共 3 人以内的武汉市城区常住户口。摘自:http://news.hz66.com/main/news/chinahome/20080712094814 65.htm(2008.07.12)

② 很容易推断,按照现在的户籍准入门槛,得到城市户籍的农村移民人口都必须有一定的经济来源,或者买房或者有稳定工作。这样的话,得到城市户籍的移民本身的收入水平普遍要高于乡村,即乡村的高收入者向城市移民的概率更大,从而加剧了乡村的贫穷,因此加大了城乡差距。详细的分析,参见陆铭、陈钊(2004, p52)。

分别在 2005 年 2 月 1 日、2005 年 10 月、2006 年 5 月 1 日正式开始实施。成都居住证的服务功能仅限于“用于办理或者查询接受教育、人口和计划生育、卫生防疫等方面的个人相关事务和信息”，昆明的居住证覆盖了申办就业或求职、参保、申请证照、子女入学等多项公共服务，而沈阳的居住证可以提供子女就读、劳动就业、计划生育、卫生防疫、社会保险及证照办理等 6 项服务。

摘自：南方日报，8 月 6 日，“打破户籍坚冰居住证仅是起点！”

从近年的各省户籍改革实践来看，经历了“消除户籍制度”的短暂的尝试。如郑州的户籍改革，迫于城市管理的压力，在 2004 年 8 月停止了按固定住所迁移登记、放宽亲友投靠的户口新政，郑州市公安局管城分局的人士说，此后的户口迁移登记，执行的是 2001 年以来一直执行的需就业、购房等条件落户的管理制度。

摘自：http://news. 1488. com/news/national/2007/4 - 23/10 - 32 - 56 - 1. shtml(2008. 08. 20)

实践已经证明，仅仅放开户口登记和迁移管理难以实现户籍改革的初衷，甚至会引发新的社会问题，户籍改革并没有消除户籍的价值化意识，反而使之加强。所以，城镇户口与农村户口的差别只是户籍制度改革的内容之一，而不是户籍制度改革的全部，更不能将城市化作为户籍制度改革的价值目标，比户籍改革更重要的是要改革附着于其上的各项福利制度。改革重点应该集中在“赋予各类人口以无差别的社会福利”，即城乡平等的社会福利待遇，以及就业、就学的平等权利等（马福云，2001；姚秀兰，2004；宋嘉革，2006）。

东欧（后社会主义）转型国家城市发展的研究表明，在国家转型期需要连贯的关于城市未来发展的国家政策来指引城市发展（Kiril，2007：353）。与社会主义经济体制转型的改革一样，户籍制度的改革也是渐进的（姚秀兰，2004），城市户口与农村户口、发达城市户口与其他城市户口之间的差异短时间内仍然存在。户籍制度的改革实践同样表明，完善的国家公共政策体系是改革成功的基石。

5.3 户籍制度转型与区域城市化发展

5.3.1 转型前后的人口发展特征

图 5 - 1 显示，改革开放之前，除 20 世纪 60 年代初期的波动外，我国总人口

保持平稳增长，城市人口在 20 世纪 60 年代以前与总人口增长同步。60 年代后的增长相对滞后；非农人口在整个时期仅有小幅增长，这一时期国家对城市人口增长实施了严格的控制。改革开放后，全国总人口继续保持增长，90 年代开始增长放缓。而城市人口① 80 年代开始快速增长，非农人口的增长也有所加快，但其总体的幅度远远滞后于城市人口的增长。户籍制度的放开远远没有跟上城市人口增长的步伐，二者之间的差距越来越大。

逻辑上，如果户籍制度严重阻碍了城市化发展的话，80 年代开始的小城镇户籍改革应该大大促进非农人口的增长，但趋势线上并没有反映这一推论。从图上可以看出，1984—1985 年非农人口有过短暂的快速增长，这表明，在户籍政策放宽的初期确实引发了大量的“农转非”，但马上又恢复了平静。吴效军(2002)的研究某种程度上可以为这一现象提供解释，他通过对湖州市户籍放开后的户口迁入统计发现，城市人口在急速增长后迅速恢复平静，而这一急速增长期仅仅持续了几个月。因此似乎可以认为，80—90 年代的户籍制度改革，仅仅是带来了非常短时间(图 5－1 曲线表现为一个小小的凸起)的非农人口增加，即这次改革对加速城镇非农人口增长的作用非常有限。

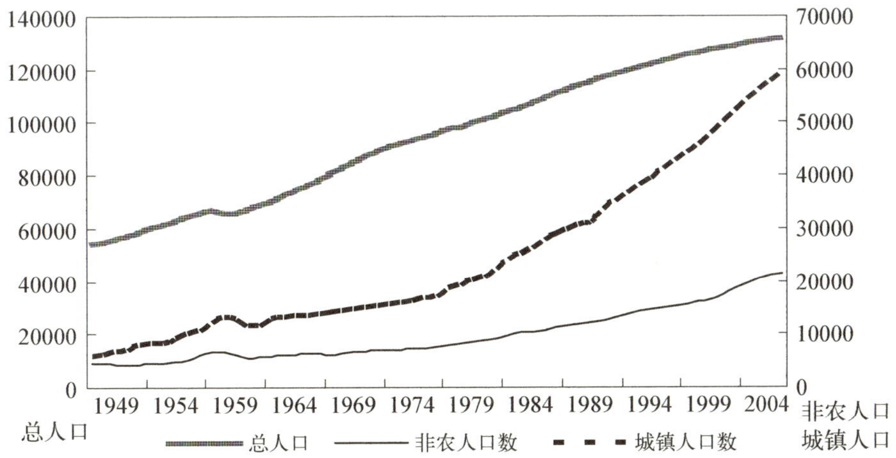

图 5－1　1949—2007 年中国人口增长(万人)

数据来源：同表 5－5。

① 由于统计口径的变化，城市人口数量的可比性受到局限，但阶段内可比。1949—1981 年基本可比(市镇总人口)，1982—1990 年可比(1990 年四普口径修正)，1991—2005 年可比(2000 年五普口径修正)。

5.3.2 户籍改革与城市化发展

(1) 人口增长分析

人口的增长包括两个部分,自然增长和机械增长,前者是人口出生和死亡的综合结果,后者是人口迁移导致的。从全国层面的公安户籍统计数据看(表 5 - 3),20 世纪 50 年代全国的户籍迁移人口较多,每年接近 3 000 万人,60 年代由于历史原因有较大的波动,70 年代以来除了 1979 年的下乡知青大量返城造成的波动外,年户籍迁移人口就基本维持在 2 100 万人以内。而在这么漫长的历史时间段内,我国经济社会已经发生了巨大的变化,人口的流动性日益加强,但户籍迁移人口基本没有发生较大的变化,一直呈比较稳定的增长。

表 5 - 3 历年公安局户籍迁入口径人口机械变动(万人)

年 份	迁入	年份	迁入	年份	迁入	年份	迁入
1954	2 231	1965	1 608	1976	1 624	1988	2 008
1955	2 530	1966	1 405	1977	1 555	1989	1 895
1956	3 004	1967	601	1978	1 831	1993	1 919
1957	2 743	1968	273	1979	2 331	1994	1 949
1958	3 188	1969	610	1981	2 098	1995	1 846
1959	3 138	1970	104	1982	1 730	1996	1 706
1960	3 313	1971	1 314	1983	1 522	2001	1 701
1961	1 931	1972	1 593	1984	1 788	2006	2 060
1962	2 151	1973	1 433	1985	1 968		
1963	1 309	1974	1 351	1986	1 835		
1964	1 401	1975	1 645	1987	1 973		

资料来源:《中国人口统计年鉴 1988》,1989—2007 年相应年份的《中华人民共和国全国分县市人口统计资料》。

以全国作为研究对象,总人口机械增长的比例几乎可以忽略不计,但是对于城市人口和非农人口而言,对机械增长和自然增长有必要单独考虑。表 5 - 4 显示,1980 年代后,各年份三种人口的自然增长率差异较大,这与计划生育政策的实施密切相关,计划生育政策在城市控制得比较严格,因此城市人口或者非农人口的生育率较低,从而自然增长也较低。城市人口与非农人口自然增长率的交替变化的原因在于城市人口中包含了一部分的乡村移民,从而影响了自然增长率的稳定。

表 5-4　历次人口普查和 1%抽样调查年份的人口自然增长率计算结果

	1978	1982	1987	1990	1995	2000	2005
总人口(自然)增长率	13.53‰	15.68‰	16.61‰	14.39‰	10.55‰	7.58‰	5.89‰
城市人口自然增长率[1]	13.53‰	13.56‰	9.24‰	6.59‰	5.90‰	4.82‰	4.23‰
非农人口自然增长率[2]	13.53‰	12.96‰	10.4‰	11.5‰	5.90‰	5.48‰	4.04‰

注 1：城市人口自然增长率计算，没有对出生和死亡人口做年底折算，自然增长率计算，以上年的城市人口为基数；1987 年 1%人口抽样调查数据的出生死亡人口数是 1986 年上半年和下半年之和。基础数据摘自当年 1%抽样调查或人口普查全部汇总数据。

注 2：非农人口自然增长率无直接的统计资料，考虑城市市区人口中非农人口比例很高，以全国所有城市市区人口自然增长率代替，这样数值会比实际值略高，这种误差随着我国“县改区”的施行而变大。基础数据摘自中国人口统计年鉴 1988，中国城市统计年鉴 1988，1991，1996，2001，2006。

注 3：总人口增长率根据当年年底人口与上年年底人口计算，忽略了跨国移民等因素的影响，与中国统计年鉴公布数据略有差别。

注 4：1978 年作为实证研究的基年，当年计划生育政策刚刚开始施行，可以认为城乡人口的自然增长率接近一致。

把城市人口和非农人口的自然增长部分剔除，可以得到机械增长率的走势，从而可观察户籍改革对城市化产生的真实影响。

（2）户籍改革实效

图 5-2 显示，20 世纪 80 年代，因为城市人口的统计口径是市镇人口的总和，而当时行政区划调整频繁，从而使城市人口的增长有一定的波动。90 年代后，城市人口统计口径改变，整个 90 年代城市人口增速缓慢减小，2000 年城市人口统计口径再次发生变化，从而使城市人口有了一个突变，但之后仍然是增速逐年放缓，仅 2007 年有所加速。总体上看，城市人口机械增长率波动相对较小。

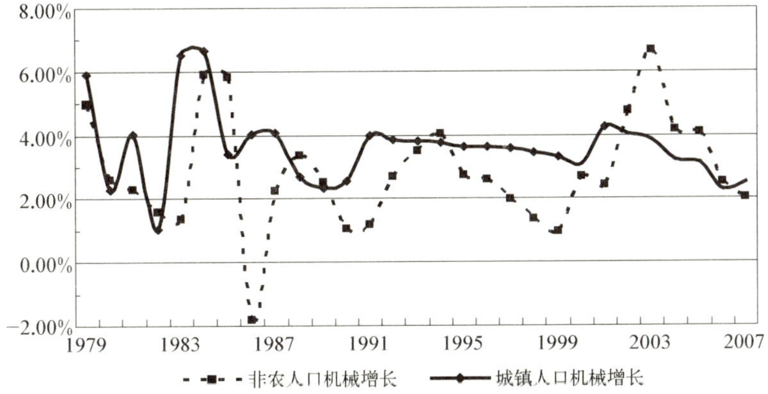

图 5-2　1978—2007 年全国城市人口和非农人口年均机械增长趋势比较(%)

数据来源：基本数据同表 4-5，其余年份 2005 年前采用等比内插法，2006 年，2007 年根据总人口增长率采用比例调整法计算。

非农人口机械增长率与城市人口机械增长率的演进具有各自不同的路径。1984—1985年小城镇户籍有所松动，自理口粮户口出现，带来了非农户口的迅速增加，这两年的年机械增长率从不到2%增加到了6%左右，这种提前的透支增长直接导致了1986年的非农人口负增长。80年代末期，受“关于严格控制‘农转非’”的影响，非农人口的机械增长率有所回落，至90年代初增速跌至低谷，但很快就恢复到先前水平；90年代末期，非农户口增长逐年减缓，1999年非农户口的机械增长速度已经跌至0.93%；随着“户口母系继承”的打破，非农户口增长有所加快，而2001年的小城镇户籍的全面放开，使得非农户口的增速达到了峰值（2003，6.67%）。之后的遍及全国的户籍改革试验，并没有带来非农人口增速的加快，反而是非农人口机械增长率逐年下降，至2007年已经降到了2.04%，这仅仅是80年代初的水平。纵观整个户籍制度改革的过程，每次城镇户籍政策的松动，总是带来短暂的非农户口的激增，但这仅仅是昙花一现，就迅速恢复平静，而2000年以后的所谓的更加全面的户籍制度改革，根本没有带来非农人口增速的加快。与此相反，非农人口的机械增长速度更加平缓了。

从实际的政策实施来看，这样的观测结果似乎在情理之中，因为，这次户籍改革试验，仅仅是提出了新的所谓的“居住证”制度而已，城市户口与农村户口的分治依然存在，各项制度安排依然是围绕着城市和乡村的差别来制定。而“居住证”只是人口迁移的一个过渡“手续”而已，如果要全面完成农村到城市的转换，还是需要申请当地的城市户口，而这需要符合一系列的条件①。

非农人口增长的阶段波动性表明，2000年前户籍制度的每一次改革，都带来了短暂的推动城市化的效果，但是没有带来实质性的城市人口加速增长，仅仅是提前透支了未来的（城市人口）增长而已。而户籍改革试验某种程度上强化了国家通过户籍制度对城市化人口的控制，使得农村户口向城市户口的转化多了一道规范了的“制度门槛”。直接的后果就是城市人口与非农业人口的差值从1987年的7 314万人扩大到2007年的16 940万人。

5.3.3 户籍改革下的区域城市化

户籍制度改革在全国的实施并不是平行的，各区域各省份的做法有所不同。

① 比如，在城市里购置商品房、学历要求、在当地居住一定年限或持居住证若干年后等。

这里考察城市化人口与非农业人口差值的变化[①]，以说明户籍制度改革与城市化发展的关系。

(1) 户籍改革与区域城市化发展

图5-3显示三大区域城市人口与非农人口的差值始终为正，即城市人口数量高于非农人口数量。20年间，差值变化在各区域有一定差异，20世纪90年代东部地区的差值迅速扩大，至2000年超过了8 000万人，说明这一时期城市化水平的推进速度较快，而户籍制度对这部分城市化人口没有及时确认(为非农人口)，2000年后这一差值一直维持在较高水平上。20世纪80年代中部地区和西部地区城市人口与非农人口的差值较小，仅1 000万～2 500万人之间，90年代基本维持在2 000万～3 000万人水平上；但是2000年后，这一差值迅速提高，中部地区达到了5 222万人，西部地区达到了3 094万人。

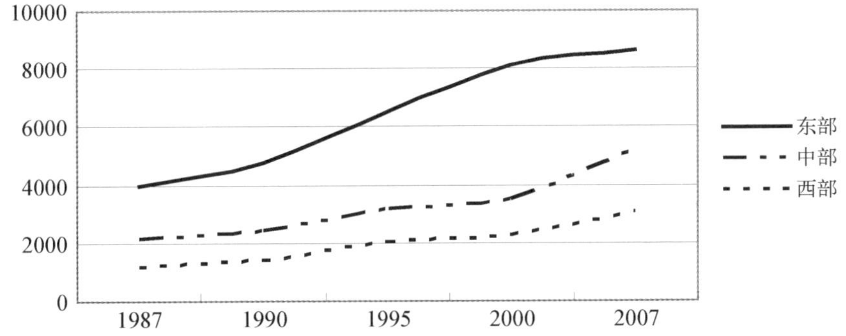

图5-3　1987—2007年三大区域城市人口与非农业人口差值的变化(万人)

数据来源：同表5-7。

对比东部地区和内陆地区城市人口与非农人口的差值变化，可以得到一个结论，即2000年前，以小城镇为主的户籍制度改革在中西部与城市化的发展比较一致，但在东部地区明显滞后，导致了大量的“城市化农业人口”；2000年后的户籍制度改革试验，并没有使城市人口与非农人口的差值减少，反而中西部地区由于快速城市化，导致“城市化农业人口”迅速增加。因此，户籍制度改革与区域城市化之间并没有发生对应的联系，改革的施行没有考虑到我国区域城市化差异的现实。

① 以城市人口与非农人口的差值来表示城镇农业人口数量，这里涉及一点误差，即农村地区也存在一定数量的非农业人口，但数量较小，影响可忽略。另一方面，理想的数据是扣除自然增长后的城市人口与非农人口的差值，但是城市人口和非农人口分省的自然增长率数据很难获取齐全。此外，非农人口的分省数据最早可以查询到1987年。

(2) 户籍改革与东部城市化发展

图 5-4 描述了东部区域各省城市人口与非农业人口差值的发展变化，大体上可以划分出三类省区：第一类是广东、江苏、福建和上海，这些省份都经历了 20 世纪 90 年代城市人口与非农业人口差值的大幅增加和 2000 年后的小幅减少。对这些省份而言，2000 年前的户籍改革远远没有使非农人口与城市人口的增长相适应，尽管 2000 年后的户改试验使得城市人口与非农业人口差值有所减少，但幅度有限；第二类是北京、天津、河北、辽宁、浙江和广西，这些省份除辽宁在 2000 年略有减少外，城市人口与非农业人口差值 20 年来一直在增加，且 2000 年后的绝对增加量有所扩大。这说明，户籍制度在这些省份的改革始终没有跟上城市化的步伐，且越发滞后；第三类省份是山东，20 世纪 90 年代的城市人口与非农业人口差值比较稳定，略有增加，2000 年后迅速下降。结合对山东省城市化发展的观察，可以认为户籍制度改革试验在山东省有实质的作用。

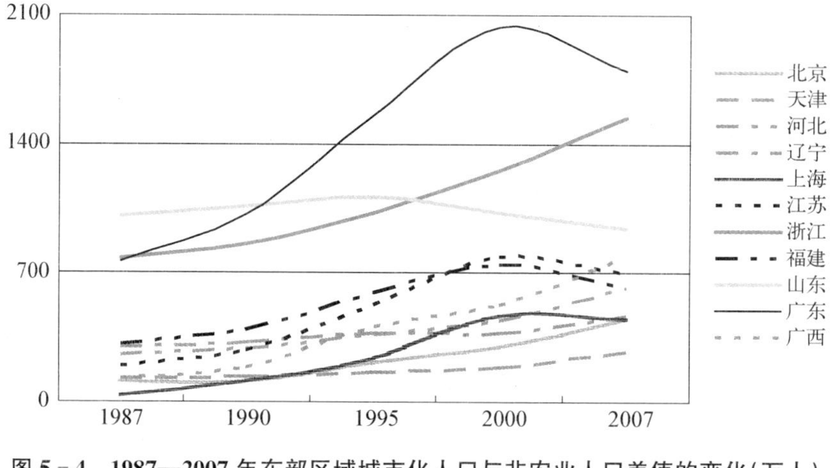

图 5-4　1987—2007 年东部区域城市化人口与非农业人口差值的变化(万人)

数据来源：同表 5-6。

(3) 户籍改革与中部城市化发展

图 5-5 描述了中部区域各省城市人口与非农业人口差值的发展变化，仍然可以划分出三类省区：第一类是湖北和黑龙江，湖北省城市人口与非农业人口差值都经历了 20 世纪 90 年代的大幅增加后，2000 年迅速回落至 20 世纪 80 年代末水平，这表明 2000 年前的户籍改革远远没有使非农人口与城市人口的增长相适应，但 2000 年后的户籍改革试验在该省实施良好；黑龙江省与湖北省的发展趋势基本一致，同样经历了“增长和减少”的过程，只是变化幅度较小，变化比

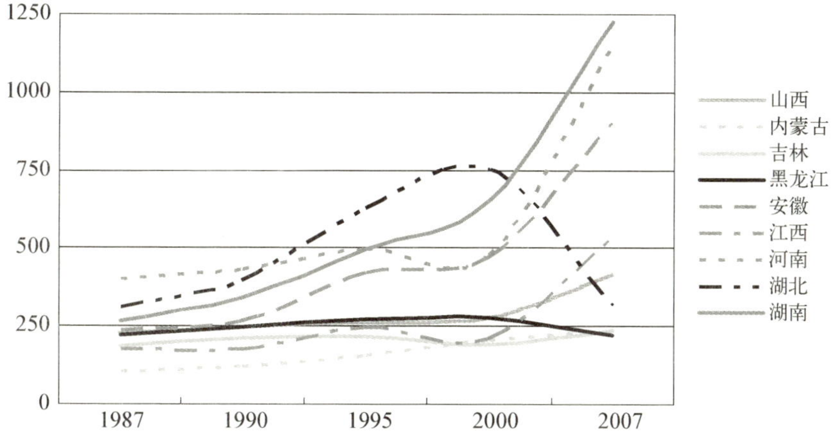

图 5－5　1987—2007 年中部区域城市化人口与非农业人口差值的变化(万人)

数据来源：同表 5－6。

较温和，这与该省较高的城市化水平有关；第二类是山西、安徽、江西、河南和湖南，这些省份的城市人口与非农业人口差值都经历了 90 年代中期前的增长、90 年代末期的缓和和 2000 年后的快速大幅增加过程，户籍改革的整个过程似乎与这些省份的城市化进程没有丝毫关系，或者说户籍制度改革根本就没有适应这些省份的城市化发展情况，2000 年后的户籍改革试验反而使这些省份的城市人口与非农业人口的差值大幅增加，户籍制度改革与城市化发展的轨道越发偏离；第三类省份是内蒙古和吉林，这两个省份城市化水平较高，城市人口与非农人口的差值不大，一直维持在 250 万以内，户籍制度改革在这两个省份的影响效果不大。

(4) 户籍改革与西部城市化发展

图 5－6 描述了西部区域各省城市人口与非农业人口差值的发展变化，可以划分出两类省区：第一类是四川、云南和陕西，这些省份的城市人口与非农业人口差值 20 年间一直在增长，且 2000 年后增长更快，户籍改革与这些省份的城市化进程不相适应；第二类省份是贵州、西藏、甘肃、宁夏、青海和新疆，这些省份城市人口与非农人口的差值不大，且城市化的发展速度较缓和，户籍制度改革在这些省份的影响效果不大。

通过对三大区域和分省的户籍制度改革与城市化发展的适应性考察，可以得出如下结论：① 户籍制度改革在全国各省实施的情况大不相同，从三大区域看，户籍制度改革没有适应城市化的快速发展；② 20 世纪 90 年代大部分省份城市化人口与非农业人口差值的增长表明，小城镇户籍制度的全面放开对城市化的推动作用非常有限；③ 户籍制度改革与大部分省份(北京、天津、河北、辽宁、

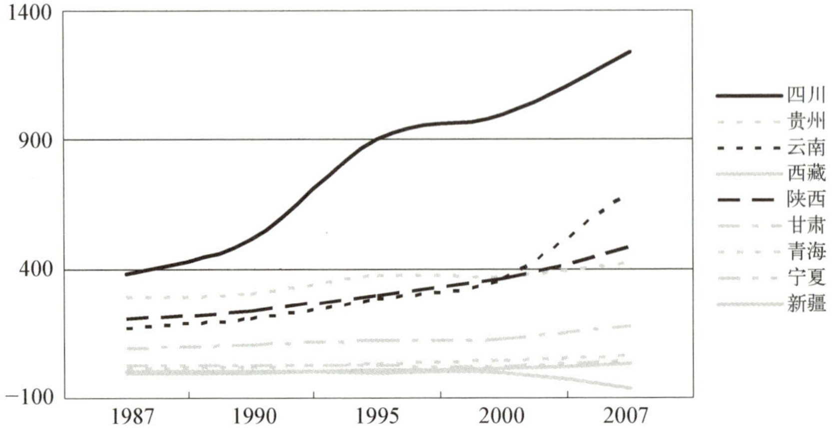

图 5-6　1987—2007 年西部区域城市化人口与非农业人口差值的变化(万人)

数据来源：同表 5-6。

浙江、广西、山西、安徽、江西、河南、湖南、四川、云南和陕西)的城市化进程不相适应;2000 年后的户籍改革试验并没有在取消城乡人口差别上取得实质进展，反而使得某些省份的非农人口的增长更加滞后于城市化的发展。

5.4 小　　结

本章全面回顾了户籍制度形成的历史和演变过程，评述了 20 世纪 80 年代后的户籍制度改革。通过比较城市化转型前和转型后的人口发展特征，发现户籍制度的转型远远没有跟上城市人口增长的步伐，而且二者之间的差距越来越大。通过对城市人口和非农人口的机械增长比较，发现 2000 年前户籍制度的每一次改革，仅仅带来了短暂的推动城市化效果，没有带来实质性的城市人口加速增长。三大区域和分省的城市化人口与非农业人口差值变化的分析表明，户籍制度改革在全国各省实施的情况大不相同，户籍制度改革没有适应大部分省份的城市化的快速发展。2000 年后的户籍改革试验并没有在取消城乡人口差别上取得实质进展，反而某种程度上强化了国家通过户籍制度对城市化人口的控制，使得农村户口向城市户口的转化多了一道规范的“制度门槛”。这说明城市化转型的根本制度——户籍制度的转型还远远滞后于城市化转型的需求，虽然国家通过户籍制度对城市化进行调控，但是市场导向的人口城市化已经走出了一条新的发展路径。

户籍制度在我国经济社会发展和城市化进程中扮演了重要的角色，虽然在市场经济体制转型的进程中其力量在日益衰减，但作为一项社会制度还将长期存在，并将继续影响城市化发展。实现公民权利的平等是户籍改革始终不变的价值内涵，当城市与乡村的差别足够小时，当不同区域的差别不再明显时，户籍制度一定只是作为人口管理的手段而存在着（姚秀兰，2004）。一个必须注意的现象是，2000 年后的户籍改革试验同时也产生了新的户口差别，即城市与小城镇、大城市与小城市、（特）大城市城市中心区和郊区以及发达地区和不发达地区的户籍（利益）差别，如何规避这些差别和引导人口在城市间的合理流动是新时期户籍制度改革需要面对的问题。

附　　录

表 5 - 5　1949—2008 年中国人口增长（万人）

年份	（年末）	户籍口径	常住口径		年份	（年末）	户籍口径	常住口径	
	总人口	非农人口数	城镇人口数	比重		总人口	非农人口数	城镇人口数	比重
1949	54 167	9 441	5 765	10.64%	1956	62 828	10 002	9 185	14.62%
1950	55 196	9 137	6 171	11.18%	1957	64 653	10 618	9 950	15.39%
1951	56 300	8 674	6 632	11.78%	1958	65 994	12 210	10 724	16.25%
1952	57 482	8 291	7 162	12.46%	1959	67 207	13 567	12 373	18.41%
1953	58 796	8 729	7 826	13.31%	1960	66 207	13 731	13 076	19.75%
1954	60 266	9 229	8 250	13.69%	1961	65 859	12 415	12 704	19.29%
1955	61 465	9 335	8 285	13.48%	1962	67 295	11 271	11 662	17.33%
1963	69 172	11 584	11 649	16.84%	1986	107 507	20 902	26 361	24.52%
1964	70 499	11 677	12 951	18.37%	1987	109 300	21 592	27 675	25.32%
1965	72 538	12 122	13 042	17.98%	1988	111 026	22 551	28 656	25.81%
1966	74 542	12 340	13 313	17.86%	1989	112 704	23 371	29 540	26.21%
1967	76 368	12 637	13 548	17.74%	1990	114 333	23 887	30 493	26.67%

续 表

年份	（年末）	户籍口径	常住口径	
	总人口	非农人口数	城镇人口数	比重
1968	78 534	12 554	13 838	17.62%
1969	80 671	12 403	14 117	17.50%
1970	82 992	12 660	14 424	17.38%
1971	85 229	13 350	14 711	17.26%
1972	87 177	13 632	14 933	17.13%
1973	89 211	13 992	15 344	17.2%
1974	90 859	14 079	15 591	17.16%
1975	92 420	14 278	16 026	17.34%
1976	93 717	14 517	16 344	17.44%
1977	94 974	14 694	16 668	17.55%
1978	96 259	15 230	17 250	17.92%
1979	97 542	16 186	18 494	18.96%
1980	98 705	16 800	19 139	19.39%
1981	100 072	17 413	20 175	20.16%
1982	101 541	17 910	20 659	20.35%
1983	103 008	18 378	22 270	21.62%
1984	104 357	19 686	24 013	23.01%
1985	105 851	21 054	25 097	23.71%
1991	115 823	24 418	31 909	27.55%
1992	117 171	25 298	33 335	28.45%
1993	118 517	26 388	34 808	29.37%
1994	119 850	27 638	36 327	30.31%
1995	121 121	28 555	37 862	31.26%
1996	122 389	29 459	39 446	32.23%
1997	123 626	30 211	41 069	33.22%
1998	124 761	30 785	42 693	34.22%
1999	125 786	31 242	44 314	35.23%
2000	126 743	32 249	45 906	36.22%
2001	127 627	33 202	48 064	37.66%
2002	128 453	34 934	50 212	39.09%
2003	129 227	37 427	52 376	40.53%
2004	129 988	39 140	54 283	41.76%
2005	130 756	40 898	56 212	42.99%
2006	131 448	42 071	57 706	43.90%
2007	132 129	43 077	59 379	44.94%
2008	132 802		60 664	45.68%

注：常住口径总人口数据1982年以前数据为户籍统计数；1982—1989年数据根据1990年人口普查数据有所调整；1990—1999年数据根据2000年人口普查有所调整；2001—2004年和2006年数据为人口变动情况抽样调查推算数；2005年数据根据全国1%人口抽样调查数据推算。总人口中包括中国人民解放军现役军人，按城乡分人口中现役军人计入城镇人口，并计入非农人口。

资料来源：总人口数据摘自中国人口统计年鉴2005，中国统计年鉴1992、2006、2007、2008；城镇人口1990—1999年数据利用1990年和2000年人口普查数据根据联合国法调整计算，其余摘自中国人口统计年鉴2005，中国统计年鉴1992、2006、2007、2008；非农人口1949—1998年来自"中国人口统计年鉴1999"，1999年后来自相应年份中国人口统计年鉴。

表 5-6 1987—2007 年分省非农人口与城镇人口差值(万人)

	非农人口					城镇人口					差值				
	1987	1990	1995	2000	2007	1987	1990	1995	2000	2007	1987	1990	1995	2000	2007
北 京	601	640	698	763	931	713	748	908	1 059	1 380	112	108	210	296	449
天 津	456	487	510	536	582	580	626	667	721	851	124	139	157	185	268
河 北	812	885	1 099	1 307	2 180	1 063	1 174	1 466	1 750	2 795	251	289	367	443	615
辽 宁	1 552	1 645	1 796	1 902	2 076	1 846	1 966	2 167	2 274	2 544	294	321	371	372	468
上 海	822	864	922	986	1 197	857	971	1 161	1 452	1 648	35	107	239	466	451
江 苏	1 175	1 401	1 708	2 272	3 364	1 369	1 681	2 233	3 061	4 057	194	280	525	789	693
浙 江	666	692	802	995	1 351	1 449	1 549	1 828	2 247	2 894	783	857	1 026	1 252	1 543
福 建	466	500	590	681	1 129	782	890	1 184	1 425	1 744	316	390	594	744	615
山 东	1 045	1 578	2 170	2 410	3 436	2 052	2 638	3 276	3 438	4 379	1 007	1 060	1 106	1 028	943
广 东	1 432	1 614	2 200	2 535	4 571	2 195	2 630	3 755	4 567	6 365	763	1 016	1 555	2 032	1 794
广 西	511	565	745	826	944	637	753	1 149	1 347	1 728	126	188	404	521	784
山 西	572	627	736	862	1 079	800	872	996	1 139	1 494	228	245	260	277	415
内蒙古	606	662	728	812	974	710	782	884	1 016	1 206	104	120	156	204	232
吉 林	884	952	1 078	1 143	1 216	1 072	1 164	1 292	1 335	1 451	188	212	214	192	235
黑龙江	1 392	1 480	1 600	1 692	1 842	1 614	1 726	1 872	1 966	2 061	222	246	272	274	219
安 徽	784	843	1 044	1 230	1 467	1 018	1 109	1 465	1 704	2 368	234	266	421	474	900
江 西	658	708	822	941	1 209	834	883	1 066	1 151	1 738	176	175	244	210	529

续 表

	非农人口					城镇人口					差值				
	1987	1990	1995	2000	2007	1987	1990	1995	2000	2007	1987	1990	1995	2000	2007
河 南	963	1 112	1 478	1 734	2 240	1 362	1 541	1 975	2 211	3 389	399	429	497	477	1 149
湖 北	1 111	1 201	1 502	1 661	2 371	1 424	1 596	2 128	2 413	2 689	313	395	626	752	318
湖 南	843	928	1 135	1 310	1 529	1 111	1 270	1 633	1 964	2 753	268	342	498	654	1 224
四 川	1 520	1 595	1 891	2 226	3 017	1 898	2 109	2 794	3 221	4 254	378	514	903	995	1 237
贵 州	373	397	462	532	639	663	698	836	898	1 062	290	301	374	366	423
云 南	419	455	528	631	726	589	658	813	996	1 426	170	203	285	365	700
西 藏	29	30	32	35	46	24	27	38	49	80	−5	−3	6	14	34
陕 西	558	609	705	816	1 042	766	848	1 001	1 181	1 522	208	239	296	365	480
甘 肃	336	362	426	489	653	426	466	550	616	827	90	104	124	127	174
青 海	121	125	128	136	156	134	143	162	180	221	13	18	34	44	65
宁 夏	97	111	138	159	225	125	140	165	180	269	28	29	27	21	44
新 疆	462	498	566	631	885	466	501	563	626	820	4	3	−3	−5	−65

资料来源：分省城市人口根据作者修正的城市化水平数据(表 1 - 4)计算，非农人口摘自中国人口统计年鉴 1988、1991、1996、2001，中国人口与就业统计年鉴 2008。

表 5-7　1987—2007 年三大区域非农人口与城镇人口差值(万人)

		1987	1990	1995	2000	2007
非农人口	全国	21 266	23 566	28 239	32 253	43 077
	东部	9 538	10 871	13 240	15 213	21 761
	中部	7 813	8 513	10 123	11 385	13 927
	西部	3 915	4 182	4 876	5 655	7 389
城镇人口	全国	28 580	32 159	40 026	46 186	60 017
	东部	13 542	15 626	19 793	23 341	30 384
	中部	9 946	10 944	13 310	14 897	19 150
	西部	5 092	5 589	6 922	7 948	10 483
差　值	全国	7 314	8 593	11 787	13 933	16 940
	东部	4 004	4 755	6 553	8 128	8 624
	中部	2 133	2 431	3 187	3 512	5 222
	西部	1 177	1 407	2 046	2 293	3 094

资料来源：同表 5-6。

第6章 区域经济政策转变

区域经济政策贯穿于新中国成立后的各个时期。改革开放后，在从计划经济向市场经济转型的过程中，我国的区域政策也经历了几次转变，从转型前的“倾向内陆”的发展政策转向“沿海开放”，从“东部率先发展”转向“区域协调发展”，都反映了国家区域发展战略思想的转变，这些转变深刻地影响了我国城市化的区域空间格局。

6.1 区域发展与区域城市化

6.1.1 区域发展政策类型

斯特(Sit，2001)把国家的区域政策大体上划分为三种类型：普遍的放任自由主义(general laizefaireism)方式(如美国)，即政府很少干预市场；内聚和公平(cohesion and equity)的方式(主要是一些发达国家，如欧盟与加拿大)，政府对区域差异的关注已经成为宏观经济运行的一项重要因素，干预主要是通过转移支付和对落后地区的增长刺激来进行的；效率和分区(efficency and zonal)方式，如日本60—90年代的区域划分和1996年后的城市区域政策，以及我国1978年后的沿海开放政策。

6.1.2 区域发展差异

效率优先的不平衡发展政策不可避免地带来了区域发展的差异，因此，区域差异问题一直以来是中国政府和学者关注的话题，科能(Cannon，1990)认为中国的区域差异是因为地理特征和1949年前的沿海倾向的工业发展所导致的。杨(Yang，1997)的研究发现，中国经济增长源于对外贸易，因而青睐于沿海区域。戈德曼(Goodman，1994)认为中国中央政府一直在鼓励地方政府贯彻中央政策要有一定的灵活性，这导致区域主义成为中国长期发展的特色。此外，对于区域发展差异的争论一直也没有停止过，概括起来主要有两派观点，以胡鞍钢(Hu, 1995)为代表的一派认为中国的区域发展差异非常严重，需要迅速缩小；而以陆大道(Lu, 1996)为代表的一派认为，缩小区域的绝对差异在中国的近期发展中不仅不可能也没必要，当前最需要做的事情是减缓这种差异扩大的趋势。无论哪一方都认为中央要给予区域差异以足够的关注(Liu, 2001)。科能(Cannon, 1992)指出，中国是一个各区域经济社会差异很大的国家，不能简单地划分为几个区域。崔(Cui, 1992)也指出，三大区域的差异仅仅能够解释中国区域差异的 50%，另外 50%是区域内部的差异。

6.1.3　区域城市化

"区域"对地域辽阔、发展差异极大的中国来说具有非常重要的意义，因此国内很多学者提出"区域城市化"的概念(王胜今，1988；崔功豪，1989；刘盛和等，2003)。所谓"区域城市化"是指某一区域或某一地区，而不是泛指全国人口在城市和农村之间、农业与其他产业之间的转移过程，以及城市空间外延、生活方式扩散过程(何念如，2006，p57)。区域城市化与国家城市化相比，更加强调区域的独立性和特殊性，其潜在含义是区域间城市化发展是有差异的，不能笼统对待。

6.2　区域发展政策

6.2.1　转型前：政治军事主导的区域平衡发展政策

区域发展政策几乎存在于每一个大国当中，虽然资本主义国家的区域政策首要考虑的是经济需要，但是在社会主义国家或者是计划经济体系中，有时政治、军事和意识形态会左右区域发展战略。在我国特定历史时期，军事和政治的考虑要大于经济，因此区域政策目的与西方的三模式不同，1978 年前中央政府更加关注于经济社会发展的宏观目标和国家安全。

(1) 50 年代——支持东北，发展内陆

建国后一段时间，我国经济逐步恢复。日本伪满时期东北工业化程度较高，工业基础雄厚，同时由于靠近苏联的优越位置，使它更容易得苏联的援助和受到苏联的影响。某种意义上，东北地区在建国初期的一段时间内是国家政策优先支持的地区，国家把西北和西南地区作为落后地区，认为在那里执行不同的政策

是适宜的(麦克法考尔、费正清,1990:85)。在第一个五年计划期间,中国政府实施了“减小区域不平衡发展”的战略,主要是通过控制新工业项目建设(156个苏联援助项目和694个地方投资项目)的地区分布来实现的(表6-1)。这些大型建设项目构筑了中国的区域空间经济模式的基础。

表6-1 1953—1957年建设项目地理分布

	沿海	内陆
156个苏联援助项目的地理分布	20%	80%
694个地方投资项目	32%	68%

根据(Lu, et al., 2001: 27)整理。

(2) 60年代——备战备荒,三线建设

1964年针对紧张的中美关系和中苏交恶,毛泽东提出“备战、备荒、为人民”的思想,“三线建设”正式开始,根据各地区战略位置的不同,将全国划分为一、二、三线三类地区。一线处战略前沿,主要是指东部沿海地区;三线地区为全国的战略后方,也称大三线(包括四川、贵州、云南、陕西、甘肃的大部分地区,以及豫西、鄂西、湘西、晋南、冀西、粤北、桂西北和青海东部地区);其余为二线地区。在一、二线地区内,又依本地区情况,划出若干地方作为区内的三线地区,称为小三线。三线建设大体上可分为两个时期,“三五”时期主要是以西南为重点开展三线建设,“四五时期”三线建设的重点转向“三西”(豫西、鄂西、湘西)地区,同时继续进行大西南的建设①。表6-2显示,1952—1975年间国家基础设施建设投资的55%放在了内陆地区,40%投放在了三线地区。

表6-2 1952—1975年基础建设投资分布比例

	沿海	内陆	三线区域
一五计划(1953—1957)	41.8%	47.8%	30.6%
二五计划(1958—1962)	42.3%	53.9%	36.9%
国民经济调整期	39.4%	58.0%	38.2%
三五计划(1966—1970)	30.9%	66.8%	52.7%
四五计划(1971—1975)	39.4%	53.5%	41.1%
1952—1975	40.0%	55.0%	40.0%

原注:沿海内陆相加总和不足100%,源于部分跨区域的交通设施投资未计算在内。
资料来源:Lu. et al., 2001: 28.

① 摘自 http://www.818jy.com/dispbbs.asp?boardID=22&ID=7993&page=1 三线建设区域划分。

(3) 70 年代——逐步转向以经济建设为中心

1973 年到 1978 年间，是国家区域政策的调整期，国家认识到了三线建设的高成本，把经济发展的重点从内地逐步转向沿海。与此同时从 1972 年开始中国与西方国家(主要是美国)的外交关系得到改善，备战不再是中国政府主要的考虑。1978 年十一届三中全会的召开标志着国家的中心工作从政治阶级斗争转向经济建设。

总体上看，1949—1972 年的时间段，中国的区域政策是基于国家安全考虑的，战略重点逐步从沿海区域转移向东北区域，再转移至内地，继而重点发展三线地区和大西北、大西南地区。1973 年后是国家的政策调整期，酝酿着新的区域政策，经济的转型、城市化的转型随即而至。

6.2.2　转型期间：经济建设为纲的非均衡区域发展战略

1978 年前，我国一直实行平衡的发展战略，即通过资源政策向内地倾斜来实现地区经济的平衡发展。党的十一届三中全会后，国家将重心从政治转向经济，从“自给自足”的闭关计划经济转向与世界融合开放的市场经济。根据经济发展总体水平将我国划分为三个区域，即东部沿海地区、中部地区和西部地区，并确定了东部沿海地区先发展起来、由特区到开发区、由沿海到内地的逐级演进的不平衡发展战略。

(1) 80 年代——经济特区，开放城市

六五计划期间(1981—1985)正式实施向沿海地区倾斜的区域发展政策；七五计划(1986—1990)确立了东、中、西三大地带的发展战略，明确首先促进沿海地区的大发展。而东部地区率先发展是通过一系列优惠政策得以实施的。1979 年深圳、珠海、汕头、厦门 4 个经济特区建立；1984 年大连、秦皇岛、天津、烟台、青岛、连云港、南通、上海、宁波、温州、福州、广州、湛江、北海 14 个沿海港口城市开放；1985 年长江三角洲、珠江三角洲、厦门—漳州—泉州三角区沿海经济开放区获得批准；1988 年山东半岛经济开放区、辽东半岛经济开放区和海南经济特区建立；1990 年代初上海浦东开发正式启动。

(2) 90 年代——战略向中西部转移的酝酿期

在 80 年代末期和 90 年代初期，国家注意到区域的发展差异在不断加大，以及发展带来的环境和可持续发展问题。因此在八五计划(1991—1995)中没再提出明确的区域发展政策，并试图对 10 年经济高速增长带来的地区差异的扩大进行调整。1992 年中央开始提出“区域协调发展”，1994 年中央的分税制改革，使得中央政府的转移支付能力增强。中央政府提高了中西部地区的国家贷款的份

额，并鼓励外资进入中西部地区。表 6－3 数据显示，1988 年中央与地方的投资比例是“中央大，地方小”，1993 年全国的情况发生了转变，中央投资规模较地方投资要小，仅为地方的 2/3，但是中央在西北地区投资的比例不降反升，达到了 1.43∶1；1995 年成立的国家开发银行更是把贷款 67%贷给了中西部。1996 年数据显示，当年国家投资建设的 119 个项目在东中西部的分布比例为 46∶41∶22，其中 10 项是跨区域建设。可见，国家的投资重点已经在转向中西部（Lu, et al.，2001：33－34）。

表 6－3 主要项目中央与地方投资的比例

	1988	1992	1993
全　　国	1.32∶1	0.79∶1	0.67∶1
西北地区	1.25∶1	1.65∶1	1.43∶1

资料来源：Lu, et al.，2001：34.

（3）2000 年后——区域全面协调发展

1999 年 9 月党的十五届四中全会通过的决定明确提出：“国家要实施西部大开发战略”，但真正实施是从 2000 年开始的。2003 年，为振兴东北老工业基地，中央提出了“振兴东北”战略。2004 年，为缩小地区差距，中央提出了“中部崛起”战略。至此，我国的四大区域发展战略初步形成，一系列的区域政策也开始实施。

国家政策的转变过程可以通过国家级经济技术开发区的分布和审批时间而得到印证。表 6－4 显示，1980 年代国家批复的 14 个开发区全部在东部；1990 年代初国家批复的 18 个开发区有 6 个在中西部；而 2000 年后国家批复的 17 个“国家级经济技术开发区”中，西部有 11 个，中部有 5 个，而东部只有 1 个。2006 年后国家先后批复成立天津（东部）滨海新区和成都（西部）、重庆（西部）、武汉城市圈（中部）、长株潭城市群（中部）综合配套改革试验区。至此国家重点发展的战略点不再仅仅局限在东部，而是东、中、西协调发展，且政策的倾斜逐步转向中西部地区。

表 6－4 国家级经济技术开发区分布

	第一批（1984—1988）	第二批（1992—1994）	第三批（2000—2002）	区域合计
东部	大连　秦皇岛　烟台　青岛　宁波　湛江　天津　连云港　南通　广州　福州　上海（闵行　虹桥　漕河泾）	温州　昆山　威海　福清　东山　杭州　萧山　广州　南沙　惠州　大亚湾　北京　沈阳　营口	南京	29

续　表

	第一批(1984—1988)	第二批(1992—1994)	第三批(2000—2002)	区域合计
中部		武汉　芜湖　长春　哈尔滨	合肥　郑州　长沙　南昌　太原	11
西部		重庆　乌鲁木齐	成都　西安　昆明　贵阳　石河子　西宁　呼和浩特　南宁　银川　拉萨　兰州	12
全国	14	20	17	

注：汇总表不包含实行国家级经济技术开发区政策的 5 个园区，分别是厦门海沧台商投资区(1989)、上海金桥出口加工区(1990)、海南洋浦经济开发区(1992)、宁波大榭经济技术开发区(1993)、苏州工业园(1994)。

资料来源：张艳，2008：30 - 31.

6.3　分区域的城市化发展

6.3.1　分区域城市人口的可比增长

利用上一章建立的城市人口可比增长数据库，对分区域的城市化发展绩效做实证分析。

(1) 转型前：前期波动较大，后期收敛

图 6 - 1 显示，1950 年代各区域城市人口高速增长，以中西部地区较为突出，中部地区 1952—1957 年间年均增长率曾经高达 19.52%。1950 年代末期城

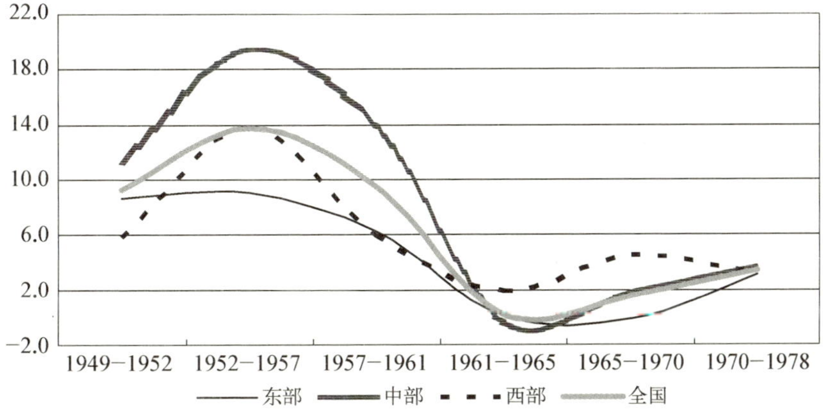

图 6 - 1　1949—1978 年城市(非农)人口增长率(%)

市增长速度急速下滑，至60年代初期中部地区城市人口已经是负增长；从1960年代中期开始城市增长逐步恢复，至70年代末增长率基本恢复至年均2%—3%。总体来看1949—1978年这一阶段，各区域城市人口增长的趋势基本一致，都经历了高增长、减速增长（甚至是负增长）和增长恢复的过程，增长的阶段波动性虽然明显，但是各区域城市人口增长趋势比较一致。

（2）转型期间：前期一致，后期分化

1978年至2005年间，各区域城市人口在波动中增长（图6-2）。东部城市80年代增速最快，1990年代初增速有所回落，90年代末期开始加速，至2005年城市非农人口的增长率已经达到了5.87%，遥遥领先于中西部地区；中部地区在2000年前的走势与东部地区比较趋同，但2000年后城市人口增速快速下滑，年均增长率降至2.64%；西部地区虽然90年代以来一直保持了加速增长的态势，但幅度较小。

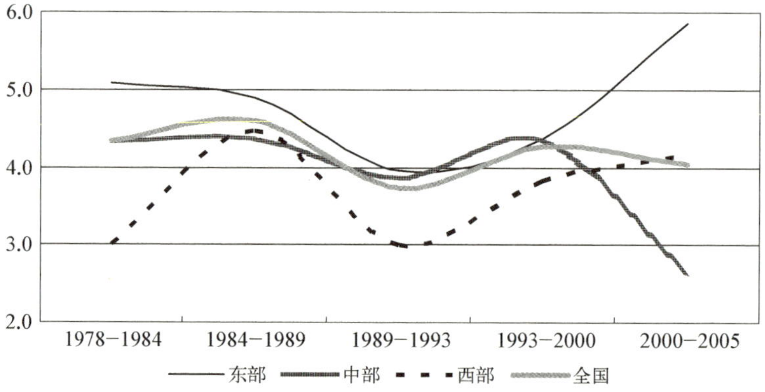

图6-2 1978—2005年城市(非农)人口增长率(%)

趋势分析表明，国家的区域战略对各区域的城市（非农）人口发展产生了影响。1980年代初期的沿海开放战略促进了东部城市的快速增长，1990年代初期的宏观调控使各区域城市化增速回落，但2000年后的倾向内陆的发展战略并没有带来中西部城市人口的快速增长；而东部地区得益于历史积累的发展势能，城市（非农）人口开始加速增长。

6.3.2 三大区域城市化差异

从东、中、西部三大区域来进一步观察中国城市化的发展路径（图6-2），可以发现，至1980年代，东部、中部和西部城市化水平都较低，分别为23.51%、20.67%和16.66%，且东部和中部的差距较小，但西部的绝对水平较低。至2007年，东部地区的城市化水平已达到了53.74%，超过全国平均值(44.94%)11.20个百分点，与中西部地区的差距分别扩大到 11.64 个百分点和 17.75 个百分点。

从增长趋势的阶段性上看，1980 年代以后东部地区的城市化发展迅速，至 90 年已经增长到了 33.12%，8 年增长了 12.54 个百分点，而同期中部和西部只增长了 6.18 和 5.96 个百分点；进入 90 年代，东部地区城市化继续快速发展，到 2000 年已经达到了 44.75%，10 年间又增长了 11.63 个百分点；同期中西部发展依然缓慢，仅增长了 6.79 和 4.95 个百分点，不及东部的一半。2000 年后，情况发生了变化，中西部地区的城市化开始加速，至 2007 年中部的城市化水平达到了 42.10%，西部为 35.99%，7 年间分别增长了 8.46 和 8.42 个百分点，与此同时，东部地区依然保持快速增长的势头，7 年间增长了 8.99 个百分点（表 6－5、图 6－3）。这期间三大区域之间的增长速度趋于一致。

表 6－5　1982—2007 年中国分区域（东、中、西三大区域）城市化水平演进

	1982	1990	2000	2007
全　国	20.58%	26.41%	36.22%	44.94%
东　部	23.51%	33.12%	44.75%	53.74%
中　部	20.67%	26.85%	33.64%	42.10%
西　部	16.66%	22.62%	27.57%	35.99%

资料来源：根据笔者修正的分省城市化水平与总人口计算。

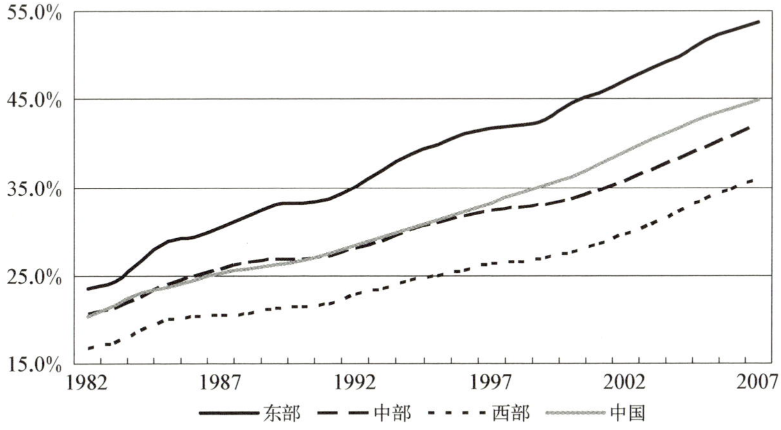

图 6－3　1982—2007 年全国和三大区域城市化增长（%）

6.3.3　城市化的空间梯度转变

利用 GIS 分析工具可以比较直观地观察各省城市化的空间分布情况。在改革开放的初期，各省的城市化水平均较低，其中大部分省份的城市化水平不足20%，仅有东北三省超过了35%，而三大直辖市超过了50%。这一时期城市化水平分布表现出了一定程度的“北高南低”格局。进入90年代，各省的城市化均有了长足的进步，除了河北省以外，东部省份的城市化水平全部超过了20%，尤其是广东和浙江分别达到了37.52%和36.54%；与此同时，中部省份城市化水平也提升较快。到了2000年，东部省份(河北除外)城市化水平全面超过了35%，而中西部省份除了西藏以外全部超过了20%，广东、辽宁(东部)和黑龙江(中部)更是超过了50%，分别达到53.76%、54.35%和51.64%。城市化分布的“沿海—内陆”等级梯度显现。至2007年，各省的城市化水平又有了进一步提升，东部又有两个省份的城市化水平超越了50%，分别是浙江(57.20%)和江苏(53.20%)；而中部地区共有三个北方省份的城市化水平超过50%，分别是吉林(53.16%)、黑龙江(53.90%)和内蒙古(50.15%)，其余省份(除安徽外)的城市化水平亦超过了35%。城市化的梯度模式从“沿海—内陆”过渡到了“东—中—西”的格局。

6.3.4 区域城市化增长类型

观察分省城市化增长曲线可以发现一些规律。这里把25年来城市化水平提升幅度小于15个百分点的省份归为“增长缓慢型省份”；把增长曲线较平滑的省份归为“快速平稳增长型”；把增长曲线明显是凹曲线的省份归为“增长加速型”；把增长曲线明显是凸曲线的省份归为“增长减缓型”。分析显示(表6-6、图6-4、图6-5、图6-6、图6-7)，有5个省份表现出“缓慢增长型”的特征，分别是天津、吉林、黑龙江、贵州和新疆。有4个省份属于“增长减缓型”，2个在东部，1个在中部，1个在西部。在“增长加速型”的9个省份中，仅有1个在东部，而有5个在中部，3个在西部。其余的11个省份都属于“快速平稳增长型”，7个位于东部，3个位于西部，1个在中部。总体来看，中西部地区城市化的“增长加速型”省份较多，而东部地区以“快速平稳增长型”为多。

表6-6 1982—2007年区域城市化增长类型

	东　部	中　部	西　部	合　计
缓慢增长型	天津	吉林　黑龙江	贵州　新疆	5
快速平稳增长型	北京　辽宁　江苏 浙江　山东　福建 广西	内蒙古	云南　陕西　甘肃	11

续　表

	东　部	中　部	西　部	合　计
增长加速型	河北	山西　安徽　江西 河南　湖南	四川　西藏　宁夏	9
增长减缓型	广东　上海	湖北	青海	4

资料来源：作者整理。

6.4　区域城市化与区域经济发展

6.4.1　城市化与经济发展的关系

城市化与经济发展的关系是地理学者重点关注的话题之一(Berry，2005)。钱纳里(1975)运用世界银行跨国截面数据和历史数据分析了世界城市化的增长过程和特点，其研究表明城市化发展与经济发展具有很强的相关性(Chenery and Syrquin，1975；周一星，1982；张颖、赵民，2003)。辜胜阻(1991)、余德鹏(1994)等学者应用钱纳里的世界发展模型对照中国的现状，指出中国的城市化严重滞后于工业化。这一论点为许多人所接受，反复论述的文章也屡有发表。孟立联(1993)、张京祥(1998)等曾对中国城市化滞后提出了质疑，但并没有给出直接的证据。赵民和张颖(2004)在对钱纳里模型的约束条件进行重新演绎后，得出中国城市化水平与工业化水平的关系公式，认为我国城市化水平仅稍低于正常水平。此外，王德等(2004)以日本为例，分析得出日本国内大部分地区的城市化过程既不符合"S"形曲线规律，也不符合钱纳里的城市化与经济水平相关关系学说。尽管学者对城市化与经济发展之间的关系做了大量的研究，但争论依然不断。城市化与经济发展之间的关系到底怎样，依然可作进一步的研究。

这里运用基本的数学知识再来重新演绎二者的关系。设城市化率为 UR，城市人口数量为 CP，农村人口数量为 AP，总人口为 PP，全部人口的人均收入为 PPG，城市人口的人均收入为 CPG，农村人口的人均收入为 APG，农村人口与城市人口的人均收入之比为 α，则有下式成立，

$$PPG = (CPG * CP + APG * AP)/PP \tag{1}$$

$$PP = AP + CP \tag{2}$$

$$APG = CPG * \alpha \qquad \alpha \in (0, 1] \tag{3}$$

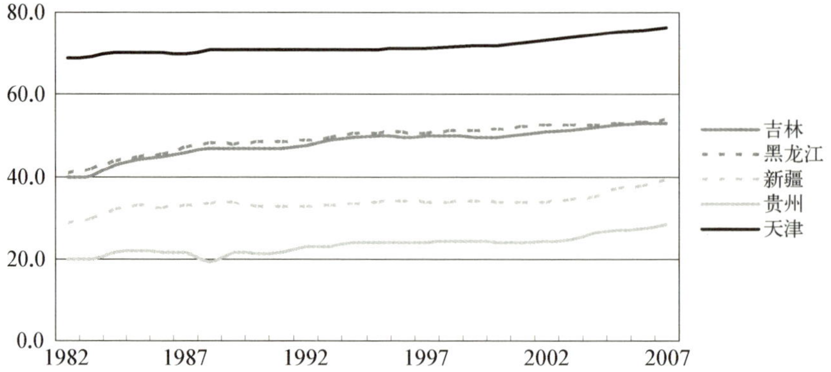

图 6－4　缓慢增长型城市化(%)

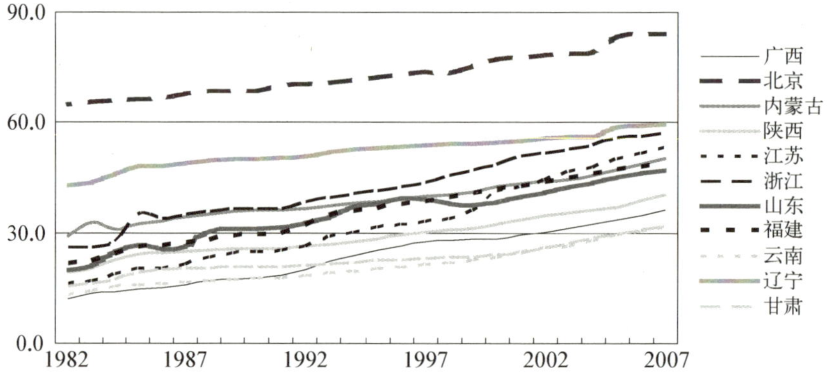

图 6－5　快速平稳增长型城市化

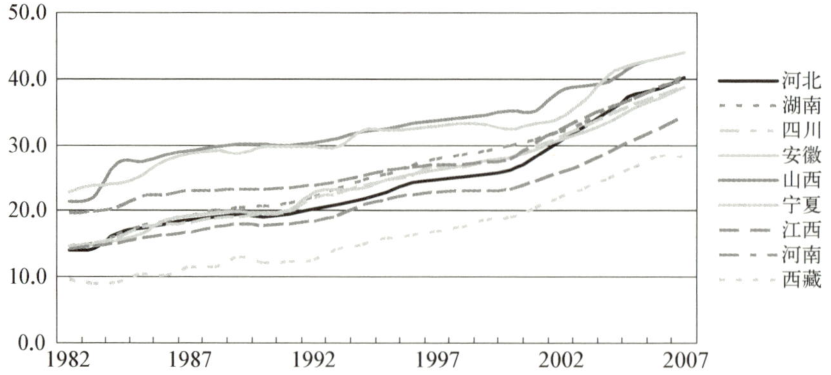

图 6－6　增长加速型城市化

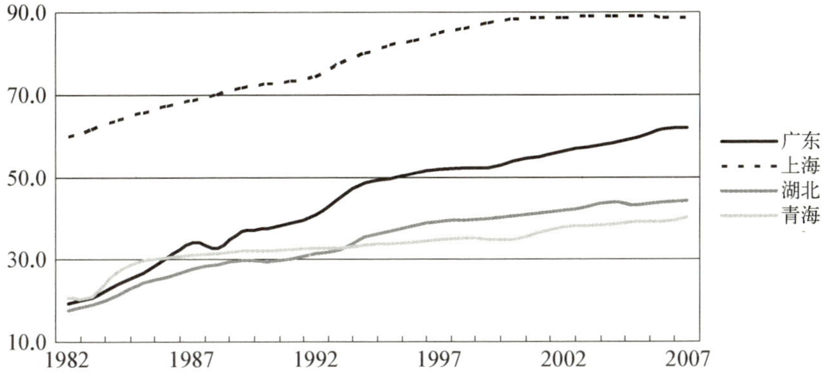

图 6－7　增长减缓型城市化

根据式(1)、(2)和(3),很容易推导出:

$$PPG = CPG * [UR * (1-\alpha) + \alpha] = CPG * [\alpha * (1-UR) + UR] \quad (4)$$

现在讨论的问题就变成"在什么情况下城市化水平(UR)的提升会带来经济增长(即 PPG 的增长)?"。

式(4)右边有 3 个变量,每一个变量的变化都会影响 PPG 的变化,如果控制其他两个变量不变,单独考察其中一个变量的话,CPG、UR 和 α 与 PPG 的关系是纯粹的增函数关系,即任意一个指标的增长都会带来人均收入水平(PPG)的增长,即在其他情况不变的情况下,缩小农村城市的收入差距有助于提升经济发展水平;同样,在其他条件不变的情况下,城市居民收入水平的增长有助于经济增长。最重要的结论是,在其他条件不变的情况下,城市化水平的增长有助于经济发展水平的提升,但这个"其他条件不变"的前提并不容易做到。

现实情况如何呢? CPG 实际上很难保持不变,它可能会因为农村人口的大量流入而减小,也可能由于生产力的发展而增大;另一方面,α 则更是一个不确定的值,可能因为农村的现代化快速发展(APG 增加)和城市的衰败(CPG 减小)而提升,也可能相反。因此城市化与经济发展之间并没有必然的内在逻辑联系。现实的统计显示的相关性,仅仅是在特殊的历史条件下产生的。这个历史条件就是,发达国家城市的生产力发展,或者说是工业化的发展远远超越了农村的农业发展,从而使 CPG 不断增长,这种增长甚至超过了城乡收入差距增加带来的负面影响,从而使城市化与经济增长同步进行。这给我们的启示是,城市化可以推动经济增长,但必须在城市生产力快速发展的前提之下,生产力的发展是这种相关关系维系的必要基础。

据此，可以解释一些南美不发达国家过度城市化的问题，这些国家的城市化已经发展到了很高的水平，而经济发展却十分落后，原因就在于，城市化快速发展超越了城市生产力发展所能承受的限度，*CPG* 不足以保持增长，α 更是由于农业生产力的停滞不前而不产生增长，综合的作用使得南美不发达国家普遍存在过度城市化现象。

6.4.2 中国城市化与经济发展

前面已经证明，城市化水平提升带动地区经济的发展必须在城市生产力水平大幅提升的前提下起作用，否则反而会适得其反。那么从经济发展的角度来看，改革开放后中国的城市化与经济发展是否相适应呢？

相关性分析显示，1982—2007 年中国城市化与经济发展有明显的相关性，在 0.01 水平上，相关系数达 0.972。曲线拟合显示(图 6－8)，城市化与经济发展的关系近似于对数曲线关系（$R^2=0.975$）。这里需要注意的是，实际的观测值与拟合曲线的关系。1990 年前观测值与曲线基本吻合，1990 年代大部分观测值位于曲线的下方，表明经济发展的速度超过了城市化的速度；2000 年后观测值位于曲线的上方，表明经济发展的速度滞后于城市化的速度，但这种状况在近两年有所好转。曲线拟合图所表达的另外一个信息是，实际观测值随着时间的推移变得越发的松散，这意味着，城市化水平的提升对经济发展提出的要求越来越高。实际上从中国城市化发展的历史阶段看，现在的城市化正处于一个快速

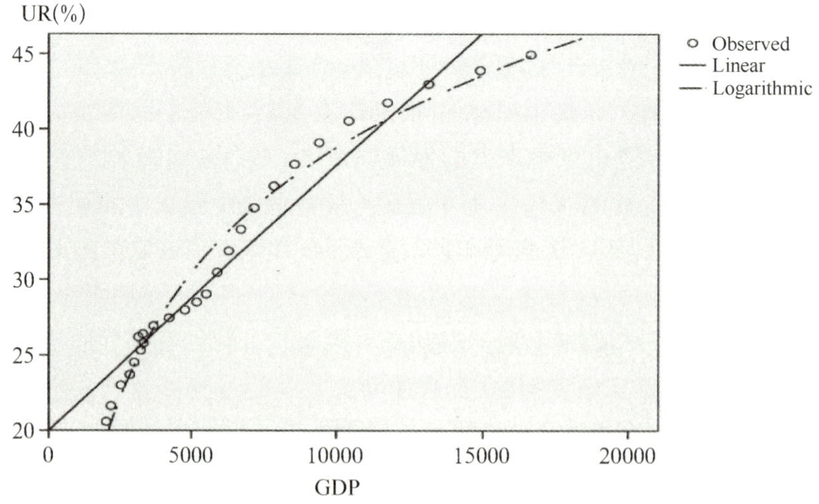

图 6－8 1982—2007 年经济发展与城市化关系的演进

发展时期，城市化的快速提升是大势所趋，但经济的发展是前提，必须有与之相适应的经济发展水平，中国的城市化才会健康发展，否则会造成低质量的城市化，甚至是过度城市化。

6.4.3　区域城市化与经济发展截面关系的演变

区域城市化与区域经济发展的关系表现在两个方面，一是截面的，即在同一时间节点上，各区域的城市化水平与其相应的经济发展水平之间的关系；二是历时的，即同一区域在一定的时间阶段内表现出的经济发展与城市化的关系。

应用 1982—2007 年各省城市化水平数据和经济发展（人均地区生产总值 GDP）数据做相关性分析，所有年份的相关性均在 0.01 水平上显著，相关系数随着时间而逐步增强，这表明城市化水平与经济发展之间的联系越发紧密。从截面曲线的拟合情况看，在 1994 年前，拟合曲线倾向于 exp 指数曲线，而 1994 年后拟合曲线更加倾向于直线（从 R^2 的大小可看出），如果再仔细观察 1994 年前的曲线和数据的散点分布，可以判定是极值（主要是上海）影响了曲线的估计，使得 exp 曲线的拟合度稍高于直线。因此，我国各省份的城市化水平与经济发展的截面分布更加接近于直线分布，即城市化水平越高，经济发展越好，两者越呈现正向的直线性关系，反之亦然。可以将二者的关系近似的用一次函数表示，

$$Y = bX + a \tag{5}$$

式中　Y——经济发展水平（即人均地区生产总值，元）；

X——城市化水平（%）；

b——曲线的斜率；

a——常数。

式(5)中 b 的含义是每提高一个单位的城市化水平，需要多少单位的经济增长与之协调。表 6－7 显示，除 1988—1990 年的波动外，b 值随时间逐年增大，而且表现出加速的趋势，其含义是“城市化水平的提高所需要的经济增长越来越高”，或者说“一定量的经济增长可以带动或者容许的城市化水平提升值越来越小”。政策含义是，现时我国各省的城市化增长必须以经济发展为基础，有什么样的经济增长水平，才可以追求什么样的城市化水平，如果经济增长达不到承载城市化水平增加所需要的阈值，就会降低城市化发展的质量水平，甚至是带来过度城市化。

表 6－7　区域城市化与经济发展的截面曲线估计

年　份	Correlations	R^2-Linear	R^2-Exponential	Constant-Linear	b-Linear
1982	0.816	0.665	0.761	－171	102
1983	0.842	0.708	0.787	－218	108
1984	0.854	0.729	0.788	－353	119
1985	0.846	0.716	0.775	－502	127
1986	0.869	0.755	0.803	－512	128
1987	0.882	0.778	0.823	535	133
1988	0.885	0.783	0.826	－445	131
1989	0.895	0.801	0.833	－403	120
1990	0.898	0.806	0.826	－211	120
1991	0.888	0.788	0.807	－408	135
1992	0.88	0.774	0.788	－781	158
1993	0.884	0.782	0.791	－1 336	186
1994	0.887	**0.787**	**0.779**	－1 695	197
1995	0.889	0.790	0.764	－1 751	202
1996	0.894	0.799	0.774	－2 176	221
1997	0.901	0.811	0.778	－2 731	247
1998	0.902	0.814	0.783	－3 372	278
1999	0.911	0.829	0.803	－4 202	311
2000	0.929	0.862	0.83	－4 415	327
2001	0.93	0.866	0.842	－5 741	372
2002	0.933	0.871	0.851	－7 383	428
2003	0.94	0.883	0.857	－9 211	492
2004	0.941	0.885	0.858	－11 590	571
2005	0.944	0.892	0.863	－12 920	622
2006	0.945	0.894	0.86	－14 910	695
2007	0.947	0.898	0.865	－16 960	770

数据来源：作者根据 1982—2007 年份省城市化水平与人均 GDP 计算。

6.4.4 区域城市化与经济发展的时空演变

继续应用 1982—2007 年各省城市化水平数据和经济发展(人均地区生产总值 GDP)数据做分省的历时相关性分析,结果显示,所有省份的历时相关性在 0.01 水平上相关性显著。从历时拟合曲线的参数看(表 6-8),方差 R^2 反映各省的曲线更加接近于 exp 指数(Exponential)曲线,22 个省份的 R^2 值达到 0.900 以上(Sig = 0.000),虽然云南、河北和新疆的曲线拟合数据更加接近于直线关系,但从散点图可以看出,2000 年后这三个省份的城市化水平同样有加速的态势,所以其实际的曲线关系更加接近于 exp 指数(Exponential)曲线。这说明我国各省的城市化发展与经济发展的关系符合 S 形曲线发展规律,大部分省份在 2000 年后已经进入了城市化加速发展的阶段。

表 6-8 显示,直线 Line 与曲线 Exponential 同样有着比较显著的拟合度,因此可以通过观察直线的斜率变化(b-Linear)来进一步分析各省份的城市化与经济发展之间的关系。从表 6-8 可以看出,斜率最大的前 13 个省份,除新疆是西部省份,内蒙古、黑龙江和吉林是中部省份外,全部位于东部,这再次说明这些省份经济增长对城市化水平的带动作用较小。与此相对应,曲线斜率越小的省份,经济增长对城市化的带动作用越强。宽泛而言,同样的经济增长幅度,在有着较小拟合曲线斜率的省份能够带动的城市化增长要大于有着较大拟合曲线斜率的省份。从我国各省份的拟合曲线斜率来看,中西部省份拟合曲线的斜率普遍较小(图 6-9)。

表 6-8 区域城市化与经济发展的历时发展曲线估计

省 份	Correlations	R^2-Linear	R^2-Exponential	cosntant-Linear	b_1-Linear
湖 北	0.822	0.676	0.876	−5 353	306
广 西	0.914	0.834	0.979	−3 549	315
安 徽	0.959	0.919	0.984	−4 381	342
湖 南	0.961	0.923	0.996	−4 860	362
四 川	0.958	0.918	0.996	−5 056	372
西 藏	0.942	0.887	0.917	2 372	393
云 南	0.988	**0.976**	0.956	−5 018	420
甘 肃	0.945	0.892	0.967	−6 775	448

续 表

省 份	Correlations	R^2-Linear	R^2-Exponential	cosntant-Linear	b_1-Linear
青 海	0.790	0.625	0.809	−10 140	449
江 西	0.984	0.969	0.971	−8 129	453
宁 夏	0.949	0.901	0.944	−10 970	491
广 东	0.888	0.789	0.970	−11 670	497
陕 西	0.935	0.875	0.989	−10 220	500
贵 州	0.903	0.815	0.876	−10 310	549
山 西	0.915	0.836	0.938	−13 140	562
河 南	0.975	0.951	0.983	−7 775	568
河 北	0.985	**0.971**	0.962	7 793	576
江 苏	0.947	0.897	0.980	−10 320	621
福 建	0.948	0.899	0.997	−15 610	668
山 东	0.857	0.734	0.931	−15 870	686
内蒙古	0.888	0.789	0.959	−26 770	845
浙 江	0.926	0.857	0.98	−25 690	869
吉 林	0.799	0.638	0.837	−36 010	874
黑龙江	0.809	0.654	0.807	−37 210	897
辽 宁	0.900	0.811	0.944	−45 710	1 055
上 海	0.820	0.672	0.832	−67 350	1 166
新 疆	0.881	**0.776**	0.757	−44 140	1 491
北 京	0.962	0.926	0.978	−13 770	2 142
天 津	0.979	0.957	0.926	−348 200	5 063

数据来源：作者根据 1982—2007 年份省城市化水平与人均 GDP 计算。

考虑到我国的西部大开发和中部崛起战略以及产业的梯度转移趋势，如果中西部省份将来有了大幅度的经济增长，那么必将带来更大幅度的城市化水平的提升，或者说如果中西部省份城市化水平能够有大幅度的提升，将可能带来更大幅度的经济增长。因此，我国未来的城市化发展的关键在于中西部的发展，大量的农村剩余劳动力向城市居民的转化将发生在中西部省份，这将是区域城市化的较佳选择。推进区域城市化可以重点选择的省份依次为湖北、广西、安徽、湖南、四川、西藏和云南等。

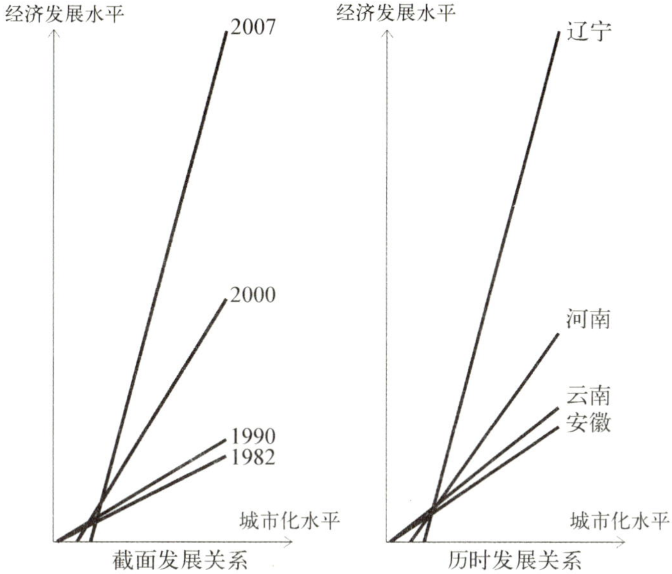

图 6－9　1982—2007 年区域经济发展与城市化水平线性关系的变化

6.5　小　　结

区域政策深刻地影响了我国城市化的空间格局。概括起来，改革开放后的区域发展政策经历了三次重大的转变。第一次转变是 80 年代初“使一部分人先富起来”的发展战略，以及国家实施的“沿海倾斜”的发展政策，如经济特区（1979）、沿海港口城市开放（1984）、经济开放区（1985，1988）以及 90 年代初的上海浦东开发，这些政策促进了东部地区的率先发展；第二次转变是 90 年代初期国家针对巨大的区域经济发展差异，将沿海倾向的区域政策逐步调整为“区域协调发展”政策；第三次转变是 2000 年后的西部大开发（2000）、东北振兴（2003）和中部崛起（2004）战略，在区域发展问题上兼顾了内陆省份。

分区域城市人口的可比增长分析表明，转型期间国家的区域战略对各区域城市（非农）人口增长产生了明显的影响。2000 年前，城市人口的增长趋势与区域政策的预期基本一致，但 2000 年后，各区域的人口增长并不对应区域政策，聚焦内陆的发展战略并没有带来中西部城市的快速发展；而东部地区城市（非农）人口由于历史积累的发展势能都呈加速增长。全国分省城市化的 GIS 空间分布显示，转型期间城市化空间分布格局从1982年的略微的“南低北高”分布，经历了1990—2000年间的“沿海—内陆”梯度模式，至2007年形成了“东—中—西”的空间格局。在此期间，东部大部分省份表现出“快速平稳增长”的特征，而中西部有更多的省份表现出“增长加速”的特征。区域城市化与经济增长关系的分析表明，现时我国各省的城市化增长必须以经济发展为基础，我国未来的城市化发展的关键在于中西部的发展，大量转化为城市居民的农村剩余劳动力将主要来自中、西部省份。

总体来看，国家区域政策的转变对区域城市化产生了重要的影响，经济发展重心的变化引起了城市化重心的东移，但这种影响也表现出了新的特征，即市场化发展的惯性可能会使政策的实效滞后，甚至于失效。虽然新的时期国家意图通过均衡的区域政策来调控中西部地区的发展，但是如果没有强有力的、有针对性的、适宜的区域城市化政策，可能未必能够真正填补东、中、西部之间巨大的城市化发展差距。

第7章 城市发展方针演变

城市发展方针一直在争论，关于“不同城市规模”的发展政策讨论一直延续至今。规模政策是中国城市化发展政策的核心之一，经历了“大城市”、“小城镇”以及“大中小城市协调发展”等政策表述的调整；基于定性和定量分析，对其形成、演变和实施作一全面的回顾和评价，将有助于理解中国城市化的转型。

7.1 城市发展方针的演变

7.1.1 转型前：从思想争鸣到控制大城市增长

(1) 1949—1952 年：党的工作重心从农村转向城市

建国初期，普遍的认识是，“城市是消费的集中地，没有产出，农村才是生产的源泉”。因此，为平衡这种“城乡差异”，要将所谓的“消费城市”转化为“生产城市”，尤其是以工业生产为主要的城市功能。之后针对城市中出现的违法犯罪现象，国家开展了“三反五反[①]”运动，以维持城市秩序。这一阶段是对城市性质的认识阶段，党的工作重心从农村转向了城市，提升了城市的生产功能(麦克法考尔、费正清，1990)。

(2) 1953—1957 年：苏联模式的大城市倾向在思想的争鸣中前行

这一阶段中国秉承苏联模式，即大城市倾向、地理分散、建设新城。国家建设开始向内陆转移，但主要建设重点城市(如洛阳、郑州、马鞍山、兰州、包头)和新兴工业城市(宁夏银川、河南新乡、甘肃玉门)。1956 年 5 月，国务院发布通

① “三反”“五反”运动是 1951 年底到 1952 年 10 月，在党政机关工作人员中开展的“反贪污、反浪费、反官僚主义”和在私营工商业者中开展的“反行贿、反偷税漏税、反盗骗国家财产、反偷工减料、反盗窃国家经济情报”的斗争的统称。

知，开始控制工业在大城市的过度集中（实际上主要是指沿海城市，包括旧贸易港和新的重点城市），提出新的城市规模应在 10 万人左右，选址应能满足 20—30 万人的发展需求。1956—1958 年，大量发展项目在我国特大城市实施（如上海闵行工业区以及卫星城的建设）。这一阶段存在两种城市发展思想的争鸣：一是大城市与一般城市的发展问题，二是沿海与内陆城市的发展问题。国家始终在这两种发展倾向之间徘徊，这两种发展思路的争论也一直持续到改革开放前。

（3）1958—1960 年：制度试验期

1957 年后中苏关系日趋紧张，中方的“小城镇倾向”与苏方的“沿海大城市倾向”的发展思路分歧加大。大跃进时期，全国推行人民公社制度，但是实践下来，城市的效果远不如农村，尤其是在大城市很难实施。但这一阶段的试验，为中国控制人口向大城市迁移提供了思路。1958 年后（户籍制度实施）大城市的新建设活动很少，更多的投入放在了农村。实际上，从 50 年代开始政府就在试图控制城市的过度增长（如遣送制度，迁移技术人员至内地，知识青年上山下乡），更为重要的是户籍制度的实施、商品的统购统销，国家接管城市住房租供等。这一阶段可以概括为“试验”期，以户籍制度颁布为代表，国家开始着手控制人口的迁移和大城市的人口增长，并且把发展的重点转向农村。

（4）1961—1965 年：新兴工业城市——大庆模式

1960 年代后，国家在政策上开始控制大城市增长，明确支持中小城镇发展。社会主义的人民公社制度正式建立；大庆模式开始成为全国城市发展的榜样，即自主建设，国家投资和公社自力更生相结合，工业与农业相结合。但这种模式只适合于新兴工业城市和小城市。经历了三年困难时期后，国家发展进入了建设恢复期，政策上开始支持中小城市发展，尤其是新兴工业城市。

（5）1966—1969 年：城市发展停滞，尤其是（特）大城市

“文革”切断了大庆模式的推广，虽然这一阶段国家没有明确的“小城市倾向”政策，但是，动乱主要发生在城市，尤其是大城市，因此，小城镇和农村的发展受到的影响相对较小。1968 年，为了解决城市大量的青年失业问题，国家全面推行“上山下乡”，将城市青年送到农村①。资料显示，上海一年就减少了 100 万

① 1960 年代党中央决定对国民经济进行调整，1962 年中共中央《关于进一步精简职工和减少城市人口的决定》使“上山下乡”再度恢复至“文革”开始前，不仅将 2 000 余万在“大跃进”中从农村招来的人员全部动员返回到了农村，而且还动员了近 200 万城镇知识青年和其他人员上山下乡。如果说“文革”期间进行的“上山下乡”主要是一场“政治运动”，那么 50 年代以来的上山下乡主要还是国家的一种城乡调控政策。

人口，全国 1968—1978 年知识青年下乡达 1 700 万。这一阶段城市发展处于衰退阶段，尤其是(特)大城市。

(6) 1970—1977 年：小城镇发展逐步走上历史舞台

在混乱的经济社会背景下，中央工作的重点需要有所转移，与“自给自足、自力更生”的政策一致，作为促进农业现代化的途径之一，国家明确支持中小城镇发展。这一阶段在思想认识上有所变化，小城镇发展政策开始走上历史舞台。

7.1.2　转型期间：从小城镇战略到大中小城市全面协调发展

(1) 1978—1988 年：城市政策及制度体系形成时期

由于“四人帮”时期的破坏，经济倒退，城市居民迫切需要提高工资、改善生活环境和改善住房，改变“知青下乡”等政策，国家战略重点开始倾向于大城市，加快了诸如上海宝山钢铁厂、金山石化的建设，以及天津、北京和东北地区的大型国有企业建设①。1980 年 10 月，原国家建委在北京召开了全国城市规划工作会议，明确提出了“控制大城市规模，合理发展中等城市，积极发展小城市”的城市发展总方针。1984 年国务院放宽了建镇标准。这一阶段相关的城市制度在不断完善(如城市建制，城市体系)，虽然控制大城市规模依然是官方的发展战略之一，但事实是大量的投资集中在了大城市。

(2) 1989—1993 年：城市规划法明确“控制大城市规模、合理发展中等城市和小城市”

1989 年《中华人民共和国城市规划法》颁布，从而正式确立了国家的城市化发展方针②：“国家实行严格控制大城市规模、合理发展中等城市和小城市的方针，促进生产力和人口的合理布局。”“大城市是指市区和近郊区非农业人口五十万以上的城市。中等市是指市区和近郊区非农业人口二十万以上，不满五十万的城市。小城市是指市区和近郊区非农业人口不满二十万的城市。”“控制大城市规模、合理发展中等城市和小城市”上升到了国家法律层面。

(3) 1993—2000 年：反思城市发展的规模政策，各规模等级的城市要协调发展

1993 年的税制改革给地方发展带来了动力，各规模城市均蓬勃发展。1998 年 10 月中国共产党十五届三中全会提出：“坚持大中小城市和小城镇协调发展，

① 日本伪满时期东北的工业化程度较高，拥有雄厚的工业基础，它在 1949 年提供了全国 34%的工业品，1952 年这一比例达到了 52%，而在 1930 年这一比例仅为 10%～15%(剑桥中国史，1990，p154)。

② 《中华人民共和国城乡规划法》(1989)第四条，2007 年底该法失效。

提高城镇综合承载力，按照循序渐进、节约土地、集约发展、合理布局的原则，积极稳妥地推进城镇化。”标志着既有的城市化政策开始发生转变。

（4）2000—2005年：提出了大中小城市和小城镇协调发展的科学思路

2001年，国家十五规划纲要第一次把城市（镇）化作为一个独立专题提出①，城市化开始上升到国家的发展战略高度②。“要不失时机地实施城镇化战略……走符合我国国情，大、中、小、城市和小城镇协调发展的多样化城镇化道路……有重点地发展小城镇，积极发展中小城市，完善区域性中心城市功能，发挥大城市的辐射带动作用，引导城镇密集区有序发展。防止盲目扩大城市规模……”“……发展小城镇是推进我国城镇化的重要途径。……重点放到县城和部分基础条件好、发展潜力大的建制镇……”除了将城市化提高到国家战略高度外，十五规划的最突出变化是将“积极发展小城镇”的战略，转变为“有重点地发展小城镇……积极发展中小城市”，并提出了大中小城市和小城镇协调发展的科学思路。

（5）2006至今：促进城市化健康发展

2006年，国家十一五规划纲要继续把城市化作为独立专题——“促进城镇化健康发展③”。“坚持大中小城市和小城镇协调发展……积极稳妥地推进城镇化，逐步改变城乡二元结构。”要“分类引导人口城镇化……鼓励农村人口进入中小城市和小城镇定居，特大城市要从调整产业结构的源头入手，形成用经济办法等控制人口过快增长的机制。”“形成合理的城镇化空间格局，要把城市群作为推进城镇化的主体形态……”十一五规划在延续“大中小城市和小城镇协调发展”的战略思路基础上，提出了“城镇化健康发展”的指导思路，并第一次提出鼓励农村人口迁移，不仅仅是迁移到小城镇，也鼓励迁移到中小城市。同时，一贯的对大城市的严格控制人口增长的政策表述也转变为“通过调整产业结构……控制人口过快增长”。反映了国家对大城市的快速率先发展有了新的认识，亦承认不

---

① 《中华人民共和国国民经济和社会发展第十个五年计划纲要》（2001年3月15日第九届全国人民代表大会第四次会议批准）第九章，实施城镇化战略促进城乡共同进步。

② 城镇化作为一个战略是在中央关于“十五”规划的建议中提出来的，提出要积极稳妥地发展城镇化，当时的背景是农村城市人口要转移，要解决“三农”问题，不然八亿农民富不起来，国家强不起来，这点大家都有共识。另外，要破除城乡二元化结构。起草过程有两种思路：一是立足于城镇转移农村人口，二是认为转到城镇还不够，提出城市化，因为城市有规模效应，大中型城市可能效益好一些。后来，中央考虑把两种结合起来，组成符合中国大中城市同小城镇协调发展的城镇化道路，最后提出了城镇化战略（高尚全，2006）。

③ 《中华人民共和国国民经济和社会发展第十一个五年规划纲要》（2006年3月14日第十届全国人民代表大会第四次会议批准）第二十一章，促进城镇化健康发展。

应该抑制增长，而是防止过快增长。此外，“城市群”战略开始成为国家城市化的主题战略之一。

至此，国家既有的城市发展方针发生了深刻转变，从“大城市倾向”转变为“控制大城市规模”和“小城镇倾向”，再转变为“防止过快增长”；从“合理发展中小城市”转变为“鼓励农村人口进入中小城市和小城镇定居”；从“积极促进小城镇发展”转变为“有重点地发展小城镇”。总体上看，协调、健康、可持续发展是新时期我国城市化发展战略的主基调。

7.2　城市发展的研究阶段与数据库

我国城市发展方针发生了多次转变，影响了不同规模等级城市的发展。分析评述各规模等级城市的发展历程有助于理解城市发展方针的转变与现实城市发展的趋势。

7.2.1　城市可比数据库建立的必要性

由于省级行政单位的相对稳定性，中国的城市化研究文献大都将研究单位划分在了省级层面(许学强等，1986；黄扬飞等，2002；刘盛和等，2003；阎小培等，2004；沈建法，2005)，以城市为基础对象的研究非常的缺乏，即使是以城市为基础的研究，其数据的采用亦不够严谨。周一星①(1995)曾对我国学术界关于城市规模分析进行了中肯的批评，并指出忽略城市规模晋级和行政区划调整等会引起分析结果的错误。

现实情况的确如此，1980 年代后中国的行政区划和城市等级处于经常的变化调整中，城市的数量由 1978 年的 193 座②增长到 1984 年的 300 座③，到 2007 年已达到 655 座④，平均每年增加近 17 座设市城市(表 7 - 1)。城市的数量在不

① 在城市规模发展方面，周一星、曹广忠(1998)以城市辖区为统计单元，运用了可比的增长速度，把中国 1949—1995 年划分成了 3 个阶段：1949—1957 年，1958—1978 年，1979—1995 年。分析认为中国城市人口增长速度空间差异的变化与国家宏观经济发展方针的转变相一致。

② 其中 3 个国家直辖市、97 个地级(省辖)市、93 个县级城市。资料来自：中国行政区划网 http://www.xzqh.org/。

③ 其中 3 个国家直辖市、148 个地级(省辖)市、149 个县级城市。资料来自：中国行政区划网 http://www.xzqh.org/。

④ 其中 4 个国家直辖市、5 个副省级市、268 个地级市、368 个县级城市。资料来自：中国城市统计年鉴 2008。

断地增长，不仅如此，城市本身的行政区划也在不断的变化调整中，这给统计分析带来了一定的难度。仅有的少量关于城市规模发展的研究也存在数据使用的问题：大部分研究忽视了城市统计边界的变更而带来的统计数据的不可比，尤其是90年代末和21世纪第一个10年，大量的行政区划调整很大程度上影响了统计数据；忽视城市数量的增加，直接运用不同年份城市人口的总和数据，造成“城市人口超快速增长”的假象(周一星，1995)。

表7-1　1949—2005年全国各规模城市数量变化

年　份	>200万	100万—200万	50万—100万	20万—50万	<20万	总　计
1949	1	4	7	18	102	132
1952	2	5	8	21	117	153
1958	4	6	18	48	108	184
1965	5	8	18	42	95	168
1970	5	6	21	48	97	177
1978	6	7	27	60	93	193
1984	8	11	31	81	164	295
1989	9	21	28	116	276	450
1993	10	22	36	160	342	570
2000	13	27	53	218	352	663
2005	21	33	85	225	292	656

* 以市辖区非农业人口为统计口径，县级市以县政府驻地非农业人口为统计口径。

数据来源：1978年前(含)数据来自国家统计局城市社会经济调查总队编，1990，中国城市四十年，北京：中国统计信息咨询服务中心和国际科技和信息促进中心有限公司联合出版；1984年，1989年，1993年，2000年数据来自相应年份“中国城市统计年鉴”；2005年数据来自《中国人口统计年鉴2006》。

下文以城市(不含辖县)为基础研究对象，针对上述统计数据使用的缺陷，对城市人口增长的可比性做了甄别：修正或者剔除了因区划调整引起统计口径变更的城市；不同阶段以起始年份城市为基础，统计其增长率；在可能的分析过程中将计算的城市人口增长中的自然增长扣除。

7.2.2　研究阶段的划分

新中国成立至今已经近60年，60年来的统计数据差别巨大，且个别年份缺失，尤其是 1982 年前的年份。考虑到数据的可获取性和数据录入工作量问题，将数据库简化，除 1949 年、1978 年和 2005 年外，考虑国家城市发展的重要政策和历史事件，选取若干对于中国城市化发展具有转折意义的时间节点，形成以下 11 个时间阶段：

- 1949—1952 年：经济社会各项发展逐步恢复，人口自由流动。
- 1952—1957 年：第一个五年计划实施，1953 年中央政务院发布《关于制止农民盲目流入城市的紧急通知》，国家对人口迁徙的控制开始。
- 1957—1961 年：1958 年《中华人民共和国户口登记条例》，标志着全国城乡统一户籍制度的正式形成。这一阶段的"大跃进"战略引发了全国的"饥荒蔓延"，人口数量减少。
- 1961—1965 年：经历了三年灾害，国家发展进入了社会主义建设恢复期。
- 1965—1970 年："文革"开始，国家实行"知识青年上山下乡"战略。这一阶段是混乱的年代，城市发展处于衰退阶段。
- 1970—1978 年：国家工作重点逐步从政治转向经济，孕育了改革开放的思想认识基础。这一阶段后期，国家对农村人口进入城市的限制达到了顶峰。
- 1978—1984 年：国家经济的恢复期，改革开放战略实施，沿海部分城市开放，经济特区建立。
- 1984—1989 年：国家逐步放开户籍政策，允许"自理口粮"户落户小城镇。
- 1989—1993 年：国家针对过度膨胀的城市人口，采取了控制城市增长的政策。
- 1993—2000 年：经济体制改革深化和分税制的实行给予了地方发展经济的积极性。
- 2000—2005 年：西部大开发、东北振兴、中部崛起政策相继实施，小城镇户籍完全放开，城市户籍制度改革的试点工作全面展开。

据此，1949 年、1952 年、1957 年、1961 年、1965 年、1970 年、1978 年、1984 年、1989 年、1993 年、2000 年、2005 年这 12 个时间节点构成了 11 个相对完整均衡的时间阶段。

7.2.3　样本数据的选取

中国的城市建制和区划在不断的变化中，尤其是 20 世纪 80 年代和 2000 年后。1978 年前城市的行政区划变动较小，以全部城市作为研究对象。1978 年后的研究，以 2000 年的 278 座①地级及地级以上城市为基础研究对象②，它们的市辖区的行政边界变化相对有限，且发生市辖区区划调整的时间主要集中在 1984 年和 2000 年后，调整的区域主要集中在江苏、浙江、广东等沿海省份。除上述城市外其他地区的地级及地级以上城市市辖区的区划相对比较稳定。提取 1949—1978 年 7 个时间节点的全部城市非农业人口数据，同时对 1978—2005 年间的城市行政区划调整进行梳理③，分别得到 1978—2005 年城市市辖区人口变动可比的城市数量如下：1978—1984 年有效样本城市 149 座④，1984—1989 年 227 座，1989—1993 年 261 座，1993—2000 年 240 座，2000—2005 年 203 座，分别占总样本数量的 53.6%、81.7%、93.9%、86.3%、73.0%。城市样本数据基本可以反映总体情况（表 7－2）。

表 7－2　1949—2005 年建制城市人口增长的有效样本数量分布

年　份	东部	中部	西部	超特城市 >100 万人	大城市 50 万人—100 万人	中等城市 20 万人—50 万人	小城市 <20 万人	全国
1949—1952	58	37	11	5	7	18	76	106
1952—1957	63	51	26	7	8	21	104	140
1957—1961	64	70	27	10	14	37	100	161
1961—1965	64	69	29	13	18	47	84	162
1965—1970	67	69	32	13	18	42	95	168
1970—1978	67	72	33	11	21	48	92	172
1978—1984	54	66	29	11	23	48	67	149
1984—1989	90	98	39	16	29	76	106	227
1989—1993	106	105	50	30	29	96	106	261
1993—2000	98	98	44	26	31	102	81	240
2000—2005	67	91	45	22	33	101	47	203

数据来源：作者参考《中国行政区划变迁》，根据“中国城市四十年”和 1985 年、1990 年、1994 年、2001 年、2006 年中国城市统计年鉴整理。

① 2005 年全国地级城市 283 座，直辖市 4 座。其中 2000 年后撤地设市新批准的由地区的县直接升级成立了 9 座地级市，包括山西吕梁；广西来宾、崇左；云南丽江、临沧市；甘肃定西、陇南；宁夏固原、中卫。

② 以 2005 年全国城市建制情况为依据。理想的分析数据是 666 座城市的历史可比数据，但源于行政区划的调整变化和统计数据的可获得性，历史数据难以建立。

③ 1978 年前的行政区划调整在“中国城市四十年”的统计数据中已经做了修正，本书对城市数据的甄选主要集中在 1978 年后的城市行政区划调整。

④ 1978—1984 年样本数量较 1984—1989 年少很多，源于 1980 年初期全国推行“市管县”体制，大量的城市在这个阶段成立建制。

7.2.4　城市规模晋级的处理

将各阶段城市按照市辖区非农业人口规模分类，考虑样本数据的有限性，大于 100 万人城市为“超特”城市（其中大于 200 万人为“超大”城市，大于 100 万人而小于 200 万人为特大城市），大于 50 万人而小于 100 万人为大城市，大于 20 万人而小于 50 万人为中等城市，小于 20 万人为小城市。以此来考察全国各规模城市的发展。各阶段统计分析采用相应的城市组，如 1984—1989 年以 227 座无辖区区划范围变动的城市为基础数据，而 1989—1993 年则以 261 座无辖区区划范围变动的城市为基础数据，这样可以在保证数据可比性的前提下最大化样本的分析数量，从而提高统计分析的精度（表 7 - 3）。

表 7 - 3　1978—2005 年分区域城市规模增长分析的有效样本数量分布统计

	年　份	超特城市 >100 万人	大城市 50 万人—100 万人	中等城市 20 万人—50 万人	小城市 <20 万人	合　计
东部	1978—1984	6	12	15	21	54
	1984—1989	9	13	29	39	90
	1989—1993	16	15	39	36	106
	1993—2000	12	15	44	27	98
	2000—2005	9	14	30	14	67
中部	1978—1984	2	7	26	31	66
	1984—1989	3	14	34	47	98
	1989—1993	8	12	42	43	105
	1993—2000	9	15	42	32	98
	2000—2005	9	18	50	14	91
西部	1978—1984	3	4	7	15	29
	1984—1989	4	2	13	20	39
	1989—1993	6	2	15	27	50
	1993—2000	5	1	16	22	44
	2000—2005	4	1	21	19	45
全国合计	1978—1984	11	23	48	67	149
	1984—1989	16	29	76	106	227
	1989—1993	30	29	96	106	261
	1993—2000	26	31	102	81	240
	2000—2005	22	33	101	47	203

数据来源：作者根据 1978—2005 年各城市区划调整情况整理。

7.3　城市发展方针与城市人口增长

7.3.1　全国层面的考察

(1) 城市人口的自然增长

提取 1949—2005 年间各规模城市(非农)人口的自然增长率建立趋势图(图 7-1)。可以看出,除 1950 年代末期超特城市人口自然增长率特别高以外,各规模城市自然增长率的走势基本一致,都在小幅波动中趋于下降。图 7-2 和

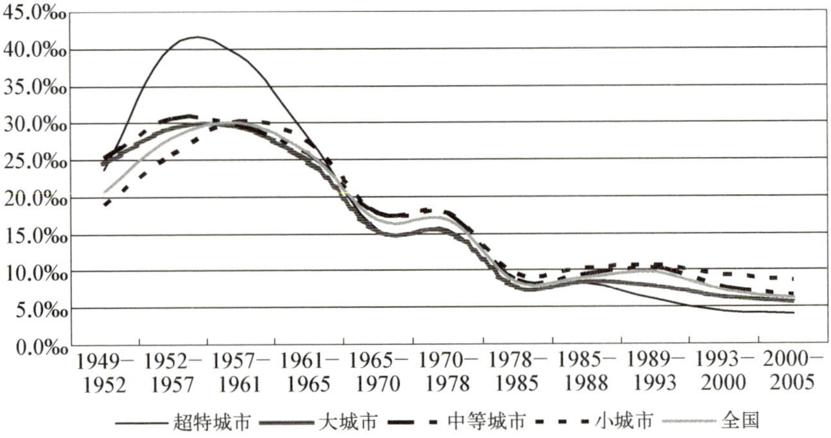

图 7-1　全国分规模城市非农业人口自然增长率变动

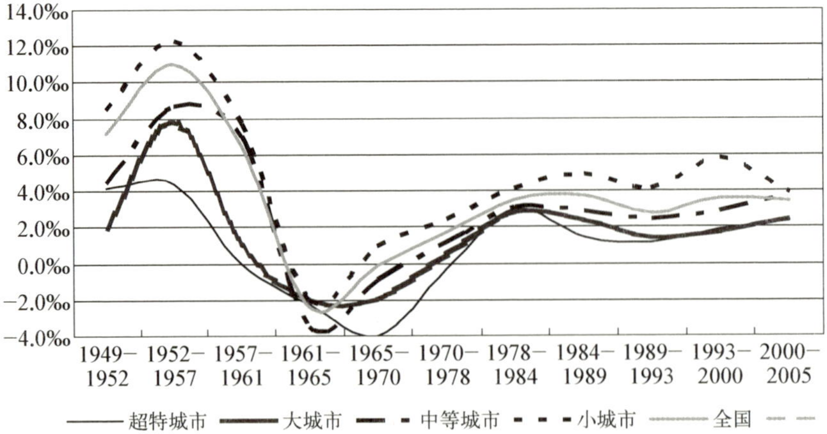

图 7-2　全国分规模城市非农业人口增长率变动

图 7 - 3 进一步显示，是否扣除自然增长率，对研究整体的分规模的城市增长不产生趋势上的影响，仅仅对城市增长的绝对量有作用。因此为简化论述，后文不再对扣除自然增长率后的城市增长做单独的分析。

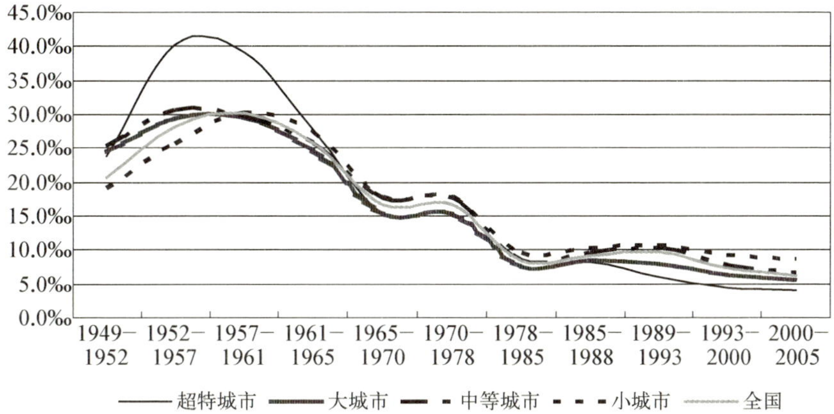

图 7 - 3　扣除自然增长后的全国分规模城市非农业人口增长率变动

（2）转型前

1949—1957 年，（户籍制度尚没建立）全国的人口迁移不受限制，城市增长较快，年均增长率一度达到了 14%。这一阶段受当时苏联重工业化的影响，国家在政策上倾向于大城市的发展，尽管如此，小城市在这一阶段也保持了高速增长。1957—1965 年，源于三年灾害和户籍制度对人口迁移的控制，城市增长速度快速下滑，大城市和超特城市人口甚至处于负增长。这一阶段国家开始着手控制人口的迁移和大城市的人口增长，并且把发展的重点转向农村和中小城市。但实际上，这段时期，中小城市增长速度下滑最快，且降幅超过了大城市和特大城市。随着三年灾害的逝去和国家战略的调整，城市发展逐步恢复，但由于出现“文革”的干扰，大城市和超特城市人口继续保持负增长，直至 20 世纪 70 年代（图 7 - 4）。

总体上看，1949—1978 年间各规模城市增长趋势基本一致，小城市的增速始终在全国城市人口的平均增速之上，这一现象很可能直接导致了 1980 年代的“小城镇倾向”的政策。

（3）转型期间

20 世纪 80 年代对“控制大城市规模，积极发展小城市”的政策有了共识。图 7 - 5 显示，1978—1993 年间，小城市人口的年均增长速度始终高于 5%，90 年

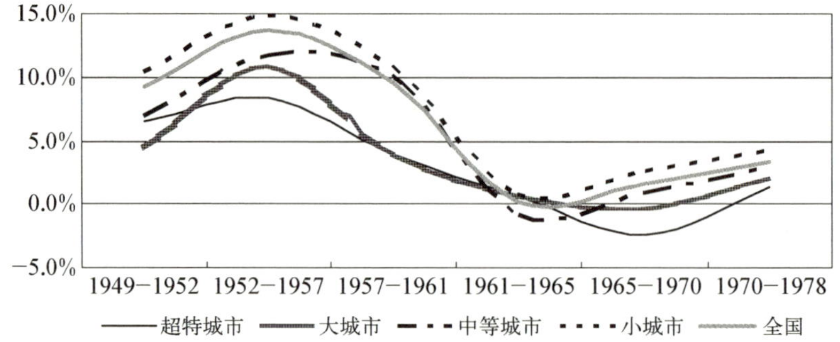

图 7－4　1949—1978 年全国分规模城市(非农)人口年均增长率

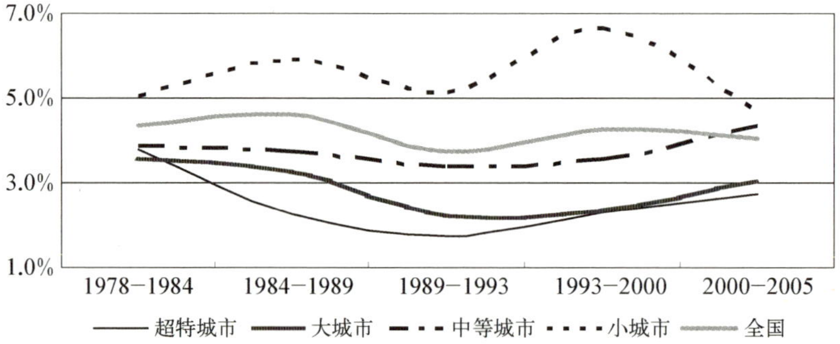

图 7－5　1978—2005 年全国分规模城市(非农)人口年均增长速率

代末期更是达到了 6.67%；而整个 80 年代期间，超特城市和大城市的人口增速一直在下滑，最低时超特城市的年均增长速度仅 1.75%(1989—1993 年间)。90 年代以后，尽管“控制大城市发展……”的政策在城市规划法中得以明确，但各规模城市发展的趋势却发生了转变，大规模城市发展速度开始加快，但同期小城市增长更快；2000 年后大规模城市继续加速增长，但小城市增长速度回落，各规模城市的增速开始趋于收敛。这与国家的“大中小城市协调发展”的政策相一致，也与第五次人口普查后城市人口统计口径的变化有关。

总体上看，城市发展方针的转变影响了不同规模城市人口的发展，贯穿于 20 世纪 80—90 年代的“控制大城市，积极发展小城镇”的城市发展方针，扩大了小城市和大规模城市发展(速度)的差距，使小城镇的发展速度更快，至 2001 年小城镇户籍制度的全面放开，小城镇的人口导入潜力发挥到了极致，而 2000 年后的“大中小城镇协调发展”的城市发展方针使得各规模城市的发展速度趋于收敛。

转型前后的分规模城市人口增长分析表明，城市发展方针通过对不同规模城市人口增长的控制而得以贯彻施行，影响了我国城市的规模结构，改变了区域城市化的空间格局。

7.3.2　转型期间区域分规模城市发展

（1）东部区域

2000 年前东部地区城市规模越小人口增长速度越快，各规模城市的增长都经历了 20 世纪 80 年代的增速减缓和 90 年代的稳定增长。2000 年后，中等城市增速突然加快，一举超越了小城市成为发展最快的城市，但小城市的增长速度依然很高（图 7－6）。

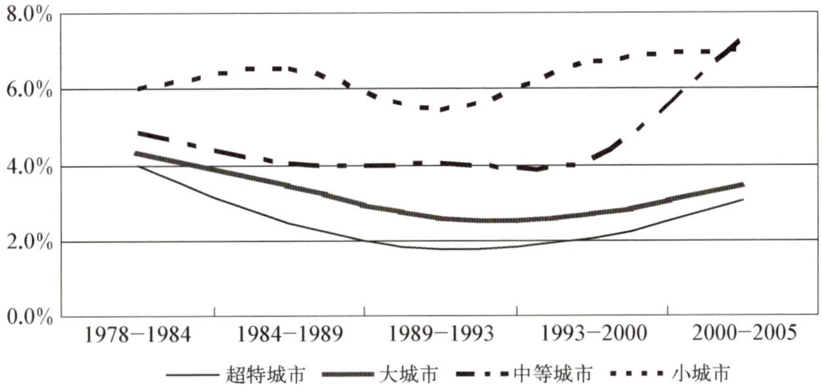

图 7－6　1978—2005 年东部地区分规模城市（非农）人口年均增长速率

（2）中部区域

20 世纪 80 年代中部区域除小城市外，其他规模城市人口的增速都有所下降；1990 年代小城市增速加快，但 2000 年后增速迅速下滑，整个转型期间，小城市的增长速度始终是最快的，但 2000 年后，各规模城市的增长速度趋于一致（图 7－7）。

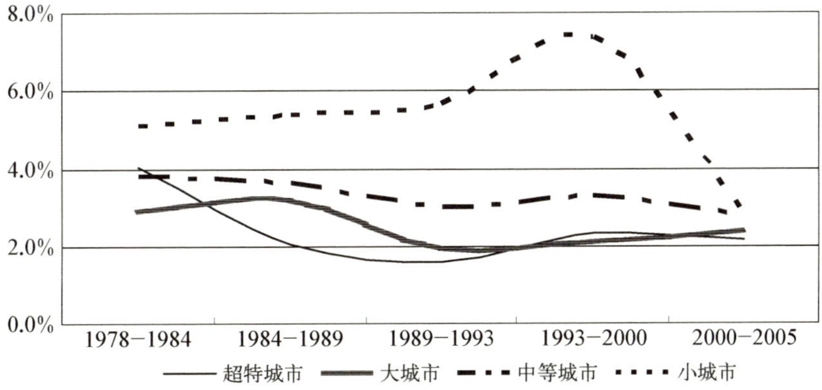

图 7－7　1978—2005 年中部地区分规模城市（非农）人口年均增长速率

(3) 西部区域

值得注意的是，西部地区大城市人口的增长变化，经历了19世纪80—90年代的增速下滑后开始快速提升，与此同时超特城市的增速也大幅加快；中小城市则是在波动中保持平稳增长(图7-8)。这表明2000年后西部地区的城市化进程与大规模城市的带动密切相关。

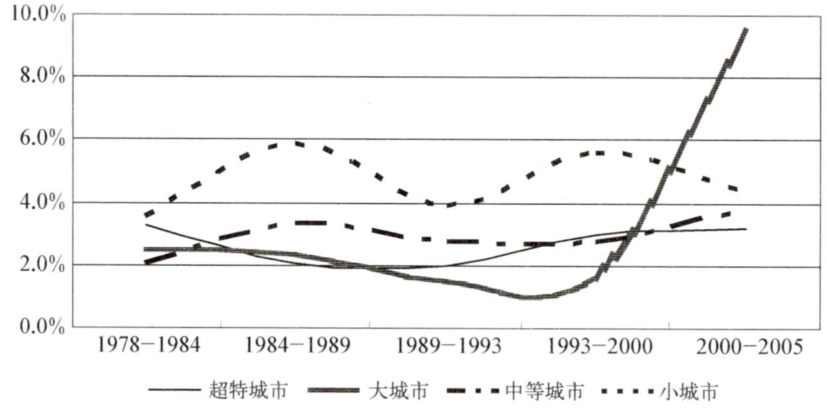

图7-8　1978—2005年西部地区分规模城市(非农)人口年均增长速率

三大区域的分规模城市发展趋势表明，东部地区较高的城市化水平下，中小城市越发地具有活力，吸引越来越多的人口迁入；中西部地区曾经快速增长的小城市在2000年后增长乏力，无法带动区域城市化的快速发展；西部地区大规模城市的崛起有可能成为新一轮区域城市化的主导力量。

7.3.3　分规模的区域城市增长

(1) 超特城市

分区域看，20世纪80年代超特城市人口增长在三大区域间的差异不大，90年代逐步分化，西部地区的超特城市人口快速增长，2000年后东部地区的超特城市也加速增长速度，而中部地区超特城市发展较慢。总体来看，三大区域超特城市人口的增速差距不大，基本在1个百分点以内(图7-9)。

(2) 大城市

2000年前，大城市的增长速度始终是东部快于中部，中部快于西部；2000年之后西部地区的大城市增速突然加快，把东部和中部的大城市远远甩在了后面(图7-10)。

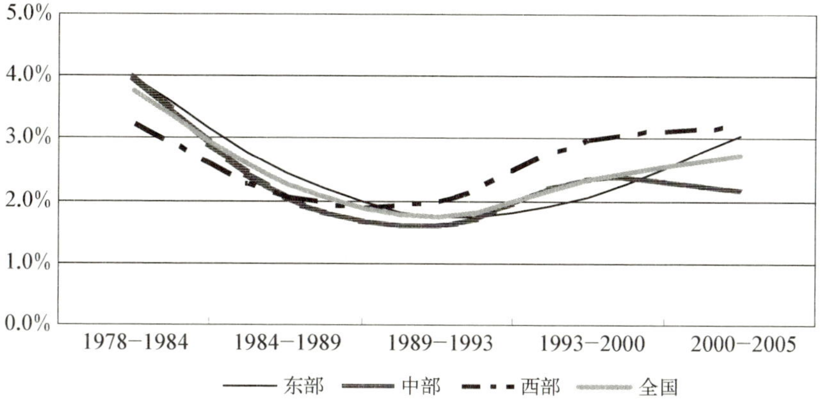

图 7－9　分区域超特城市(非农人口)增长率变化

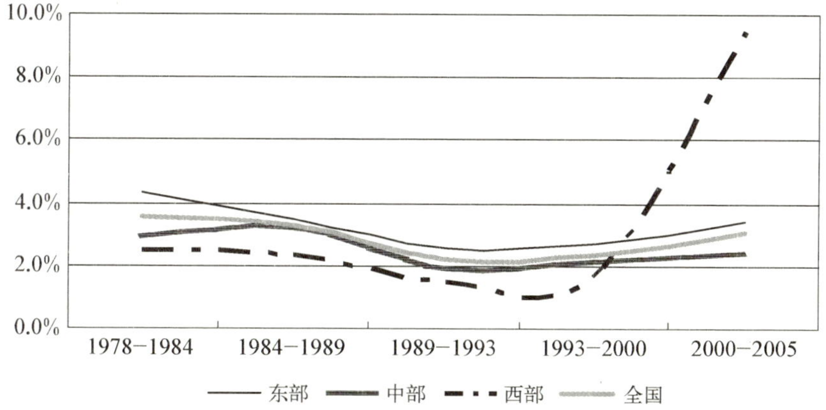

图 7－10　分区域大城市(非农人口)增长率变化

(3) 中等城市

与大城市一样，2000 年前中等城市的增长速度始终是东部快于中部，中部快于西部；2000 年之后，东部地区的中等城市开始快速增长，与此同时西部地区的中等城市增速超过了中部，中部地区中等城市的增速则有所回落(图 7－11)。

(4) 小城市

小城市的发展波动较大，三大区域都经历了加速、减速、加速和再减速的过程。值得注意的是，2000 年后中西部地区的小城市的增速迅速下滑，而东部地区则继续保持快速增长的态势(图 7－12)。

从分规模的区域城市增长来看，20 世纪 80 年代基本上是东部快于中部，中部快于西部；90 年代中西部地区的超特城市增长加快超越了东部，中部地区的

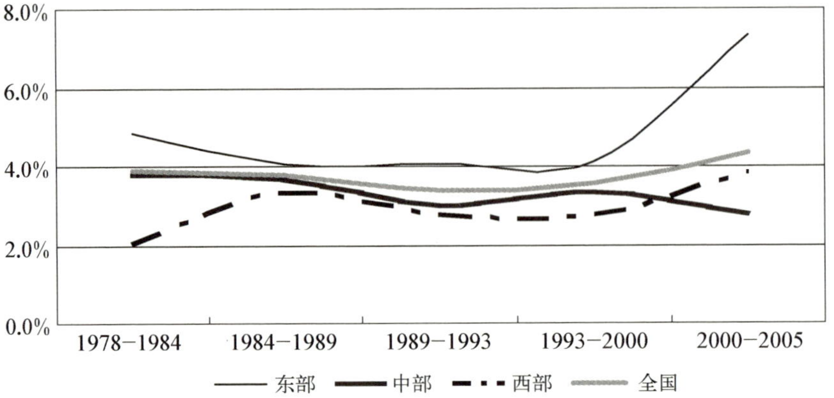

图 7－11　分区域中等城市(非农人口)增长率变化

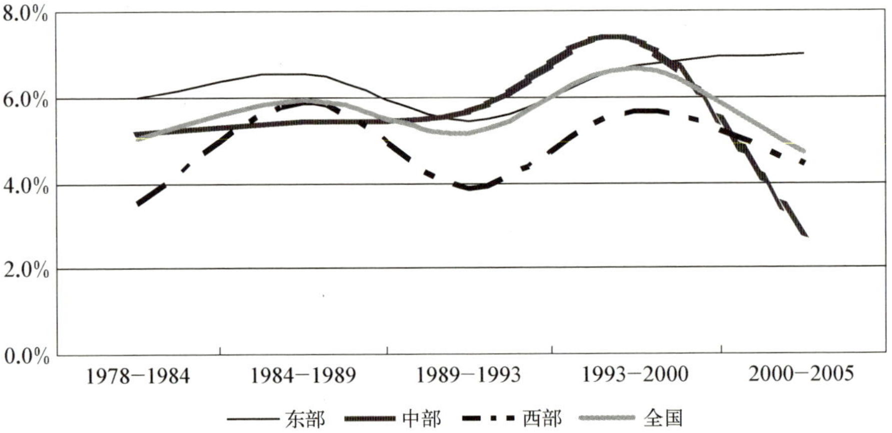

图 7－12　分区域小城市(非农人口)增长率变化

小城市增长也超越了东部；2000 年后，西部地区的超特城市和大城市的增长速度均超越了东部地区，而中西部地区的中小城市增长速度则迅速下滑。总体来看，2000 年前东中西城市发展速度依次递减，但 2000 年后这一格局发生了变化，东部地区中小城市发展快速且稳定，具有区域整体优势，西部地区大规模城市的发展较好，优势明显，而中部地区的各规模城市发展相对乏力，无明显的优势。

7.4　小　　结

改革开放前全国各规模等级城市均经历了一段高速增长期、增长停滞期和增长恢复期，而它们的增长趋势基本一致。在此期间，除 20 世纪 60 年代初期以外，小城市的增长速度始终高于其他规模城市的增长速度，这一现象可能启迪了 80 年代的“小城镇倾向”的政策制定。改革开放后城市发展方针的转变影响了不同规模城市人口的增长，贯穿于 80 年代和 90 年代的“控制大城市，积极发展小城镇”的城市发展方针，扩大了小城市和大规模城市发展的差距，使小城镇的发展速度更快，而 2000 年后的“大中小城镇协调发展”的城市发展方针使得各规模城市的发展速度趋于收敛。对转型前后的城市人口增长分析表明，城市发展方针通过对不同规模等级城市(非农)人口增长的控制一定程度上得到了贯彻施行，影响了中国城市的规模结构。然而大量的城市流动人口存在的现实也表明，市场化的人口城市化进程同样在改变着中国城市的规模结构，囿于数据的限制，无法做出更进一步的统计分析。

分规模的城市增长还表现出区域的差异性，东部地区中小城市长时间保持快速增长和 2000 年后西部地区大规模城市的崛起是值得注意的现象。如果说继续按照城市规模来讨论城市化发展问题的话，则“促进东部地区中小城市的增长和中西部地区大规模城市的发展”或许是一项可以延续的指导政策，这一政策及其效果的启示意义是：可以制定区域差别化的城市发展方针，引导全国的城市化健康发展。

附录：城市可比数据库建立的补充说明

基础数据库城市的选取以 2005 年所有地级城市为样本，以下所述的县级市市区，无行政意义，主要指县级市城关镇驻地。

如果数据年该地级市还未成立，该地级市驻地的前身是县级市，直接以县级市区数据录入，不影响数据的准确性；例如：山西省晋中市，1999 年撤销晋中地区和县级榆次市，则 1984 年、1989 年、1993 年数据以榆次市区数据录入。

如果数据年该地级市还未成立，该地级市驻地的前身是两个地级市，或者两个县级市，或者一个地级市和一个县级市，则将两市数据加总录入，不影响数据的准确性；例如：云南昆明市 1998 年后区划调整将东川市并入，则 1984 年、1989 年、1993 年数据将东川纳入；此外还有浙江省台州市。

如果数据年该地级市还未成立，极少量年份，县级市区非农人口数据不全，但总人口数据可考，则采用插值法推算。例如：海拉尔市 2000 年总人口 24.10

万人，根据2005年海拉尔市区总人口与市区非农人口的关系，采用插值法推算得到2000年呼伦贝尔市区(海拉尔)非农人口21.88万人。采用此法推算的数据存在一定误差，但仅仅局限于2000年的数据，且城市规模普遍小于20万人(武威除外，20.87万人)，误差影响对统计分析结果的影响非常有限。2000年数据的推算包括12座城市：内蒙古自治区的呼伦贝尔市、巴彦淖尔市、乌兰察布市，广西壮族自治区的百色市、贺州市、河池市，甘肃省的武威市、张掖市、平凉市、酒泉市、庆阳市以及陕西省的商洛市。

部分统计年鉴原始数据，存在明显的输入错误，如贵港市1993年原始数据为24.49，笔者判断为输入错误，推测应为数据14.49。再如扬州市1993年原始数据为59.21，而1992年数据为33.06，期间有无区划变更，不可考，但可从2000年数据推测，因1994年至2000年间扬州市区调整扩大，人口数应增，但2000年为42.41，因此判断1993年为误录，表中数据为根据1992年数据推算。

部分城市数据的修正：(1)吉林省白山市1989年、1993年数据因行政区划变动的缘故，不可比，故略去；(2)关于湖北黄冈市，1987年撤销鄂州市黄州区，划归黄冈县；1990年，撤销黄冈县，设立黄州市(县级)。因此1989年黄冈市数据系根据1993年黄州市与鄂州市的人口比例，采用插值法修正；(3)江苏省宿迁市2005年市区非农人口数据因行政区划调整的缘故，包含了大量的外围乡镇非农人口，数字差距与现实出入太大，故采用2000年的总人口数据进行比例修正，因此表中数据为推算。1984年原黄山市区和屯溪市区加总。

1993年因未设市级行政建制原因，缺失12座城市数据，因行政区划变动无法修正数据，故舍去2座城市数据；1989年因未设市级行政建制原因，缺失18座城市数据，因行政区划变动无法修正数据，故舍去2座城市数据；1984年因未设市级行政建制原因，缺失49座城市数据①。

行政区划变更的统计分析日期始于1984年1月1日，止于2005年12月31日。

在每个时间段内，超过90%的城市数据具有历年的可比性，从而保证了最终统计结果的有效性。此外，经统计1984—2005年间有近60%的城市并没有发生影响市区数据的区划变更(含直辖市共计287个地级以上城市，其中172个城市没有发生重大区划变更)。

① 市辖区发生重大行政区划调整的(县、市改区等，以及乡镇并入超过两个)，很大程度上影响该年份前后统计的可比性，原始数据标示深橘红色；市辖区发生一般行政区划调整的(外围乡镇划入)，有小影响该年份前后统计的可比性，标示浅粉红色；市辖区发生内部区划调整，不影响统计数据的，不标示。

第8章 行政区划制度变革

一般而言,城市化发展提升的途径主要有两个手段:一是农村建设空间由于集聚规模扩大而向城市转变;二是农村人口流动向城市迁移。但是,我国转型时期的城市化还具有某些自己的特色,即通过行政区划制度的变革来减少体制内的摩擦,推动经济社会的发展,进而促进城市化水平的提升。改革开放以来,频繁的行政区划调整亦受到了学者的关注。研究成果主要涉及行政区划与城市发展的关系(汪宇明,2002,2005a,2005b)、市管县与省管县体制的讨论(戴均良,2001;王英津,2005;马彦琳,2006)、城市型政区的改革(陈雄、李植斌,2003)、行政区经济(刘君德,2006)、分权化与行政区划改革(罗震东,2005)和国外行政区划体制的借鉴(冯春萍,1999)等。

虽然多数学者都认为行政区划调整对城市化的发展产生了影响,但行政区划制度与城市化发展的关系如何,其演进对城市化发展的影响程度如何,依然是值得进一步探讨的问题。因此,研究我国行政区划制度的演进及其变革,有助于理解我国社会的城市化发展转型。

8.1 中国特色的行政区划制度

8.1.1 行政区划制度的内涵:作为城市管理的一种制度安排

在我国,行政区划与城乡划分紧密相关,城市是与乡村完全不同的政治经济文化的综合实体。在古代,"城"与"市"是完全不同的概念,前者与军事防御密切相关,后者是商品交易的场所。而随着"城"内人口增多和商品经济的发展,"城"和"市"逐渐融为一体,即所谓的"城市"。在我国的行政区划制度下,与"城市"概念最密切的是"建制市","建制市"是依据国家规定的标准和条件,按照法定程序设置的地方建制，设有相应的国家政权机关，有明确的边界和确定的管理范围(刘君德、汪宇明，2000)。除"建制市"以外，县城、一般镇和部分乡也是属于"城市"范畴。很明显，"城市"的含义要比"建制市"宽泛得多，而"建制市"则属于行政区划制度的范畴。

行政区划制度就是国家为了进行分级管理而实行的国土和政治、行政权力的划分的一种制度安排。具体地讲，就是国家根据政治和行政管理的需要，根据有关法律规定，充分考虑经济联系、地理条件、民族分布、历史传统、风俗习惯、地区差异、人口密度等客观因素，将全国的地域划分为若干层次大小不同的行政区域，设置相应的地方国家机关，实施行政管理①。宪法规定，我国的行政区域划分如下：(1) 全国分为省、自治区、直辖市；(2) 省、自治区分为自治州、县、自治县、市；(3) 自治州分为县、自治县、市；(4) 县、自治县分为乡、民族乡、镇；(5) 直辖市和较大的市分为区、县；(6) 国家在必要时设立的特别行政区，按行政等级依次为：省、自治区和直辖市，副省级城市，省会城市和地级市，一般市、县和区，镇、乡和街道办事处，居委会和行政村。

行政区划制度作为城市管理的一种制度安排，是我国经济社会发展的制度保障之一，也是我国城市化转型的重要组成部分。

8.1.2 改革开放前②的行政区划制度演变

(1) 县级以上行政区划演变

新中国成立后，行政区划体制在摸索中前进。1958—1960 年经历了一次比较大的全国范围的调整，除了 50 年代的省级区划调整外③，主要是撤县、并县以及撤并专区专员公署的行政区划变更④。表 8 - 8 显示，1958 年全国撤县 355 个，区 65 个，地级市 24 个，新设县级市 33 个；1959 年撤县 66 个，撤县级市 12 个，设地级市 7 个；1960 年撤县 126 个，设县级市 7 个、地级市 13 个。伴随着撤县并县的调整，市县间的关系也发生了变化。全国人大常委会二届九次会议通过了《关于直辖市和较大的市可以领导县、自治县的决定》(1959)，成为日后"市带县"体制的法律依据。此后市领导县在全国大规模推行，至 1960 年底全国有 48 个市领导 234 个县(自治县)，占全国县总数的 1/8(刘君德，2000)。

---

① 百度百科 http://baike.baidu.com/view/257295.htm，2009 年 8 月 14 日登录。

② 考虑到我国行政区划制度的历史延续性，本节论述的时间阶段延续到 1982 年底。

③ 1949 年我国有 50 个省级行政单位，1955 年调整为 29 个。

④ 专区专员公署是省的派出机关以及省以下的行政分区，来源于民国政府设置的行政督察专员公署。新中国成立后，为了加强对县级政府的领导，沿用了专区专员公署的行政区划(罗震东，2006，p75)。

由于 1958—1960 年的行政区划调整过于激进，带来了大量的消极后果，1961 年中央决定实施调整政策，控制城市的发展，许多省份开始逐渐恢复被撤并的县和专区，并停止施行市带县体制，恢复行政专署领导县市体制。至 1963 年全国的专区、市、县数量基本恢复到了 1957 年水平，县和市数量略微减少，仅保留了 24 个市领导 78 个县(罗震东，2006，p76)。1966—1977 年“文革”期间，城市发展几乎停滞，1967 年开始在全国各地建立革命委员会建制，“文革”后取消。1970 年专区公署改称地区，1975 年《宪法》规定，“地区”是一级行政单位，但 1978 年出台《宪法》修订案，“地区”恢复为“省级政府的派出机构”。1964—1977 年间，全国的行政区划变动比较平稳，14 年间除县级市减少了 5 个以外，县(+47)、区(+83)、地区(+24)和地级市(+20)都略有增加。

1978—1982 年是国民经济恢复时期，城市数量有了一定的增长，截至 1982 年底，地级市达到 112 个，4 年间增加了 14 个；县级市达到 130 个，增加了 38 个，而县的数量仅减少 13 个。这一时期城市的增加主要是“切块设市”，为弥补“文革”时期的历史欠账，对已经达到设市标准的城市予以确认。

(2) 乡镇行政区划演变

在市、县、地区以下是镇和乡建制。镇的建制在建国以来很长一段时间是“点”的概念，是“缩小了的城市”，镇的级别也曾有差异，分为县级镇、区级镇和乡级镇，因此与现在的镇概念有所不同。数据显示，1954 年全国设有 5 400 个镇，其中人口 2 000 人以下的 920 个，2 000—10 000 人的 4 379 个，10 000 人以上的 805 个(华伟，2004：3)。1955 年国务院《关于设置市、镇建制的决定》和《国务院关于城乡划分标准的规定》明确了“市、镇是商业和手工业的集中地”，并提出了设镇标准①。依据该标准全国进行了统一核查清理，至 1956 年底，镇数量减少到了 3 672 个(蒲善新，2005：372)。在 50 年代末的大跃进期间，建制镇再度增加，1961 年达到 4 429 个。但是经济发展难以支撑迅速增加的城市人口，因此 1963 年国务院《关于调整市镇建制，缩小城市郊区的指示》把设镇标准②提高到

---

① 设置市人民委员会的地区和县(旗)以上人民委员所在地(游牧区行政领导机关流动的除外)；常住人口在 2 000 人以上，居民 50%以上是非农业人口的居民区；工矿企业、铁路站、工商中心、交通要口、中等以上学校、科学研究机关的所在地和职工住宅区等，常住人口虽不足 2 000 人，但是在1 000 人以上，而且非农业人口超过 75%的地区；具有疗养条件，而且每年来疗养或休息的人数超过当地常住人口 50%的疗养区。

② ……聚居人口在 3 000 人以上，其中非农业人口占 70%以上，或者聚居人口在 2 500 人以上不足 3 000 人，但非农业人口占 85%以上的地方可以设镇，少数民族地区的工商业和手工业集中地，聚居人口虽然不足 3 000 人，或者非农业人口不足 70%，但是确有必要时，可以设镇……(高岩、浦善新，1986)

3 000 人，且非农人口达 70%以上，不符合新标准的镇予以撤销，至 1964 年全国仅保留了 2 000 个镇（华伟，2004：4）。1964 年后全国建制镇区划调整基本停滞，至 1982 年底全国有建制镇 2 660 个。虽然 1975 年和 1978 年的宪法修改，废除了乡建制（以人民公社取代），但是保留了镇建制。

与此同时，我国的乡体制也经历了几次重要的变化：1949—1953 年实行的是乡与行政村并存制度，乡和行政村都是农村基层行政单位；1954—1958 年取消了行政村制度，乡是农村基层行政单位，这期间全国进行了乡镇机构精简，乡（含行政村）从 1953 年的 22 万多个减少到 1957 年的 10 万个，区公所①作为县人民政府的派出机构也从 1953 年的 18 000 多个减少到 9 000 多个（华伟，2002）；1958 年下半年实行人民公社体制，取消乡建制；直到 1983 年才恢复乡体制，乡重新被确立为农村基层行政单位。这期间人民公社的数量从最初的 23 630 个，曾经增长到 80 956 个（1963 年），至 1982 年底人民公社为 54 352 个。

8.2　城市化转型与行政区划制度变革

8.2.1　城市化转型的需要

中国改革开放的实践已经证明，政府主导的制度创新一直是推动中国社会经济发展的最主要动力。有效的制度安排或创新鼓励和促进着社会的资源开发、资本积累和技术创新。在我国城市化向市场导向的转型进程中，行政区划制度改革作为一项制度安排占有极其重要的地位。社会结构的变迁和市场经济的快速推进呼唤行政区划制度的变革，其主要表现在以下几个方面。

（1）城市的规模扩张和乡村的城市化转型要求行政区划建制调整

改革开放前，我国的城乡关系表现出明显的“城乡分离”特征，国家通过城乡差别化的户籍管理把城市和乡村明显区别开来，截至 1982 年我国建制市仅 245 个。在社会转型和经济快速发展的背景下，城市化人口②从 1982 年的 2.07 亿

① 区公所：90 年代撤区并乡以前，绝大部分县划分为若干个“区”，数量从 5 个到 10 个，大县多的超过 10 个。区的最高行政官员驻地为“区公所”，“区公所”为县政府派出机关，是中国 90 年代之前普遍存在的一种准行政区。属于乡级行政区，但行政地位高于乡，介于县和乡之间，也称县辖区，80 年代前简称“区”。“撤区并乡”后基本为原来的两个乡（镇）合并为现在的一个乡（镇）。区公所在计划经济时期为巩固农村基层政权、管理农村社会经济事务发挥了积极作用。百度百科 http://baike.baidu.com/view/839887.htm，2009 年 6 月 9 日登录。

② 当年统计口径。

人增长到2008年的6.07亿人，4亿的城市人口增量必然对现有的行政区划制度提出挑战。245个建制市面临着巨大的城市规模扩张的压力，曾经的农村地区必然有部分集镇由于快速发展而逐步具备了“城市”的功能。因此，城市的规模扩张和乡村的城市化转型都需要行政区划制度有所改革。

(2)“地区分割”向“区域协调发展”的转型呼唤行政区划制度的创新

改革开放后我国社会经济运行表现出强烈的“行政区经济”的特征，县市之间利益的摩擦和乡镇经济发展的权利诉求考验着既有的行政区划(层级)制度。虽然在2000年前后长三角和珠三角等局部经济发达地区出现了类似“城市增长联盟”等区域经济一体化的组织，但是行政区划界限这道看不见的墙依然是束缚我国区域经济一体化和市场经济发展的主要制度约束之一。另一方面，我国巨大的区域差异使得城市型政区与地域型政区的矛盾协调和整合成为行政区划制度改革的重要内容。在经济比较发达的地区，城市和城镇密集，城乡景观基本联成一体，城市型政区体制已基本取代了地域型政区体制，城市群或者是大都市区的雏形已经基本显现，传统的行政区划制度极大地制约了区域经济的协调发展。因此，从“行政区经济”走向“区域协调发展”的趋势呼唤着行政区划制度的创新。

(3)城市化动力机制的变化亟需行政区划制度的支持

改革开放前，我国人口城市化和区域分布受高度集中的计划经济体制的制约，体现出“自上而下型”城市化的特征，国家纵向的指令性计划和政策决定了区域城市化的发展水平。改革开放后，市场取向的经济体制改革取得了历史性的进展，确立了社会主义市场经济的框架和目标，市场调节逐步扩大，计划管理领域逐步缩小，由此形成了计划经济控制的计划型城市化和市场经济引导的市场型城市化共存的局面。城市化的动力机制发生了根本性的变化，不再仅仅是国家单方面地控制城市化的速度、规模和空间分布，而是由国家、企业和个人共同决定城市化的发展方向和模式。与此同时，全球化也成为我国城市化发展的新动力之一。应对全新的市场环境和城市化动力机制的多元性趋势，地方政府需要获得更多的(来自上级政府的)授权，来经营和管理城市发展①。因此，行政管理体制需要新的变革来适应，减少制度体系的内部摩擦，提高政府部门的服务能力。因此，城市化动力机制的变化也需要有相应的行政区划制度的支持。

① 例如，县改市可以使得地方政府获得诸如海关、财政和税收的部分自主权。

8.2.2 城市行政区划变革

(1) 1983—1990 年：全面推行市管县体制，城市建制由市政区型向广域型政区转变

自从 20 世纪 50 年代末期“市带县”体制推行以来，虽然也经历了波折，但市带县的数量仍然有了一定的增加。数据显示，1981 年全国有 57 个市领导 147 个县，平均每市领导 2 县。1982 年中共中央决定继续推行“市管县”体制，同时大幅增加建制市的数量，1983 年一年地级市就猛增了 32 个，县级市增加了 12 个。至 1990 年底地级市由 1982 年底的 112 个增加到了 185 个，增长 73 个，县级市由 130 个增加到了 279 个，增长 149 个，市辖区的数量也由 527 个增加到了 651 个。与此同时地区减少 60 个，县减少 237 个。从表 8－1 中可以看出，这期间行政区划的调整主要是“县市合并”“撤县设市①”“撤地设市”或者“县级市升级为地级市”，也有少量的“撤县市设区”(11 个)。机构精简、地市合并、城市升格和建立市管县体制是这一阶段行政区划制度改革的主要取向。

(2) 1991—2000 年：深化改革，建制市数量继续增加

1993 年国家调整及提高了设市标准，将县按人口密度划分为三类：大于 400 人/km^2、100～400 人/km^2 和小于 100 人/km^2，人民政府驻地从事非农产业的人口分别要达到 12 万、10 万和 8 万人，其中非农业户口的从事非农产业人口分别要达到 8 万、7 万和 6 万人；明确了设立地级市的标准，市政府驻地非农产业的人口要达到 25 万人，其中非农业户口的从事非农产业人口要达到 20 万人，此外还有一系列的经济指标要满足。

20 世纪 90 年代以来，市管县体制继续大规模推行。截至 1996 年底全国除海南和台湾省以外的 29 个省、自治区和直辖市都实行了市管县体制，其中 3 个直辖市领导了 19 个县，218 个地级市中有 216 个实行了市管县体制(罗震东，2006，p85)。与此同时，行政区划调整继续深化，撤县建市、撤销地区和县市升格为地级市仍然是区划改革的主流，1991—2000 年间撤县设市 195 座，县市升格设地级市 78 个(表 8－1)。除了主流的县改市调整外，撤县(市)设区也在 1990 年代开始兴起，期间撤县市设区达 40 个，而 80 年代这一数字仅为 11 个，增长了 3 倍多。截至 2000 年底，县减少了 227 个，地区减少了 76 个；县级市增加了 121

① 撤县设市的意义：人员可以扩编，扩大行政权限，拥有外汇额度，审批人员出入境手续，设立海关，建立银行支行(因而可以做投资担保和发放大额贷款)，拥有审批较大面积土地的权力，直接管理车牌和驾驶证件审批发放工作，增加城市建设维护费的提留，等等。

个，地级市增加了 74 个。

表 8-1　1982—2007 年中国县级以上行政区划(年底数)调整

年份	县级市			地级市			区		
	市县合并	撤县设市	直接设市	撤地	县、市升格为地级市	地改市设区	撤县、市设区	直接设区	撤区
1982—1990	30	195	15	63	70	55	11	79	38
1990—2000	7	199	3	82	78	80	40	48	34
2000—2007	0	0	3	24	24	23	48	18	19

注 1：表中“撤县设市”统计的是最终形成市的个数，“县、市升格或地改市”统计的是最终形成的地级市的个数，“撤县、市设区”统计的是被撤的县、市个数(罗震东，2006)。

2：因行政区划撤销合并的重复计算问题，本表数据不可横向直接累加。

资料来源：1978—2004 年数据摘自罗震东，2006；2005—2007 年数据根据行政区划网整理，http://www.xzqh.org/html/index.html，2009 年 6 月 7 日登录。

(3) 2001 年至今：撤地区设市和撤县市设区，放权和收权协调并进

2000 年后，地市合并和市领导县范围进一步扩大，原地区行署建制逐渐被城市建制取代，目前仅在一些边远或少数民族省区有少量存在。截至 2007 年底，全国地区(州、盟)建制仅剩 50 个。这一阶段，撤销地区以原来的地区行政公署驻地的县级市升格为地级市 10 座，县级市升格为地级市 14 座。与此同时，撤县市设区也成为区划改革的主流，7 年间撤县市设区 48 个，区的建制也由城市型向广域型政区演化(表 8-1)。如果说“撤地区设市”是政府权力的下放，撤县市设区是政府权力的收回的话，这期间的放权与收权是协调并进的，其核心的目标就是：减少体制内的摩擦，解放生产力，促进区域经济的全面协调发展。

8.2.3　乡镇行政区划变革

(1) 1983—1990 年：乡镇建制的恢复

与县市行政区划制度改革同时发生的是乡镇区划调整。1984 年国务院对建制镇标准做了进一步的修改①，主要有三个方面：一是再次将设镇的门槛人口

① 对 1955 年和 1963 年中共中央和国务院关于设镇的规定作如下调整：一、凡县级地方国家机关所在地，均应设置镇的建制；二、总人口在 2 万以下的乡，乡政府驻地非农业人口超过 2 000 的，可以建镇；总人口在 2 万以上的乡，乡政府驻地非农业人口占全乡人口 10%以上的，也可以建镇；三、少数民族地区、人口稀少的边远地区、山区和小型工矿区、小港口、风景旅游、边境口岸等地，非农业人口虽不足 2 000，如确有必要，也可设置镇的建制；四、凡具备建镇条件的乡，撤乡建镇后，实行镇管村的体制；暂时不具备设镇条件的集镇，应在乡人民政府中配备专人加以管理。

由3 000人下调回到2 000人，但口径不再是驻地常住人口而是非农业人口；二是设镇的对象不再是从乡的行政区域内“切块”设镇，而是放宽到了整个“乡”，即从点状镇建制扩大到了广域型的镇建制；三是规定建制镇的审批权下放到了省、自治区和直辖市人民政府。建制镇标准的降低和审批权的下放使得建制镇数量迅速激增。1982年底至1990年底，镇的数量由2 660个猛增到12 084个，翻了近5倍(表8-2)。另一方面，1983年开始取消人民公社制度，恢复了乡体制。1983年由54 352个人民公社转型而建立了85 514个乡；经过乡镇合并和撤乡建镇等调整，到1990年底减少到44 397个。同期街道办事处的数量基本保持稳定，仅从1983年底的5 304个减少到5 269个；此外区公所的数量也有所减少，由5 909个减少到3 438个。“文革”结束后的整个1980年代的乡镇区划调整实质上具有“恢复性”。

(2) 1991—2000年：镇由“点”状政区向“面”状政区演化

如果说80年代的撤乡建镇、乡乡合并和乡镇合并是对改革开放前乡镇建制的修补恢复的话，1990年代的乡镇区划调整则主要是中央推行机构改革和精简乡镇人员编制的结果。1991—2000年间乡镇数量从56 481个减少到了43 511个，区公所数量从3 438个减少到了255个，但是建制镇数量从12 084个增加到了20 312个；街道办事处也略有增加，从5 269个增加到了5 902个(表8-2)。按照2000年五普口径的城乡划分标准，建制镇镇区的平均规模为8 179人。以2003年镇(总人口)的平均规模36 424人推算①，2000年全国建制镇的平均总人口规模约为31 951人，是镇区规模的3.90倍，镇已经逐步演化为一类“面状”的广域型政区。

表8-2　1983—2006年中国乡镇行政区划(年底数)调整

年　份	乡镇合计	镇	乡	#民族乡	街　道	区公所
1983—1990	+8 176	+9 424	−9 955	+1 980	+135	−1 412
1991—2000	−13 723	+7 857	−19 455	−47	+716	−2 841
2001—2006	−8 727	−943	−7 992	−268	+453	−245

资料来源：同表8-15。

(3) 2001年至今：基层乡镇向街道建制的转型探索

2002年国务院又发布了《国务院办公厅关于暂停撤乡设镇工作的通知》，认识到

① 2000年至2003年间镇的数量比较稳定，变化很小，因此按照2000—2003年城市人口增长14%推算。

随着农村经济、社会的发展和城市化水平的提高，城市人口大量增加，现行设镇标准指标偏低等不足日益显现，以至于部分地区镇的数量增加过快、质量不高、规模偏小。因此决定停止执行《国务院批转民政部关于调整建镇标准的报告的通知》(国发〔1984〕165 号)，在新的设镇标准公布前，各省、自治区、直辖市暂停撤乡设镇工作。

2002 年底建制镇达到 20 601 个后就不再增加，而是逐年减少，2006 年底比 2000 年底减少了 943 个，乡也减少了 7 992 个，但城市街道继续增加，5 年增加了 453 个。这一阶段乡镇改革基本上是乡镇合并、镇镇合并和撤乡镇设街道，新的镇建制设立很少，乡镇行政区划比较稳定。

整个改革开放以来的这段时期，行政区划改革始终贯穿着一条主线，就是理顺区划关系、精简管理层级、减少政府行政体系内部的制度摩擦，充分调动和发挥各级政府的主观能动性。改革的实践已经证明，行政区划制度的创新为我国经济社会发展和城市化的转型提供了必要的、坚实的制度基础。但有时行政区划调整也带来一些新问题，一些城市的城区人口和空间由于区划的调整而急剧扩大，但大面积新的“城区”内仍然是农村产业、农村人口和农村管理体制，城乡二元的反差被缩小到了更加有限的城市空间内。但表面上，统计上的城市化水平得到了“提高”。

8.3　行政区划制度与城市化水平

行政区划的调整意味着政府权力分配的重组，从而改变了城市化和经济发展的制度约束。从我国行政区划制度改革的初衷看，区划调整将促进区域城市化的健康快速发展。但是我国建立在行政区划体系之上的城市化统计制度又使得二者之间的关系需要进一步的厘清。

8.3.1　行政区划调整与城市化水平统计

(1) 城市化的统计口径

历次人口普查城市人口统计口径发生了多次变化(图 8 - 1)。1953 年第一次全国人口普查并没有统一的城乡划分口径，各省的数据口径并不一致，一般包括市的市区(但不包括市郊农业区的人口)、县的城关镇以及人口规模大于 2 000—3 000 人且工商业比较发达的集镇和工矿区、森林作业所等①，依此口径

① 此说法来自中国人口统计年鉴 1988，p274。

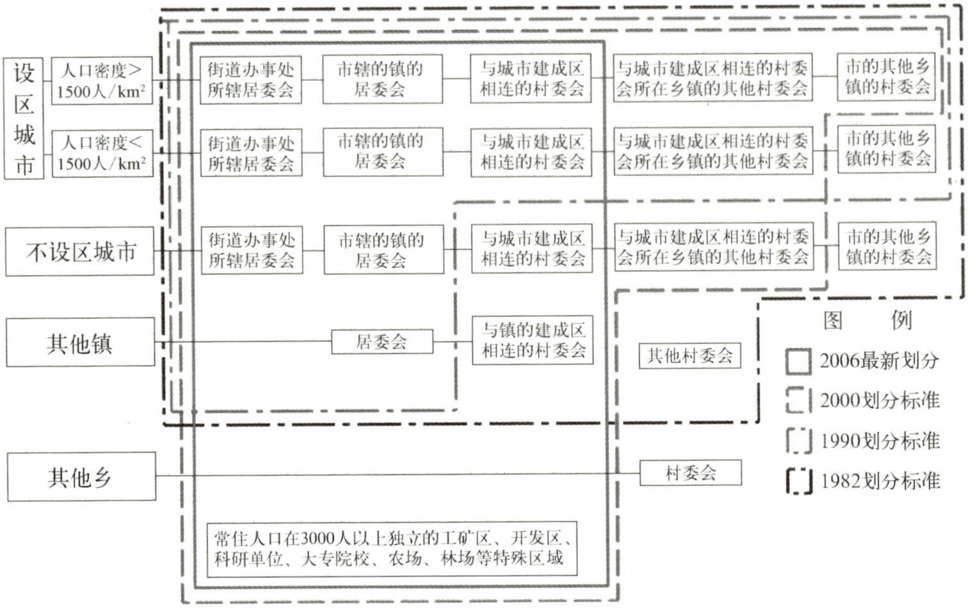

图 8－1　历次人口普查城市人口统计口径

资料来源：作者绘制。

中国 1953 年的城市化水平为 13.26%①。

1963 年第二次人口普查采用了户籍制度下的城镇非农业人口概念，显然这次统计的城镇人口比实际值偏小。市的城市人口采用的是 1963 年中共中央和国务院《关于调整市镇建制、缩小城市郊区的指示》中规定的口径——市区和郊区的非农业人口，依此口径中国 1964 年的城市化水平为 14.10%，如果以市镇总人口口径计算，当时的城市化水平为 17.78%。

1982 年第三次人口普查采纳了接近一普的定义，即城市人口包括市镇人口，不含市辖县(乡人口)。按此口径 1982 年我国城市化水平为 20.88%。

80 年代中期的市政行政区划改革，使市镇设置标准下降，县改市、乡改镇等，产生了大量的新设城市，如果继续保持三普的统计口径，1990 年中国城市化水平就已经超过了 50%。因此 1990 年的四普采用了新标准，对设区的市采用区的总人口，对不设区的市和镇采用街道办事处和居民委员会的人口。按此口径，1990 年我国城市化水平为 26.40%。

然而 90 年代以来"县改区"的行政区划调整，使得"区"这个原本具有鲜明城

① 本节五次人口普查数据为全部汇总数据，含军队。

市特征的行政组织单位变得日益模糊起来。2000 年，第五次人口普查弱化了行政的概念，而强化了空间的概念，把设区的城市按照人口密度划分为两类，除了人口密度大于 1 500 人/km^2 的区全部人口记作城市人口外，人口密度小于 1 500 人/km^2的区和不设区的市与城市建成区相连的乡镇也纳入城市人口统计。依此口径，2000 年我国城市化水平为 37.05%。

虽然 2000 年人口普查的城镇划分较以往有了明显进步，但其统计“城市”人口的基本单位为“街道”、“乡”和“镇”，包含了大部分所辖乡或镇的外围行政村人口，对城市化水平有高估之嫌。因此，2006 年国家统计局颁布的《关于统计上划分城乡的暂行规定》中将这部分地域划为农村，可以说在城乡划分上又向前迈了一步。预计第六次人口普查将采用这个最新的划分标准，第五个城市人口统计口径将由此应运而生。对此的争论在所难免。

(2) 行政区划调整对城市化水平统计的影响

行政区划调整变更主要包括以下 6 种情况：建制变更；行政等级变更；行政区域界线变更；行政机关驻地迁移；隶属关系变更和行政区更名或命名(汪宇明等，2008)。其中直接影响到城市化发展的是建制变更、行政等级变更和行政区域界线变更，如撤县设区、撤县设市、撤地设市和乡镇合并、镇改街道等。

如果是以 1953 年的灵活的城市人口统计为标准的话，其对城市化发展的估算并不会产生实质的影响。但 1964 年开始城市人口划分的口径采纳了全国的统一标准，1982 年人口普查采纳了市镇总人口作为城市人口的统计口径，从此把行政区划与城乡人口划分紧紧联系起来。某一地区是否被划定为城市化地区，与它的行政等级和隶属关系密切相关，某种程度上，在人口、空间都不发生任何改变的情况下，通过行政区划调整，可以提高某一区域的“城市化水平”，当然这仅仅是在统计上有意义。比如，按照三普口径，如果某“乡”升格为“镇”，那么也就意味着完成了统计意义上的“城市化”；按照四普口径，如果某县级市整建制的“撤县设区”的话，那么原辖区的所有行政村也就完成了统计意义上的“城市化”；按照五普口径，如果某县“撤县设区”或者“撤县设市”的话，那么与它建成区相邻的村委会所在的乡镇的其他村委会也就完成了统计意义上的“城市化”。撤县设区、撤县设市、撤地设市等行政区划调整并没有实质性地改变区域的城市化状态，却改变了统计上的区域城市化水平。

8.3.2　区划调整导致的城市人口变动的估算方法

行政区划调整消除了城市规模扩张过程中的制度障碍，也提高了统计上的城市化水平。由于各省的区划调整不同和历次城乡划分口径的变更，导致不同时间阶段和不同省份城市化水平的影响有较大差异。本节以全国数据为基础，估算区划调整导致的城市人口变动，其方法可以应用到省级行政单位（去除区划调整影响后的）城市化水平的估算。

（1）第三次人口普查：1982 年

我国的行政区划制度经历了 20 世纪 50 年代末期的激进调整后迅速恢复平静，进入平稳发展期。这期间，城市和集镇数量发生了一定的变化（表 8－8）。1953 年底至 1982 年底城市数量由 148 个增加到 242 个，增加 96 个。因为这一时期的"市"主要还是点状政区，建制调整后，统计上仅仅是增加了城市郊区的从事农业的人口，而这一人口群数量比较有限，估计在 100 万人左右①。另一方面，镇数量由 1955 年的 4 487 个减少到 1982 年的 2 660 个，但这期间减少的镇大都是因为人口规模达不到建镇标准（镇常住人口 3 000 人）而撤销的，但这些镇在建立的时候一般都超过了当时 2 000 人的建制标准，所以估计当时这类镇的平均规模为 2 500 人左右，再考虑这些镇被撤销后的人口增长，保守估计这些被撤销的镇 1982 年的平均规模为 6 000 人②，那么由于建制镇数量减少而导致城市化统计人口减少约 $(4\,487-2\,660)\times 0.6=1\,096$ 万人。将增加的市郊区城市人口和减少的镇人口折算，1982 年底，因为行政区划变动而使城市人口"减少"约 1 000 万人，占当年全部城市人口的 4.84%。很容易计算，由于行政区划变更而导致 1982 年城市化水平"降低"了约 0.98 个百分点。

（2）第四次人口普查：1990 年

"文革"使得行政区划演进几乎停滞，因此 80 年代行政区划的调整恢复力度较强，变化较大，对城市化水平的统计影响也较大。1982 年城市人口统计口径是市镇总人口，1990 年四普采用了新标准，对设区的市采用区的总人口，对不设区的市和镇采用街道办事处和居民委员会的人口。如果仅仅从图 8－1 来分析城市人口统计口径变化对城市人口统计数字的影响的话，很容易认为 1990 年口径相比 1982 口径造成了"城市人口数字低估"，但如果仔细测算核对这期间行政

① 1982 年 6 月 30 日第三次人口普查市人口 14 525 万人，市合计 244 个，平均规模为 59.5 万人。1953 年第一次人口普查统计，市郊人口约为 1 000 万人，按照 148 个城市计算，平均每个城市的郊区人口为 6.76 万人，但这其中大规模城市对平均值影响较大，且 1953—1978 年间增加的建制市大都从县或者地区公署改来，规模较小，因此估计这些新增县的郊区平均规模为 1 万人左右。

② 1982 年 6 月 30 日第三次人口普查镇人口 6 106 万人，镇合计 2 660 个，平均规模为 2.30 万人。

区划的变化，对这个结论就会有不同的看法。

如果以 1982 年三普口径为基准的话，即城市人口包括“市镇人口”，则只有涉及县改市、县改区和乡改镇的行政区划调整，才影响到城市化水平测算。1982—1990 年间由县改为市或区的数量为 233 个，以 1990 年县(不含辖镇)平均规模 27.80 万人计算，由于县级以上区划的变动而使县域内的 27.80 × 233 = 6 477 万乡人口被全部统计为城市人口；另一方面，1982—1990 年镇的数量增加了 9 335 个，由设镇而增加的“城市人口”就高达 1.0 × 9 335 = 9 335 万人①；再扣除县级以上行政区划调整中已经计算的县域内的镇人口约 1 470 万人②，可得由于区划调整而“增加”的城市人口为 6 477 + 9 335 − 1 470 = 14 342 万。按照 1982 年口径，1990 年(普查时点)我国城市人口达60 155 万人，“城市化水平”高达 53.21%；如果不发生行政区划调整的话，“城市化水平”为 40.52%。行政区划调整使 1990 年三普口径的城市化水平“提高”了 12.69个百分点。

如果以 1990 年四普口径为基准的话，城市人口包括“设区市的辖区总人口，不设区的市和镇的街道办事处和居民委员会人口”。那么，县改市并不会影响到城市人口统计，只有地级市和镇的数量变化才会影响到城市人口统计。1983—1990 年间地级市增加了 73 个，由此导致原先这些县或者县级市的行政区域内的乡人口被统计为城市人口，由于升格地级市而增加的“城市人口”为 27.80 × 73 = 2 029 万；另外，建制镇数量增加了 9 935 个，按照镇(居委会)平均规模 4 000 人计算，由设镇而增加的“城市人口”为 0.4 × 9 935 = 3 974 万人；再扣除升格地级市已经计算的原县(县级市)域内的镇人口约 73 × 6.31 × 0.4 = 184 万人，1983—1990 年间由于区划调整而增加的“城市人口”高达 2 029 + 3 974 − 184 = 5 819 万。按照四普口径，1990 年(普查时点)我国城市人口达 29 614 万人，城市化水平高达 26.67%；如果不发生行政区划调整的话，城市化水平为 21.05%。行政区划调整使 1990 年四普口径的城市化水平“提高”了 5.61 个百分点(表 8 - 3、表 8 - 4)。

---

① 按照 1984 年的设镇标准新增镇的镇区人口大都超过了 2 000 人标准；1990 年按照三普口径，镇(含居委会和村委会)的平均规模为 22 055 人，考虑新增镇规模普遍比原来的镇要小，保守估计 1990 年这些新镇(镇域)的平均规模为 10 000 人左右。

② 按照 1990 年 1 903 个县和 11 999 个镇计算，平均每县辖镇 6.31 个，由此计算可得 233 个县改市或区重复计算的镇人口 1 470 万人。

表 8-3　1983—1990 年间因行政区划调整导致的统计“城市人口”增加(万人)

年　份	市	镇	重复计算	净　增
1982 口径	6 477	9 335	1 470	14 342
1990 口径	2 029	3 974	184	5 819

资料来源：1990 年第三次人口普查全部汇总资料。

表 8-4　1990 年四普市、镇、乡村人口统计(万人)

年　份	市	镇	乡村	公布城市化水平	假设行政区划不调整的城市化水平
1982 口径	33 504	26 651	52 895	53.21%	40.52%
1990 口径	21 122	8 492	83 437	26.67%	21.05%

资料来源：1990 年第三次人口普查全部汇总资料。

(3) 第五次人口普查：2000 年

90 年代的行政区划调整大体上延续了 80 年代的趋势，主要是撤地设市、撤县设市、县市升格为地级市以及撤县市设区。以 1990 年四普口径为基准，如前文所述只有地级市和镇的数量变化以及县市改区才会影响到城市人口统计。考虑到人口的自然增长(10 年自然增长率 10.79%)，保守估计 1991—2000 年间由于升格地级市和县市改区而增加的城市人口为 27.80 × (74 + 40) × (1 + 10.79%) = 3 511 万；另外，由新设镇而增加的“城市人口”为 0.4×8 228 = 3 291 万人；再扣除升格地级市和县市改区已经计算的原县(县级市)域内的镇人口约 0.4×114×12.13 = 553 万人①，1991—2000 年间由于区划调整而增加的(四普口径)城市人口高达 3 511 + 3 291 − 553 = 6 249 万。

但 2000 年五普城乡划分口径有了新的变化，把设区城市按照人口密度划分为两类：大于 1 500 人/km^2 和小于 1 500 人/km^2，并且强化了空间的概念把城镇周边连片的建成区也纳入了城市人口的统计范畴，新的标准使得城乡人口统计变得更加复杂。以五普口径为基准，以下两种区划变动基本不影响城市人口统计：一是撤销地区，其本身不影响城市人口统计；二是县级市升格为地级市或者撤县级市设区(纳入地级市)，如果新设的地级市人口密度小于 1 500 人/km^2，区划变动也不会影响城市人口统计；如果新设的地级市人口密度大于 1 500 人/km^2，那么新的区划会导致增加该原县级市所辖的(除与城市建成区相连的)其他乡镇

① 按照 2000 年 1 674 个县和 20 312 个镇计算，平均每县辖镇 12.13 个，由此计算可得 114 个县市改区或新设地级市重复计算的镇人口 553 万人。

的村委会人口，而现实中县级市普遍上是广域型政区，因此这类情况较少，可忽略。那么，可能影响城市人口统计的区划变动就只有四种情况：

- 一是撤县设（县级）市，因为大部分是整县设市，因此区划变动会导致原先与县城建成区相连的村委会（或居委会）所在乡镇的其他村委会也会被纳入城市人口统计。
- 二是撤县设区，假设是整县改区，如果新设的区所在的地级市人口密度小于 1 500 人/km^2，会导致原先与县城建成区相连的村委会（或居委会）所在乡镇的其他村委会也会被纳入城市人口统计。
- 三是撤县设区，假设是整县改区，如果新设的区所在的地级市人口密度大于 1 500 人/km^2，除了会导致原先与县城建成区相连的村委会（或居委会）所在乡镇的其他村委会被纳入城市人口统计外，还包括该县原来所辖的其他乡的村委会人口。
- 四是乡镇建制的变更。

为计算简便，采用保守算法，把第三类情况与第一二类合并处理①，即只需计算撤县设市和撤县设区导致的原先与县城建成区相连的村委会（或居委会）所在乡镇的其他村委会人口，这些人口就是由于县级行政区划调整而增加的城市人口，约为 444 万人②。另外，由设镇而增加的“城市人口”高达 0.4 × 8 228 = 3 291 万人，再扣除升格地级市已经计算的原县（县级市）域内的镇人口约 191 万人③，1991—2000 年间由于区划调整而增加的城市人口高达 3 544 万。行政区划调整至少使得当年（五普口径）城市化水平提高了 2.85 个百分点（表 8－5）。

表 8－5　1990—2000 年因行政区划调整导致的统计“城市人口”增加(万人)

	县级以上区划调整	乡镇区划调整	重复计算	净增	城市化水平	假设行政区划不调整的城市化水平
1990 口径	3 511	3 291	553	6 249	—	—
2000 口径	444	3 291	191	3 544	36.92%	34.07%

注：2000 年五普时点全国总人口 124 261 万人，城市人口 45 877 万人。官方数据总人口经过了漏报率修正，但城市人口未作修正，因此数据不准，不予采纳。

资料来源：1990 年第三次人口普查全部汇总资料。

① 很显然，计算值比实际值要低，因为把第三种情况当作第二种情况处理，漏估了部分人口。

② 1991—2000 年间撤县设市 199 座，撤县市设区 40 个，可以继续保守地假设与每个县级市（或者区）的建成区相连的乡镇数为 1，2000 年乡村人口为 80 837 万人，43 511 个乡镇，平均每个乡镇（不含已经计算的城市人口）18 579 人，239 个乡镇就是 444 万人。

③ 按照每个市或区涉及 2 个乡镇的重复计算的话，以乡镇驻地平均人口 4 000 人计算，239 个县改市或区重复计算的镇区人口 191 万人。

(4) 21 世纪：2007 年

2000 年后的行政区划调整主要是撤地设市、县级市升格为地级市和撤县市设区以及乡镇合并，但是力度较之前有所缓和。以五普口径为基准，按照前文所述影响城市人口统计的区划变动主要有以下三种情况：撤县设区、乡镇合并和撤乡镇设街道。首先是撤县设区。为计算简便，采用保守算法，即只需计算撤县设市和撤县设区导致的原先与县城建成区相连的村委会(或居委会)所在乡镇的其他村委会人口，这些人口就是由于县级行政区划调整而增加的城市人口。1991—2000 年间撤县市设区 48 个，县减少 39 个，假设与每个县级市(或者区)的建成区相连的乡镇数为 1—3 个，2000 年平均每个乡镇(不含已经计算的城市人口)18 579 人，48 个乡镇就是 89 万—267 万人。二是乡镇合并。只有乡镇合并过程中在原乡政府驻地或其他地区新设了居委会，才会影响到城市人口的统计，但这样的调整数量不多，可以忽略不计。三是撤乡镇设街道。一般是把原镇区直接改设为街道，其他镇辖村委会划出，这样的区划调整不会影响到城市人口的统计。总体来看，2000 年以后的行政区划调整幅度相对较小，在新的城乡划分口径下，对城市化水平的影响比较有限。

(5) 区划调整导致的城市人口变动的修正公式

综合以上的分析，可以得到区划调整导致的城市人口变动的修正公式：

三普口径区划调整导致的人口变动
= 县改市或区的数量 × 县(不含辖镇) 平均规模(27.80 万) +
镇增加数量 × 镇域规模(1.0 万人) − 县改为市或区的数量 ×
县平均辖镇数(6.31) × 镇规模(1.0 万人)

四普口径区划调整导致的人口变动
= 地级市增加的数量 × 县(不含辖镇) 平均规模(27.80 万) +
镇增加数量 × 镇区规模(0.4 万人) − 地级市增加的数量 ×
县平均辖镇数(6.31) × 镇区规模(0.4 万人)

五普口径区划调整导致的人口变动
= 撤县设市和撤县市设区的数量 × 县(不含辖镇) 平均规模(27.80 万) +
镇增加数量 × 镇区规模(0.4 万人) − 撤县设市和撤县市设区的数量 ×
市城区平均相邻镇数(2) × 镇区规模(0.4 万人)

在分省城市化水平估算时，为了简化县级以上区划变动数据解读的过程，不计算分省的“县改市或区”和“撤县设市和撤县市设区”的数量总和，而是以县(含自治县、旗等)的数量变化代替。从全国层面来看,1982—1990 年间县减少 230 个,撤县市设区 11 个,撤县设市 200 个;1990—2000 年间县减少 229 个,撤县市设区 40 个,撤县设市 199 个;2000—2007 年间县减少 39 个,撤县市设区 48 个,可见误差相当小。而对于五普口径计算的 1991—2000 年间和 2001—2007 年间县级以上区划调整导致的城市人口改变,很容易证明这样的计算结果更加保守,因此不影响本书的分析结论。

8.3.3 去除区划调整影响后的城市化水平估算

(1) 区划调整导致的城市人口变动

计算结果显示,区划调整导致的城市人口变动在全国的分布非常不均衡,1983—1990 年间变化最大的广东省,因行政区划调整导致的城市人口增加达 826 万人(四普口径),占 1990 年全省城市人口的 31.41%,但变化比例最大的省份是河北省,变化幅度达 39.46%,此外山西、浙江、湖南、四川、西藏、甘肃的变化幅度也超过了 20%。1990—2000 年间变化最大的四川省(五普口径),因行政区划调整导致的城市人口增加达 653 万人,占 2000 年全省城市人口的20.47%,但变化比例最大的省份是西藏自治区,达 44.36%,此外江西、贵州、广西、安徽的变化幅度超过了 10%。2000—2007 年间,行政区划调整较小,因此各省因区划调整导致的城市人口变化不大(表 8-6)。

表 8-6 1982—2007 年因行政区划调整而导致的城市人口变动的保守估计(万人,%)

	区划调整导致的城市人口变动					占当年城市人口比例		
年 份	1983—1990		1991—2000		2001—2007	1990	2000	2007
统计口径	三普	四普	四普	五普	五普	四普	五普	五普
北 京	63	25	27	32	6	3.37%	3.06%	0.40%
天 津	28	11	28	29	2	1.79%	4.09%	0.22%
河 北	908	463	130	120	2	39.46%	6.84%	0.07%
山 西	616	235	103	−6	0	26.96%	−0.49%	0.00%
内蒙古	349	89	65	38	0	11.44%	3.71%	0.00%
辽 宁	548	280	83	103	0	14.25%	4.54%	0.00%
吉 林	548	186	129	74	2	15.98%	5.56%	0.13%
黑龙江	590	197	81	33	2	11.42%	1.66%	0.09%

续 表

	区划调整导致的城市人口变动					占当年城市人口比例		
年 份	1983—1990		1991—2000		2001—2007	1990	2000	2007
统计口径	三普	四普	四普	五普	五普	四普	五普	五普
上 海	13	5	42	53	4	0.54%	3.63%	0.23%
江 苏	871	293	315	289	9	17.42%	9.44%	0.23%
浙 江	1 029	400	155	117	4	25.86%	5.20%	0.13%
安 徽	461	168	436	202	0	15.13%	11.87%	0.00%
福 建	400	171	216	138	2	19.23%	9.72%	0.11%
江 西	339	124	341	195	0	14.10%	16.91%	0.00%
山 东	1 343	470	413	256	2	17.83%	7.44%	0.04%
河 南	524	276	298	171	2	17.93%	7.76%	0.05%
湖 北	1 184	318	151	41	4	19.92%	1.70%	0.14%
湖 南	742	269	310	167	0	21.18%	8.49%	0.00%
广 东	1 592	826	205	179	4	31.41%	3.92%	0.06%
广 西	376	123	290	176	6	16.27%	13.04%	0.32%
四 川	872	432	830	653	6	20.49%	20.27%	0.13%
贵 州	413	121	181	126	0	17.32%	14.06%	0.00%
云 南	368	92	104	51	2	13.92%	5.15%	0.13%
西 藏	48	8	13	22	0	29.86%	44.36%	0.00%
陕 西	474	151	337	186	6	17.76%	15.76%	0.37%
甘 肃	355	109	16	16	4	23.34%	2.66%	0.45%
青 海	80	21	−8	−8	0	14.52%	−4.22%	0.00%
宁 夏	91	14	37	8	7	10.02%	4.36%	2.77%
新 疆	289	−1	−3	3	0	−0.20%	0.44%	0.00%
全 国	15 514	5 877	5 323	3 465	72	18.28%	7.50%	0.12%
东 部	7 171	3 068	1 902	1 492	39	19.64%	6.39%	0.13%
中 部	5 353	1 863	1 914	915	9	17.03%	6.14%	0.05%
西 部	2 990	946	1 506	1 058	24	16.92%	13.31%	0.23%

资料来源：作者计算整理，其中西藏的平均镇区人口规模以 1 000 人计算。

从三大区域来看，差异也比较明显，1982—1990 年间，东部地区由于区划调整而导致的城市化人口增加达 3 068 万人，占全部城市人口的 19.64%，中部次之，达 1 863 万人，西部最少，但也达到了 946 万人，占全部城市人口的 16.92%。整个 1980 年代三大区域由于区划调整而导致的城市化人口增加量较大，但从比例上看区域之间差异不大。1990—2000 年间，虽然西部地区由于区划调整而导致的城市化人口增加的绝对量 1 095 万人比东部地区的 1 492 万人要少，但其占整个西部城市人口的比例却高达 13.78%，远远高于东部的 6.39%。可以认为，1990 年代西部地区与东部地区城市化发展的差距要比利用官方数据计算的大。

(2) 区划调整导致的城市化水平变动

如果把因为行政区划调整而增加的城市人口扣除，就可以估算不发生区划调整的情况下我国各省的城市化水平。表 8-7 显示，1982—1990 年间，因区划调整而使我国的城市化提高了 4.85 个百分点，尤其是广东省因此而使城市化水平提高了 11.79 个百分点，浙江、河北、山西、辽宁、吉林、黑龙江、福建和湖北城市化水平都由此提升了超过 5 个百分点，只有新疆因为区划调整而使城市化水平减少了 0.07 个百分点。1990—2000 年间全国城市化水平因为区划调整而提升了 2.85 个百分点，上海、江苏、安徽、福建、江西、广西、四川、贵州、西藏和陕西的城市化水平也由此提升了超过 3 个百分点，只有山西和青海的城市化水平因为区划调整而略微减少。2000 年后区划调整对城市化的影响比较有限（表 8-7）。

表 8-7　1982—2007 年因行政区划调整而导致城市化水平变动的保守估计(%，当年口径)

	官方的城市化水平			假设不发生区划调整的城市化水平			差　值		
	1990	2000	2007	1990	2000	2007	1990	2000	2007
全国	26.67	36.92	44.94	21.82	34.07	44.89	4.85	2.85	0.05
北京	68.85	77.64	84.50	66.53	75.27	84.16	2.32	2.37	0.34
天津	70.85	72.02	76.31	69.58	69.08	76.14	1.27	**2.94**	0.17
河北	19.06	26.22	40.25	11.54	24.43	40.22	**7.52**	1.79	0.03
山西	30.09	35.06	44.03	21.98	35.23	44.03	**8.11**	−0.17	0.00
内蒙古	36.15	42.82	50.15	32.02	41.23	50.15	4.13	1.59	0.00
辽宁	49.83	54.35	59.20	42.73	51.88	59.20	**7.10**	2.47	0.00
吉林	46.89	49.77	53.16	39.40	47.00	53.09	**7.49**	**2.77**	0.07
黑龙江	48.71	51.64	53.90	43.15	50.78	53.85	**5.56**	0.86	0.05

续 表

	官方的城市化水平			假设不发生区划调整的城市化水平			差 值		
	1990	2000	2007	1990	2000	2007	1990	2000	2007
上海	72.61	88.47	88.70	72.22	85.26	88.50	0.39	**3.21**	0.20
江苏	24.84	41.78	53.20	20.51	37.84	53.08	4.33	**3.94**	0.12
浙江	36.54	48.90	57.20	27.09	46.36	57.13	**9.45**	2.54	0.07
安徽	19.59	27.96	38.70	16.63	24.64	38.70	2.96	**3.32**	0.00
福建	29.31	41.79	48.70	23.67	37.73	48.65	**5.64**	**4.06**	0.05
江西	23.16	27.75	39.80	19.90	23.06	39.80	3.26	**4.69**	0.00
山东	31.06	38.21	46.75	25.52	35.37	46.73	5.54	**2.84**	0.02
河南	17.82	23.30	34.34	14.62	21.49	34.32	3.20	1.81	0.02
湖北	29.35	40.48	44.30	23.50	39.79	44.24	**5.85**	0.69	0.06
湖南	20.73	29.93	40.45	16.34	27.39	40.45	4.39	2.54	0.00
广东	37.52	53.76	61.83	25.73	51.65	61.80	**11.79**	2.11	0.04
广西	17.76	28.35	36.24	14.87	24.65	36.12	2.89	**3.70**	0.12
四川	19.52	28.13	38.88	15.52	22.43	38.83	4.00	**5.70**	0.05
贵州	21.35	23.91	28.24	17.65	20.55	28.24	3.70	**3.36**	0.00
云南	17.64	23.48	31.60	15.18	22.27	31.56	2.46	1.21	0.04
西藏	12.07	19.04	28.30	8.47	−3.94	28.30	3.60	**8.45**	0.00
陕西	25.57	32.40	40.62	21.03	27.29	40.47	4.54	**5.11**	0.15
甘肃	20.67	24.10	31.59	15.85	23.46	31.45	4.82	0.64	0.14
青海	32.05	34.91	40.07	27.40	36.38	40.07	4.65	−1.47	0.00
宁夏	29.74	32.53	44.02	26.76	31.11	42.80	2.98	1.42	1.22
新疆	32.76	33.87	39.15	32.83	33.72	39.15	−0.07	0.15	0.00

注：1990 年是四普口径，2000 年和 2007 年是五普口径。
资料来源：根据表 8－6 计算整理。

8.3.4 城市化统计标准的讨论

(1) 现存标准的问题

前文的分析显示，城乡划分标准变更与行政区划调整一样可以影响城市化水平的统计结果。如果把 2006 年的新标准当作第六次人口普查的城市划分标准的话——可能性非常高，我们改革开放后的四次人口普查就采用了四个不同的口径。必须承认，每次口径的调整都是一次进步。仔细观察图 8-1 可以发现，几次人口普查的城乡划分变动的落脚点都是在行政区划上，因此行政区划的调整自然就会导致城市人口的数量变化，从而影响到城市化水平，前文的分析计算也证实，在行政区划调整频繁的 20 世纪 80 和 90 年代，造成的城市人口虚增现象比较严重。

2000 年第五次人口普查和 2006 年新的城乡划分标准引入了“与城市建成区相连区域”的概念，目的是更加完整地统计“空间城市化”人口数量。但是也带来了新的问题，一是这一划分的标准是比较模糊的，导致各地掌握的不一致；二是这样的划分与现有的其他城市统计数据无法衔接①，影响了数据的广泛使用；三是数据的使用者很难确切知道到底哪些区域被纳入了城市人口的统计区域；四是在非人口普查年进行的 1‰人口抽样调查数据的样本分布很难做到各类区域的兼顾，从而造成推算的当年城市人口数字的准确性降低，甚至根本不具有样本总体推算的意义。

2000 年后新标准的落脚点已经下降到了“村委会”层面上，尤其是与城市（镇）建成区相连的村委会，或者是把其纳入城市划分，或者是连同其所在的乡镇一起纳入（2000 年口径），似乎这些调整都走入了一个误区，那就是调整的焦点都集中在“与城市空间相连的空间”上。但是实际上城市化有着非常广泛的内涵，除了空间外，还有经济的、社会的考量，空间上与城市相连仅仅是城市化的一个方面。即使从空间上衡量，由于村土地仍然是集体所有，不能够在完全市场上流转，因此就不会有城市级别的公共设施建设在此②，村民仅仅是有了便利的与城市联系的条件，可以获得一些城市就业的机会和偶尔进城享用城市的基础设施而已；对于城市优越的教育设施、就业、医疗和社会保障等，由于制度所限，就更是“村民”所遥不能及了，而且历史的原因使得村民的基本素质还很低，距离真

---

① 比如，中国城市统计年鉴中的“城镇居民可支配收入”“城镇就业”等重要指标。

② 当然城市公共设施可能选址建设在城市的某个村土地上，但是在土地使用上是必须要经过集体土地转国有的法定手续，而这个手续的完成也就宣布了这块土地不再是该村所有。如果涉及村民的安置问题，一是把他们就地转化为市民，这样就成了居委会管辖；或者经济补偿，村民还是隶属原行政村，当然由于土地已经收归了国有，就不可能在原址居住了。因此严格讲，城市公共设施建设是不可能建成在“村”土地上的。

正的“城市化”还有很长一段路要走①。这样的所谓“城市公共设施、居住设施等连接到的村民委员会地域”如果继续纳入“城镇”的统计范畴，就与城市化的本身内涵相悖了。

（2）新的思路

空间仅仅是“城市化”或者“城市”的一个属性而已，城市化的社会和经济的内涵更加重要。所以第六次人口普查不应再拘泥于“空间”的城乡划分，而是要呼应城市化健康发展的诉求。考虑到我国各城市对街道和居委会设立有着比较严格的规定，这些规定各地有所不同，但都是针对土地、人口和设施是否具有城市特征而判别，不妨采用“居委会”的单一的划分城乡的口径，即城市人口是指居委会所辖地域常住人口。这样的话，城乡划分的口径不必再作调整，需要做的就是完善街道和居委会设立或者村委会撤销的标准和一系列制度。

而对于大量的与城市建成区相连的村，民政部门、土地部门和其他政府部门在解决了土地的权属问题②、村民的就业和生活安排后，根据实际情况尽快转化为居委会再纳入城市人口统计当中。或者比较理想的手法是，人口统计中单列一项“郊区人口”，以供研究者和决策者参考，在需要的地方由使用者选择是否把此部分人口纳入城市人口中。

这样一方面可以简化城乡划分工作，使城市人口的统计简单便捷；另一方面，统计部门可以依据这个划分补充公布历次人口普查的可比“城市人口”数据，从而可以建立起六次人口普查的可比的城市化水平数据。更为重要的是，虽然这样的划分会带来统计结果的偏低，但毕竟中国城市化质量与数量的不协调发展是事实，新的标准也有利于我们认识我国的真实的城市化水平。有利于我们清醒地认识所取得的城市化成果，这对于研究制定我国的城市化发展政策将非常有利。

8.4 小　　结

本章分析了改革开放前我国行政区划制度的历史演变，认为我国城市化从

① 东部沿海地区极个别的村除外，如华西村和三房巷等，如果确有必要，这些村在统计上可以作为特例。

② 当然土地的权属问题是涉及宪法的大问题，也是目前城乡接合部的大问题，国家必须拿出一整套相应的处理办法，及早立法解决由于城市化而导致的集体土地转化为国有土地的制度性瓶颈。

计划调控向市场导向的转型需要行政区划制度的改革和创新，行政区划制度的变革是我国社会城市化转型的重要组成部分。“理顺区划关系、精简管理层级、减少政府行政体系内部的制度摩擦，充分调动和发挥各级政府的主观能动性”是我国行政区划制度改革的主线。实践已经证明，一系列的行政区划调整为我国经济社会发展和城市化向市场导向的转型提供了制度保障，基本顺应了发展的需求。

在全面回顾和厘清我国改革开放后行政区划制度演变的同时，本书也考察了行政区划调整与城市化水平统计之间的联系，并估算了其对城市人口统计产生的影响。估算结果显示，由于区划调整造成的城市人口数量变动较大，且各省的分布很不均衡，继而对区域城市化水平产生了明显的影响。最后指出行政区划制度改革对城市化水平统计造成的影响源于城乡划分标准的多变和不合理，并提出了在城市化健康发展的诉求下，以“居委会”和“村委会”作为城乡划分标准的改革思路。

附　　录

1. 相关数据

表8-8　1949—1982年中国行政区划(年底数)统计

年　份	地级区划数	其中：	县级区划数	其中：		
		地级市		县级市	市辖区	县
1949	304	54	2 749	66	368	2 315
1950	282	64	2 671	66	334	2 271
1951	283	69	2 760	73	414	2 273
1952	259	67	2 760	72	432	2 256
1953	265	75	2 779	73	467	2 239
1954	286	82	2 823	89	471	2 263
1955	288	83	2 785	78	421	2 286
1956	285	88	2 673	83	336	2 254
1957	287	92	2 665	81	336	2 248

续　表

年　份	地级区划数	其中：地级市	县级区划数	其中：县级市	市辖区	县
1958	**243**	**68**	**2 278**	**114**	**271**	**1 893**
1959	242	75	2 203	102	274	1 827
1960	244	88	2 111	109	301	1 701
1961	262	80	2 403	126	312	1 965
1962	268	81	2 513	111	322	2 080
1963	**267**	**78**	**2 524**	**97**	**321**	**2 106**
1964	271	75	2 536	90	310	2 136
1965	286	76	2 550	90	302	2 158
1966	293	79	2 522	90	305	2 127
1967	292	79	2 561	90	322	2 149
1968	291	79	2 564	90	328	2 146
1969	289	80	2 567	93	331	2 143
1970	291	79	2 582	95	342	2 145
1971	292	82	2 594	96	349	2 149
1972	294	82	2 604	97	358	2 149
1973	296	83	2 607	95	360	2 152
1974	**300**	**87**	**2 617**	**91**	**372**	**2 154**
1975	**310**	**96**	**2 611**	**80**	**380**	**2 151**
1976	311	96	2 629	89	388	2 152
1977	311	97	2 639	90	396	2 153
1978	310	98	2 653	92	408	2 153
1979	315	104	2 690	109	428	2 153
1980	318	107	2 722	113	458	2 151
1981	317	108	2 728	122	462	2 144
1982	323	112	2 753	130	483	2 140

注：据查1954年(1953年底数据)行政区划简册公布数据为市辖区794个，由于当时的行政区划与现今的概念差距较大，具体数据很难类比。

资料来源：新中国55年统计资料汇编。

表 8－9　全国县级以上行政区划统计

	地级			县级						城市			市辖区
	合计	地区	盟、自治州、行政区	合计	县	自治县	旗	自治旗	其他	合计	地级	县级	
1980	209	170	39	2 137	1 998	72	53	3	10	220	102	118	511
1981	208	168	39	2 136	2 001	69	54	3	9	230	107	123	514
1982	210	170	40	2 133	1 998	69	54	3	9	242	109	133	527
1983	178	138	40	2 080	1 942	75	51	3	9	286	145	141	552
1984	175	135	40	2 069	1 926	80	51	3	9	297	148	149	595
1985	165	125	40	2 046	1 893	93	51	3	6	321	162	159	620
1986	159	119	40	2 017	1 856	101	51	3	6	350	166	184	629
1987	156	117	40	1 986	1 817	110	51	3	5	378	170	208	632
1988	151	113	38	1 936	1 765	112	51	3	5	431	183	248	647
1989	153	115	38	1 918	1 742	118	51	3	5	447	185	262	648
1990	151	113	38	1 903	1 723	121	51	3	5	464	185	279	651
1991	151	113	38	1 894	1 714	121	51	3	5	476	187	289	650
1992	148	110	38	1 849	1 669	121	51	3	5	513	192	321	662
1993	139	101	38	1 795	1 617	120	51	3	4	567	196	371	669
1994	127	89	38	1 735	1 560	119	49	3	4	619	206	413	697
1995	124	86	38	1 716	1 542	118	49	3	4	637	210	427	706
1996	117	79	38	1 695	1 421	118	49	3	4	663	218	445	714
1997	110	72	38	1 693	1 419	118	49	3	4	664	225	439	719
1998	104	66	38	1 689	1 516	117	49	3	4	664	227	437	737
1999	95	58	37	1 682	1 510	117	49	3	3	663	236	427	749
2000	74	37	37	1 674	1 503	116	49	3	3	659	259	400	787
2001	67	32	35	1 660	1 489	116	49	3	3	658	265	393	808
2002	57	22	35	1 649	1 478	116	49	3	3	656	275	381	830
2003	51	18	33	1 642	1 470	117	49	3	3	656	282	374	845
2004	50	17	33	1 636	1 464	117	49	3	3	657	283	374	852
2005	50	17	33	1 636	1 464	117	49	3	3	657	283	374	852
2006	50	17	33	1 635	1 463	117	49	3	3	652	283	369	856
2007	50	17	33	1 635	1 463	117	49	3	3	652	283	369	856
1979—2007 变动	－161	156	－4	－503	－548	52	－4	0	－3	462	186	276	345

资料来源：行政区划网 http://www.xzqh.org/html/index.html，2008 年 6 月 7 日登录，1989 年、1992 年、1996 年、1997 年数据是根据当年行政区划调整变更推算的，1997 年数据不包含重庆市万县移民开发区和黔江开发区；新中国 55 年统计资料中 1979—2004 年数据经核对不实，故不采纳。

表 8-10 1978—2007 年中国县级以上行政区划(年底数)调整

	县级市				地级市				区
	市县合并	撤县设市	直接设市	撤地	县、市升格为地级市	地改市设区	撤县、市设区	直接设区	撤区
1978	0	0	0	2	3	0	0	0	0
1979	1	1	20	2	7	0	0	1	0
1980	1	0	2	0	0	0	0	1	0
1981	6	3	6	1	1	0	0	4	0
1982	1	5	6	0	1	0	0	0	0
1983	21	36	3	35	29	0	4	0	0
1984	2	10	1	4	3	8	0	41	8
1985	2	18	3	10	15	20	1	7	0
1986	2	26	3	6	4	3	1	12	4
1987	2	28	1	2	4	5	2	7	12
1988	0	46	2	6	13	18	2	1	5
1989	0	16	0	0	2	1	1	2	2
1990	1	15	2	0	0	0	0	9	7
1991	0	11	0	0	2	2	0	0	2
1992	3	37	0	3	3	6	6	8	8
1993	0	52	0	11	5	8	0	0	0
1994	0	53	0	12	11	18	5	8	0
1995	0	19	0	3	4	3	4	7	4
1996	1	23	3	7	8	4	1	7	2
1997	1	4	0	7	7	0	5	12	14
1998	0	0	0	7	6	6	6	0	2
1999	1	0	0	9	9	9	2	1	0
2000	1	0	0	23	23	24	11	5	2
2001	0	0	0	7	6	6	15	3	3
2002	0	0	3	10	10	10	17	2	4
2003	0	0	0	6	7	6	5	10	7
2004	0	0	0	1	1	1	4	2	2
2005	0	0	0	0	0	0	0	1	1
2006	0	0	0	0	0	0	6	0	2
2007	0	0	0	0	0	0	1	0	0

资料来源：同上表。

表 8－11　1982 年城市行政区划和区域分布

地　区	地区等	县自治县等	市辖区	城　　市		
				合　计	地级市	县级市
全　国	210	2 133	527	242	109	133
东　部	59	678	233	86	42	44
中　部	72	703	221	108	45	63
西　部	79	752	73	48	21	27
北　京		9	10			
天　津		5	13			
河　北	10	140	39	12	2	10
山　西	7	101	15	7	4	3
内蒙古	9	79	13	10	3	7
辽　宁	2	45	44	13	9	4
吉　林	6	37	9	9	2	7
黑龙江	7	65	61	14	7	7
上　海		10	12			
江　苏	7	64	33	11	7	4
浙　江	7	63	13	9	3	6
安　徽	8	69	34	14	8	6
福　建	7	61	10	7	2	5
江　西	6	81	16	10	4	6
山　东	9	104	24	13	5	8
河　南	10	111	38	17	6	11
湖　北	8	73	13	11	6	5
湖　南	11	87	22	16	5	11
广　东	9	97	18	14	10	4
广　西	8	80	17	7	4	3
四　川	14	182	22	13	4	9
贵　州	7	79	5	5	2	3
云　南	15	123	4	6	2	4
西　藏	5	71	1	1	1	0
陕　西	7	91	12	6	3	3
甘　肃	10	73	6	5	3	2
青　海	7	37	4	2	1	1
宁　夏	2	16	7	2	2	0
新　疆	12	80	12	8	3	5

注：城市合计中不含中央直辖市。
资料来源：中国行政区划简册(1982 年底资料)。

表 8－12　1990 年城市行政区划和区域分布

地　区	地区等	县自治县等	市辖区	城　　市		
				合　计	地级市	县级市
全　国	151	1 903	651	464	185	279
东　部	26	584	301	178	86	92
中　部	50	611	258	193	69	124
西　部	75	708	92	93	30	63
北　京		8	10			
天　津		5	13			
河　北	8	126	33	23	10	13
山　西	6	93	18	13	6	7
内蒙古	8	71	16	17	4	13
辽　宁		38	56	20	14	6
吉　林	2	25	18	22	6	16
黑龙江	4	54	63	25	10	15
上　海		9	12	0		
江　苏		49	42	26	11	15
浙　江	2	51	19	25	9	16
安　徽	7	63	33	18	9	9
福　建	3	54	17	16	6	10
江　西	5	74	15	16	6	10
山　东	5	76	34	34	11	23
河　南	5	104	39	26	12	14
湖　北	7	49	27	30	8	22
湖　南	6	78	29	26	8	18
广　东		92	44	22	20	2
广　西	8	76	21	12	5	7
四　川	10	169	36	23	11	12
贵　州	7	73	6	9	2	7
云　南	15	114	4	11	2	9
西　藏	6	76	1	2	1	1
陕　西	6	85	14	12	4	8
甘　肃	9	67	10	13	5	8
青　海	7	37	4	3	1	2
宁　夏	2	16	6	4	2	2
新　疆	13	71	11	16	2	14

资料来源：中国行政区划简册(1990 年底资料)。

表 8－13　2000 年城市行政区划和区域分布

地　区	地区等	县自治县等	市辖区	城市		
				合　计	地级市	县级市
全　国	74	1 674	787	659	259	400
东　部	5	456	360	292	107	185
中　部	12	551	303	247	105	142
西　部	57	667	124	120	47	73
北　京		5	13			
天　津		4	14			
河　北	0	115	35	34	11	23
山　西	1	85	22	22	10	12
内蒙古	7	69	17	20	5	15
辽　宁	0	27	56	31	14	17
吉　林	1	21	19	28	8	20
黑龙江	1	47	64	31	12	19
上　海		3	16			
江　苏	0	30	51	41	13	28
浙　江	0	38	26	35	11	24
安　徽	0	56	45	22	17	5
福　建	0	46	25	23	9	14
江　西	0	70	19	21	11	10
山　东	0	61	47	48	17	31
河　南	0	89	48	38	17	21
湖　北	1	42	35	36	12	24
湖　南	1	72	34	29	13	16
广　东	0	56	48	61	23	38
广　西	5	71	29	19	9	10
四　川	3	148	54	36	18	18
贵　州	5	69	9	13	4	9
云　南	12	109	8	15	4	11
西　藏	6	71	1	2	1	1
陕　西	1	83	20	13	9	4
甘　肃	9	67	10	14	5	9
青　海	7	37	4	3	1	2
宁　夏	1	15	7	5	3	2
新　疆	13	68	11	19	2	17

资料来源：2000 年中国统计年鉴。

表 8 - 14　2007 年城市行政区划和区域分布

地　区	地区等	县自治县等	市辖区	城　　市		
				合　计	地级市	县级市
全　国	50	1 635	856	651	283	368
东　部	0	435	394	281	112	169
中　部	7	546	313	246	110	136
西　部	43	654	149	124	61	63
北　京		2	16	0	0	0
天　津		3	15	0	0	0
河　北	0	114	36	33	11	22
山　西	0	85	23	22	11	11
内蒙古	3	69	21	20	9	11
辽　宁	0	27	56	31	14	17
吉　林	1	20	20	28	8	20
黑龙江	1	46	64	30	12	18
上　海		1	18	0	0	
江　苏	0	25	54	40	13	27
浙　江	0	36	32	33	11	22
安　徽	0	56	44	22	17	5
福　建	0	45	26	23	9	14
江　西	0	70	19	21	11	10
山　东	0	60	49	48	17	31
河　南	0	88	50	38	17	21
湖　北	1	40	38	36	12	24
湖　南	1	72	34	29	13	16
广　东	0	54	58	52	23	29
广　西	0	68	34	21	14	7
四　川	3	145	62	32	18	14
贵　州	5	69	10	13	4	9
云　南	8	108	12	17	8	9
西　藏	6	71	1	2	1	1
陕　西	0	80	24	13	10	3
甘　肃	2	65	17	16	12	4
青　海	7	37	4	3	1	2
宁　夏	0	11	8	7	5	2
新　疆	12	68	11	21	2	19

资料来源：2008 年中国统计年鉴。

表 8-15　1981—2006 年全国乡镇级行政区划统计

年　份	合　计	镇	乡(人民公社)	街　道	区公所
1981	65 802	2 678	54 371	4 965	3 791
1982	66 997	2 660	54 352	5 315	4 850
1983	49 695	2 968	85 514	5 304	5 909
1984	106 439	7 186	85 290	5 844	8 119
1985	104 900	9 140	82 450	5 402	7 908
1986	84 018	10 718	61 417	5 718	6 165
1987	81 025	11 103	58 739	5 680	5 503
1988	65 345	11 481	45 195	5 099	3 570
1989	65 419	11 873	44 624	5 420	3 502
1990	65 188	12 084	44 397	5 269	3 438
1991	63 391	12 455	42 654	5 186	3 096
1992	54 830	14 539	33 827	5 233	1 231
1993	54 863	15 805	32 445	5 470	1 143
1994	54 605	16 702	31 463	5 372	1 068
1995	53 360	17 532	29 502	5 596	730
1996	51 336	18 171	27 056	5 565	544
1997	50 967	18 925	25 966	5 678	398
1998	50 999	19 216	25 712	5 732	339
1999	50 750	19 756	24 745	5 904	345
2000	49 668	20 312	23 199	5 902	255
2001	45 303	20 374	19 341	5 510	78
2002	44 850	20 601	18 639	5 576	34
2003	44 067	20 226	18 064	5 751	26
2004	43 258	19 883	17 451	5 904	20
2005	41 454	19 522	15 769	6 152	11
2006	40 941	19 309	15 207	6 355	10

注：1982 年街道和区公所数据缺失，本表数字为 1981 年和 1983 年的均值。本表乡镇街道数与历年中国统计年鉴公布数不一致。

资料来源：1978—2004 年数据摘自新中国 55 年统计资料汇编，2005 年，2006 年数据摘自行政区划网 http://www.xzqh.org/html/index.html，2008 年 6 月 7 日登录。

表 8 - 16　1982—2007 年建制镇数量和区域分布

地　区	1982	1990	2000	2007	1982—2000 变化	1990—2000 变化
全　国	2 664	11 999	19 692	19 249	9 335	7 693
东　部	906	5 519	8 655	7 328	4 613	3 136
中　部	1 001	3 991	6 000	6 267	2 990	2 009
西　部	750	2 489	5 037	5 654	1 739	2 548
北　京	14	77	144	142	63	67
天　津	7	35	104	117	28	69
河　北	50	652	900	962	602	248
山　西	48	497	446	563	449	—51
内蒙古	102	256	341	458	154	85
辽　宁	93	446	653	573	353	207
吉　林	101	288	455	423	187	167
黑龙江	104	388	437	466	284	49
上　海	33	46	150	107	13	104
江　苏	114	568	1 202	946	454	634
浙　江	155	739	971	750	584	232
安　徽	118	468	941	912	350	473
福　建	119	269	578	591	150	309
江　西	106	278	746	768	172	468
山　东	97	856	1 426	1 118	759	570
河　南	109	383	742	848	274	359
湖　北	127	783	853	734	656	70
湖　南	186	650	1 039	1 095	464	389
广　东	132	1 502	1 782	1 320	1 370	280
广　西	92	329	745	702	237	416
四　川	309	903	2 438	2 410	594	1 535
贵　州	93	395	692	691	302	297
云　南	128	357	462	580	229	105
西　藏	9	29	154	140	20	125
陕　西	81	388	844	907	307	456
甘　肃	45	178	219	462	133	41
青　海	7	59	40	137	52	—19
宁　夏	14	49	64	98	35	15
新　疆	64	131	124	229	67	—7

资料来源：1982 年人口普查 10%汇总资料，1990 年人口普查全部汇总资料，2000 年和 2008 年中国统计年鉴。

表 8-17　世界各国城市(镇)规模的下限标准

人口标准	采纳国家
100	乌干达
200	丹麦、瑞典、挪威、冰岛、格陵兰、法罗群岛
400	阿尔巴尼亚
500	南非、巴布亚—新几内亚、新喀里多尼亚
1 000	加拿大、委内瑞拉、格林纳达、澳大利亚、新西兰
1 400	汤加
1 500	巴拿马、哥伦比亚、爱尔兰
2 000	肯尼亚、利比里亚、埃塞俄比亚、加蓬、扎伊尔、安哥拉、塞拉利昂、留尼汪、阿根廷、古巴、玻利维亚、洪都拉斯、瓜德罗普、马提尼克、以色列、阿富汗、捷克和斯洛伐克、卢森堡、法国、西德、东德、希腊、南斯拉夫、所罗门群岛、荷兰
2 500	美国、墨西哥、波多黎各、委内瑞拉、泰国、关岛
3 000	英国
5 000	印度、巴基斯坦、伊朗、孟加拉国、南朝鲜、土耳其、尼泊尔、沙特阿拉伯、约旦、黎巴嫩、加纳、马里、马达加斯加、赞比亚、索马里、苏丹、喀麦隆、奥地利、比利时
10 000	塞内加尔、马来西亚、科威特、希腊、西班牙、葡萄牙、意大利、瑞士
20 000	尼日利亚、毛里求斯
50 000	日本

资料来源：United Nations (1980)，转引自周一星，1995。

2. 国务院批复“民政部关于调整设市标准和市领导县条件的报告”(1986)

国发〔1986〕46 号 1986 年 4 月 19 日

各省、自治区、直辖市人民政府，国务院各部委、各直属机构：

国务院同意民政部《关于调整设市标准和市领导县条件的报告》，现转发给你们试行。各地要认真总结设市和市领导县工作的经验，搞好规划，合理布局，严格按条件办理。应成熟一个搞一个，有计划有步骤地发展中小城市，促进城乡经济的发展。

附

民政部关于调整设市标准和市领导县条件的报告(1986年2月3日)

国务院：

近年来，由于城乡经济的蓬勃发展，城镇的产业结构和人口结构发生了很大变化。现行的设市标准和市领导县条件，已不适应城乡变化了的新情况。为了适应城乡经济发展的需要，贯彻“控制大城市规模，合理发展中等城市，积极发展小城市”的方针，我部会同国家体改委、城乡建设环境保护部、劳动人事部、公安部、国家统计局等有关部门，进行了广泛的调查研究，并多次征求了各省、自治区、直辖市的意见，建议对1983年提出、内部掌握执行的设市标准和市领导县条件作如下调整：

一、非农业人口(含县属企事业单位聘用的农民合同工、长年临时工，经工商行政管理部门批准登记的有固定经营场所的镇、街、村和农民集资或独资兴办的第二、三产业从业人员，城镇中等以上学校招收的农村学生，以及驻镇部队等单位的人员，下同)6万以上，年国民生产总值2亿元以上，已成为该地经济中心的镇，可以设置市的建制。少数民族地区和边远地区的重要城镇，重要工矿科研基地，著名风景名胜区，交通枢纽，边境口岸，虽然非农业人口不足6万、年国民生产总值不足2亿元，如确有必要，也可设置市的建制。

二、总人口50万以下的县，县人民政府驻地所在镇的非农业人口10万以上、常住人口中农业人口不超过40%、年国民生产总值3亿元以上，可以设市撤县。设市撤县后，原由县管辖的乡、镇由市管辖。总人口50万以上的县，县人民政府驻地所在镇的非农业人口一般在12万以上、年国民生产总值4亿元以上，可以设市撤县。自治州人民政府或地区(盟)行政公署驻地所在镇，非农业人口虽然不足10万、年国民生产总值不足3亿元，如确有必要，也可以设市撤县。

三、市区非农业人口25万以上、年国民生产总值10亿元以上的中等城市(即设区的市)，已成为该地区政治、经济和科学、文化中心，并对周围各县有较强的辐射力和吸引力，可实行市领导县的体制。一个市领导多少县，要从实际出发，主要应根据城乡之间的经济联系状况，以及城市经济实力大小决定。

四、有关设市的审批手续，仍按《国务院关于行政区划管理的规定》(国发〔1985〕8号)办理。

以上报告如无不妥，请批转各地试行。

3. 国务院批转民政部关于调整设市标准报告的通知(1993)

国发[1993]38号 1993年5月17日

各省、自治区、直辖市人民政府,国务院各部委、各直属机构:

国务院同意民政部《关于调整设市标准的报告》,现转发给你们试行。为了适应经济、社会发展和改革开放的新形势,适当调整设市标准,对合理发展中等城市和小城市,推进我国城市化进程,具有重要意义。各地要认真总结设市工作的经验,坚持实事求是的原则,搞好规划,合理布局,严格标准,有计划、有步骤地发展中小城市。已经设市和拟设市的地方,都要十分重视农村工作,十分重视农业生产,以使城乡经济协调发展。新的设市标准由民政部负责解释。

附

民政部关于调整设市标准的报告

1993年2月8日

国务院:

现行设市标准,是1986年经国务院批准试行的。从试行的情况看,现行设市标准贯彻了改革精神,方向是正确的。执行这一标准,使设市工作走出了新的路子,基本适应了近年来城乡经济和社会发展的客观要求。6年多来,我部认真贯彻国务院关于城市发展的基本方针,按照现行设市标准,积极而稳妥地新设了一批市的建制,加快了这些地方的繁荣和发展,促进了具有中国特色的城市化进程,推动了我国城市总体布局逐步趋于合理。但是,在实施过中,现行设市标准也反映出一些不足,主要是:有的指标统计难度较大,且难以核实;一些设市时需要考察的重要条件在现行标准中尚未体现;有些指标还不尽科学合理;分类指导的原则在标准中反映不充分;没有规定设置地级市的标准等。为了进一步适应经济、社会发展的需要,逐步完善设市标准,我部从1989年开始,即着手设市标准的调整和修改工作,在深入调查研究,形成修改稿的基础上,又征求了国务院有关部门,各省、自治区、直辖市以及有关科研单位的意见。"八五"计划公布后,又按"八五"计划中关于"城市发展要坚持实行严格控制大城市规模,合理发展中等城市和小城市的方针,有计划地推进我国城市化进程,并使之同国民经济协调发展"的精神,作了相应的修改。经过反复研究和论证,建议对1986年国务院批准试行的设市标准作以下调整:

一、设立县级市的标准

(一)每平方公里人口密度400人以上的县,达到下列指标,可设市撤县:

1. 县人民政府驻地所在镇从事非农产业的人口(含县属企事业单位聘用的农民合同工、长年临时工,经工商行政管理部门批准登记的有固定经营场所的镇、街、村和农民集资或独资兴办的第二、三产业从业人,城镇中等以上学校招收的农村学生,以及驻镇部队等单位的人员,下同)不低于12万,其中具有非农业户口的从事非农产业的人口不低于8万。县总人口中从事非农产业的人口不低于30%,并不少于15万。

2. 全县乡镇以上工业产值在工农业总产值中不低于80%,并不低于15亿元(经济指标均以1990年不变价格为准,按年度计算,下同);国内生产总值不低于10亿元,第三产业产值在国内生产总值中的比例达到2以上;地方本级预算内财政收入不低于人均100元,总收入不少于6 000万元,并承担一定的上解支出任务。

3. 城区公共基础设施较为完善。其中自来水普及率不低于65%,道路铺装率不低于60%,有较好的排水系统。

(二) 每平方公里人口密度100人至400人的县,达到下列指标,可设市撤县:

1. 县人民政府驻地镇从事非农产业的人口不低于10万,其中具有非农业户口的从事非农产业的人口不低于7万。县总人口中从事非农产业的人口不低于25%,并不少12万。

2. 全县乡镇以上工业产值在工农业总产值中不低于70%,并不低于12亿元;国内生产总值不低于8亿元,第三产业产值在国内生产总值中的比例达到20%以上;地方本级预算内财政收入不低于人均80元,总收入不少于5 000万元,并承担一定的上解支出任务。

3. 城区公共基础设施较为完善。其中自来水普及率不低于60%,道路铺装率不低于55%,有较好的排水系统。

(三) 每平方公里人口密度100人以下的县,达到下列指标,可设市撤县:

1. 县人民政府驻地镇从事非农产业的人口不低于8万,其中具有非农业户口的从事非农产业的人口不低于6万。县总人口中从事非农产业的人口不低于20%,并不少于10万。

2. 全县乡镇以上工业产值在工农业总产值中不低于60%,并不低于8亿元;国内生产总值不低于6亿元,第三产业产值在国内生产总值中的比例达到20%以上;地方本级预算内财政收入不低于人均60元,总收入不少于4 000万元,并承担一定的上解支出任务。

3. 城区公共基础设施较为完善。其中自来水普及率不低于55%，道路铺装率不低于50%，有较好的排水系统。

（四）具备下列条件之一者，设市时条件可以适当放宽：

1. 自治州人民政府或地区（盟）行政公署驻地。

2. 乡、镇以上工业产值超过40亿元，国内生产总值不低于25亿元，地方本级预算内财政收入超过1亿元，上解支出超过50%，经济发达，布局合理的县。

3. 沿海、沿江、沿边境重要的港口和贸易口岸，以及国家重点骨干工程所在地。

4. 具有政治、军事、外交等特殊需要的地方。具备上述条件之一的地方设市时，州（盟、县）驻地镇非农业人口不低于6万，其中具有非农业户口的从事非农产业的人口不低于4万。

（五）少数经济发达，已成为该地区经济中心的镇，如确有必要，可撤镇设市。设市时，非农业人口不低于10万，其中具有非农业户口的从事非农产业的人口不低于8万。地方本级预算内财政收入不低于人均500元，上解支出不低于财政收入60%，工农业总值中工业产值高于90%。

（六）国家和部委以及省、自治区确定予以重点扶持的贫困县和财政补贴县原则上不设市。

（七）设置市的建制，要符合城市体系和布局的要求，具有良好的地质、地理环境条件。

（八）县级市不设区和区公所，设市撤县后，原由县管辖的乡、镇，由市管辖。

二、设立地级市的标准

市区从事非农产业的人口25万人以上，其中市政府驻地具有非农业户口的从事非农产业的人口20万人以上；工农业总产值30亿元以上，其中工业产值占80%以上；国内生产总值在25亿元以上；第三产业发达，产值超过第一产业，在国内生产总值中的比例达35%以上；地方本级预算内财政收入2亿元以上，已成为若干市县范围内中心城市的县级市，方可升格为地级市。

设立县级市及地级市标准中的财政收入指标，将根据全国零售物价指数上涨情况，由民政部报经国务院批准适时调整。

以上报告如无不妥，请批转各地试行。

资料来源：中国民政部官方网站 http://www.xzqh.org.cn/onews.asp? id=528，2009年6月11日登录。

第9章 经济全球化的趋势与影响

随着电子科技革命和世界各国交往的日益加深，全球经济趋于一体化，跨国公司大量兴起，通过跨国设厂和跨国产业链的搭建来寻求最高利润。世界经济发展的不平衡、不同国家发展阶段的不同以及国际之间日益深化的合作为国际劳动分工提供了发展条件，中国作为新兴的对外开放国家，也在加快融入这个一体化的全球经济潮流中。外商直接投资(FDI)、全球产业链在中国的分布以及中国参与全球劳动分工都深刻地影响了中国城市化向市场导向转型的过程和区域空间格局。

9.1 全球化的时代

9.1.1 全球经济一体化

电子通讯、计算机技术和快速交通工具(飞机)的飞速发展使得世界变得越来越"小"。世界经济的发展不再仅仅是国家内部的发展，而是以国际资本和国际贸易流动为主的全球经济增长，跨国公司和外商直接投资(FDI)开始对世界经济的几乎每个方面都产生了深刻影响。这种变化很容易从世界出口贸易额的变化、外商直接投资(FDI)的增长、外汇市场成交额的增长、国际银行借贷额的增加、跨境旅游人数的上升、国际迁移的发展、国际长途电话通话时间的增长、跨国合作的增长等数据表现出来(吴莉娅，2005)。

全球化的一个特点就是以跨国公司为主导进行的全球范围内的分工深化与产业区位的重新配置。具体表现为：发达国家致力于高新技术产业的发展，将资本密集型和技术密集型产业向新兴工业化国家和发展中国家转移；新兴工业化国家接受发达国家的产业转移，将劳动密集型产业和一部分资本密集型产业转移到发展中国家；发展中国家接受发达国家和新兴工业化国家的资源密集型、劳动密集型、资本密集型产业的转移，并根据自身国情，发展起自己的技术产业。例如，20 世纪 50 年代，美国致力于发展半导体、通信、计算机等技术密集型产业，将钢铁、纺织等传统产业向日本和前西德等国家转移；60 年代和 70 年代日本和西德等国家的产业结构调整升级，将部分劳动密集型产业向发展中国家尤其是东南亚地区转移，本国转向集成电路、精密机械、精细化工、汽车等耗能低、耗材少、附加值高的技术密集型产业。资本和产业的跨国流动使得全球的经济日益一体化。

9.1.2　全球化下的中国

中国在 20 世纪 70 年代末期开始的改革开放政策，把经济迅速地纳入全球网络体系当中，引入了大量从发达国家转移出的劳动密集型和高能耗、高污染等低端产业。数据显示，中国的出口贸易额占全世界的比例已经从 1982 年的 1.21%提高到 2007 年的 8.76%，仅次于德国(9.54%)，位列世界第二，俨然成了全球经济的重要组成部分。国外的大笔资金涌入中国投资建厂(图 9 - 1)，中国已经成为世界的“加工工厂”(表 9 - 1，图 9 - 2)。

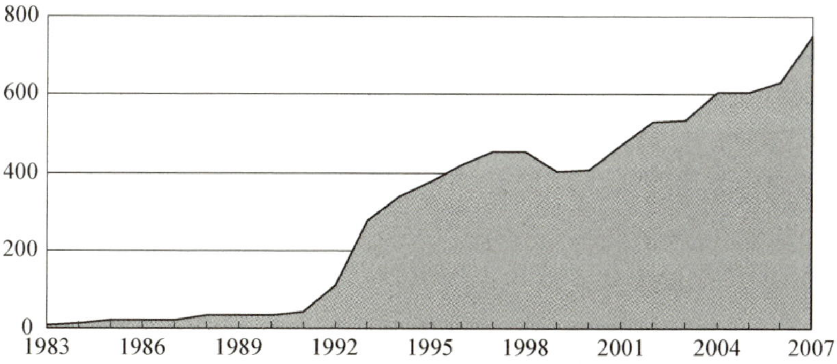

图 9 - 1　中国 1983—2007 年实际利用外商直接投资额(亿美元)

资料来源：中国统计年鉴 2008。

表 9 - 1　1982—2007 年中国进出口贸易额(亿元：当年价格)

年　份	1982		1990		2000		2007	
	出口	进口	出口	进口	出口	进口	出口	进口
世　界	18 534	19 204	33 652	35 109	62 201	57 422	138 980	142 110
中　国	224	191	621	534	2 493	2 061	12 180	9 558
中国所占比例	1.21%	0.99%	1.85%	1.52%	4.01%	3.59%	8.76%	6.73%

资料来源：中国统计年鉴 1984、1991、2001、2008。

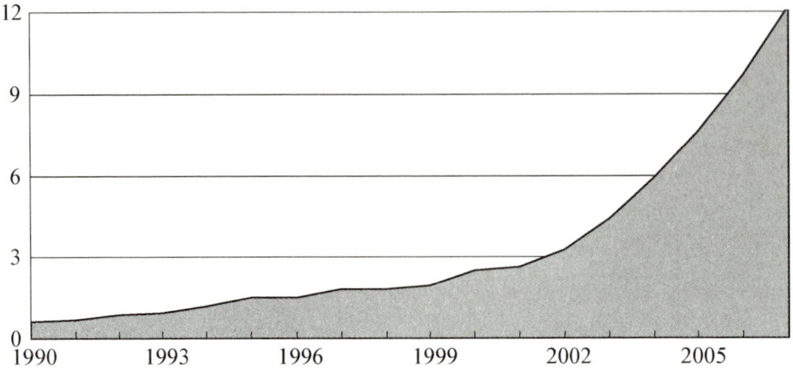

图 9-2 中国 1983—2007 年商品出口额(千亿美元)

资料来源：中国统计年鉴 2008。

9.1.3 全球化下的中国城市化

沙森(2001)认为,“21 世纪的城市化是在经济全球化与信息化大背景下展开的”。经济全球化也导致了全球城市体系的形成,这个全球城市体系以全球城市(世界城市)为顶点,以国际性城市为中介,沿“国家级重要城市—区域性城市—地方性城市—小城镇”的脉络,将全球经济活动纳入其基本框架。它的形成和发展,对各国城市化的进程产生了巨大影响。不同规模、不同等级的城市职能分工不同,城市基本经济活动的内容也不同,城市化发展也将明显不同。如同全球化已经被接受为一种新的城市化发展动力一样,经济全球化对中国城市化空间分布也产生了重要影响,包括沿海和内地的城市化进程。全球资本和产业在中国的区域分布差异和变化必定会影响到区域城市化的发展。

全球化对中国城市化的影响已经是学术讨论的热点。现有的研究成果肯定了外资是城市化的新动力(薛凤旋、杨春,1995,1997;宁越敏,1998;赵民、张宗彝,1999;周一星、曹广忠,1999;李迅等,2000;宁登,2000),并概括为“外向型城市化”(薛凤旋、杨春,1995,1997;吴莉娅,2005),少数学者(张弘,2001;石忆邵、顾萌箐,2003)还研究了外资对城市化空间格局演变的促进作用。吴莉娅(2005)综合研究了全球化背景下的中国城市化的动力机制,肯定了外资对城市化有重要影响,但是却在统计层面否定了外资与区域城市化的相关关系(p57)。综合来看,全球化通过全球资本的流动和全球产业链的(中国)地区分布对中国的区域城市化产生影响。

9.2　FDI 与区域城市化

资本的全球流动是全球化的一个重要表现，外资利用额是衡量经济全球化最常用的指标。历年份省外商及港澳台直接投资额（为叙述方便，以下简称“FDI”）的分布可以反映全球资本如何流入中国，具有怎样的地域特征以及如何发展演变的。

9.2.1　FDI 空间分布的发展演变

（1）全国的发展趋势

20 世纪 80 年代、90 年代和 2000 年后三个历史时期我国的 FDI 呈现出快速增长的势头，1990 年代和 2000 年后年均 FDI 分别达到 349.5 亿美元和 821.7 亿美元。如果不考虑汇率变动的话，90 年代 FDI 年均额是 80 年代的 17.70 倍，21 世纪第一个十年 FDI 年均额是 90 年代的 2.35 倍（表 9－2）。

（2）三大区域的分布

从三大区域的 FDI 分布情况看，1983—2007 年间东部地区占了全部 FDI 的 80%以上，中西部地区占全国的比重 2003 年仅为 12.79%，不及东部地区的 1/5，为历史最低点。2004 年后，东部地区外资份额逐年下降，从 2003 年的 87.19%下降到了 2007 年的 78.92%，4 年间下降了 8.27 个百分点；与此同时，中部地区的 FDI 份额从 10.18%上升到了 17.07%，增长了 70%，西部地区的份额也略有增长（表 9－2、表 9－3）。

表 9－2　1983—2007 年历年份区域外商港澳台直接投资额分布

	1983—1990 亿美元	1991—2000 亿美元	2001—2007 亿美元	1983—1990 比例	1991—2000 比例	2001—2007 比例
全　国*	158	3 495	5 752	100.00%	100.00%	100.00%
东　部	130	2 977	4 777	82.02%	85.17%	83.06%
中　部	20	392	781	12.55%	11.21%	13.57%
西　部	9	126	194	5.43%	3.62%	3.37%

资料来源：同表 9－4。

表 9-3　2001—2007 年历年份区域外商港澳台直接投资额分布

	2001	2002	2003	2004	2005	2006	2007
全　国	100.00%	100.00%	100.00%	100.00%	100.00%	100.00%	100.00%
东　部	87.18%	86.64%	87.19%	84.13%	82.01%	80.91%	78.92%
中　部	9.63%	10.37%	10.18%	12.68%	14.61%	15.38%	17.07%
西　部	3.17%	2.94%	2.61%	3.18%	3.35%	3.69%	3.96%

资料来源：同表 9-4。

(3) 分省的演变

与我国巨大的区域差异一样，FDI 在我国的空间分布也是很不均衡的(表 9-4)。20 世纪 80 年代仅广东省就占了全部 FDI 的 40.94%，北京次之为 11.54%，这两个省份(直辖市)占了全部 FDI 的一半多，而最低(占全国比例不足 1%)的 14 个省份加起来仅占全国 FDI 的 4.47%。90 年代，随着江苏、浙江、福建和山东等省份 FDI 的快速增长，广东省的比例虽然下降到了 28.32%，仍然排在全国首位，江苏(12.57%)由第 8 位升至第 2 位，福建(9.44%)由第 4 位升至第 3 位，山东(5.98%)由第 10 位上升到第 5 位，FDI 分布的空间极化现象虽然得到缓和，但仍然有超过一半集中在广东、江苏、福建三个省份。2000 年后，广东的 FDI 比例继续下降，到了 17.46%，但依旧是排在首位①，但第二位的江苏省的 FDI 比例已经达到了 17.03%，第三位的山东省为 9.56%，第四位浙江省为 7.73%，四个省份占了全国的一半多。虽然 25 年来 FDI 的空间分布变得分散了，但除了部分份额转向了中部地区外，大量的 FDI 的重新配置还是发生在东部地区。

表 9-4　历年份省外商港澳台直接投资额分布

	1983—1990	1991—2000	2001—2007	1983—1990	1991—2000	2001—2007	1983—1990	1991—2000	2001—2007
	亿美元			序			比　例		
全　国*	158.0	3 495.2	5 751.8	—	—	—	100.00%	100.00%	100.00%
广　东	64.7	989.8	1 004.3	1	1	1	40.94%	28.32%	17.46%
北　京	18.2	140.1	219.4	2	8	9	11.54%	4.01%	3.81%
上　海	13.7	296.0	436.9	3	4	5	8.70%	8.47%	7.60%

① 如果从 2001—2007 年的数据看，2004 年江苏省(16.23%)已经超越了广东省(14.25%)，从而成为 FDI 投放最多的省份。详细数据参见表 9-11。

续　表

	1983—1990	1991—2000	2001—2007	1983—1990	1991—2000	2001—2007	1983—1990	1991—2000	2001—2007
	亿美元			序			比　例		
福　建	10.4	329.9	399.7	4	3	6	6.60%	9.44%	6.95%
湖　北	8.5	98.7	137.1	5	10	10	5.35%	2.82%	2.38%
黑龙江	5.8	60.5	93.1	6	13	15	3.69%	1.73%	1.62%
辽　宁	5.7	155.1	366.9	7	7	7	3.59%	4.44%	6.38%
江　苏	4.2	439.3	979.4	8	2	2	2.68%	**12.57%**	17.03%
陕　西	4.1	27.0	45.0	9	19	19	2.61%	0.77%	0.78%
山　东	3.9	208.9	549.8	10	5	3	2.46%	**5.98%**	9.56%
天　津	3.4	155.3	238.7	11	6	8	2.17%	4.44%	4.15%
吉　林	2.3	59.0	44.7	12	14	20	1.45%	1.69%	0.78%
广　西	2.2	61.7	30.6	13	12	21	1.40%	1.77%	0.53%
浙　江	2.0	113.1	444.8	14	9	4	1.27%	3.24%	7.73%
四　川	1.7	58.7	96.6	15	15	14	1.10%	1.68%	1.68%
河　南	1.5	42.2	83.8	16	17	16	0.97%	1.21%	1.46%
河　北	1.1	87.5	106.6	17	11	13	0.68%	2.50%	1.85%
贵　州	0.9	11.1	8.3	18	23	25	0.56%	0.32%	0.14%
宁　夏	0.7	4.7	7.3	19	26	26	0.42%	0.13%	0.13%
湖　南	0.6	51.7	126.8	20	16	12	0.37%	1.48%	2.21%
新　疆	0.5	3.4	4.3	21	27	27	0.34%	0.10%	0.07%
安　徽	0.4	30.7	67.3	22	18	17	0.24%	0.88%	1.17%
江　西	0.3	26.7	134.8	23	20	11	0.21%	0.76%	2.34%
云　南	0.3	13.2	13.6	24	22	24	0.17%	0.38%	0.24%
甘　肃	0.2	5.9	3.5	25	25	28	0.15%	0.17%	0.06%
山　西	0.2	14.9	28.8	26	21	22	0.14%	0.43%	0.50%
内蒙古	0.2	7.6	64.1	27	24	18	0.14%	0.22%	1.11%
青　海	0.1	1.9	14.4	28	28	23	0.07%	0.06%	0.25%
西　藏	0.0	0.4	1.0	29	29	29	0.01%	0.01%	0.02%

注 1：全国数据为各省的加总，与中国统计年鉴公布的数据略有差别。

注 2：少量省份的早年数据不全，按照完整数据年份全国数占整个研究期间的比例进行推算补足。例如 1983—1990 年全国数占 1984—1990 年的 95.16%，河北 1983 年缺失，则 1983—1990 年推算数＝1984—1990 年河北数总和/95.16%，其他省份类似。总计全部应录数据为 775 个，缺失数据 51 个。

注 3：美元价格系当年价格。

资料来源：2005—2007 年数据摘录顺序为各省统计年鉴优先、当年统计公报次之；2004 年前数据摘录的优先顺序为各省统计年鉴 2008、新中国 55 年统计资料汇编、当年省统计年鉴、当年年鉴、其他年鉴资料和当年统计公报。其中部分资料的原始数据存在误录，在笔者能够判别的情况下都进行了甄别。

9.2.2 FDI与区域城市化

FDI在生产性投资、房地产投资和基础设施投资领域做出了相当大的贡献，集中于信息产业、资金技术密集型、劳动密集型产业的FDI已经成为中国城市化发展的动力之一(吴莉娅，2005)。对此需做必要的解读。

(1) 研究方法

分析FDI与区域城市化的关系，学者普遍上习惯于采纳分析FDI与城市化水平的关系，从而得出两者没有相关关系的结论。这样的分析论证在方法论上有以下几大缺陷：

首先，这样的分析隐含了一个前提假设就是各区域(例如省级行政区域)在FDI进入之前是均质的，城市化水平是一样的，一个推论就是“FDI进入得越多的区域，城市化水平应该越高”。但是实际上，我国的区域城市化水平在改革开放初期的差异就很大，原始的差异性导致了这样的隐含假设在现实中不成立，从而也影响了分析结论。

其次，FDI的影响因素比较复杂，在给定区域短的时间段会有一定的波动性，效果也会有时滞性，因而以某年的FDI作为基础数据来测度其与当年的城市化的关系，结论并不可靠。

再次，以城市化水平来衡量FDI对城市化的影响忽略了FDI本身的投放特征。因为FDI的投放与各省的规模不存在必然联系，如广东省FDI一直较高，但真正的人口大省四川的FDI却很少。因为如果用城市人口比重作为衡量比较的指标得出的结论同样经不起推敲。

因此，衡量FDI与区域城市化的关系必须跳出某些误区，要着眼于一定周期分析给定区域某一时间阶段内FDI总量与城市人口基数增量之间的关系。在运用SPSS分析相关性时，似应控制区域人口规模，分析其偏相关关系。

(2) 数据分析

利用1983—1990年、1991—2000年和2001—2007年三个时间段的外商直接投资(FDI)和城市人口增量(UP)做相关分析，表9-5显示，1983—2007年三个时间段FDI与UP的相关系数都在0.01水平上显著，但是这里的UR(城市化水平)中含有因为区域人口基数规模因素的影响，需要去除。控制区域人口规模的影响做进一步的FDI与UR偏相关分析，结果表明，去除了总人口规模的影响，1983—2000年间FDI与UR的相关性更加显著，2001—2007年的相关性略微减小，但显著性依然较高。再把29个省份划分为东中西三大区域做偏相关分析。结果显示，东部地区 FDI 与 UR 的相关性较高，中西部在 20 世纪 80 年代比较明显，90 年代趋弱，2000 年后则不再具有相关性。

表 9-5　外商直接投资与区域城市人口增量的(偏)相关分析

时　间　段		相关分析	分别控制 1982 年、1990 年、2000 年总人口的偏相关分析			
			全国分省	东部分省	中部分省	西部分省
1983—1990	Corelation	0.632	0.792	0.571	0.840	0.652
	Sig(2-Tailed)	0.000	0.000	0.001	0.009	0.080
1991—2000	Corelation	0.781	0.904	0.849	0.499	0.661
	Sig(2-Tailed)	0.000	0.000	0.000	0.209	0.074
2001—2007	Corelation	0.595	0.556	0.594	−0.218	0.393
	Sig(2-Tailed)	0.001	0.002	0.206	0.603	0.335

资料来源：同表 9-4。

但是这样的分析结果还不是 FDI 与城市化发展之间的真实关系，因为城市人口增量中有一部分是行政区划调整引起的，需要把这部分人口扣除。扣除区划调整导致的城市人口增量后，分析结果显示(表 9-6)，全国分省 FDI 与城市人口增量之间的相关性在 20 世纪 80 年代和 90 年代较强，而 2000 年后减弱了。分区域来看，两者只有在 90 年代的东部地区有明显的相关性。

表 9-6　扣除行政区划调整后外商直接投资与区域城市人口增量的(偏)相关分析

时　间　段		相关分析	分别控制 1982 年、1990 年、2000 年总人口的偏相关分析			
			全国分省	东部分省	中部分省	西部分省
1983—1990	Corelation	0.571	0.604	0.565	0.820	0.328
	Sig(2-Tailed)	0.001	0.001	0.089	0.013	0.427
1991—2000	Corelation	0.849	0.887	0.915	0.557	−0.264
	Sig(2-Tailed)	0.000	0.000	0.000	0.152	0.528
2001—2007	Corelation	0.594	0.553	0.435	−0.218	0.381
	Sig(2-Tailed)	0.001	0.002	0.209	0.603	0.352

资料来源：同表 9-4。

全国层面的分析表明，FDI 与城市化之间具有紧密的联系，但是 FDI 对城市化的带动作用不是线性的，真正发挥作用还需要一定的其他条件。比如东部地区的广东、浙江、江苏和山东等省，外资形成了一定规模，从而较好地带动了城市化发展，而反观中西部地区各省份也都有外资投放，但因为数量较小，对城市化的带动作用尚不明显。

9.3 国际贸易与区域城市化

FDI 是全球化的一个重要衡量指标，反映了外来资本在中国的分布和影响。与 FDI 同样重要的是商品进出口额，反映了全球劳动分工和中国对经济全球化的贡献。由于中国的商品出口主要是劳动密集型产业，因此与城市化有紧密的联系。

9.3.1 国际贸易联系的空间特征

(1) 全国的发展趋势

20 世纪 80 年代、90 年代和 21 世纪第一个 10 年三个历史时期我国的对外商品出口呈现出快速增长的势头，90 年代和 21 世纪第一个 10 年年均商品出口额分别达到 1 483.9 亿美元和 6 530.3 亿美元。如果不考虑汇率变动的话，1990 年代 FDI 年均额是 1980 年代的 3.80 倍，2000 年代 FDI 年均额是 1990 年代的 3.94 倍(表 9－7)。与 FDI 的发展趋势相关联，全球产业链更加趋向于在中国延伸，通过商品出口，中国更加融入全球经济一体化当中。

表 9－7 历年份区域(按货源地分)商品出口分布

	1983—1990 亿美元	1991—2000 亿美元	2001—2007 亿美元	1983—1990 比例	1991—2000 比例	2001—2007 比例
全　国	3 122	14 839	45 712	100.00%	100.00	100.00
东　部	2 682	13 307	37 312	85.91	89.67	92.17
中　部	311	982	22 266	9.97	6.61	4.87
西　部	129	551	1 351	4.13	3.71	2.95

资料来源：同表 9－8。

(2) 三大区域研究

表 9－7 描述了商品出口额在三大区域的分布情况，20 世纪 80 年代东部地区占了全国份额的 85.91%，1990 年代上升到 89.67%，21 世纪第一个十年更是

达到了92.17%。与此同时,中西部地区的份额持续下降,中部地区从 20 世纪 80 年代的 9.97%下降到 21 世纪第一个十年的 4.87%,西部地区也从 4.13%下降到了 2.95%,中西部地区占全国的比重不及东部地区的 1/10。

(3) 分省研究

与 FDI 的不均衡分布一样,各省的出口额分布也是不均衡的,但是与 FDI 的"极化缓和"的发展趋势相反,商品出口额的空间分布越发集中,虽然商品出口额最多的省份一直是广东省,但是其占全国的份额从 1983—1990 年的 25.90% 增长到 1991—2000 年的 39.92%,2001—2007 年下降到了 32.28%,但仍占了全国的近 1/3。1983—1990 商品出口最多的前三位省份广东、辽宁和上海占了全国份额的 49.33%,1991—2000 年前三位的广东、上海和江苏占全国56.22%,2001—2007 年前三位的广东、江苏和上海占全国 59.13%。25 年来商品出口货源地的空间分布极化趋势明显,与 FDI 一样,其变化主要是在东部地区内部的重新配置(表 9-8)。

表 9-8　1983—1990、1991—2000、2001—2007 年历年份省(按货源地分)商品出口分布

	1983—1990	1991—2000	2001—2007	1983—1990	1991—2000	2001—2007	1983—1990	1991—2000	2001—2007
	亿美元			序			比例%		
全　国*	3 121.5	14 834.2	40 877.7	—	—	—	100.00	100.00	100.00
大广东	808.7	5 923.2	14 755.5	1	1	1	25.90	39.92	32.28
辽　宁	390.5	776.2	1 441.2	2	8	9	12.51	5.23	3.15
上　海	369.0	1 283.9	5 299.3	3	2	3	11.82	8.65	11.59
北　京	227.7	858.3	1 797.5	4	5	7	7.29	5.78	3.93
山　东	224.9	838.2	2 818.3	5	6	5	7.20	5.65	6.17
江　苏	175.2	1 139.7	6 975.3	6	3	2	5.61	7.68	15.26
天　津	131.6	402.3	1 554.5	7	9	8	4.22	2.71	3.40
河　北	114.7	271.1	646.0	8	10	10	3.67	1.83	1.41
浙　江	108.1	859.2	4 581.0	9	4	4	3.46	5.79	10.02
福　建	89.7	788.9	2 078.6	10	7	6	2.87	5.32	4.55
黑龙江	56.8	130.1	369.3	11	15	12	1.82	0.88	0.81
湖　南	48.2	133.3	241.6	12	14	17	1.54	0.90	0.53
河　南	47.9	113.3	311.2	13	17	15	1.53	0.76	0.68

续 表

	1983—1990	1991—2000	2001—2007	1983—1990	1991—2000	2001—2007	1983—1990	1991—2000	2001—2007
	亿美元			序			比例%		
大四川	44.0	177.0	476.7	14	11	11	1.41	1.19	1.04
广 西	42.1	165.7	187.0	15	12	19	1.35	1.12	0.41
吉 林	39.4	128.4	164.3	16	16	23	1.26	0.87	0.36
安 徽	35.3	133.7	325.8	17	13	13	1.13	0.90	0.71
江 西	31.0	86.7	172.5	18	21	22	0.99	0.58	0.38
云 南	20.5	91.7	173.6	19	20	21	0.66	0.62	0.38
陕 西	19.5	110.0	180.0	20	18	20	0.62	0.74	0.39
新 疆	19.5	69.1	312.5	21	24	14	0.62	0.47	0.68
山 西	18.4	79.5	236.3	22	22	18	0.59	0.54	0.52
湖 北	17.3	106.3	277.7	23	19	16	0.55	0.72	0.61
内蒙古	17.0	70.3	127.9	24	23	24	0.54	0.47	0.28
甘 肃	9.2	32.1	71.6	25	26	25	0.30	0.22	0.16
贵 州	7.3	35.1	56.8	26	25	26	0.23	0.24	0.12
宁 夏	4.8	20.1	45.6	27	27	27	0.15	0.14	0.10
青 海	3.1	10.9	22.7	28	28	28	0.10	0.07	0.05
西 藏	0.9	5.0	11.3	29	29	29	0.03	0.03	0.02

注 1：全国数据为各省的加总，与中国统计年鉴公布的数据略有差别。

注 2：少量省份的早年数据不全，按照完整数据年份全国数占整个研究期间的比例进行推算补足。例如 1983—1990 年全国数占 1984—1990 年的 95.16%，河北 1983 年缺失，则 1983—1990 年推算数=1984—1990 年河北数总和/95.16%，其他省份类似。总计全部应录数据为 775 个，缺失数据 51 个。

注 3：美元价格系当年价格。

资料来源：2005—2007 年数据摘录顺序为各省统计年鉴优先、当年统计公报次之；2004 年前数据摘录的优先顺序为各省统计年鉴 2008、新中国 55 年统计资料汇编、当年省统计年鉴、当年年鉴、其他年鉴资料和当年统计公报。其中部分资料的原始数据存在误录，在笔者能够判别的情况下都进行了甄别。

9.3.2 全球劳动分工与中国区域城市化

利用 1983—1990 年、1991—2000 年和 2001—2007 年三个时间段的商品出口额(按货源地分)和城市人口增量(UP)直接做 SPSS 相关分析，表 9 - 9 显示，1983—2007 年三个时间段商品出口额与 UP 的相关系数都在 0.01 水平上显著，但是这里的 UP 中含有因为区域人口规模因素的影响，需要去除。进而控制区域人口规模的影响，做进一步的商品出口额与 UR 偏相关分析。结果表明，去除了总人口规模的影响，商品出口额与 UR 的相关性更加显著。再把 29 个省份划分为东中西三大区域做偏相关分析。结果显示，东部地区 FDI 与 UR 的相关性较高，均在 0.01 水平上显著，但随着时间的推移，相关性有减弱的趋势；中西部则不具有相关性。扣除行政区划调整的影响后，分析结果与先前一致（表 9－10）。

表 9－9　海关（贸易）商品出口额与城市人口增量（UP）的（偏）相关分析

时　间　段		相关分析	分别控制 1982 年、1990 年、2000 年总人口的偏相关分析			
			全国分省	东部分省	中部分省	西部分省
1983—1990	Corelation	0.656	0.772	0.866	−0.356	0.665
	Sig(2-Tailed)	0.000	0.000	0.001	0.387	0.072
1991—2000	Corelation	0.729	0.864	0.856	−0.002	0.442
	Sig(2-Tailed)	0.000	0.000	0.002	0.997	0.273
2001—2007	Corelation	0.587	0.722	0.777	−0.557	0.551
	Sig(2-Tailed)	0.001	0.000	0.008	0.152	0.157

资料来源：同表 9－8。

表 9－10　扣除行政区划调整后海关（贸易）商品出口额与城市人口增量的（偏）相关分析

时　间　段		相关分析	分别控制 1982 年、1990 年、2000 年总人口的偏相关分析			
			全国分省	东部分省	中部分省	西部分省
1983—1990	Corelation	0.603	0.609	0.595	−0.412	0.960
	Sig(2-Tailed)	0.001	0.001	0.069	0.311	0.000
1991—2000	Corelation	0.810	0.860	0.894	−0.066	0.526
	Sig(2-Tailed)	0.000	0.000	0.000	0.876	0.180
2001—2007	Corelation	0.587	0.721	0.779	−0.555	0.562
	Sig(2-Tailed)	0.001	0.000	0.008	0.153	0.147

资料来源：同表 9－8。

全国层面的分析表明，商品出口额与城市化之间具有紧密的联系，一般而言商品出口额越大，能够带动的城市人口增量也越多。分区域的偏相关分析表明，东部地区城市化水平的快速提升与巨大的商品出口额有密切关系，但中西部地区的商品出口对推动城市化作用不显著，这与其较小的份额有关。一个直接的推论可能是，较小的出口商品额创造的就业岗位首先被城市现有人口消化，并没有带动乡村人口向城市的迁移。

9.4 小　结

经济全球化是新时期世界发展的主要特征之一，改革开放把中国纳入全球经济网络当中，FDI 不断进入中国和中国增长的巨大商品出口额是全球化在中国影响日益加深的例证。FDI 和商品出口额在中国的地区分布存在巨大的区域差异，因而对我国的区域城市化产生了重要影响。20 世纪 80 年代至 21 世纪第一个 10 年，FDI 的空间分布趋向于分散化，而商品出口越发地集中于少数省份，但这些变化都是集中在东部区域内部。东中西部 FDI 和商品出口的区域差异并没有多大改变，这是市场主要的选择，也是国家政策调控①的结果。随着沿海发达地区企业商务成本的上升和地区自身产业升级的需要，“全球性产业”正在着手于空间上的重新配置。中国经济东中西之间的梯度差异是全球产业在中国的空间重新配置的选择之一，低廉的劳动力成本和日益完善的交通基础设施也为全球资本和产业提供了向内陆地区迁移的基本条件。目前的统计数据仅仅显示 FDI 在缓慢向中部地区转移，但是商品出口额的分布仍然集聚在东部地区，FDI 和全球产业的空间重置仍然主要局限于沿海区域内部。

数据分析显示，FDI 和商品出口对中国的区域城市化产生了重要的影响，一般而言，在达到一定门槛值后，FDI 数量越多或者商品出口额越大，能够带动的城市人口增量也越多。但这种影响主要体现在东部地区，中西部地区现有的 FDI 和商品出口对推动城市化作用不显著，这与其较小的份额有关。因此，缩小城市化的区域差异，提高落后区域的城市化水平，FDI 和促进商品出口是政策选择之一，但政策必须有一定的力度，否则较小的份额创造的有限就业岗位导致城市的增量人口，起不到提高区域城市化水平的目的。

① 通过出口加工区、保税区的审批、经济特区以及经济开发区的设立等政策手段。

附　　录

表 9－11　2001—2007 年省外商港澳台直接投资额分布比例

	2001 年	2002 年	2003 年	2004 年	2005 年	2006 年	2007 年
全　国	100.00%	100.00%	100.00%	100.00%	100.00%	100.00%	100.00%
大广东	26.66%	22.36%	21.27%	14.25%	15.57%	14.87%	14.39%
江　苏	14.13%	17.02%	20.80%	16.23%	15.73%	16.99%	17.26%
上　海	8.71%	8.26%	7.70%	8.75%	8.17%	6.93%	6.24%
福　建	7.77%	6.98%	6.51%	7.11%	7.43%	7.00%	6.41%
山　东	7.18%	9.17%	9.34%	11.63%	10.70%	9.75%	8.68%
天　津	6.39%	6.25%	2.15%	3.31%	3.97%	4.03%	4.16%
辽　宁	6.18%	6.43%	7.35%	7.23%	4.28%	5.83%	7.17%
浙　江	4.39%	5.19%	7.17%	8.93%	9.22%	8.67%	8.17%
北　京	3.51%	2.94%	2.83%	4.12%	4.21%	4.44%	3.99%
湖　北	2.40%	2.30%	2.05%	2.77%	2.70%	2.39%	2.18%
黑龙江	1.71%	1.55%	1.36%	1.65%	1.73%	1.66%	1.64%
大四川	1.66%	1.54%	1.18%	1.48%	1.67%	1.86%	2.03%
湖　南	1.61%	1.69%	1.96%	1.90%	2.47%	2.53%	2.58%
河　北	1.50%	1.35%	1.47%	2.17%	2.28%	1.96%	1.91%
吉　林	1.06%	0.91%	0.67%	0.76%	0.79%	0.74%	0.70%
江　西	0.79%	1.78%	2.12%	2.74%	2.89%	2.74%	2.45%
广　西	0.76%	0.69%	0.60%	0.40%	0.45%	0.44%	0.54%
河　南	0.71%	0.74%	0.74%	1.17%	1.47%	1.80%	2.41%
陕　西	0.70%	0.67%	0.61%	0.70%	0.75%	0.90%	0.94%
安　徽	0.67%	0.62%	0.51%	0.73%	0.82%	1.36%	2.36%
山　西	0.46%	0.41%	0.29%	0.12%	0.33%	0.46%	1.06%
贵　州	0.28%	0.15%	0.17%	0.19%	0.13%	0.09%	0.10%
内蒙古	0.22%	0.37%	0.48%	0.84%	1.41%	1.70%	1.69%

续 表

	2001 年	2002 年	2003 年	2004 年	2005 年	2006 年	2007 年
甘 肃	0.15%	0.09%	0.03%	0.05%	0.02%	0.03%	0.09%
云 南	0.13%	0.18%	0.22%	0.19%	0.21%	0.29%	0.31%
青 海	0.11%	0.19%	0.25%	0.30%	0.32%	0.27%	0.24%
宁 夏	0.10%	0.05%	0.09%	0.17%	0.17%	0.13%	0.13%
新 疆	0.04%	0.07%	0.05%	0.06%	0.06%	0.10%	0.10%
西 藏	0.00%	0.00%	0.01%	0.04%	0.02%	0.02%	0.02%

资料来源：同表 9-4，作者计算整理。

表 9-12 2001—2007 年省对外出口额分布比例

	2001 年	2002 年	2003 年	2004 年	2005 年	2006 年	2007 年
全 国	100.00%	100.00%	100.00%	100.00%	100.00%	100.00%	100.00%
大广东	36.07%	37.01%	35.06%	32.44%	31.36%	31.33%	30.45%
江 苏	10.82%	10.82%	13.49%	14.73%	16.12%	16.57%	16.72%
上 海	10.36%	9.94%	11.06%	12.38%	11.90%	11.73%	11.81%
浙 江	8.61%	9.12%	9.49%	9.79%	10.07%	10.42%	10.53%
山 东	6.80%	6.55%	6.06%	6.04%	6.06%	6.06%	6.17%
福 建	5.22%	5.39%	4.82%	4.95%	4.57%	4.26%	4.10%
北 京	4.42%	3.91%	3.84%	3.49%	4.05%	3.92%	4.01%
辽 宁	4.16%	3.84%	3.34%	3.19%	3.07%	2.92%	2.90%
天 津	3.56%	3.60%	3.28%	3.51%	3.59%	3.46%	3.13%
河 北	1.48%	1.43%	1.35%	1.57%	1.43%	1.33%	1.40%
大四川	1.01%	1.18%	1.09%	1.02%	0.95%	1.03%	1.08%
安 徽	0.86%	0.76%	0.70%	0.66%	0.68%	0.71%	0.72%
湖 北	0.67%	0.58%	0.56%	0.57%	0.61%	0.57%	0.67%
湖 南	0.66%	0.56%	0.49%	0.52%	0.49%	0.53%	0.54%
河 南	0.64%	0.66%	0.68%	0.70%	0.67%	0.69%	0.69%
黑龙江	0.60%	0.62%	0.65%	0.62%	0.80%	0.87%	1.01%
山 西	0.55%	0.52%	0.52%	0.68%	0.46%	0.43%	0.54%

续　表

	2001 年	2002 年	2003 年	2004 年	2005 年	2006 年	2007 年
吉　林	0.55%	0.55%	0.49%	0.29%	0.32%	0.31%	0.32%
云　南	0.47%	0.44%	0.38%	0.38%	0.35%	0.35%	0.39%
广　西	0.46%	0.47%	0.45%	0.40%	0.38%	0.37%	0.42%
内蒙古	0.43%	0.43%	0.33%	0.28%	0.27%	0.22%	0.24%
陕　西	0.42%	0.43%	0.40%	0.40%	0.40%	0.37%	0.38%
江　西	0.39%	0.33%	0.34%	0.34%	0.32%	0.39%	0.45%
新　疆	0.25%	0.41%	0.58%	0.51%	0.66%	0.74%	0.94%
甘　肃	0.18%	0.17%	0.20%	0.17%	0.14%	0.16%	0.14%
贵　州	0.16%	0.14%	0.13%	0.15%	0.11%	0.11%	0.12%
宁　夏	0.13%	0.10%	0.12%	0.11%	0.09%	0.10%	0.09%
青　海	0.06%	0.05%	0.06%	0.08%	0.04%	0.06%	0.03%
西　藏	0.03%	0.03%	0.03%	0.02%	0.02%	0.02%	0.03%

资料来源：同表 9-8，作者计算整理。

表 9-13　1983—2007 年省城市人口增量

	城市人口增量			扣除行政区划影响后的城市人口增量		
	1983—1990 年	1991—2000 年	2001—2007 年	1983—1990 年	1991—2000 年	2001—2007 年
北　京	139	311	321	114	279	315
天　津	93	95	130	82	66	128
河　北	425	576	1 045	—38	456	1 043
山　西	329	266	355	94	272	355
内蒙古	215	234	190	126	196	190
辽　宁	442	308	270	162	205	270
吉　林	263	171	116	77	97	114
黑龙江	386	240	95	189	207	93
上　海	264	481	196	259	428	192
江　苏	688	1 380	995	395	1 091	986
浙　江	519	699	647	119	582	643

续 表

		城市人口增量			扣除行政区划影响后的城市人口增量		
		1983—1990年	1991—2000年	2001—2007年	1983—1990年	1991—2000年	2001—2007年
安徽		380	595	664	212	393	664
福建		323	535	319	152	397	317
江西		225	269	587	101	74	587
山东		1 178	800	941	708	544	939
河南		465	669	1 178	189	498	1 176
湖北		743	816	276	425	775	272
湖南		469	694	789	200	527	789
广东		1 470	1 937	1 798	644	1 758	1 794
广西		306	594	381	183	418	375
四川		648	1 112	1 033	216	459	1 027
贵州		127	200	164	6	74	164
云南		229	338	431	137	287	429
西藏		8	22	31	0	−37	31
陕西		287	333	342	136	147	336
甘肃		159	150	210	50	134	206
青海		62	37	41	41	45	41
宁夏		50	40	88	36	32	81
新疆		125	125	194	126	122	194
东部		5 847	7 716	7 043	2 780	6 224	7 002
中部		3 476	3 954	4 252	1 614	3 039	4 242
西部		1 696	2 358	2 535	749	1 264	2 510
全国		11 019	14 028	13 830	5 143	10 527	13 754
比例	东部	53.06%	55.00%	50.93%	54.06%	59.12%	50.91%
	中部	31.54%	28.19%	30.74%	31.37%	28.87%	30.84%
	西部	15.39%	16.81%	18.33%	14.57%	12.01%	18.25%
	全国	100.00%	100.00%	100.00%	100.00%	100.00%	100.00%

资料来源：作者计算整理，详细过程参考第8章。

第10章

城市化转型中的人口区域迁移特征

理论研究及实践已经证明，人口迁移是合理配置生产要素、推动经济快速发展的重要"引擎"，在一定意义上工业化、城市化和现代化的历史也就是人口迁移的历史（王桂新，2001）。在种种政策和制度性因素及经济变量的作用下，基于个体选择，改革开放以来我国出现了前所未有的人口迁移活动，极大地影响了城市化的进程。

10.1 研究基础

10.1.1 城市化与人口迁移

人口城市化分为就地城市化和异地城市化两种形式。就地城市化是人口的生活空间由乡村向城市的转变，主要发生在城市的郊区，有因城市扩展而推动的城市周边的乡村城市化，也有相对孤立的农村地区由于偶然因素规模迅速扩大从而完成城市化的突变，或者经历漫长的历史发展过程由于本身所具有的优势因素而发展壮大逐步完成了城市化，这些就地城市化过程有一个共同特点就是空间特征和生活方式发生转变，但人口不发生空间上的位移。异地城市化是通过人口迁移来实现的，乡村人口从农村地区迁移到城市居住和生活，其特点是除了人口生活方式转变外，还发生了空间的位移。

10.1.2 人口迁移与人口流动

人口流动与人口迁移在西方文献中是同一个词（migration），是指人口发生了空间上的位移。国际人口科学联盟把人口迁移定义为"在一个地区单位同另一个地区单位之间进行的地区移动或者空间移动的一种形式，通常它包括了从原住地或迁出地迁到目的地或迁入地的永久性住地变动”(IUSSP，1982，转引自段成荣等，2006)。而在我国，由于实行了“户籍管理制度”，有的研究把户籍和常住地同时发生变化的人口活动称为“人口迁移”，把常住地发生改变而户籍未发生相应改变的人口活动称为“人口流动”(魏津生，1984；段成荣，2001)。

考察人口迁移和流动，还必须关注两个基本概念，一是“时间”，例如我国第四次人口普查以“五年”为时间界限，只有迁移超过 5 年才算作永久迁移，而在统计意义上，四普定义在某地常住超过一年就算作当地常住人口，而五普把常住某地超过半年就算作当地常住人口；二是“空间”，即人口移动了多少距离才算作迁移或流动，这取决于研究对象的尺度，如果研究一座城市，那么它内部街区间的人口位移，如一般意义的搬家，就属于人口流动范畴，而如果研究对象是某省，那么城市内部的人口位移就不能够算作人口流动或者迁移，只有跨越了市、县或者乡镇以上行政单元的人口位移，才可纳入统计。一般而言，由于我国户口管理部门是设置于街道和乡镇层面的公安派出所①，因而跨越乡镇街道的人口空间位移就算作人口迁移。

尽管关于“人口迁移”和“人口流动”之间的区别有大量的论证，但是现实中人口迁移和人口流动的区别并不十分明显，因此本书的论述不区分“人口流动”与“人口迁移”的概念，而是关注于迁移的时间和空间尺度的变化。为简化论述，本书把人口在一定空间尺度和一定的时间尺度内发生的位移通称为“人口迁移”。

10.1.3 人口迁移理论

迁移的选择性是人口迁移领域研究的重点。微观经济学假定，迁移的目的是个人收益最大化，迁移决策本质上是对经济刺激的反应，是基于“成本—收益”的理性选择，但劳动迁移的新经济学理论认为，分析的有效单位应该上升到家庭户，而不是个人。与微观经济假设不同，二元劳动力市场理论认为迁移是需求驱动的结果，而社会资本理论认为“重复的迁移行为”能够为迁移者构筑一个联系迁出地和迁入地的网络，如亲戚关系、朋友关系、同乡关系、同事关系等。但最具影响力的人口迁移决策理论仍然是在刘易斯二元经济结构基础上的“推拉理

① 当然，派出所的设置与乡(镇、街道)的设置并不完全相同，因而并不是所有的带户口变动的人口迁移活动都在空间上跨越了乡(镇、街道)，也不是所有跨越乡(镇、街道)的位置移动都能被纳入人口迁移的统计范畴中去。但是，由于派出所与乡(镇、街道)的设置大体上是一致的，因此，这种理解是比较接近实际的(段成荣、孙丽晶，2006)。

论”。但也有学者对“推拉理论”持批评态度,从而提出了环境容量理论模型①(张车伟,1994)、空间均衡与非均衡模型(范力达,1994)、空间相互作用无制约引力模型(王桂新,1996)、移民规模引力模型(张涛等,1997)和人口迁移的成本—效益模型②,但这些模型的影响力远不如推拉引力模型来得广泛(路遇,2004)。随着近年来户籍制度的改革,束缚人口迁移的制度壁垒被逐步打破,西方人口迁移理论与中国城市化发展相结合的理论成果也日益丰富(Fan, 2005)。

10.1.4　人口迁移的影响因素

影响人口迁移的因素是人口迁移研究的核心内容之一,研究表明除性别结构、年龄结构、文化结构、就业结构、婚姻等因素外(张庆五,1991;张善余,1995;宁越敏,1997;黄晨熹,1999;段成荣,2000,2002;唐家龙,2007),资本、文化、科技和制度因素,城乡和地区差距,社会、经济差异和空间距离也是影响人口迁移的关键因素(丁军,1993;林盛中,1993;李永宠,1995;蔡昉,1995;李立宏,2000;段成荣,2001;朱传耿等,2002)。此外,刘建波等(2004)通过对一般迁移、再迁移和回归迁移的考察分析发现,无论是个人因素还是区域经济因素,都对其迁移行为具有重要影响。也有学者对流动人口的聚落形态、结构与功能做了探讨(刘海泳,1999)。研究一致认为,经济规模对迁出地有刺激“人口迁出”作用(负向),对迁入地有吸引“人口迁入”作用(正向),因此经济因素对人口迁移的流向及分布模式具有重要的引导、定型作用。除经济因素外,多数学者曾认为距离是仅次于经济收入的影响人口迁移的因素,两个省份间的空间距离对两个省之间人口迁移发生概率起“障碍”作用(李树茁,1994)。严善平(1998)基于 1987 年、1990 年和 1995 年人口普查和抽样调查数据,对人口省际迁出的原因的统计研究认为,影响省际间人口迁移量的因素在不同地区表现出一定的差异,且受迁移人口存量因素的影响,距离的远近对省际人口迁移量有影响,但并非十分重要。

10.1.5　人口迁移与城市化

二元经济结构和二元区域结构理论是人口城市化研究中的两个重要基础理论框架(朱宇,2001)。我国城市人口快速增加的主要原因是农村富余劳动力向

① 认为人口迁移的动因来自不断增长的人口数量所引起的人均资源占有量的减少,公式为 $M = P(1-C/D)$ (M 是迁移倾向或流量,P 是人口数量,C 是人口容量,D 是人口密度)。

② 公式为 $M = B/C \times R$ (M 是迁移倾向或流量,B 是迁移效益,C 是迁移成本,R 是个人资源)。

城镇转移，流动人口对城市化既有促进作用，也有负面影响（杨子慧等，1996）。辜胜阻和刘传江（1996）从农村发展与人口流动、城市化（包括农村城市化）同步发展及其相互关系的视野，较系统地探讨了中国乡城、乡乡人口流动与城市化的发展战略与政策选择。朱镜德（1999）把城乡劳动力市场划分为城市完全竞争劳动力市场、乡村完全竞争劳动力市场和城市不完全竞争劳动力市场①，提出了城乡人口迁移的两阶段理论。王桂新（2005）考察了 1995—2000 年间中国省际人口迁移与东部地带经济发展的关系，发现省际迁移人口（外来劳动力）已成为推动迁入地经济发展不可替代的重要因素。梁明等（2007）利用中国分县市人口数据（户籍迁移）分析了影响中国城乡迁移的因素，得到如下结论：中国的经济增长对城乡迁移具有比较明显的促进作用，人均耕地面积的减少成为城乡迁移比较重要的推动力量，城镇新增就业岗位对城乡迁移具有显著的正向影响，城镇失业率对城乡迁移的影响不显著，城乡迁移仍存在盲目性，但城乡收入差距对城乡迁移的作用不显著。

省际人口迁移的变化趋势也受到很大关注（杨云彦，1994，2002；丁金宏，1994，2005；张善余，1995；王桂新等，2000；于弘文，2001；朱传耿，2002；孙峰华等，2006）。研究认为人口迁移流向在继续主要向东部地带“集中”的同时，出现了北京、上海和广东等的强势吸引中心以及以四川省、浙江省为源地的辐散流场，中国人口省际迁移的吸引中心呈现出集聚倾向（王桂新，2000，2003；李薇，2008）。周皓（2006）运用条件罗吉特模型（CLGT），基于 2000 年五普 1‰数据分析了国家资本、民间资本和外资对省际移民的影响，但结果是前两者正向显著，而外资是负向影响。微观层次的城市或区域（省份）的个案研究亦引起了学者的兴趣（顾朝林，1999；冯健，2002；鲁奇，2005；徐玮、宁越敏，2005；鲍常勇，2007）。此外，也有学者对省内或市县内的人口迁移进行了研究（如屈琼斐等，1997；章定富，2000，周一星，2000；伍理，2001）。

中国的人口迁移从 1950 年代末期就刻上了“国家控制”的烙印，因此其不仅仅受到个体社会经济特征的影响，还受到以户籍制度为基础的城市化转型的双重影响（唐家龙等，2007）。人们普遍认为户籍制度影响了人口迁移，是户籍制度催生了大量的暂时流动人口（唐家龙，2007），或者说是人户分离人口（吴丽丽、段成荣，2009）。实际上非永久性迁移（循环流动）在发展中国家的人口迁移及其研

---

① 指城市工作岗位中不完全对农民开放的那一部分劳动力市场，例如国有单位的“正式劳动岗位”等。

究中占据了非常重要的地位，朱宇(2004)就非永久性迁移的概念、在发展中国家的重要地位及形成机制等方面回顾和评述了国外的有关文献。由于我国流动人口越来越多，对其的政策与管理自然也成了研究的重要组成部分(李梦白，1991；阎蓓，1997；罗仁朝，2004)。

10.1.6　人口迁移的研究方法

在研究方法方面，人口迁移研究主要采用的是因子分析、一元回归、多元回归分析等方法。在迁移模型的变量指标选取上，只要条件允许，选取调查时点之前的指标总是比选取调查时点上的指标更好，因为这样可以尽可能避免"同时性偏差"(段成荣，2000)。另外，由于人口迁移的资料数据比较有限，尤其是历史数据的缺乏给研究工作带来了极大的障碍，但段成荣(2000c)和刘金塘等(2004)利用人口出生地资料研究人口迁移的历史，填补了 1980 年代以前人口迁移资料的空白。

我国关于人口迁移的研究已产生了大量成果，为认识我国的城市化进程和特征提供了极大的帮助，然而在人口迁移与区域城市化差异的关系问题上，还没有比较全面的分析成果。

10.2　人口迁移考察

10.2.1　人口迁移统计

(1) 统计数据

迁移人口(或者流动人口)是相对于常住人口的概念，掌握迁移人口的数据对于理解和研究城市化进程有十分重要的意义。1980 年代前国家对人口流动施行严格的控制，除上山下乡时期外，全国的迁移人口数量较小，也没有直接的统计数据可以利用。虽然通过历次人口普查的常住人口定义可以间接地界定迁移人口①，但我国真正关于"人口迁移"的数据搜集是从 1987 年 1%人口抽样调查开始的，1987 年人口抽样调查前的迁移人口的数据资料均是学者通过其他间接资料推测所得。关于人口迁移的全国性的调查(普查)统计至今已进行了 5

① 比如，根据 1982 年常住人口的定义，可以间接地认为迁移人口是"跨县市，离开原常住地一年以上的人口"。

次，分别是 1987 年、1995 年和 2005 年 1%人口抽样调查以及 1990 年和 2000 年人口普查。

此外，1982 年全国 1‰人口生育率抽样调查（样本 31 万人）、1986 年全国 74 城市人口迁移抽样调查（有效问卷约为 215 万份（杨杨，1997）），1988 年 2‰全国生育节育抽样调查（样本 215 万人）、1992 年全国生育节育抽样调查（样本 38 万人）、1997 年全国人口与生殖健康调查（样本 19 万人）、2001 年全国计划生育生殖健康调查（样本 18 万人）和 2006 年全国人口和计划生育抽样调查（样本 16 万人）中也包含了部分流动人口的有关信息。

(2) 统计口径

虽然 1980 年代以来，我国的人口迁移数据日渐丰富，但是历次人口普查和人口 1%抽样调查对"迁移人口"的时间和空间界定发生了多次变化（段成荣、孙玉晶，2006）。

1987 年 1%人口抽样调查把迁移人口界定为"离开所在市（不含市辖县）、镇、县（不含县辖镇）……"，这里需要注意的是，1987 年人口迁移的空间界定范畴与 1990 年的"离开所在市（不含市辖县）县……"不同，镇是作为独立的统计单位列出的[①]，相比 1990 年口径，1987 年数据增加了县市内的"镇乡迁移"。而 1995 年、2000 年和 2005 年的空间迁移口径是"跨、乡、镇、街道"。还需要注意的是，虽然 1995 年的迁移人口定义是"跨乡镇街道"，但官方公布的人口迁移数据是"跨县市区"的[②]。

另外，迁移时间的定义也不同，1990 年定义为离开常住地一年以上，1987 年、1995 年、2000 年和 2005 年均为半年（表 10－1）。简言之，1987 年是"跨市镇县、半年以上"算作人口迁移，1990 年是"跨县市、一年以上"算作迁移，而 2000 年和 2005 年是"跨乡镇街道，半年以上"算作人口迁移。

虽然历次人口普查和人口抽样调查关于人口迁移的统计口径发生了多次变更，但结构性数据依然具有较好的可比性（段成荣等，2008）。尤其是"五年口径"的省际迁移人口数据，具有非常好的历史可比性[③]。

---

① 这一点在很多的研究文献中被忽视。

② 根据 1995 年人口抽样调查资料第 538 页"按户口状况分的人口"计算，"跨乡镇街道一年口径"迁移人口数为 4 839 万人。

③ 但是"五年口径"的省际迁移数据对实际迁移人口有所低估，主要在于：迁移多次的只计算一次，迁出又迁回的未予计算，不满 5 周岁或者已经死亡的未予计人，这是与国外数据或者其他数据对比时需注意的。

表 10－1　1982—2007 年历次人口普查、人口 1%抽样调查关于“迁移”的统计

		1982 年第三次人口普查[1]	1987 年 1%抽样调查	1990 年第四次人口普查	1995 年 1%抽样调查	2000 年第五次人口普查	2005 年 1%抽样调查
调查时间		1982. 6. 30	1985. 6. 30	1990. 9. 30	1995. 10. 30	2000. 10. 30	2005. 10. 30
调查人口比例		—	0. 999%	100%	1. 027%	100%(9. 50)%	1. 325%
迁移者定义	时间	一年	半年	一年	半年	半年	半年
	空间	离开所在县市	离开所在市(不含市辖县)、镇、县(不含县辖镇)	离开所在县市	离开所在乡镇街道[2]	离开所在乡镇街道	离开所在乡镇街道
5 年迁移者调查	年龄	—	无要求	5 岁以上	5 年前常住地，5 岁以下填写出生地	5 岁以上	5 岁以上
	调查内容	—	5 年前常住地	5 年前常住地		5 年前常住地	5 年前常住地
1 年迁移者年龄		—	无要求	—	无要求	无要求	1 岁以上

注 1：1982 年并没有明确的“迁移者”定义，也没有详细的人口迁移数据，但其“常住人口”的定义隐含了对“迁移者”的界定。

注 2：这里需要注意，1995 年官方公布的迁移人口资料是“半年，跨县市区”的统计数据。

资料来源：1982 年、1990 年、2000 年人口普查汇总资料，1987 年、1995 年和 2005 年 1%人口抽样调查资料。

10. 2. 2　全国人口迁移概况

(1) 人口迁移总量

根据 1987 年、1995 年、2005 年三次 1%人口抽样调查和 1990 年、2000 年两次人口普查资料观察基本的全国人口迁移情况。从人口的户口登记地状况来看，1982 年人户分离人口 657 万人，1987 年 1 523 万人，1990 年 2 161 万人，2000 年 13 429 万人，2005 年 14 686 万人(表 10－2)。虽然这期间统计口径发生了变化，但总的趋势是人户分离人口越来越多，人口迁移的规模加速增长，人户分离人口占总人口的比率由 1982 年(7 月 1 日)的 0. 65%上升到 2005 年(11 月 1 日)的 11. 60%，20 年时间提升了超过 10 个百分点①。

(2) 人口迁移率

全国来看，五年口径跨市县迁移人口从 1987 年的 3 056 万人增长到 2005 年的 5 334 万人，占总人口的比例从 1987 年的 2. 84%增长到了 2005 年的 4. 12%，其中增长最快的是 1990 年代后期(表 10－3)。

① 这里的描述忽略了统计口径的变化。

表 10－2　我国人户分离人口发展概况

		1982 年[1]	1987 年	1990 年	1995 年	2000 年	2005 年
半年乡镇街道口径	居住本地半年以上、户口在外	—	—	—	4 711	13 429	14 686
	人住本地不满半年，离开户口登记地半年以上	—	—	—	128	1 010	—
半年市镇县口径	居住本地、户口在外	—	1 523	—	—	—	—
一年县市口径	居住本地一年以上、户口在外	636	—	2 006	—	—	—
	人住本地不满一年，离开户口登记地一年以上	21	—	155	—	—	—

注 1：1982 年县市内流动人口 1 205 万人（周广胜，1984）。

资料来源：1982 年数据摘自周广胜，户口登记在中国 1982 年人口普查中的作用，载于"李承瑞主编，1984，十亿人口的普查，北京—中华人民共和国国务院人口普查办公室"；1987 年数据摘自国家统计局人口统计司编，1988，1987 年全国 1%人口抽样调查的主要数字；1990 年数据摘自国家统计局主编，1993，中国 1990 年人口普查资料；1995 年数据摘自全国人口抽样调查办公室编，1997，1995 年全国 1%人口抽样调查资料；2000 年数据摘自国家统计局出版的 2000 年人口普查资料（光盘版）短表数据；2005 年数据摘自国家统计局出版的 2005 年全国 1%人口抽样调查资料（光盘版）。

表 10－3　1987—2005 年五年迁移口径跨市县迁移（迁入）人口及比例演变（万人）

	全部迁移（迁入）人口					迁移（迁入）人口占总人口比例				
	1987 年	1990 年	1995 年	2000 年	2005 年	1987 年	1990 年	1995 年	2000 年	2005 年
总　计	3 056	3 413	3 236	4 766	5 334	2.84%	2.99%	2.69%	3.79%	4.12%
东　部	1 313	1 580	1 840	3 184	4 035	2.96%	3.35%	3.70%	6.07%	7.30%
中　部	999	1 101	789	809	816	2.59%	2.70%	1.84%	1.82%	1.80%
西　部	744	731	606	759	665	3.01%	2.81%	2.19%	2.63%	2.30%
北　京	87	77	131	132	201	8.28%	7.05%	10.43%	9.69%	13.07%
天　津	17	28	48	54	54	2.11%	3.18%	5.06%	5.36%	5.23%
河　北	154	133	130	133	128	2.69%	2.16%	2.03%	1.99%	1.87%
山　西	95	93	47	61	63	3.43%	3.22%	1.51%	1.87%	1.89%
内蒙古	74	83	91	93	131	3.57%	3.85%	3.97%	3.92%	5.48%
辽　宁	129	143	156	106	136	3.41%	3.61%	3.81%	2.53%	3.23%
吉　林	109	85	75	55	56	4.68%	3.42%	2.89%	2.05%	2.06%

续　表

	全部迁移(迁入)人口					迁移(迁入)人口占总人口比例				
	1987 年	1990 年	1995 年	2000 年	2005 年	1987 年	1990 年	1995 年	2000 年	2005 年
黑龙江	106	142	125	103	102	3.10%	4.02%	3.39%	2.70%	2.68%
上　海	65	84	164	294	375	5.20%	6.31%	11.62%	17.90%	21.08%
江　苏	182	198	296	312	415	2.87%	2.93%	4.19%	4.26%	5.55%
浙　江	92	114	119	354	495	2.22%	2.68%	2.70%	7.71%	10.10%
安　徽	102	121	70	81	87	1.94%	2.13%	1.18%	1.34%	1.43%
福　建	54	98	97	203	318	1.89%	3.21%	3.00%	5.95%	9.01%
江　西	63	96	59	58	58	1.74%	2.52%	1.45%	1.39%	1.35%
山　东	206	180	189	179	182	2.61%	2.12%	2.17%	1.99%	1.97%
河　南	116	172	100	125	85	1.42%	1.99%	1.10%	1.32%	0.87%
湖　北	189	152	104	115	108	3.70%	2.79%	1.80%	1.93%	1.79%
湖　南	144	157	118	118	126	2.49%	2.56%	1.85%	1.80%	1.87%
广　东	254	423	421	1 295	1 620	3.94%	6.03%	5.54%	15.24%	16.17%
广　西	73	103	90	123	110	1.82%	2.43%	1.98%	2.58%	2.36%
四　川	368	282	231	235	208	3.52%	2.61%	2.04%	2.05%	1.89%
贵　州	67	66	55	74	78	2.17%	2.01%	1.56%	1.97%	2.09%
云　南	75	99	81	149	137	2.12%	2.64%	2.04%	3.52%	3.08%
西　藏	1	0	7	6	4	0.31%	0.00%	2.83%	2.34%	1.60%
陕　西	101	102	68	78	69	3.27%	3.08%	1.92%	2.14%	1.86%
甘　肃	50	65	53	58	39	2.38%	2.88%	2.19%	2.28%	1.49%
青　海	9	27	18	19	19	2.11%	5.97%	3.81%	3.74%	3.58%
宁　夏	18	21	11	27	21	4.19%	4.57%	2.24%	4.79%	3.54%
新　疆	56	70	82	113	89	3.97%	4.60%	4.95%	6.11%	4.42%

注 1：本表数据为“现住地和五年前常住地”口径。

注 2：1990 年为一年口径，其余年份为半年口径，因此 1990 年数据略微高估。2000 年和 2005 年数据是根据 2000 年县市区内跨乡镇街道迁移人口的比例折算，再根据 2005 年迁移人口来现住地时间计算的五年迁移人口占全部迁移人口比例折算。总人口是各省当年年底人口。

资料来源：历次人口普查和人口抽样调查资料。

分三大区域来看，1987—2005 年间中西部地区(迁入口径)迁移人口绝对数量有所减少，而东部地区绝对数量从 1987 年的 1 313 万人增长到了 2005 年的 4 035 万人，一直处于增加的态势，迁移人口比例也从 2.96%增长到了 7.30%。

分省来看，1987—2005 年间人口迁移率（迁入口径）增长最大的是上海、广东、浙江和福建，分别增长了 15.88、12.23、7.88 和 5.80 个百分点，北京、江苏和天津也分别增长了 2.68 至 4.79 个百分点；与此同时，吉林、河北、四川、山西和陕西的人口迁移率处于下降状态，仅为 1.41 至 2.62 个百分点。

总体来看，我国的人口迁移越来越活跃，总量逐年增加，但迁移主要发生在东部地区，以广东、上海、浙江和福建的人口迁移（迁入）最为活跃。

10.2.3 省际迁移与省内迁移

(1) 迁入口径

人口迁移可以分为省内迁移和省际迁移。从全国层面看，1987 年“市镇县半年口径”省际迁移（迁入）占全部迁移的比重为 20.67%，之后一直处于上升的趋势，到 2005 年已经达到 57.33%，且上升越来越快，这说明人口的跨省迁移越来越重要。从三大区域看，1987 年东部区域省际迁移比重为 30.80%，之后一直处于上升的趋势（1995 年除外），2005 年达到了 57.42%，超过了迁移人口的半数；中部区域省际迁移率一直较低，1987 年为 17.58%，2005 年为 27.54%，低于全国平均水平（总计值）近 30 个百分点；西部地区 1987 年省际迁移比重为 22.35%，之后一直在上升，且始终比全国平均水平略高，但是 2005 年省际迁移比重急转下降到了 40.20%，低于全国 17 个百分点（表 10 - 11）。这与西部大开发和中部崛起战略的实施相对应。由于中西部地区省内城市的吸引力增强，从而省内人口迁移快速增长。

从省际人口迁移比重的时空演变来看，1987 年省际人口迁移比重较高的省份主要集中在北方，如内蒙古、山东、吉林、青海等；1995 年北方地区省际迁移比重继续增加，与此同时东部沿海的苏浙沪闽以及西南的云南和广西省际迁移比重增长较快；2000 年北方黄河流域沿线省份、东部沿海的全部省份以及云南和贵州省际迁移比重明显高于其他地区；2005 年基本上保持了这一态势，但是黄河中游地区的省际迁移人口比重有所下降。总体上看，省际人口迁移比重的时空演变是从 1987 年的“南低北高”向 2005 年的“内陆低、沿海和边境省份高”的格局在演变，跨省迁移（迁入）已经成为人口迁移的主要形式。

(2) 迁出口径

从迁出口径看，1987 年东部区域省际迁移（迁出）比重为 22.75%，1995 年比重略有下降，之后一直处于上升的趋势，2005 年达到了 34.53%；中部区域 1987 年省际迁移（迁出）率为 22.87%，之后一直处于上升通道，2000 年达到

57.93%，2005 年更是达到了 64.87%；西部地区 1987 年省际迁移比重为 39.00%，至 1995 年下降到了 33.30%，之后比重一直上升，2005 年省际迁移比重上升到了 49.27%，占了全部迁出人口的近一半，省际迁移的重要性日益加强。省际迁出已经是中西部地区人口迁移的最主要的形式。

从省际人口迁移（迁出）比重的时空演变来看，1987 年大部分省份的省际人口迁移（迁出）比重较低，仅天津、青海和西藏、新疆、甘肃和黑龙江的省际人口迁出超过 30%；1995 年状况发生改变，长江沿线大部分省份的省际人口迁出比重有较大提升，均超过了 40%，其中四川和河南超过了 50%；2000 年除边境省份（不含广西）、东部沿海省份以及青海、宁夏和山西以外，全部内陆省份的省际人口迁出均超过了 50%，其中安徽和江西省超过 80% 的迁出人口是省际迁移；2005 年基本保持了这样的趋势，并且浙江和江苏的省际迁出人口也超过了 50%，除安徽和江西省外，河南省的省际人口迁出也超过了 80%。截至 2005 年全国 29 个（研究）省份中有 18 个省际人口迁出超过了 50%（表 10－12）。

总体上看，省际人口迁移（迁出）比重的时空演变从 1990 年的“西高东低”向 2005 年的“中间最高，边境省份和南部沿海省份次之”的格局演变。省际迁移（迁出）占有越来越重要的位置，跨省迁移（迁出）已经成为人口迁移的主要形式。

10.2.4　省际人口迁移特征

（1）迁入和迁出

表 10－4 显示，2005 年五年口径省际迁入前五位省份的迁移人口占全国的比例为 67.85%，比 1987 年提高了 30.09 个百分点；2005 年五年口径省际迁入前十位省份的迁移人口占全国的比例为 82.65%，比 1987 年提高到了 21.37 个百分点，人口迁入地的集中趋势非常明显；另一方面，2005 年人口迁出前五位省份的迁移人口占全国的比例为 49.13%，比 1987 年提高了 17.24 个百分点，2005 年人口迁出前十位的省份占全国的比例为 74.27%，比 1987 年提高了 19.03 个百分点，人口的流出省份也越发地趋向于集中。

表 10－4　1982—2005 年全国五年口径迁移人口分布（万人）

		1982—1987 年	1985—1990 年	1990—1995 年	1995—2000 年	2000—2005 年
全国迁移		632	1 107	1 038	3 400	3 804
省际迁入前五位省份	人口	239	415	477	2 148	2 581
	比例	37.76%	37.47%	46.00%	63.18%	67.85%

续　表

		1982—1987 年	1985—1990 年	1990—1995 年	1995—2000 年	2000—2005 年
省际迁入前十位省份	人口	387	659	714	2 696	3 144
	比例	61.28%	59.53%	68.80%	79.29%	82.65%
省际迁出前五位省份	人口	206	382	425	1 752	1 869
	比例	31.89%	34.54%	40.92%	51.55%	49.13%
省际迁出前十位省份	人口	357	660	663	2 540	2 826
	比例	55.24%	59.62%	63.88%	74.76%	74.27%

资料来源：历次全国人口1%抽样调查和人口普查数据，经作者计算整理。

(2) 人口净迁移

进一步观察各省份的(省际)人口净迁移，1987—2005 年间总的趋势是人口净迁入省份的净迁入人口绝对量增长较快，人口净迁入量最大的前五位省份的净迁入人口从 1987 年的 111 万人增长到了 2005 年的 2 086 万人。此外人口净迁入的省份集中趋势非常明显，2005 年净迁入前五位的省份的净迁入人口占全部净迁入省份净迁入人口的比例从 1987 年的 72.92%提高到了 88.92%，尤其是 2000 年后广东省的净迁入人口占了全部人口净迁入省份(省际净迁入人口)的近一半。相应的人口净迁出省份的集中趋势也在加强，2005 年净迁出前五位的省份的净迁出人口占全部净迁出省份净迁入人口的比例从 1987 年的58.66%提高到了 66.28%(表 10－5)。数据非常清晰地显示，全国人口区域流动的大体趋势是以内地南方省份为净流出省份，以北京、上海、广东、浙江等沿海省份和新疆为净流入省份，人口的省际迁移较为集中。

(3) 人口迁移流

表 10－5　1987—2005 年五年口径跨省人口净迁移(万人)

		1982—1987 年	1985—1990 年	1990—1995 年	1995—2000 年	2000—2005 年
前五位省际净迁入省份	省　份	上海　北京 河北　山东 江苏	广东　北京 上海　辽宁 江苏	广东　上海 北京　江苏 新疆	广东　上海 浙江　北京 新疆	广东　上海 浙江　北京 新疆
	净迁入人口：万人	111	254	375	2 126	2 086
	占全部净迁入省份净迁入人口的比例	72.92%	82.74%	82.60%	86.88%	88.92%

续 表

		1982—1987 年	1985—1990 年	1990—1995 年	1995—2000 年	2000—2005 年
前五位省际净迁出省份	省 份	甘肃 黑龙江 湖南 广西 浙江	四川 广西 浙江 湖南 黑龙江	四川 安徽 湖南 河南 广西	四川 湖南 安徽 江西 河南	四川 湖南 安徽 江西 河南
	净迁出人口：万人	98	210	296	1 497	1 555
	占全部净迁出省份净迁出人口的比例	58.66%	68.63%	65.34%	70.48%	66.28%
广东省净迁入人口		31	105	168	1 174	1 031

资料来源：历次全国人口 1%抽样调查和人口普查数据，经作者计算整理。

1985—1990 年全部省际迁移人口 1 107 万人，前 30 大迁移流人口 351 万人，占全部 812 个省际迁移流的 31.75%。这一时期的省际人口迁移流主要是在东北三省、河北、山东等北方省份之间，以及以新疆、广东为流入地和以四川为流出地的迁移流，人口的省际迁移指向较为分散。

1990—1995 年全部省际迁移人口 1 038 万人，前 30 大迁移流人口 423 万人，占全部 812 个省际迁移流的 39.71%。这一时期东三省的人口迁移流继续保持一定规模，但指向明显南移，更倾向于由北向南的迁移。与此同时，沿海省份江苏、浙江、福建和广东等省的大规模人口迁入流增多，此外四川仍然是主要的人口迁出省份之一，新疆也是西部地区主要的人口迁入地。

1995—2000 年全部省际迁移人口 3 400 万人，前 30 大迁移流人口 1 779 万人，占全部 812 个省际迁移流的 52.33%。这一时期的人口迁移规模增加明显，迁移流的指向性变得更加明确，前 30 大迁移流的 11 个指向广东省，江苏、上海、浙江、福建、北京和新疆也是主要的人口迁入地，而四川、江西、安徽、河南、湖北和湖南是主要的人口迁出地。

2000—2005 年全部省际迁移人口 3 804 万人，前 30 大迁移流人口 2 039 万人，占全部 812 个省际迁移流的 53.60%。这一时期的人口迁移继续趋向于集中在东南沿海省份，30 大迁移流中的 27 个指向广东、福建、浙江、上海和江苏，这些迁移流的迁出省份除了河南和安徽外全部是长江以南省份。

20 年来的省际人口迁移流分析非常清晰地揭示，省际人口迁移的规模越来越大，人口迁移流的集中程度越发明显，迁入和迁出省份越发集中，且省际迁移主要发生在南方省份之间。

10.2.5 三大区域人口迁移特征

进一步考察人口在三大区域间的流动，可以归纳出9大迁移流（图10-1）。对比1985—1990年、1990—1995年、1995—2000年和2000—2005年四个时间段的人口迁移流，可以发现以下几个特征：

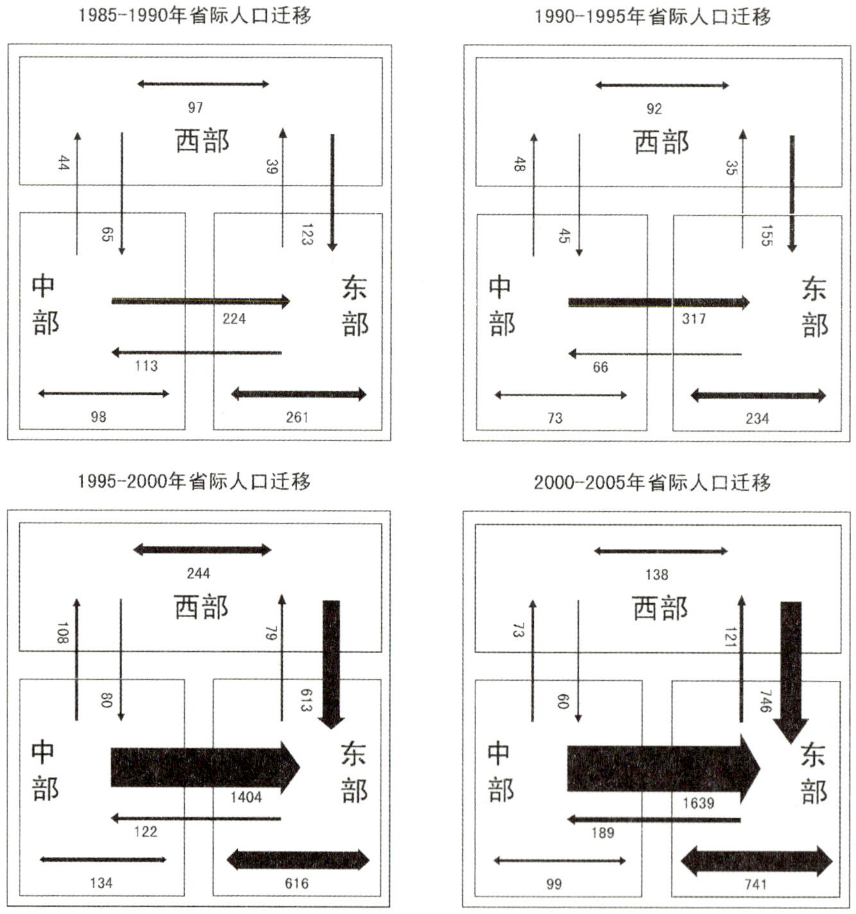

图10-1 1985—2005年三大区域间人口迁移(万人)

资料来源：作者绘制。

- 1985—1990年间，省际人口迁移规模较小，主要以东部为迁入地，迁入东部地区的省际迁移人口为608万人，占全部省际迁移人口的56.72%。此外，东部向中部和中西部地区内部的跨省迁移也占有一定比例。

- 1990—1995 年间，中部和西部省份向东部省份的人口迁移规模有所扩大，而东部向中部的人口迁移有所缩小，仅为前期的一半。
- 1995—2000 年，区域人口迁移规模急剧扩大，迁入东部地区的人口增加较多，达到了 2 633 万人，占全部省际迁移人口的 77.44%，而中西部地区之间以及东部向中西部地区的人口迁移仅有小幅增加。
- 2000—2005 年间，迁入东部地区的人口规模进一步扩大，达到 3 126 万人，占全部省际迁移人口的 82.18%。与此同时，中西部地区间和中部地区内部的人口迁移规模有所缩小，东部向中西部地区的人口迁移规模略有增加。

总体来看，20 世纪 80 年代末和 90 年代初期，全国的跨省人口迁移比较均衡分散，倾向于东部的发展政策并没有对人口迁移形成很强的吸引力。也就是说城市化的发展在 90 年代前还基本上是以各省为单位，内向发展，并没有形成全国的大规模城市化人口流动。90 年代末期至 2005 年，跨省人口迁移开始明确指向东部地区。

10.3　人口迁移与区域城市化

10.3.1　人口迁移动因机制的演变

全国的人口流动性在逐年加强，人口迁移的原因也在发生变化，历次人口普查和抽样调查数据显示，1987 年，婚姻迁入占了所有迁移原因的 27.66%，到了 2005 年，其比例下降到了 8.45%，而务工经商的比例由 9.32% 提高到了 43.07%（表 10 - 6）。与此同时，工作调动、分配录用以及婚姻迁入等的比例有了大幅下降。如果把“务工经商、工作调动和分配录用”归为经济原因，把分配学习、婚姻迁入、随迁家属、投亲靠友、搬迁搬家和退休退职归为社会原因（王桂新，2004），在 20 世纪 80 年代，全部的迁移人口中 63.65% 是因社会原因迁移，90 年代后经济原因逐步取代了社会原因，2005 年经济原因的迁移比例上升到了 47.71%，超过了社会原因的 45.12%，成为人口迁移的主要动因机制。如果进一步地将经济原因划分为市场因素（务工经商）和计划因素（工作调动和录用分配）的话，1982—1987 年间的迁移动因，计划因素占了 19.46%，市场因素仅占 9.32%；到了 90 年代，计划因素略有下降，减小到 17.90%，市场因素上升到

25.12%，市场因素逐步开始成为主流；2000年后计划因素减小到了3.64%，而市场因素提高到了43.07%(表10-7)，市场因素真正主导了人口的迁移流动。

表10-6　1982—2005年人口迁移的原因分析(全部)

年　份	合计	务工经商	工作调动	分配录用	学习培训	婚姻迁入	随迁家属	投亲靠友	搬迁搬家	退休退职	其他
1982—1987	100	9.32	13.16	6.30	8.17	27.66	15.78	9.78		2.26	7.57
1985—1990	100	25.12	11.87	6.03	12.14	13.94	10.44	9.84	—	1.56	9.06
1995—2000	100	30.73	4.28	3.11	11.66	12.02	12.85	5.03	14.52	—	5.79
2000—2005	100	43.07	2.91	0.74	3.45	8.45	14.87	8.40	9.95	—	8.17

资料来源：根据1987年、2005年全国人口1%抽样调查数据和1990年、2000年人口普查资料整理。

表10-7　1982—2005年人口迁移的机制分析(全部)

2000年全部	经　济　型			社　会	其　他
	合　计	计　划	市　场		
1982—1987年	100	19.46	9.32	63.65	7.57
1985—1990年	100	17.90	25.12	47.93	9.06
1995—2000年	100	7.39	30.73	56.09	5.79
2000—2005年	100	3.64	43.07	45.12	8.17

资料来源：同表10-6。

省际人口迁移的动因机制分析进一步显示，市场因素的迁移从1987年前的9.57%提高到了2000年后的73.36%，与此同时计划因素从25.15%下降到了1.38%，社会因素从59.13%下降到了22.50%(表10-8)。可以认为改革开放后人口的迁移已由社会原因的流动逐步过渡到经济原因的流动，尤其是市场因素的影响越来越强于计划因素的影响；这种影响尤其体现在跨省的人口迁移。

表10-8　1982—2005年省际人口迁移的机制分析

2000年全部	合　计	经　济　型		社　会	其　他
		计　划	市　场		
1982—1987年	100	25.15	9.57	59.13	6.16
1985—1990年	100	19.59	29.46	44.77	6.18
2000—2005年	100	1.38	73.36	22.50	2.76

资料来源：同表10-6。

10.3.2　城乡人口迁移

城乡人口迁移可划分为四个迁移流，即“乡—乡”“乡—城”“城—乡”和“城—城”，得到表 10-9。从全国层面看，1987 年“乡—城”迁移占了全部迁移的 49.00%，1995 年有所下降，2005 年又恢复到 1987 年的水平。此外，“城—城”迁移也占有较大比重，由 1987 年的 28.11% 提高到了 2005 年的 35.18%。

表 10-9　城乡人口迁移(万人)

		1987 年		1995 年		2005 年	
		迁移人口	比 例	迁移人口	比 例	迁移人口	比 例
全国	乡村—乡村	531	16.83%	770	23.80%	1 779	12.11%
	乡村—城镇	1 547	49.00%	1 163	35.95%	7 227	49.21%
	城镇—乡村	191	6.05%	154	4.76%	514	3.50%
	城镇—城镇	887	28.11%	1 148	35.49%	5 166	35.18%
	总　计	3 156	100.00%	3 236	100.00%	14 686	100.00%
省际	乡村—乡村	126	17.17%	349	33.63%	864	17.30%
	乡村—城镇	252	34.31%	411	39.62%	3 248	65.02%
	城镇—乡村	36	4.90%	66	6.36%	88	1.77%
	城镇—城镇	321	43.63%	212	20.39%	795	15.91%
	总　计	735	100.00%	1 038	100.00%	4 995	100.00%

注：1987 年和 1995 年数据是五年迁移口径，2000 年和 2005 年是现住地和户口登记地口径，所有数据均为(按抽样调查比例)折算后数字。

资料来源：同表 10-6。

从省际迁移来看，1987 年比重最大的是“城—城”迁移，达到 43.63%，“乡—城”迁移达 34.31%；之后“乡—城”迁移逐步占据主导地位，2005 年“乡—城”迁移比重已经提高到了 65.02%，而“城—城”迁移比重下降到了 15.91%。

总体来看，1987—2005 年间全国城乡人口迁移主要是“乡村—城市”和“城市—城市”的迁移流，而跨省的人口迁移从初期的“乡—城”和“城—城”迁移为主发展过渡到了主要是“乡—城”人口迁移的局面，从而加速了区域城市化水平空间分布的重构。

10.3.3　省际人口迁移与城市化水平

显然，省际人口迁移影响了区域城市化水平。很容易证明主要来自农村的迁移人口不仅使流入地城市化水平提高，也使流出地城市化水平提高①。表 10 - 10 显示，2005 年人口净流入省份和净流出省份的城市化水平较 1982 年分别提升了 25.27%和 17.08%。

表 10 - 10 （五年口径）省际人口迁移与城市化水平提升

	1982 城市化均值	省际人口流动对城市化水平的提升%					2005 城市化均值
		1982—1985	1985—1990	1990—1995	1995—2000	2000—2005	
净流入省份	34.61%	6.62%	3.75%	4.79%	3.63%	5.37%	59.88%
净流出省份	20.83%	4.96%	2.04%	3.82%	2.41%	5.93%	37.91%

资料来源：同表 10 - 6，作者计算整理。

上述分析是建立在省际全部人口迁移基础之上的，实际上省际迁移人口的城乡构成有很大不同，甲省乡村迁往乙省乡村或者甲省乡村迁往乙省城市的迁移人口对两省城市化水平的影响是不同的。把省际迁移人口划分为“乡村净迁出”和“城镇净迁入”，就可以计算假设没有发生省际人口流动时的城市化水平（比较值）。以 2005 年为例（表 10 - 13），省际人口城乡迁移把全国的城市化水平提高了 2.42 个百分点。城市人口净流入最大的广东省城市化水平提高了 4.71 个百分点，城市人口净流入较大的浙江、北京、江苏、福建和天津的城市化水平也分别提高了 1.71～3.40 个百分点，而上海由于农村地区经济发展水平较高，也吸引了一定的外省迁入人口，从而抵消了城市人口迁入带来的城市化水平提升。另一方面，乡村人口净流出省份的城市化水平也有一定的提升，乡村人口净流出较大的四川、安徽、河南、湖南、江西、湖北、广西和贵州的城市化水平也因此提升了 1.03～2.53 个百分点。

10.4 小　　结

研究表明，改革开放以来我国的人口迁移越来越活跃，总量增加较快，省际迁移占有越来越重要的地位，跨省迁移已经成为人口迁移的主要形式之一。

① 设农村人口为 R，城市人口为 U，城市化水平为 URL，则 $URL = U/(U+R) \times 100\%$，假设 A 地区流出人口 r 到 B 地区，r 更主要的是农村人口，则 A 地区 $URL_A = (U)/(U+R-r) \times 100\% > U/(U+R) \times 100\%$（因为 $r > 0$）；同样 B 地区 $URL_B = (U+r)/(U+R+r) \times 100\% >= 1-R/(U+R+r) \times 100\% > 1-R/(U+R) \times 100\% = U/(U+R) \times 100\%$（因为 $r > 0$）。

20 世纪 90 年代前的人口迁移基本上是以各省为单位，内向发展，并没有形成全国的大规模人口流动，90 年代末期至 2005 年，跨省人口迁移开始明确指向东部尤其是东南部沿海以广东为主的省份，人口迁移流的集中程度不断增高，迁入和迁出省份越发集中，且省际迁移主要发生在南方省份之间。外省人口的大量迁入推动了迁入省份的城市化水平的提高。而在江西、安徽、河南、湖南、四川等省，由于大量的人口迁出，这些省份的城市化水平也得到了一定程度的提高。

进一步的省际城乡迁移人口构成分析显示，省际“乡—城”人口迁移是省际人口迁移的主要部分，在省际人口迁移中占有越来越重要的地位。其政策含义是，各省的城市化发展战略和方针的制定不应局限于省内，而是要从全国的宏观层面着眼，尤其是西部经济落后省份，提高城市化水平的有效途径之一是跨省城市化，通过加强赴外省就业指导等手段，鼓励和支持本省农村人口跨省迁移。人口的跨省迁移，将产生本省和迁入省份的经济社会及城市发展的“双赢”效果。

附　　录

表 10－11　1987—2005 年历年全国省际人口迁移占全部迁移人口比率

年　份	1987	1990	1995	2000	2005	2000	2005
迁移口径	县市镇半年	县市区一年	县市区半年迁移			乡镇街道半年	
总计值	20.67%	32.42%	31.59%	44.46%	57.33%	26.67%	34.01%
东部	30.80%	46.10%	34.29%	50.16%	57.42%	29.75%	39.95%
中部	17.58%	26.90%	22.09%	27.33%	27.54%	11.63%	10.55%
西部	22.35%	33.43%	37.37%	46.09%	40.20%	24.00%	23.35%
北　京	37.92%	87.85%	47.50%	46.89%	59.64%	52.61%	59.64%
天　津	76.78%	87.14%	38.03%	66.31%	**55.58**%	25.55%	55.58%
河　北	38.69%	39.03%	34.90%	43.65%	**41.48**%	17.11%	18.11%
山　西	17.41%	32.85%	31.65%	45.73%	**37.01**%	16.04%	14.52%
内蒙古	22.79%	30.55%	35.34%	30.90%	34.59%	11.99%	16.03%
辽　宁	24.41%	37.98%	26.70%	45.32%	48.19%	16.53%	17.15%
吉　林	15.48%	27.96%	20.93%	32.68%	36.09%	11.21%	11.56%

续 表

年 份	1987	1990	1995	2000	2005	2000	2005
迁移口径	县市镇半年	县市区一年	县市区半年迁移			乡镇街道半年	
黑龙江	18.04%	25.82%	20.93%	21.56%	22.80%	9.39%	10.85%
上 海	57.94%	78.88%	54.24%	41.78%	65.53%	41.45%	65.53%
江 苏	26.18%	39.93%	30.09%	50.66%	70.52%	26.03%	38.80%
浙 江	13.59%	29.53%	31.60%	67.98%	91.06%	38.42%	57.47%
安 徽	16.22%	27.96%	15.97%	19.44%	25.71%	11.10%	8.55%
福 建	16.56%	25.74%	32.56%	56.35%	58.89%	30.85%	37.93%
江 西	15.93%	23.43%	17.45%	25.10%	28.26%	10.58%	8.47%
山 东	26.58%	33.85%	23.52%	38.45%	45.87%	13.13%	16.51%
河 南	22.76%	27.83%	20.13%	23.67%	**20.48**%	10.34%	7.92%
湖 北	14.50%	28.36%	23.28%	27.23%	**24.98**%	13.77%	9.80%
湖 南	15.08%	17.31%	13.17%	19.71%	**17.95**%	10.21%	7.23%
广 东	12.02%	33.32%	44.76%	71.16%	73.05%	55.57%	60.33%
广 西	8.07%	13.82%	13.25%	23.23%	**21.78**%	9.99%	12.41%
四 川	10.55%	16.68%	11.17%	25.86%	27.36%	14.05%	10.70%
贵 州	17.13%	29.04%	33.31%	32.60%	**30.43**%	13.66%	15.79%
云 南	14.15%	25.37%	24.96%	46.35%	**36.56**%	22.32%	23.72%
西 藏	0.00%	—	62.15%	70.95%	53.58%	52.52%	38.39%
陕 西	22.26%	30.81%	29.95%	40.93%	36.22%	17.78%	15.94%
甘 肃	18.71%	30.69%	26.11%	31.80%	**28.48**%	12.41%	13.12%
青 海	31.86%	43.42%	29.82%	40.31%	41.46%	17.87%	24.50%
宁 夏	50.27%	42.80%	46.15%	52.37%	**37.75**%	20.45%	20.57%
新 疆	36.26%	48.63%	72.68%	73.61%	**69.99**%	44.90%	47.41%

注1：1995年、2000年和2005年北京、天津、上海三个直辖市为跨乡镇街道迁移，口径与其他年份一致，全国数据也纳入了北京、上海、天津的跨乡镇迁移人口；1987年和1990年三大直辖市数据与其他省份数据口径不一致，不可比；

注2：2005年数据按照2000年县市区内跨乡镇街道迁移人口比例进行了折算；

注3：1987年和1990年数据为五年迁移数据，1995年、2000年和2005年为“全国按现住地、户口登记地分的人口”；

注4：“三大区域均值”是各省省际迁移率的算术平均值，“总计值”是全国的省际迁移人口占全国迁移人口的百分比。

资料来源：1987年、1995年和2005年1%人口抽样调查，1990年和2000年人口普查。

表 10－12　1987—2005 年历年全国分省省际人口迁移(迁出)率演变

年　份	1987	1990	1995	2000	2005
迁移口径	跨县市镇半年	跨县市区一年	跨县市区半年		
总　计	21.07%	32.46%	31.60%	53.86%	57.33%
全国均值	27.83%	35.82%	30.16%	42.24%	48.52%
东部	22.75%	25.88%	21.95%	28.12%	34.53%
中部	22.87%	31.72%	37.07%	57.93%	64.87%
西部	39.00%	36.42%	33.30%	43.79%	49.27%
北　京	15.53%	10.00%	6.74%	1.33%	6.09%
天　津	53.71%	10.00%	9.37%	2.22%	10.01%
河　北	28.34%	44.28%	39.30%	50.37%	53.33%
山　西	18.81%	25.83%	18.07%	27.81%	35.71%
内蒙古	26.44%	34.40%	21.80%	29.16%	33.42%
辽　宁	19.17%	25.03%	10.73%	22.30%	29.11%
吉　林	20.55%	36.78%	35.32%	48.92%	60.59%
黑龙江	34.14%	36.53%	29.92%	45.49%	54.25%
上　海	23.11%	10.00%	9.11%	1.83%	5.43%
江　苏	19.24%	34.30%	19.82%	40.98%	50.22%
浙　江	23.09%	44.16%	45.28%	46.04%	66.92%
安　徽	22.66%	38.02%	59.01%	81.94%	85.26%
福　建	19.21%	24.80%	23.94%	32.79%	32.94%
江　西	21.41%	28.58%	49.35%	82.97%	85.39%
山　东	18.29%	31.01%	23.99%	40.05%	48.76%
河　南	26.04%	32.25%	50.79%	66.66%	80.74%
湖　北	12.17%	24.14%	26.35%	63.26%	72.25%
湖　南	23.59%	28.94%	43.02%	75.19%	76.20%
广　东	6.46%	11.24%	3.43%	8.07%	8.75%
广　西	24.10%	39.86%	49.69%	63.31%	68.27%
四　川	12.54%	35.94%	52.72%	74.68%	78.38%
贵　州	18.11%	40.23%	44.25%	65.40%	72.68%

续 表

年 份	1987	1990	1995	2000	2005
迁移口径	跨县市镇半年	跨县市区一年	跨县市区半年		
云 南	22.18%	27.48%	15.37%	20.31%	31.73%
西 藏	84.54%		23.60%	30.85%	34.90%
陕 西	26.59%	33.91%	33.33%	56.68%	61.90%
甘 肃	49.01%	38.44%	38.35%	54.52%	62.25%
青 海	62.02%	40.37%	23.84%	34.04%	41.58%
宁 夏	35.77%	31.56%	43.60%	34.07%	33.90%
新 疆	40.22%	43.46%	24.64%	23.60%	26.09%

注 1：1995 年、2000 年和 2005 年北京、天津、上海三个直辖市为跨乡镇街道迁移，口径与其他年份一致，全国数据也纳入了北京、上海、天津的跨乡镇迁移人口；北京、天津、上海的省内迁出人口的口径与全国不一致，因此按照 1995—2005 年的比例进行大致推算，全部赋值为 10%；

注 2：2005 年数据按照 2000 年县市区内跨乡镇街道迁移人口比例进行了折算；

注 3：1987 年和 1990 年数据为五年迁移数据，1995 年、2000 年和 2005 年为“全国按现住地、户口登记地分的人口”；

注 4：“三大区域均值”是各省省际迁移率的算术平均值，“总计值”是全国的省际迁移人口占全国迁移人口的百分比。

资料来源：1987 年、1995 年和 2005 年 1%人口抽样调查，1990 年和 2000 年人口普查。

表 10－13 省际人口迁移与城市化水平(万人)

	现状人口		省际迁移		扣除省际迁移后		城市化水平		
	总人口	城市人口	乡村净迁出	城镇净迁入	总人口	城市人口	原始值	比较值	差 值
	P	U	C	R	$P'=P+C-R$	$C'=U-R$		C'/P'	
全 国	129 438	56 147	3 133	3 133	129 438	53 014	43.38%	40.96%	2.42%
北 京	1 538	1 286	−32	292	1 214	994	83.62%	81.91%	1.71%
天 津	1 043	783	−7	101	936	683	75.11%	72.98%	2.13%
河 北	6 851	2 582	81	28	6 904	2 554	37.69%	36.99%	0.70%
山 西	3 355	1 413	11	13	3 353	1 400	42.11%	41.76%	0.35%
内蒙古	2 386	1 126	29	32	2 382	1 094	47.20%	45.91%	1.29%
辽 宁	4 221	2 478	1	63	4 159	2 415	58.70%	58.06%	0.64%
吉 林	2 716	1 426	40	−11	2 768	1 438	52.52%	51.95	0.57%

续　表

	现状人口		省际迁移		扣除省际迁移后		城市化水平		
	总人口	城市人口	乡村净迁出	城镇净迁入	总人口	城市人口	原始值	比较值	差　值
	P	U	C	R	$P'=P+C-R$	$C'=U-R$		C'/P'	
黑龙江	3 820	2 028	82	−37	3 939	2 065	53.10%	52.44%	0.66%
上　海	1 778	1 584	−53	395	1 329	1 189	89.09%	89.43%	−0.34%
江　苏	7 475	3 746	18	263	7 231	3 483	50.11%	48.17%	1.94%
浙　江	4 898	2 744	−69	427	4 402	2 317	56.02%	52.62%	3.40%
安　徽	6 120	2 173	516	−23	6 660	2 196	35.50%	32.97%	2.53%
福　建	3 535	1 672	8	194	3 349	1 478	47.30%	44.13%	3.17%
江　西	4 311	1 595	308	−37	4 656	1 632	37.00%	35.06%	1.94%
山　东	9 248	4 162	93	77	9 264	4 084	45.00%	44.09%	0.91%
河　南	9 768	2 994	398	−25	10 191	3 019	30.65%	29.62%	1.03%
湖　北	6 031	2 605	279	−31	6 341	2 636	43.20%	41.58%	1.62%
湖　南	6 732	2 491	390	−43	7 166	2 534	37.00%	35.36%	1.64%
广　东	10 022	5 953	−253	1 347	8 421	4 606	59.40%	54.69%	4.71%
广　西	4 660	1 567	250	4	4 906	1 563	33.62%	31.85%	1.77%
四　川	11 010	3 975	683	−48	11 741	4 023	36.10%	34.26%	1.84%
贵　州	3 730	1 002	206	13	3 923	989	26.87%	25.22%	1.65%
云　南	4 450	1 313	50	65	4 434	1 247	29.50%	28.13%	1.37%
西　藏	277	74	0	3	275	71	26.65%	25.95%	0.70%
陕　西	3 720	1 385	80	10	3 790	1 375	37.23%	36.27%	0.96%
甘　肃	2 594	779	50	0	2 644	779	30.02%	29.45%	0.57%
青　海	543	213	5	5	543	208	39.25%	38.38%	0.87%
宁　夏	596	252	4	6	594	246	42.28%	41.45%	0.83%
新　疆	2 010	747	−36	51	1 923	695	37.15%	36.17%	0.98%

资料来源：城乡净迁移人口系作者根据历次人口普查和1%人口抽样调查计算；总人口和城市人口数据摘自2005年1%人口抽样调查资料。

表 10-14 1987—2005 年五年口径跨省人口迁入和迁出(万人)

	五年口径跨省迁入					五年口径跨省迁出				
	1987 年	1990 年	1995 年	2000 年	2005 年	1987 年	1990 年	1995 年	2000 年	2005 年
总 计	632	1 107	1 038	3 400	3 804	647	1 107	1 038	3 398	3 804
北 京	33	67	68	199	225	10	13	11	18	33
天 津	13	24	22	52	91	5	7	6	11	11
河 北	59	52	49	81	61	37	65	41	92	99
山 西	16	31	15	40	21	18	22	14	35	35
内蒙古	17	25	27	34	39	20	30	24	46	42
辽 宁	31	54	42	80	67	23	29	19	40	42
吉 林	17	24	15	27	22	24	36	29	56	53
黑龙江	19	37	22	32	20	45	61	60	99	102
上 海	38	67	71	229	303	8	13	12	17	37
江 苏	48	79	94	201	329	32	62	44	131	133
浙 江	12	34	45	286	506	24	63	50	102	104
安 徽	17	34	15	33	67	25	53	72	305	384
福 建	9	25	34	142	193	11	24	21	66	80
江 西	10	22	12	25	50	14	29	50	282	248
山 东	55	61	51	95	92	34	53	37	92	112
河 南	26	48	26	49	28	32	59	72	243	343
湖 北	27	43	26	64	50	22	35	37	233	271
湖 南	22	27	21	38	50	38	53	69	343	333
广 东	31	141	190	1 234	1 219	15	36	22	60	187
广 西	6	14	12	30	40	21	59	54	193	212
四 川	39	47	49	109	119	47	132	152	579	538
贵 州	11	19	15	28	53	12	31	39	130	177
云 南	11	25	20	77	47	18	28	24	42	60
西 藏	0	—	3	7	3	4	5	3	4	3
陕 西	23	31	16	45	25	28	36	26	76	83
甘 肃	9	20	14	21	12	39	28	24	59	49

续　表

	五年口径跨省迁入					五年口径跨省迁出				
	1987 年	1990 年	1995 年	2000 年	2005 年	1987 年	1990 年	1995 年	2000 年	2005 年
青　海	3	12	5	8	7	10	10	7	13	9
宁　夏	9	9	5	14	7	5	6	5	9	7
新　疆	20	34	55	120	58	24	28	15	23	18

资料来源：历次全国人口 1%抽样调查和人口普查数据，经作者计算整理。

表 10－15　1987—2005 年五年口径跨省人口净迁移(万人)

	1987 年	1990 年	1995 年	2000 年	2005 年
北　京	33	54	56	181	192
天　津	13	17	16	41	80
河　北	59	−13	8	−11	−38
山　西	16	9	2	5	−14
内蒙古	17	−5	3	−12	−2
辽　宁	31	25	23	40	26
吉　林	17	−12	−14	−29	−31
黑龙江	19	−24	−38	−67	−82
上　海	38	53	59	211	265
江　苏	48	17	51	70	196
浙　江	12	−30	−5	184	402
安　徽	17	−20	−57	−271	−317
福　建	9	1	12	76	113
江　西	10	−7	−38	−257	−198
山　东	55	7	14	3	−20
河　南	26	−11	−46	−194	−315
湖　北	27	8	−11	−169	−221
湖　南	22	−26	−48	−305	−283
广　东	31	105	168	1 174	1 031
广　西	6	−45	−42	−163	−173
四　川	39	−85	−103	−470	−419

续 表

	1987年	1990年	1995年	2000年	2005年
贵　州	11	−12	−24	−102	−123
云　南	11	−3	−3	36	−13
西　藏	0		1	4	−1
陕　西	23	−5	−10	−31	−57
甘　肃	9	−8	−11	−38	−38
青　海	3	1	−2	−5	−1
宁　夏	9	4	−1	4	1
新　疆	20	6	41	97	40

资料来源：历次全国人口1%抽样调查和人口普查数据，经作者计算整理。

第11章

城市化转型中的区域差异及演进

如前文所述，改革开放后我国社会的城市化转型具有明显的区域特征，在省级行政区层面上表现出较大的差异性。因此，认识城市化转型期间区域差异状况及其演变趋势是城市化转型研究的重要内容。本章从城市化的数量、质量和空间差异三个视角来全面描绘区域城市化差异的演进及其特征。

11.1 研究方法

测量区域差异的方法很多，例如城市化不平衡指数、城市化水平区位商、基尼系数 Gini、σ 标准差、σ 系数、泰尔指数 Theil，变异系数 CV，均方差指数 S，地理集中指数 G、地区分布差异指数 D 以及极值系数 E 等，不同的研究者会根据不同的研究需要采用不同的测度方法。其中基尼系数 Gini 应用较为广泛，但计算相对复杂；变异系数 CV 计算比较简便，相应的研究文献较多；泰尔指数 Theil 可以进一步分解差异的构成，从而可以更加深入地研究区域内部差异。为了增加研究结果的准确性和可信度，本书采用 Gini、CV、Theil 三种测度方法来测度 1982—2007 年间中国分省城市化发展差异的演变趋势。在我国的省级行政单元中，北京、天津和上海属城市型区域，城市化水平较高，如果不加区别，可能会影响到区域城市化差异的结果。针对这一问题，本书的数据处理先是划分为两组，一组包含三大直辖市，另一组不含三大直辖市。数据分析显示，包含三大直辖市和不包含三大直辖市对于城市化的区域差异演变趋势的分析结果并不产生实质影响。限于篇幅，为保证分析的全面性，本书的叙述以包含三大直辖市为主（特别注明除外）。同时进一步把全国城市化发展的区域差异分解为东、中、西三大区域差异和各自内部差异。

- 变异系数CV计算如下：y_i为i省城市化水平；N是省的数量(29)；$\bar{y}$是y_i的平均值。

$$CV=\frac{\sqrt{\sum_{i=1}^{N}(y_i-\bar{y})^2/N}}{\bar{y}}$$

- Gini系数的计算如下：N是省的数量(29)；y_i为i省城市化水平，按照升序排列。

$$G=\left(\frac{2}{N\cdot\sum_{i=1}^{N}y_i}\sum_{i=1}^{N}i\cdot y_i\right)-1-\frac{1}{N},$$

(Fan，2008)

- Theil指数的计算如下：N是省的数量(29)，x_i为i省城市化水平，$\bar{x}$是x_i的平均值。

$$T_L=\frac{1}{N}\sum_{i=1}^{N}\left(\ln\frac{\bar{x}}{x_i}\right)$$

- Theil指数的一个优点是它是某个子群体中不平等的加总和。例如中国国内的城市化差异就是每个区域内部的城市化差异与该区域间城市化差异的加权和。如果全国被划分为m个区域，T_{Lk}为该k区域的Theil指数，而$\bar{x}_k$为子区域k的平均城市化率。因此我们可以说某个特定群体给总体“贡献了”一定数量的不平等(维基百科，2008)。

$$T_L=\frac{1}{m}\sum_{k=1}^{m}T_{L_k}+\frac{1}{m}\sum_{k=1}^{m}\ln\frac{\bar{x}_k}{\bar{x}}$$

(引自：http://zh.wikipedia.org/wiki/%E6%88%B4%E5%B0%94%94%E6%8C%87%E6%95%B0)。

11.2　城市化的数量差异①

11.2.1　城市化数量差异的演变

(1) 分省城市化差异演变

图 11-1 显示，1982 年至 2007 年间，Gini 系数、CV 变异系数和 Theil 指数的总趋势一致，都是在窄幅波动中趋于下降。以 Theil 指数为例，1980 年代初期城市化水平的分省差异较大，之后迅速缩小，80 年代中期缩小有所放缓，1990 年前后有小幅的波动，90 年代初期继续下降；1997 年至 2000 年间保持了相对的稳定，仅有小幅下降；2000 年后城市化的区域差异再次继续缩小，曲线斜率的加大表明这种缩小的趋势在加速。虽然三种指数的总体变化趋于一致，但其表达的变化状态仍有差别，如 Theil 指数比 Gini 系数和 CV 变异系数的变化要剧烈，2007 年的 Gini 系数、CV 变异系数和泰尔指数分别只有 1982 年的 56%、52%和 31%。总体上看，1982 年至 2007 年间我国分省城市化水平的差异在持续缩小，尤其是 2000 年后这种缩小呈现加速的趋势。

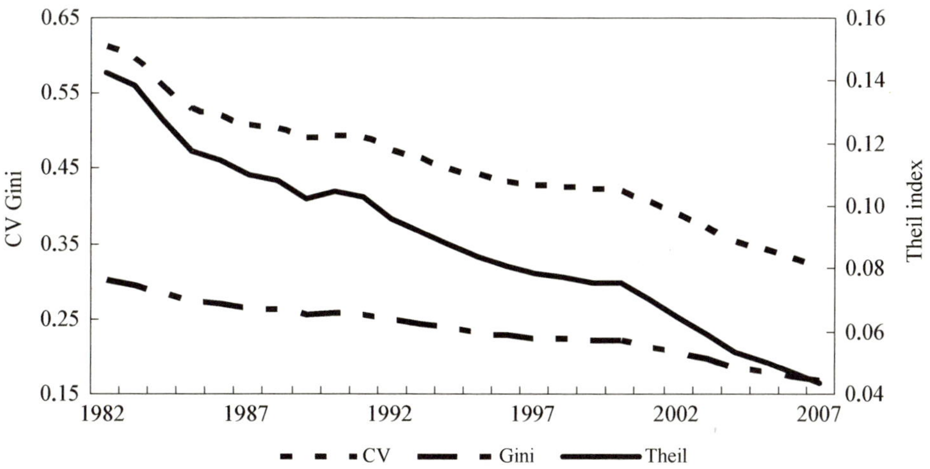

图 11-1　1982—2007 年中国分省城市化水平差异

① 本节内容经过整理深化，已经以英文发表于 SSCI 杂志《国际发展规划评论》(*International Development and Planning Review*)，详见 Zhang and Han，2009。

(2) 城市化差异的构成

运用 Theil 指数,将全国分省城市化水平差异进一步分解为三大区域(东、中、西)之间的差异和三大区域内部的差异。图 11-2 显示三大区域内部的城市化差异演变轨迹与全国分省城市化差异的演变轨迹基本一致。在 1982 年至 2002 年间,三大区域之间的差异要弱于三大区域内部的差异,后者决定了全国分省城市化水平差异的轨迹。而在此期间三大区域之间的差异演变经历了完全不同的过程:1982 年至 1988 年三大区域间差异缓慢下降,1989 年至 2000 年间缓慢提升,2000 年达到最高点,以后持续下降,2007 年三大区域城市化的差异水平已经低于 1982 年水平。

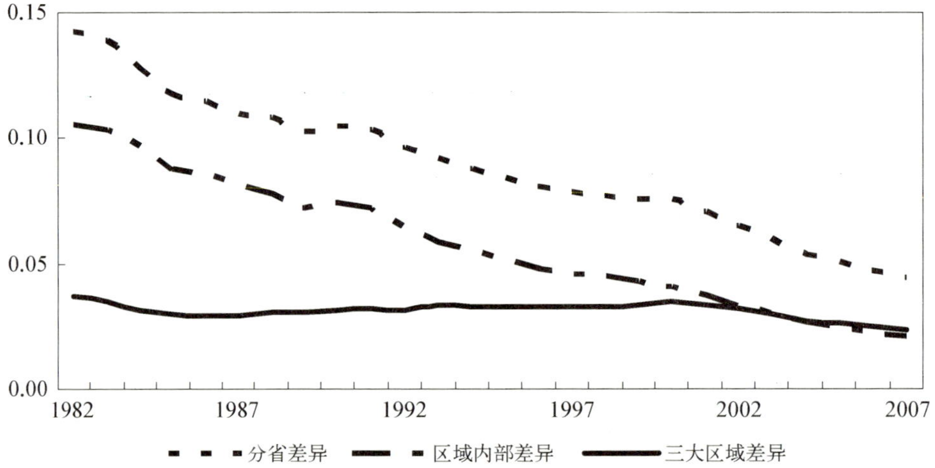

图 11-2　1982—2007 年三大区域之间与三大区域内部城市化水平差异(Theil)

图 11-3 显示,“三大区域城市化水平的差异”在 1982 年仅占了全国分省区域差异的不足 25%,而 2003 年这一比例越过了 50%的水平线,超越了三大区域内部的城市化差异,开始占据主导地位,与区域内部的差异共同决定着全国的城市化差异。上述分析表明,单独考察全国的城市化分省差异会掩盖区域之间和区域内部的差异变化特征。

(3) 东、中、西内部城市化差异

进一步观察三大区域内部城市化水平差异的演变趋势,可以看出各区域内部的城市化差异大体上趋于下降(图 11-4)。如果包含北京、天津和上海,东部区域内部城市化水平的差异最大,中部次之,西部最小;如果把北京、天津和上海从东部地区剔除,则东部地区的区域内部城市化水平差异介于西部和中部之间,

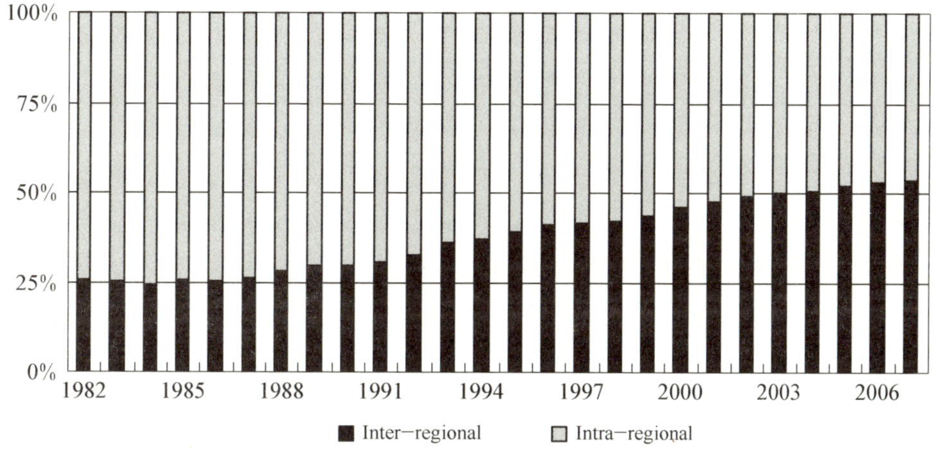

图 11－3　1982—2007 年区域城市化水平差异的构成(Theil)

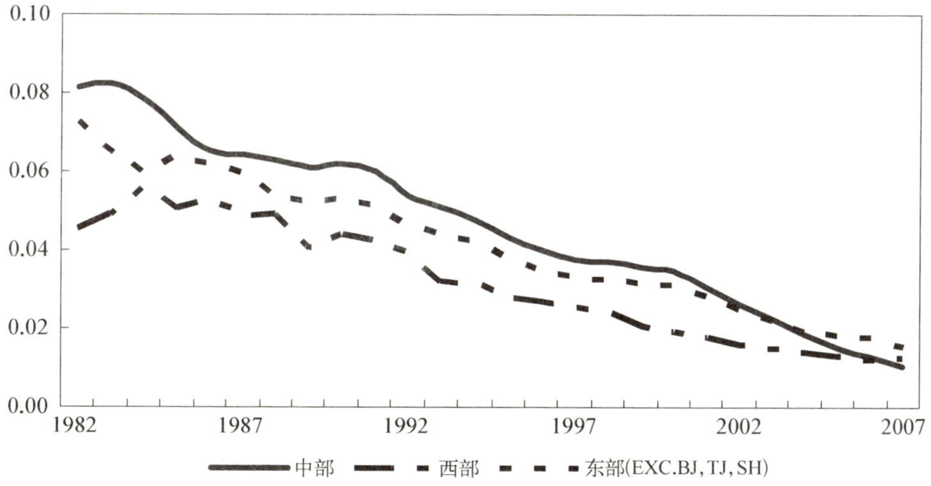

图 11－4　1982—2007 年三大区域内部城市化水平差异(Theil)

但 2005 年后超越了西部成为差异最大的区域。总体上看，各区域内部城市化差异的发展趋势基本一致，都在趋于缩小。2007 年西部地区各省城市化平均水平为 35.83%，中部 44.31%，东部 59.35%(含三大直辖市，如不含三大直辖市则为 50.42%)，西部的平均水平远远低于东部。这表明中、西部地区的相对均衡发展是建立在低城市化率的基础上的。另外一个值得注意的现象是近几年西部地区各省份的城市化水平差异明显趋于缓和，而东部和中部地区的各省份之间的城市化水平差异在下降的趋势中有所波动。

(4) 绝对差异与相对差异

无论是基尼系数 Gini、变异系数 Cv，还是泰尔指数 Theil，其计算结果都是建立在相对差异的基础之上，而相对差异是由绝对差异与平均值构成的，是二者的比值。用标准差(ST)可以比较清晰地观测城市化水平绝对差异的演变。图 11－5 显示，与相对差异不同，全国分省城市化水平的绝对差异从 1982 年起一直处于波动中上升的状态①，于 2000 年达到峰值后急速下滑，2007 年的绝对差异水平已经低于 1982 年的初期水平。2000 年后绝对差异的急剧缩小促进了全国分省城市化差异的加速下降。另一方面，三大区域的城市化水平绝对差异的演变轨迹与全国基本一致，差别仅在于，其峰值相对滞后至 2003 年，且之后下降的幅度不大，2007 年的绝对差异水平仍然远高于 1982 年水平，即从绝对差异水平上看，三大区域差异依然占据主导地位。

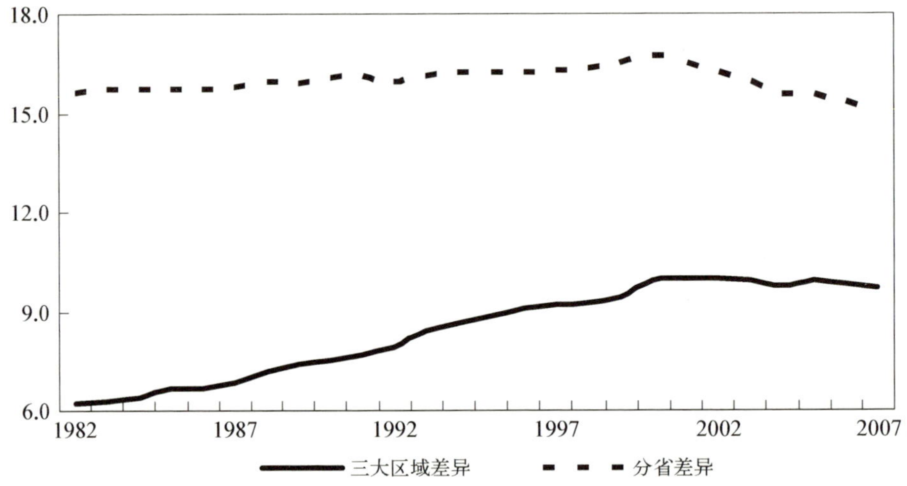

图 11－5　1982—2007 年全国分省与三大区域城市化水平的绝对差异(ST)

与相对差异不同，绝对差异更容易被人们感知。这也是为什么我们的印象中，城市化的区域差异似乎越来越大，也是部分文献(尤其是描述性分析)得出此结论的原因所在。此外值得注意的是，全国分省城市化水平绝对差异的峰值发生在 2000 年，也正是这一年开始，国家开展了户籍制度改革、转变了城市发展方针、陆续实施了倾斜中西部的区域发展政策、放缓了行政区划调整等。这些制度性因素影响了各省城市化水平的发展，使得各省城市化增长的速度快慢不一。

① 这就是我们为什么直观上感觉“城市化的区域差异越来越大”的原因。

（5）分省城市化增长与区域城市化差异

区域城市化水平的差异变动主要源于各省城市化水平增长速度的变化。统计显示（图 11－6、图 11－7、图 11－8），1982—2007 年除广东外（1982—1990，2.27%）各省城市化率的年均增长速度基本在 2.0%以内。1982—1990 年间年均增长速度大于 1.5%的 2 个省份（广东和上海）全在东部；增长速度小于 0.5%的 6 个省份中 3 个位于西部（贵州、西藏和新疆），2 个位于中部（江西和河南），只有 1 个在东部（天津）。这一阶段基本是东部省份增长速度较快，中部次之，西部最弱，城市化水平与城市化增长速度之间没有明显的联系。

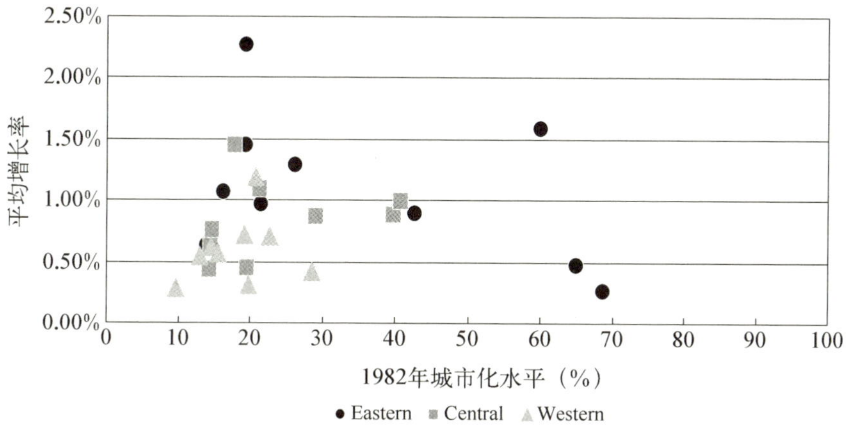

图 11－6　1982—1990 年中国三大区域分省城市化水平与年均增长百分点

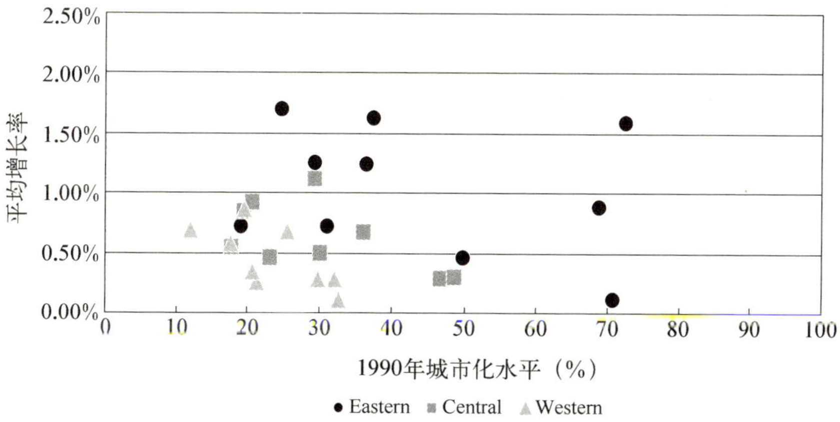

图 11－7　1990—2000 年中国三大区域分省城市化水平与年均增长百分点

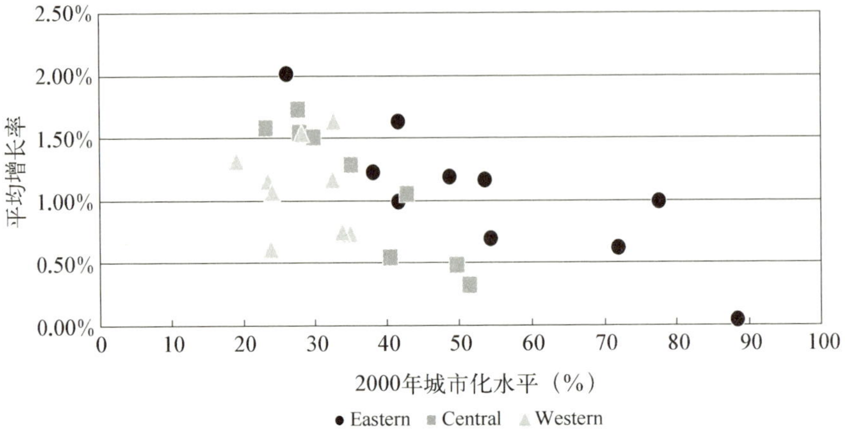

图 11－8　2000—2007 年中国三大区域分省城市化水平与年均增长百分点

1990—2000 年间城市化年均增长率的分布比较分散，年均增速大于 1.5 的三个省份（广东、上海和江苏）全部在东部地区；增长速度小于 0.5%的 11 个省份中 5 个位于西部（贵州、甘肃、青海、宁夏和新疆），4 个位于中部（山西、吉林、黑龙江和江西），只有 2 个在东部（天津和辽宁）。这一阶段各省城市化发展特征与 1980 年代基本一致，但是东部省份增长更快，而中西部省份增长更慢。

2000 年后城市化增长速度的分布较为均衡，都在 0—2.0 区间内，且大部分省份的增速超过了 1.0%。年均增长速度大于 1.5%的 7 个省份中只有 2 个在东部（河北和江苏），但有 3 个中部省份（安徽、江西和河南）和 2 个西部省份（四川和宁夏）；增长速度小于 0.5%的 3 个省份分别是东部的上海及中部的吉林和黑龙江。即中西部省份的城市化增长速度在 2000 年后加快，而东部地区有所放缓，从而使东中西三大区域之间的城市化水平差异趋于缩小。这一阶段的另外一个特征就是，东部和中部地区省份基本上是“城市化水平越高，增长速度越慢”，这样的发展减小了区域内部的城市化差异。

11.2.2　区域城市化数量差异与区域经济发展差异

现有的研究表明，城市化发展与经济发展具有很强的相关性（Chenery & Syrquin，1975；吴友仁，1980；周一星，1982；张颖等，2003；等），但城市化发展的区域差异与经济发展的区域差异相关性尚需检验。

（1）区域经济发展差异

运用人均地区生产总值（GDP）替换城市化率指标，可以得到经济发展的区域差异系数(Theil 指数)及其发展演变的数据。图 11－9 显示,全国分省的经济发展差异在 1980 年代持续下降,1990 年代开始快速上升,经过 1995 年的短暂波动后,继续缓慢上升,到 2003 年达到最大值,之后快速下降,至 2007 年经济发展的省际差异水平已经低于了 1982 年。三大区域经济发展差异的数值在 1980 年代比较平稳,经历了 1990 年前后的短暂波动后开始急剧上升,1995 年后上升趋缓,2003 年达到峰值,之后缓慢下降,但 2007 年的差异水平高于 1982 年。

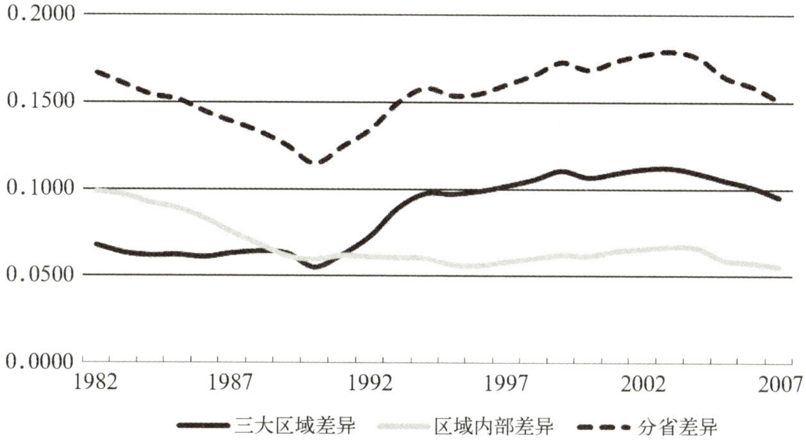

图 11－9　1982—2007 年三大区域经济发展差异演变(Theil)

资料来源：相应年份中国统计年鉴。

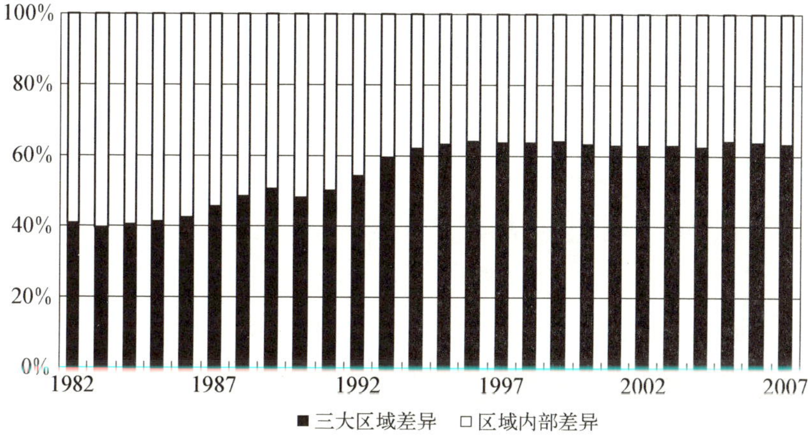

图 11－10　1982—2007 年三大区域之间与三大区域内部经济发展差异(Theil)

资料来源：相应年份中国统计年鉴。

从经济发展差异的构成看(图 11－10),1982 年三大区域差异能够解释全部差异的约 40%,1989 年后这一比例超过了 50%,1994 年更是超过了 60%,2007 年省际经济发展差异中有 63.33%是三大区域之间的差异。简言之,在 80 年代,区域内部的发展差异主宰了全国的分省差异;而在 1990 年代后,则是三大区域的发展差异占据主导地位。

(2) 区域经济发展差异与区域城市化差异

图 11－11 显示,1980 年代省际经济发展差异和城市化发展差异的走势一致,这期间国家投资不再倾向于“三线”区域和内陆地区,而是实施开发开放东部沿海地区战略,从而使省际经济发展差异有所缩小;90 年代后国家的沿海开放政策和一系列的改革措施进一步取得成效,沿海地区经济率先起飞,加之各省发展的自主性增强,经济发展的梯度特征日益增强,从而各省的经济发展差异逐年增大。与此同时,由于行政区划调整、经济的普遍发展以及省际人口迁移等的影响,城市化水平的区域相对差异继续逐年缩小;2000 年后国家的倾向于内陆地区的发展政策再度使省际经济发展差异趋于缩小,城市化水平的区域相对差异也同步缩小。

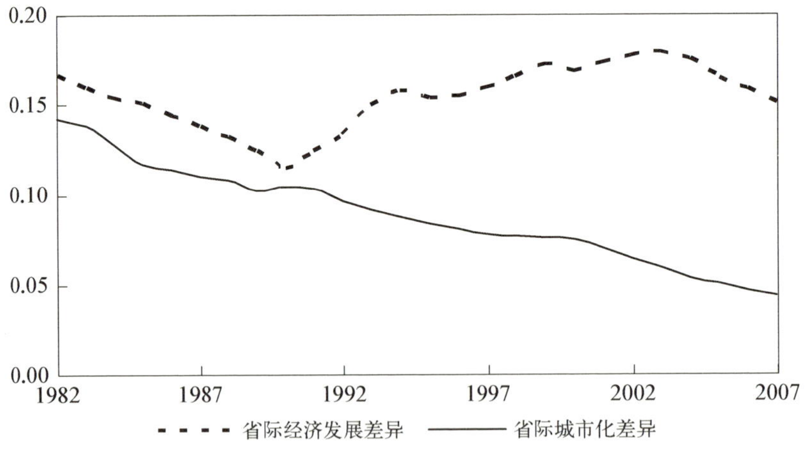

图 11－11　1982—2007 年全国分省经济发展差异与城市化差异(Theil)

资料来源:相应年份中国统计年鉴。

从三大区域来看(图 11－12),整个城市化转型期间经济发展的区域差异和城市化水平的区域差异基本对称,差别在于城市化差异的变化幅度要小得多,而且在时间断面上,2007 年城市化的区域差异低于 1982 年,但是经济发展的区域差异却远高于 1982 年。区域政策、区划体制改革、经济普遍发展和区域人口迁移缩小了区域(省际)城市化的相对差异,但并没有缩小经济发展的差异。

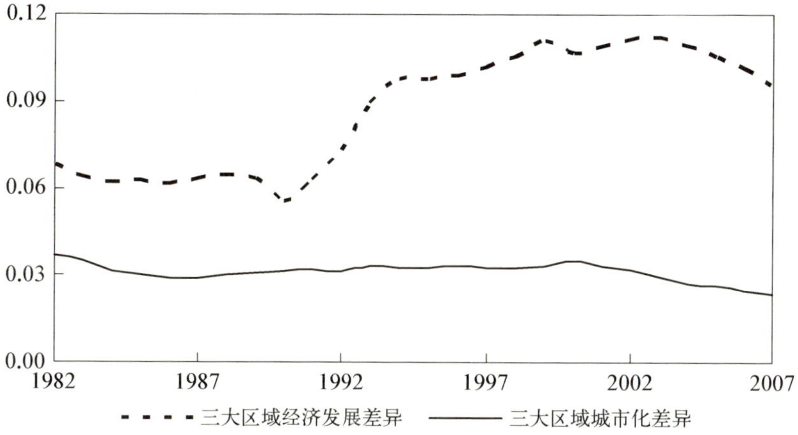

图 11-12　1982—2007 年三大区域之间经济发展差异与城市化差异(Theil)

资料来源：相应年份中国统计年鉴。

11.2.3　小结

本节分析了全国城市化水平发展差异的演变，发现 20 世纪 80 年代以来全国的省际城市化水平的相对差异一直在缩小，但 2000 年后发生了新的变化：不仅是全国分省差异在加速缩小，而且三大区域之间的差异开始成为主导，与三大区域内部差异共同决定了全国的分省城市化水平差异。另外，本节对全国分省与三大区域城市化水平的绝对差异做了进一步的探讨。三大区域的城市化水平绝对差异的演变轨迹与全国分省城市化水平差异基本一致，都经历了波动中上升、达到峰值、再急速下降的过程。从绝对差异水平上看，三大区域差异依然占据主导地位。城市化发展差异与经济发展差异的相关分析显示，在城市化转型比较温和的 20 世纪 80 年代和 21 世纪第一个十年，二者之间关联性紧密；而在城市化转型比较激烈的 1990 年代，二者之间的演变轨迹各不相同。虽然经济发展差异和城市化发展差异的演变趋势在某些时段走出了截然相反的轨迹，但整体看来二者之间确是具有比较紧密的联系。

11.3　城市化的质量差异

对城市化质量的关注是新时期城市化研究的重点，赵燕菁(2000)在分工和专业化基础上提出将城市化质量定义为社会分工和专业化水平，提出用恩格尔系数[①]来测度人口的城市化程度，用人口在空间上的集约度（密度）来反映社会发展过程，以此建立国际可比的城市化度量方法[②]。刘婧和赵民（2008）在对中国分省城市化的截面分析基础上，论证了城市化数量和质量具有紧密的联系，因此城市化的健康发展不仅要关注数量更要重视质量（张启成，2001；李京文，2003；陈锋，2005；许从宝，2005；周一星，2006；张立，2007）。尽管如此，基于统计分析的严密建构性工作仍然非常有限。本节从区域城市化的质量入手，分析区域城市化质量的演进和区域间差异的变化，并剖析二者的统计关系。

11.3.1 国家层面城市化数量与质量的关系

（1）城市化质量的测度

现代汉语分类大词典中对质量的定义是“质量是指物品优劣的程度”。结合城市化的定义（参见第2章），本书的城市化质量是指被城市化了的人和环境的质量优劣程度，**即城市人口的生活质量和所享受的公共服务质量**。前者可以通过国内（地区）生产总值中的城镇居民消费支出来反映，人均城市居民消费支出越高表明城市人口消费水平越高，则生活质量越好；后者可以通过国内（地区）生产总值中的政府消费支出来反映，人均政府消费支出越高表明城市人口享受的公共服务品质越高，城市化质量越好。

国内（地区）生产总值有两种计算方法，支出法是其中一种，它是从最终使用的角度反映一个国家（或地区）一定时期内生产活动最终成果的一种方法，包括最终消费支出、资本形成总额及货物和服务净出口三部分。最终消费支出又包含了居民消费支出与政府消费支出。

居民消费支出指常住住户在一定时期内对于货物和服务的全部最终消

---

① 恩格尔系数(Engel's Coefficient)是食品支出总额占个人消费支出总额的比重。恩格尔系数是19世纪德国统计学家恩格尔根据统计资料，对消费结构的变化得出一个规律：一个家庭收入越少，家庭收入中（或总支出中）用来购买食物的支出所占的比例就越大，随着家庭收入的增加，家庭收入中（或总支出中）用来购买食物的支出比例则会下降。即一个国家越穷，每个国民的平均收入中（或平均支出中）用于购买食物的支出所占比例就越大，随着国家的富裕，这个比例呈下降趋势。

② 但实际上，恩格尔系数仅仅反映了城市人口在满足食品支出方面花费的比例，由于我国各项社会福利制度的不健全，人们普遍进行储蓄，尤其是低收入阶层，将收入的很大一部分用来储蓄，以应付未来的子女就学、结婚和其他的突发重大事件。一个比较普遍的结果就是，一个月入1 000元的普通临时工可能仅仅花费200元在食品支出上，而一个月入3 000元的白领，可能食品支出达到1 000元或者更多，显然后者的恩格尔系数比前者高，但是我们能说白领的生活质量就比普通临时工高吗？很显然，恩格尔系数在我国反映的情况与国际上有很大差距，尤其是应用在城乡方面的研究上，结果很难令人信服，何况这一指标也不容易获得。

费支出。居民消费支出除了直接以货币形式购买的货物和服务的消费支出外，还包括以其他方式获得的货物和服务的消费支出，即所谓的虚拟消费支出。居民虚拟消费支出包括如下几种类型：单位以实物报酬及实物转移的形式提供给劳动者的货物和服务；住户生产并由本住户消费了的货物和服务，其中的服务仅指住户的自有住房服务；金融机构提供的金融媒介服务；保险公司提供的保险服务。居民消费支出又可以划分为城镇消费支出和农村消费支出。

政府消费支出指政府部门为全社会提供的公共服务的消费支出和免费或以较低的价格向居民住户提供的货物和服务的净支出，前者等于政府服务的产出价值减去政府单位所获得的经营收入的价值，后者等于政府部门免费或以较低价格向居民住户提供的货物和服务的市场价值减去向住户收取的价值。这里政府消费支出包括了城市和乡村，但因我国统计上并没有依此再做细分，且政府的消费支出在城市占有较大比重，因此可以忽略各省(市、自治区)的城乡政府消费支出差别。

——摘自《中国统计年鉴 2008》电子版

(2) 中国城市化数量与质量发展的关系

提取 1982—2007 年全国城市化水平、经济发展水平(人均 GDP)、人口生活质量(人均城市居民消费支出)、公共服务水平(人均政府消费支出)四项指标，做相关性分析，得到表 11-1。很明显，经济发展水平、人口生活质量、公共服务水平之间都具有较强的相关性。因此有必要控制其他指标的影响而做偏相关分析，以观察城市化水平与城市人口消费水平或所享受的公共服务水平的真实相关关系。

表 11-1　1982—2007 年中国城市化质量指标的相关分析(2000 年价格)

		人均城镇居民消费支出	人均政府消费支出	人均 GDP	城市化水平
人均城镇居民消费支出	Pearson Correlation	1	.983**	.974**	.986**
	Sig. (2-tailed)		.000	.000	.000
	N	26	26	26	26
人均政府消费支出	Pearson Correlation	.983**	1	.993**	.981**
	Sig. (2-tailed)	.000		.000	.000
	N	26	26	26	26

续 表

		人均城镇居民消费支出	人均政府消费支出	人均 GDP	城市化水平
人均 GDP	Pearson Correlation	.974**	.993**	1	.963**
	Sig. (2-tailed)	.000	.000		.000
	N	26	26	26	26
城市化水平	Pearson Correlation	.986**	.981**	.963**	1
	Sig. (2-tailed)	.000	.000	.000	
	N	26	26	26	26

**. Correlation is significant at the 0.01 level (2-tailed)

资料来源：相应年份中国统计年鉴。

表 11－2 显示，在控制经济发展水平和公共服务水平的情况下，城市化水平与城市人口生活质量具有较明显的相关性（在 0.01 水平上显著，偏相关系数 0.639），表明城市化水平与城市人口生活质量有一定的联系，即随着城市化水平的提高，城市人口生活质量也相应的提高，城市化质量得到提升，或者说城市人口生活质量的提高能够促进城市化水平的增长。另一方面，在控制经济发展水平和城市人口生活质量情况下，城市化水平与公共服务水平同样具有比较明显的相关性（在 0.01 水平上显著，偏相关系数 0.638），这可以解释为，政府提供较高的公共服务水平可以吸引更多的人口进入城市，从而促进城市化水平的提高。

表 11－2　1982—2007 年中国城市化质量指标的偏相关分析（2000 年价格）

Control Variables			城市化水平	人均城镇居民消费支出
人均政府消费支出与人均 GDP	人均城镇居民消费支出	Correlation	.639	1.000
		Significance (2-tailed)		.001
		df	0	22
	城市化水平	Correlation	1.000	.639
		Significance (2-tailed)	.001	
		df	22	0
Control Variables			**城市化水平**	**人均政府消费支出**
人均 GDP 与人均城镇居民消费支出	城市化水平	Correlation	1.000	.638
		Significance (2-tailed)		.001
		df	0	22

续　表

Control Variables			城市化水平	人均城镇居民消费支出
人均 GDP 与人均城镇居民消费支出	人均政府消费支出	Correlation	.638	1.000
		Significance (2-tailed)	.001	
		df	22	0

资料来源：相应年份中国统计年鉴。

综合来看，城市化水平的提高带来了城市化质量的改善，而城市化质量的提升也会带来城市化水平的提高。但这仅仅是在全国层面上的关系，是历时发展的趋势总结。在我国巨大的区域差异下，这一结论的普适性尚需检验。各个省份的历时发展趋势未必与全国相同，同一时间节点的各省份的截面关系亦可能有其他性质的内在联系。

11.3.2　区域城市化数量与质量的关系

(1) 截面分析

以 2007 年全国各省(市、自治区)的数据为例(表 11－3)，城市化水平与城市人口生活质量(人均城镇居民消费支出)和公共服务水平(人均政府消费支出)都有较强的相关性，但经济发展水平(人均 GDP)与二者也有较强的相关性，有必要再做偏相关分析，以观察它们真实的相关关系。表 11－4 显示，在控制经济发展水平的情况下，城市化水平与城市人口生活质量和公共服务水平不再具有相关性。这说明是经济发展水平影响了它们之间的相关性。1982 年、1990 年、2000 年数据的分析结果与此相同(参见表 11－6、表 11－7、表 11－8、表 11－9、表 11－10 和表11－11)。概言之，全国各省的城市化水平与城市化质量之间不存在必然的内在联系，即某些城市化水平高的省份未必城市化质量也高。

表 11－3　2007 年城市化质量指标的相关分析(当年价格)

		城市化水平	人均城镇居民消费支出	人均政府消费支出支出	人均 GDP
城市化水平	Pearson Correlation	1	.858**	.781**	.948**
	Sig. (2-tailed)		.000	.000	.000
	N	29	29	29	29
人均城镇居民消费支出	Pearson Correlation	.858**	1	.723**	.923**
	Sig. (2-tailed)	.000		.000	.000
	N	29	29	29	29

续 表

		城市化水平	人均城镇居民消费支出	人均政府消费支出支出	人均 GDP
人均政府消费支出支出	Pearson Correlation	.781**	.723**	1	.853**
	Sig. (2-tailed)	.000	.000		.000
	N	29	29	29	29
人均 GDP	Pearson Correlation	.948**	.923**	.853**	1
	Sig. (2-tailed)	.000	.000	.000	
	N	29	29	29	29

**. Correlation is significant at the 0.01 level (2-tailed)

资料来源：相应年份中国统计年鉴。

表 11-4　2007 年城市化质量指标的偏相关分析(当年价格)

Control Variables			城市化水平	人均城镇居民消费支出	人均政府消费支出支出
控制人均 GDP	城市化水平	Correlation	1.000	−.135	−.166
		Significance (2-tailed)		.492	.399
		df	0	26	26
	人均城镇居民消费支出	Correlation	−.135	1.000	−.321
		Significance (2-tailed)	.492		.096
		df	26	0	26
	人均政府消费支出支出	Correlation	−.166	−.321	1.000
		Significance (2-tailed)	.399	.096	
		df	26	26	0

**. Correlation is significant at the 0.01 level (2-tailed)

资料来源：相应年份中国统计年鉴。

(2) 时空演进分析

利用 1982 年、1990 年、1994 年、1995 年、1997—2007 年份省数据做相关分析(表 11-5)，可以发现，各省的城市化水平、人均 GDP、人均政府消费支出和人均城镇居民消费支出四指标两两之间呈现较强的相关性，因此有必要做偏相关分析。控制人均 GDP 和人均政府消费支出，除上海、福建、湖南和广西外各省的城市化水平与人均城镇居民消费支出相关性不显著；控制人均 GDP 和人均城镇居民消费支出，除上海和黑龙江外各省的城市化水平与人均政府消费支出相关性不显著。可见，全国城市化质量发展的总趋势在我国的各省区表现出很大的不同，各区域城市化水平与城市化质量的历时发展具有不同步性，即对于给定的省份，城市化水平的提高并不必然伴随着城市化质量的提升，反之亦然。

表 11－5　1982—2007 年城市化数量与城市化质量的历时演进关系

	控制人均 GDP 和人均政府消费支出		控制人均 GDP 和人均城镇居民消费支出	
	城市化水平与人均城镇居民消费支出的相关关系		城市化水平与人均政府消费支出的相关关系	
	Correlation	Sig(2-tailed)	Correlation	Sig(2-tailed)
北　京	.653	.015	—.516	.071
天　津	.656	.015	.103	.739
河　北	.107	.729	.423	.149
山　西	.272	.369	.099	.748
内蒙古	—.268	.376	.646	.017
辽　宁	—.014	.963	.417	.156
吉　林	—.407	.168	.637	.019
黑龙江	—.388	.190	.682	.010
上　海	—.819	.001	.822	.001
江　苏	—.331	.270	.562	.046
浙　江	.589	.034	.225	.459
安　徽	.583	.036	.007	.983
福　建	.681	.010	—.195	.522
江　西	—.054	.860	.650	.016
山　东	.265	.381	—.056	.855
河　南	.246	.481	.337	.261
湖　北	—.071	.817	.172	.574
湖　南	.758	.003	.171	.576
广　东	.366	.219	.086	.780
广　西	.798	.001	—.231	.448
四　川	.456	.118	—.019	.952
贵　州	.488	.091	.078	.801

续　表

	控制人均 GDP 和人均政府消费支出		控制人均 GDP 和人均城镇居民消费支出	
	城市化水平与人均城镇居民消费支出的相关关系		城市化水平与人均政府消费支出的相关关系	
	Correlation	Sig(2-tailed)	Correlation	Sig(2-tailed)
云　南	.714	.006	.306	.309
西　藏	.280	.355	.437	.135
陕　西	.439	.134	—.026	.932
甘　肃	—.046	.882	.489	.090
青　海	—.443	.130	.578	.038
宁　夏	.028	.926	.540	.057
新　疆	.506	.078	.295	.328

资料来源：相应年份中国统计年鉴。

11.3.3　城市化质量的区域差异

(1) 生活质量的区域差异

用城市人口生活质量指标(人均城镇居民消费支出)替换城市化数量指标计算区域差异指数(Theil index),得到图 11－13。城市人口生活质量差异的演进曲线与城市化数量差异的发展曲线有很大不同。在全国的分省差异层面,城市化数量差异持续缩小(图 11－2),而城市化人口的生活质量差异在整个研究时段经历了很大波动后有略微的提升,大致的轨迹如下:20 世纪 80 年代比较平稳,先升后降但幅度很小;90 年代迅速缩小后又快速提高,2000 年达到峰值;经过 2001 年的下降后,处于缓步上升的通道。在三大区域层面,城市化数量差异经历了下降(80 年代)、上升(90 年代)和再下降(2000 年后)的过程,而城市人口的生活质量差异在整个研究阶段基本上一直处于带有小幅波动的上升通道中,尤其是 2004 年后,三大区域的差异急速拉大,仅仅到了 2007 年这一差异才略显缩小,但比 1982 年的初始值仍然高出很多。从全国分省差异的构成看,2004 年前,三大区域之间的差异较小,主要是各区域的内部差异影响了全国的差异,但 2004 年后,三大区域之间的差异占据了主导。

区域城市人口生活质量差异的演进曲线说明,区域城市化数量差异的下降,并不意味着人口生活质量差异也趋向平均,在 25 年的发展期间,从统计指标上

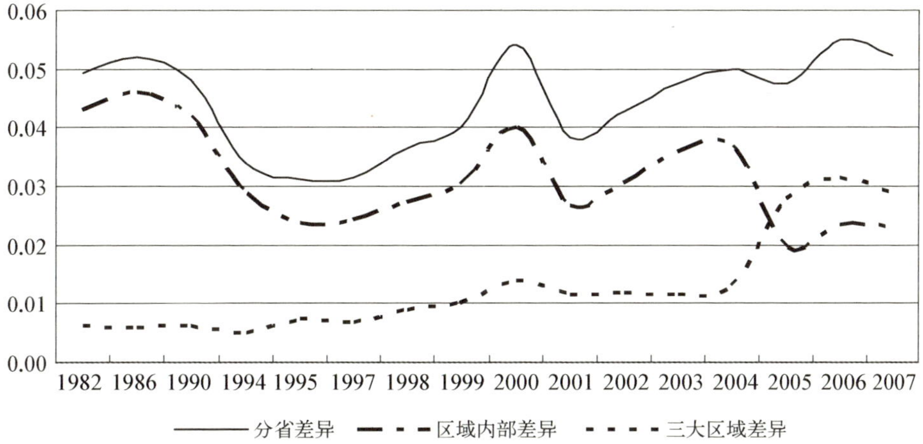

图 11－13　1982—2007 年区域城市人口生活质量差异

资料来源：相应年份中国统计年鉴。

看，全国各省城市化人口的生活质量差异基本上没有发生实质的变化。另一方面，从三大区域看，维持了约 20 年的较小的区域人口生活质量差异，在 2004 年后被打破，相对于城市化差异，人口生活质量的差异扩大更具实质意义，在政策制度的实施中需更为关注这一点，这比城市化的数量差异更重要。

（2）公共服务的区域差异

用城市政府提供的公共服务指标（人均政府消费支出）替换城市化数量指标计算区域差异指数（Theil index），得到图 11－14。可以比较清楚地看到，城市政

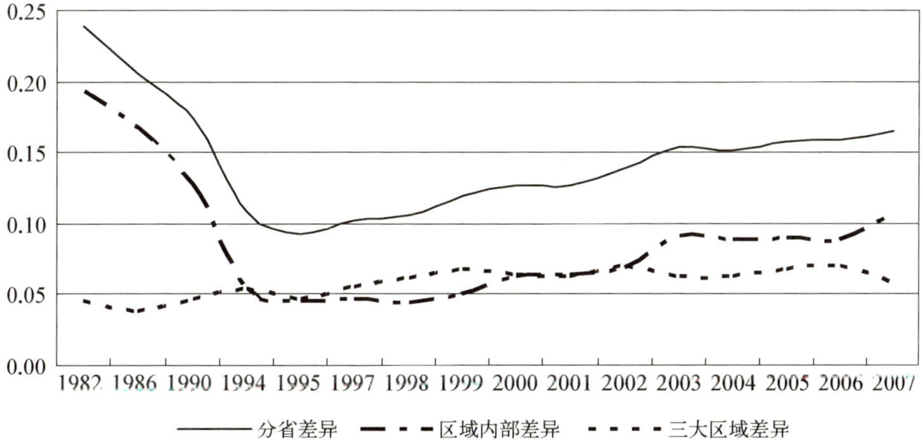

图 11－14　1982—2007 年区域城市政府公共服务质量差异

资料来源：相应年份中国统计年鉴。

府提供的公共服务差异的演进曲线与城市化数量差异的发展曲线也有很大不同。在全国的分省层面,城市化数量差异持续缩小,而城市政府提供的公共服务差异在20世纪80年代和90年代前期持续下降,在1995年达到最低水平,之后缓慢持续上升,但2007年的区域差异水平比1982年低了30%多。在三大区域层面,城市化数量差异经历了下降(80年代)、上升(90年代)和再下降(2000年后)的过程,而城市政府提供的公共服务差异在整个研究时段变化不大,2007年的差异水平仅比1982年略高。从全国分省差异的构成看,只有90年代中后期三大区域差异的解释力超过了区域内部差异,其余的时间,主要是各区域内部的差异决定着全国的分省差异,而且三大区域差异的绝对水平相对较低。

区域城市公共服务质量差异的演进曲线显示,全国各省的公共服务差异虽然较1982年要小得多,但是近10余年各省政府提供公共服务的能力差异有扩大的趋势,尽管从三大区域层面上看尚比较平稳。

11.3.4 小结

本节考察了城市化数量与城市化质量之间的关系,将城市化质量分解为城市人口生活质量和享受的公共服务质量。从全国层面上看,城市化水平的提高伴随着城市化质量的改善,或者说城市化质量的提升也带来城市化水平的提高。但分省的统计分析表明,在同一时间断面上,全国各省的城市化水平与城市化质量之间不存在必然的联系,即城市化水平高的省份未必城市化质量也高。而对于给定的区域(或省份),城市化水平与城市化质量的历时发展具有不同步性,即城市化水平的提高不是必然可观察得到城市化质量的提升,反之亦然。这说明,仅关注于城市化发展的数量,或是单纯地将城市化的增长率作为追求的目标,并不是一种科学的态度。城市化质量差异的演变分析表明,虽然省际城市化数量差异在持续下降,但城市化质量差异并没有明显下降,从发展趋势上看,省际城市化质量差异有增加的趋势。其政策含义是,中央政府的"转移支付"力度还需进一步加大,以确保欠发达省份的居民生活质量及能够享受到较为均质的公共服务。

11.4 城市化的空间差异

前文已述,目前的城市化研究普遍集中在"城市化水平"上,而实际上,在相同的城市化水平上，人口和经济产业的集聚特征亦会完全不同①。

11.4.1　都市化水平与城市化空间集聚度

(1) 基本概念

在分析之前，先明确几个基本概念：

都市人口(MP)：指居住在一定规模或等级以上城市的城市人口。结合我国行政区划体制的设市标准“除特殊情况外，城市非农人口要达到 25 万人方可设立地级市”，因此本书把地级城市的市辖区定义为“都市人口”。

城镇人口(CP)：除都市人口以外的城市人口。

城市人口(UP)：居住在城市里的人口。即“都市人口”和“城镇人口”的总和。

城市化空间集聚度(F)：反映了该区域城市人口在空间上的集聚特征，等于“都市人口”与“城市人口”之比②。该指标越高反映城市人口的集聚性越强。

$$F = MP/UP \times 100\%$$

都市化水平(ML)：反映了该区域“都市人口”的集聚水平，等于“都市人口(MP)”与“总人口(PP)”之比。

$$ML = MP/PP \times 100\%$$

“城市人口空间集聚度”和“都市化水平”概念的引入，可以帮助我们区分同样城市化水平下的城市人口空间集聚差异③。

(2) 基础数据

关于中国建制市的完整统计资料始于 1984 年，因此本书截取的四个时间节点分别是 1984 年、1990 年、2000 年和 2007 年。

$$城市化空间集聚度 = 建制市非农业人口 / 全部非农业人口 \times 100\%$$

$$都市化水平 = 城市化水平 \times 城市化空间集聚度 \times 100\%$$

---

① 假设某一区域，总人口为 100 万，城市人口为 40 万。“模式一”有 16 座城市，每座人口 2.5 万人；“模式二”有 4 座城市，每座 10 万人。模式一与模式二均满足假设要求，模式二的城市人口更加集聚，模式一的城市人口相对比较分散，两种模式反映了不同的城市化空间特征。

② 如苏沪区域与浙江省的城市化水平基本在 58%～59%之间，但各自的城市人口集聚度差别很大，苏沪为 59%，浙江为 48%，即浙江省相对更多的城市人口分布在小规模城镇上，城市人口的分布相对比较离散。

③ 如果把“人口”指标替换成经济指标，则可以考察经济发展的都市化水平和空间集聚度，如果替换成社会指标，亦如此。

非农人口资料主要来自中国城市统计年鉴、中国人口统计年鉴、中国人口与就业统计年鉴、中国统计年鉴和三普、四普、五普资料，具体出处书中注明。

城市人口数据与总人口数据来源与城市化水平测算的数据来源一致。

11.4.2 都市化水平的区域分布

(1) 都市化水平演进

表11-6显示，1984年中国都市化水平仅10.82%，与城市化水平(22.85%)相差12.03个百分点，城市化空间集聚度仅47.37%，这表明当时的城市人口仅有不到一半居住在都市中，另外超过一半的城市人口散居在小规模城市或者集镇乡村。这一时期东部都市化水平最高，达13.00%；西部最低，仅9.36%，但其城市化空间集聚度在三大区域中最高，达49.02%。

表11-6 1984—2007年分区域都市化水平与城市化空间集聚度演变

	都市化水平				城市化空间集聚度			
	1984年	1990年	2000年	2007年	1984年	1990年	2000年	2007年
全　国	10.82%	16.89%	25.86%	32.97%	47.37%	63.96%	71.38%	73.36%
东部	13.00%	22.79%	34.88%	43.19%	48.57%	68.80%	77.95%	80.37%
中部	10.19%	16.66%	22.82%	28.81%	44.98%	62.04%	67.84%	68.45%
西部	9.36%	12.54%	16.78%	22.31%	49.02%	55.45%	60.86%	61.99%

资料来源：作者整理计算。

1990年中国的都市化水平提高到了16.89%，城市化空间集聚度达到了63.96%。东部地区依然是都市化水平最高的区域，达22.79%，其城市化空间集聚度增长迅速，达到了68.80%，增长20.23个百分点，为三大区域中最高。其次是中部地区，城市化空间集聚度达62.04%，较1984年增长了17.06个百分点。这表明，1980年代东部和中部的城市化人口更多地呈现向都市集中，都市对城市化水平的贡献要大于小规模城市和集镇。与东部形成巨大反差的是西部地区，1990年其都市化水平仅为12.54%，城市化空间集聚度55.45%，较1984年仅增长了6.43个百分点，这一时期西部地区小规模城市和集镇的城市化人口依然占有很大比重。

2007年中国都市化水平越过了30%的大关，达到了32.97%，城市化空间集聚度上升至73.36%。三大区域的城市化空间集聚度的增速开始放缓，2000—2007年间增速最快的东部区域也仅仅增长了2.42个百分点，但西部地区的都市人口空间集聚水平依然较低，仅 61.99%，落后于东部近 20 个百分点。

都市化水平的演进分析标明，中国都市化水平的发展与城市化水平的提升一样取得了长足的进步。中国都市化水平从 1984 年的 10.82%上升至 2007 年的 32.97%，增长了近 2 倍；城市化空间集聚度也从 1984 年的 47.37%上升至 2007 年的 73.36%。尽管都市化的发展速度很快，但绝对水平依然较低。分区域的分析表明，中国城市化的区域空间差异很大，城市人口在各区域内部的空间分布有着明显的不同，东部区域的城市化人口更加集中分布在都市，中部次之；而在西部，小规模城市和集镇仍然扮演着吸纳城市化人口的重任。

(2) 都市化水平与城市化水平

2007 年，全国城市化水平为 44.94%，空间集聚度为 73.36%，即在城市人口中有超过 70%的城市化人口聚集在都市中。把 2007 年各省城市化水平按照从高到低的顺序排列，再将之与都市化水平曲线做对比(图 11－15)，可以发现，虽然城市化水平与都市化水平的走势大体相同，但都市化水平曲线的波动性较明显，即在相同城市化水平下，都市化水平有一定的差异。例如吉林(53.2%)与内蒙古(50.2%)两省的城市化水平较接近，但其都市水平的差异较大，分别为 43.3%和 30.7%，反映出两省的城市化人口的空间分布的迥异。

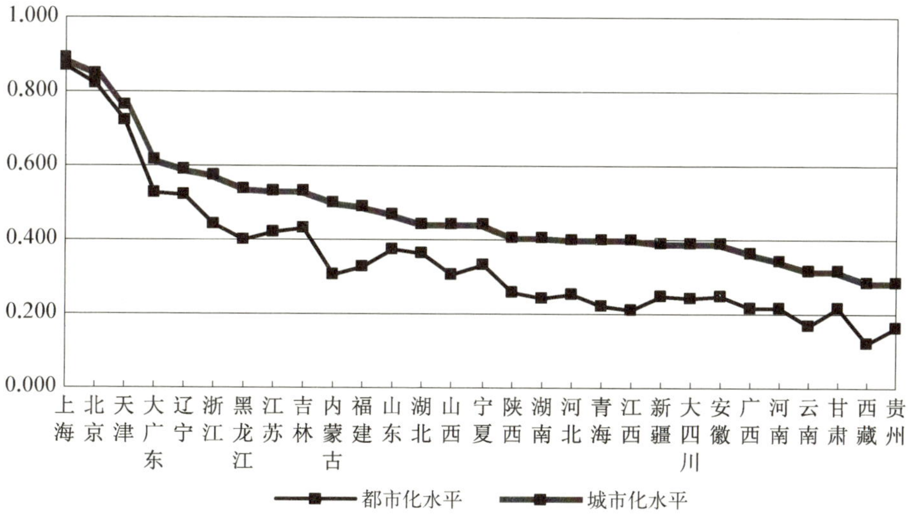

图 11－15　2007 年分省城市化水平与都市化水平

再用城市化空间集聚度指标替换都市化水平指标，得到图 11－16，城市化空间集聚度与城市化水平的走势大体相同，但前者的波动性较明显，这表明相同

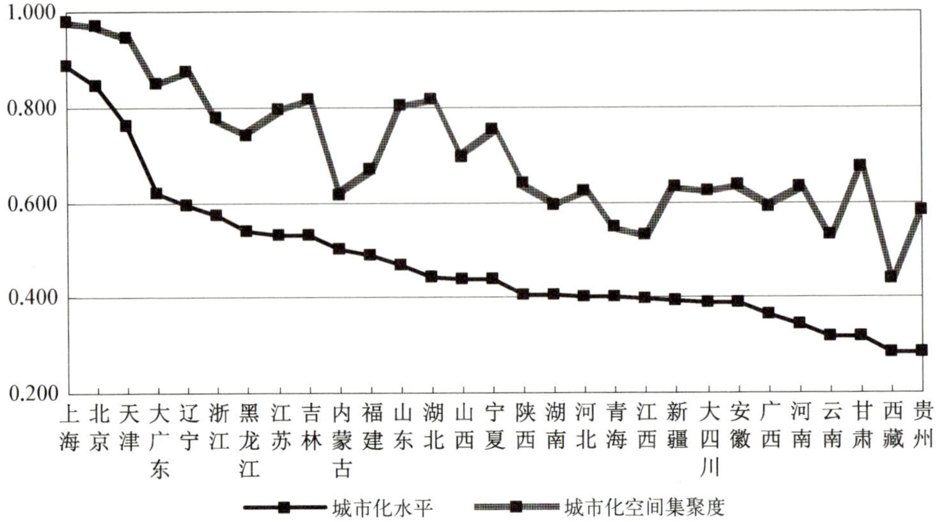

图 11－16　2007 年分省城市化水平与城市化空间集聚度

城市化水平下的人口空间集聚有明显差异。如果将 29 个省份的城市化水平和城市化空间集聚度进行排序(附表)，以序数的差值大于 5 来表示不一致性。其中内蒙古、黑龙江、江西、湖南和青海的都市化水平滞后于城市化水平，表明这 5 个省份的城市化人口在全省的分布比较散，集中在大规模城市的人口比例偏小。相反也有 4 个省份的都市化水平超前于城市化水平，分别是安徽、河南、湖北和甘肃，表明这 4 个省份小规模城市或集镇的城市化人口偏少。

表 11－7 的相关性分析显示，城市化水平与都市化水平具有非常强的自相关性。城市化水平与城市化空间集聚度也具有较强的正相关性，即城市化水平越高，城市化的空间集聚度越强。1984 年、1990 年、2000 年和 2007 年四个时间节点的相关分析表明，其相关性逐年趋强，即随着城市化的增长，城市人口将越发地集聚在大规模城市中。据此似可推论：各省未来城市化水平的提升有赖于大规模城市的发展。

表 11－7　城市化水平与城市化空间集聚度做相关分析

	1984	1990	2000	2007
城市化水平与城市化空间集聚度的相关性	0.720*	0.840*	0.885*	0.881*
城市化水平与都市化水平的相关性	0.955*	0.980*	0.990*	0.987*

* 在 0.01 水平上相关性显著

11.4.3　区域城市化的空间差异演变

（1）都市化水平的区域差异演变

仍然采用 Theil 指数来测量都市化差异的演变。图 11-17 显示，1984—2007 年间都市化水平的省际差异趋于缩小，但是三大区域之间差异的演变轨迹截然不同，2000 年前逐年上升，之后趋于下降，即三大区域之间的都市化水平差异 2000 年前在扩大，2000 年后趋于缩小。

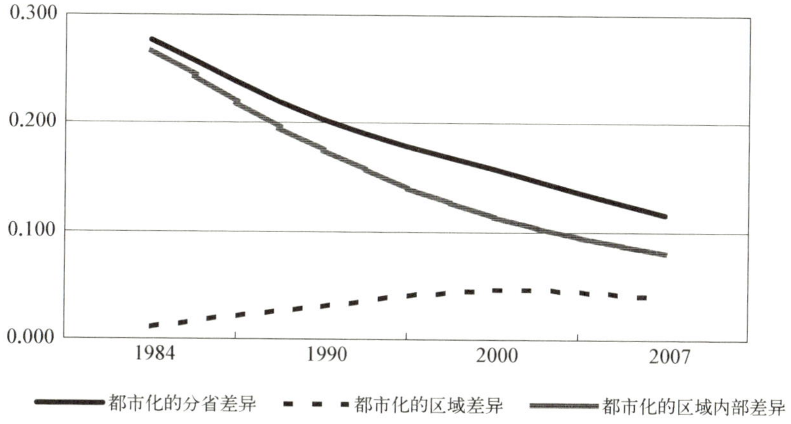

图 11-17　1984—2007 年都市化区域差异演变

从全国省际差异的构成上看，三大区域内部都市化水平的差异一直较大，但三大区域之间的差异的重要性在提升（图 11-18），2007 年已经可以解释全部省际差异的 30%多，东中西部的都市化水平差异虽不及城市化水平差异那么大，

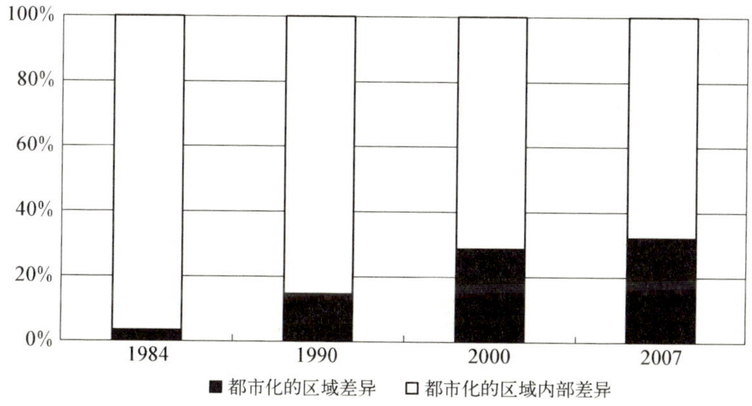

图 11-18　1984—2007 年都市化区域差异的构成

但是其比重正在提升。

(2) 城市化空间集聚度的差异演变

城市化的空间集聚度的差异演变的轨迹与都市化水平的演变轨迹完全不同。在20世纪80年代初期,全国的城市化空间集聚度差异较高,90年代快速下降,2000年后缓慢上升,但2007年的差异水平远低于1984年(图11-19)。这期间三大区域的城市化空间集聚度差异持续提升,并且在全部省际差异中所占的比重也在上升(图11-20)。即全国的城市人口在空间分布上不仅仅表现为东中西部城市化水平的差异,而是在空间的集聚程度上的差异日益显著,东部地区城市化人口越发地集聚在大规模城市,或者是大都市,而中西部地区的小规模城市和集镇依然是城市化人口的最主要选择空间。

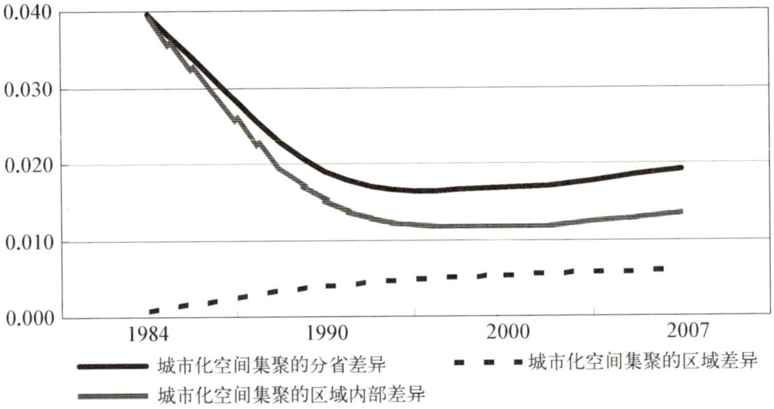

图11-19 城市化空间集聚的差异演变

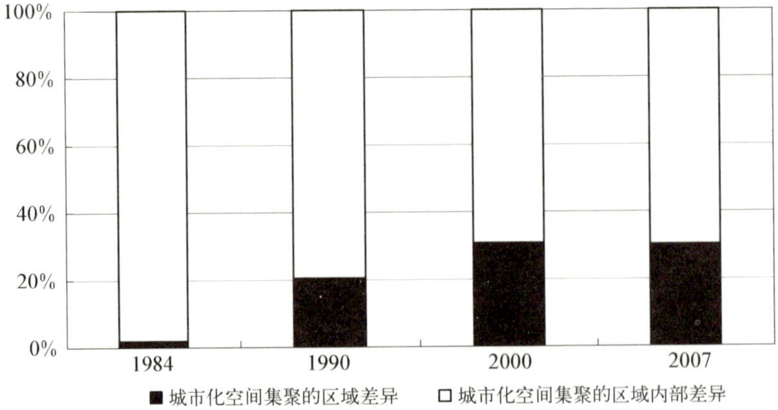

图11-20 城市化空间集聚的差异构成

11.4.4　小结

本节应用“都市化水平”和“城市化空间集聚度”的概念考察了中国城市化的空间差异特征。研究表明，城市化的区域差异不仅表现在城市化数量和质量的差异，亦表现在空间模式上的差异。20 世纪 80 年代初期全国的都市化水平普遍较低，80 年代东部和中部的城市化人口更多地向都市集中，都市(建制市)对城市化水平的贡献较大。在 90 年代快速城市化的背景下，三大区域的城市化空间集聚度的增速有所放缓，这意味着小规模城市和集镇在这一时期的城市化进程中扮演了重要的角色。2000 年后都市化水平与城市化水平一道快速提升。进一步的相关分析表明，城市化水平与都市化水平具有非常强的相关性，城市化水平与城市化空间集聚度也具有较强的正相关性，且这一相关性历时性地趋强。这一现象的政策含义是，促进人口向都市地区的聚集是提升总体城市化水平的有效手段之一。

Theil 指数的计算结果表明，东中西部的都市化水平差异虽不及城市化水平差异那么大，但是其比重正在提升。另一方面，全国的城市人口在空间的集聚程度上的差异日益显著，东部地区城市化人口越发地集聚在大规模城市，或者是大都市，而中西部地区的小规模城市或集镇依然是城市化人口的主要选择空间。对未来发展的启示是，在继续重视小城市的基础上，需要适时加快中西部地区的大都市地区的发展，提升都市化水平，提高城市化的空间集聚度，从而更有效地促进城市化的健康快速发展。

附　　录

表 11 - 8　1982—2007 年中国分省城市化差异演变

	含北京、天津、上海			不含北京、天津、上海		
	CV	Gini	Theil	CV	Gini	Theil
1982	0.610	0.299	0.142	0.436	0.213	0.072 0
1983	0.596	0.294	0.138	0.429	0.211	0.071 6
1984	0.560	0.283	0.128	0.412	0.207	0.069 6

续　表

	含北京、天津、上海			不含北京、天津、上海		
	CV	Gini	Theil	CV	Gini	Theil
1985	0.529	0.272	0.117	0.399	0.204	0.066 4
1986	0.519	0.268	0.114	0.392	0.201	0.065 2
1987	0.507	0.264	0.110	0.388	0.200	0.063 3
1988	0.502	0.261	0.108	0.385	0.198	0.062 7
1989	0.490	0.255	0.102	0.372	0.192	0.058 3
1990	0.493	0.257	0.105	0.377	0.195	0.060 4
1991	0.490	0.255	0.103	0.371	0.192	0.058 9
1992	0.472	0.246	0.096	0.356	0.185	0.054 9
1993	0.463	0.242	0.092	0.349	0.182	0.052 2
1994	0.450	0.236	0.088	0.342	0.179	0.050 6
1995	0.441	0.231	0.084	0.331	0.173	0.047 1
1996	0.432	0.227	0.081	0.322	0.170	0.045 3
1997	0.428	0.224	0.078	0.315	0.166	0.043 3
1998	0.424	0.222	0.077	0.312	0.165	0.042 7
1999	0.422	0.220	0.076	0.305	0.162	0.040 8
2000	0.420	0.220	0.076	0.305	0.163	0.041 4
2001	0.405	0.213	0.070	0.293	0.157	0.038 3
2002	0.387	0.204	0.065	0.278	0.150	0.034 8
2003	0.371	0.195	0.059	0.265	0.143	0.031 7
2004	0.352	0.185	0.054	0.248	0.134	0.027 9
2005	0.342	0.179	0.050	0.240	0.129	0.025 9
2006	0.329	0.173	0.047	0.230	0.124	0.024 1
2007	0.316	0.166	0.044	0.220	0.119	0.022 3

资料来源：作者计算。

表 11－9　1982—2007 年中国三大区域城市化差异演变(Theil Index)

	含北京、天津、上海			不含北京、天津、上海		
	三大区域差异	三大区域内部差异	全国分省差异	三大区域差异	三大区域内部差异	全国分省差异
1982	0.142 4	0.105 4	0.037 0	0.142 4	0.066 5	0.075 9
1983	0.138 3	0.103 2	0.035 1	0.138 3	0.065 6	0.072 7
1984	0.127 6	0.096 5	0.031 1	0.127 6	0.064 6	0.063 1
1985	0.117 3	0.087 3	0.030 0	0.117 3	0.061 6	0.055 7
1986	0.114 5	0.085 4	0.029 1	0.114 5	0.059 9	0.054 6
1987	0.109 8	0.080 9	0.028 8	0.109 8	0.057 5	0.052 3
1988	0.108 1	0.077 7	0.030 4	0.108 1	0.055 2	0.052 9
1989	0.102 3	0.071 9	0.030 5	0.102 3	0.051 1	0.051 2
1990	0.104 7	0.073 6	0.031 1	0.104 7	0.052 9	0.051 8
1991	0.103 2	0.071 5	0.031 7	0.103 2	0.051 1	0.052 1
1992	0.096 2	0.064 7	0.031 5	0.096 2	0.046 4	0.049 8
1993	0.091 9	0.058 5	0.033 4	0.091 9	0.042 1	0.049 8
1994	0.087 8	0.055 0	0.032 8	0.087 8	0.040 2	0.047 6
1995	0.083 7	0.050 9	0.032 8	0.083 7	0.036 3	0.047 4
1996	0.080 6	0.047 6	0.033 0	0.080 6	0.033 7	0.046 9
1997	0.078 5	0.045 7	0.032 8	0.078 5	0.031 9	0.046 5
1998	0.077 1	0.044 6	0.032 5	0.077 1	0.031 2	0.045 9
1999	0.075 7	0.042 6	0.033 1	0.075 7	0.029 1	0.046 6
2000	0.075 5	0.040 8	0.034 8	0.075 5	0.028 3	0.047 2
2001	0.070 3	0.036 9	0.033 4	0.070 3	0.025 4	0.044 9
2002	0.064 6	0.032 9	0.031 7	0.064 6	0.022 2	0.042 4
2003	0.059 4	0.029 6	0.029 8	0.059 4	0.019 7	0.039 7
2004	0.053 6	0.026 4	0.027 2	0.053 6	0.017 2	0.036 4
2005	0.050 4	0.024 1	0.026 3	0.050 4	0.015 5	0.035 0
2006	0.046 9	0.022 1	0.024 8	0.046 9	0.014 1	0.032 9
2007	0.043 7	0.020 4	0.023 4	0.043 7	0.012 7	0.031 0

资料来源：作者计算。

表 11-10　1982—2007 年中国三大区域内部城市化差异演变(Theil Index)

	东部(含北京、天津、上海)	中　部	西　部	东部(不含北京、天津、上海)
1982	0.189 7	0.081 4	0.045 2	0.072 8
1983	0.178 0	0.082 4	0.049 2	0.065 3
1984	0.155 2	0.078 2	0.056 2	0.059 3
1985	0.140 8	0.070 7	0.050 3	0.063 7
1986	0.138 0	0.065 3	0.052 7	0.061 6
1987	0.130 1	0.064 4	0.048 3	0.059 7
1988	0.121 3	0.063 1	0.048 8	0.053 8
1989	0.114 3	0.060 8	0.040 5	0.052 0
1990	0.114 9	0.062 1	0.043 9	0.052 7
1991	0.112 0	0.059 9	0.042 5	0.050 7
1992	0.101 1	0.053 8	0.039 1	0.046 3
1993	0.093 0	0.050 7	0.031 9	0.043 8
1994	0.086 4	0.047 4	0.031 2	0.041 9
1995	0.081 7	0.043 1	0.027 9	0.037 9
1996	0.075 6	0.040 2	0.026 9	0.034 2
1997	0.074 3	0.037 8	0.025 0	0.033 0
1998	0.072 7	0.037 0	0.024 1	0.032 5
1999	0.071 8	0.035 6	0.020 4	0.031 3
2000	0.068 5	0.034 9	0.019 0	0.031 1
2001	0.062 6	0.030 6	0.017 6	0.028 0
2002	0.056 8	0.026 1	0.015 8	0.024 7
2003	0.051 5	0.022 3	0.015 0	0.021 9
2004	0.046 8	0.018 6	0.013 8	0.019 1
2005	0.044 1	0.015 3	0.013 0	0.018 1
2006	0.041 7	0.012 7	0.011 8	0.017 7
2007	0.038 2	0.010 5	0.012 5	0.015 2

资料来源：作者计算。

表 11－11　1982—2007 年中国三大区域内部各省平均城市化水平

年　份	东　部	中　部	西　部	全　国
1982	33.24	23.58	18.23	25.58
1983	34.08	24.49	18.89	26.39
1984	36.00	25.93	20.62	28.10
1985	37.95	27.33	21.94	29.68
1986	38.40	28.20	22.32	30.24
1987	39.45	29.15	22.89	31.12
1988	40.46	29.92	22.93	31.75
1989	41.48	30.24	23.55	32.43
1990	41.66	30.28	23.49	32.49
1991	42.27	30.50	23.68	32.85
1992	43.44	31.35	24.32	33.75
1993	45.19	32.23	24.80	34.84
1994	46.63	33.31	25.69	36.00
1995	47.58	34.06	26.18	36.74
1996	48.62	34.74	26.64	37.49
1997	49.35	35.23	27.14	38.08
1998	49.78	35.62	27.43	38.45
1999	50.60	35.99	27.76	38.98
2000	51.95	36.52	28.04	39.74
2001	52.98	37.48	28.93	40.71
2002	54.05	38.66	29.96	41.80
2003	55.12	39.69	31.11	42.88
2004	56.10	40.82	32.57	44.05
2005	57.79	42.03	33.89	45.48
2006	58.63	43.21	34.89	46.48
2007	59.35	44.31	35.83	47.39

资料来源：作者计算。

表 11 - 12　2000 年城市化质量指标的相关分析(当年价格)

		城市化水平	人均政府消费支出	人均城镇居民消费支出	人均 GDP
城市化水平	Pearson Correlation	1	.893*	.785*	.915*
	Sig. (2-tailed)		.000	.000	.000
	N	29	29	29	29
人均政府消费支出	Pearson Correlation	.893*	1	.626*	.890*
	Sig. (2-tailed)	.000		.000	.000
	N	29	29	29	29
人均城镇居民消费支出	Pearson Correlation	.785*	.626*	1	.797*
	Sig. (2-tailed)	.000	.000		.000
	N	29	29	29	29
人均 GDP	Pearson Correlation	.915*	.890*	.797*	1
	Sig. (2-tailed)	.000	.000	.000	
	N	29	29	29	29

*. Correlation is significant at the 0.01 level (2-tailed).

表 11 - 13　2000 年城市化质量指标的偏相关分析(当年价格)

Control Variables			城市化水平	人均政府消费支出	人均城镇居民消费支出
人均 GDP	城市化水平	Correlation	1.000	.425	.230
		Significance (2-tailed)		.024	.239
		df	0	26	26
	人均政府消费支出	Correlation	.425	1.000	-.302
		Significance (2-tailed)	.024		.118
		df	26	0	26
	人均城镇居民消费支出	Correlation	.230	-.302	1.000
		Significance (2-tailed)	.239	.118	
		df	26	26	0

表 11－14　1990 年城市化质量指标的相关分析(当年价格)

		城市化水平	人均政府消费支出	人均城镇居民消费支出	2000 价格人均 GDP
城市化水平	Pearson Correlation	1	.803*	.300	.898*
	Sig. (2-tailed)		.000	.114	.000
	N	29	29	29	29
人均政府消费支出	Pearson Correlation	.803*	1	.471*	.789*
	Sig. (2-tailed)	.000		.010	.000
	N	29	29	29	29
人均城镇居民消费支出	Pearson Correlation	.300	.471*	1	.461**
	Sig. (2-tailed)	.114	.010		.012
	N	29	29	29	29
2000 价格人均 GDP	Pearson Correlation	.898*	.789*	.461**	1
	Sig. (2-tailed)	.000	.000	.012	
	N	29	29	29	29

*. Correlation is significant at the 0.01 level (2-tailed).

**. Correlation is significant at the 0.05 level (2-tailed).

表 11－15　1990 年城市化质量指标的偏相关分析(当年价格)

Control Variables			城市化水平	人均政府消费支出	人均城镇居民消费支出
2000 年价格人均 GDP	城市化水平	Correlation	1.000	.349	—.292
		Significance (2-tailed)		.069	.132
		df	0	26	26
	人均政府消费支出	Correlation	.349	1.000	.196
		Significance (2-tailed)	.069		.317
		df	26	0	26
	人均城镇居民消费支出	Correlation	—.292	.196	1.000
		Significance (2-tailed)	.132	.317	
		df	26	26	0

表 11－16　1982 年城市化质量指标的相关分析(当年价格)

		城市化水平	人均政府消费支出	人均城镇居民消费支出	2000 价格人均 GDP
城市化水平	Pearson Correlation	1	.701*	.127	.816*
	Sig. (2-tailed)		.000	.510	.000
	N	29	29	29	29
人均政府消费支出	Pearson Correlation	.701*	1	.520*	.725*
	Sig. (2-tailed)	.000		.004	.000
	N	29	29	29	29
人均城镇居民消费支出	Pearson Correlation	.127	.520*	1	.271
	Sig. (2-tailed)	.510	.004		.155
	N	29	29	29	29
2000 价格人均 GDP	Pearson Correlation	.816*	.725*	.271	1
	Sig. (2-tailed)	.000	.000	.155	
	N	29	29	29	29

*. Correlation is significant at the 0.01 level (2-tailed).

表 11－17　1982 年城市化质量指标的偏相关分析(当年价格)

Control Variables			城市化水平	人均政府消费支出	人均城镇居民消费支出
2000 年价格人均 GDP	城市化水平	Correlation	1.000	.276	−.168
		Significance (2-tailed)		.155	.393
		df	0	26	26
	人均政府消费支出	Correlation	.276	1.000	.488
		Significance (2-tailed)	.155		.008
		df	26	0	26
	人均城镇居民消费支出	Correlation	−.168	.488	1.000
		Significance (2-tailed)	.393	.008	
		df	26	26	0

表 11－18　1984—2007 年中国分省、分区域总人口和城市化水平演变

地　区	总人口(万人)				城市化水平			
	1984 年	1990 年	2000 年	2007 年	1984 年	1990 年	2000 年	2007 年
北　京	965	1 082	1 357	1 633	66.05%	68.85%	77.64%	84.50%
天　津	796	879	985	1 115	70.09%	70.85%	72.02%	76.31%
河　北	5 487	6 108	6 668	6 943	16.63%	19.06%	26.22%	40.25%
辽　宁	3 660	3 946	4 182	4 298	45.67%	49.83%	54.35%	59.20%
上　海	1 205	1 334	1 641	1 858	63.83%	72.61%	88.47%	88.70%
江　苏	6 171	6 706	7 304	7 625	19.09%	24.84%	41.78%	53.20%
浙　江	3 993	4 145	4 593	5 060	27.61%	36.54%	48.90%	57.20%
福　建	2 720	3 005	3 410	3 581	24.36%	29.31%	41.79%	48.70%
山　东	7 637	8 439	8 997	9 367	24.71%	31.06%	38.21%	46.75%
大广东	5 577	6 939	9 278	10 294	23.90%	37.52%	53.76%	61.83%
广　西	3 806	4 224	4 385	4 768	14.02%	17.76%	28.35%	36.24%
山　西	2 631	2 876	3 247	3 393	27.12%	30.09%	35.06%	44.03%
内蒙古	1 993	2 146	2 332	2 405	30.92%	36.15%	42.82%	50.15%
吉　林	2 285	2 466	2 680	2 730	42.87%	46.89%	49.77%	53.16%
黑龙江	3 331	3 522	3 624	3 824	43.78%	48.71%	51.64%	53.90%
安　徽	5 103	5 618	5 900	6 118	15.55%	19.59%	27.96%	38.70%
江　西	3 458	3 771	4 040	4 368	20.52%	23.16%	27.75%	39.80%
河　南	7 737	8 553	9 124	9 360	15.12%	17.82%	23.30%	34.34%
湖　北	4 918	5 397	5 951	5 699	21.23%	29.35%	40.48%	44.30%
湖　南	5 561	6 066	6 327	6 355	16.27%	20.73%	29.93%	40.45%
大四川	7 364	1 073	11 286	10 943	15.94%	19.52%	28.13%	38.88%
贵　州	2 931	3 239	3 525	3 762	21.60%	21.35%	23.91%	28.24%
云　南	3 372	3 697	4 236	4 514	15.48%	17.64%	23.48%	31.60%
西　藏	197	220	262	284	9.24%	12.07%	19.04%	28.30%
陕　西	2 966	3 288	3 537	3 748	22.79%	25.57%	32.40%	40.62%
甘　肃	2 016	2 237	2 512	2 617	17.31%	20.67%	24.10%	31.59%
青　海	402	446	482	552	27.09%	32.05%	34.91%	40.07%

续　表

地　区	总人口(万人)				城市化水平			
	1984 年	1990 年	2000 年	2007 年	1984 年	1990 年	2000 年	2007 年
宁　夏	407	466	549	610	24.09%	29.74%	32.53%	44.02%
新　疆	1 344	1 516	1 846	2 095	32.04%	32.76%	33.87%	39.15%
全　国	103 475	113 051	124 261	132 129	22.85%	26.41%	36.22%	44.94%
东　部	42 017	46 807	52 802	56 542	26.76%	33.12%	44.75%	53.74%
中　部	37 017	40 414	43 225	44 252	22.66%	26.85%	33.64%	42.10%
西　部	20 999	16 181	28 234	29 125	19.09%	22.62%	27.57%	35.99%

资料来源：1984 年总人口摘自新中国 55 年统计资料汇编，1990 年摘自第四次人口普查(全部数据)，2000 年摘自第五次人口普查资料(全部数据)，2007 年摘自中国统计年鉴 2008；城市化水平的计算参见第 4 章。

表 11－19　1984—2007 年中国分省、分区域都市化水平与空间集聚度演变

	都市化水平				城市化空间集聚度			
	1984 年	1990 年	2000 年	2007 年	1984 年	1990 年	2000 年	2007 年
北　京	51.64%	62.03%	72.59%	82.05%	78.18%	90.09%	93.49%	97.10%
天　津	51.84%	66.50%	66.13%	72.08%	73.96%	93.86%	91.82%	94.46%
河　北	8.48%	13.02%	18.03%	25.00%	50.99%	68.33%	68.78%	62.11%
辽　宁	27.88%	40.45%	48.05%	51.87%	61.05%	81.17%	88.40%	87.62%
上　海	55.83%	62.97%	84.17%	87.00%	87.46%	86.72%	95.14%	98.09%
江　苏	10.26%	15.96%	31.12%	42.31%	53.73%	64.26%	74.48%	79.54%
浙　江	6.42%	23.45%	36.75%	44.40%	23.23%	64.17%	75.14%	77.63%
福　建	7.41%	15.81%	28.49%	32.68%	30.41%	53.95%	68.17%	67.10%
山　东	7.24%	20.42%	28.41%	37.58%	29.32%	65.74%	74.35%	80.38%
大广东	9.69%	18.97%	42.26%	52.60%	40.56%	50.56%	78.61%	85.06%
广　西	5.47%	8.30%	15.29%	21.33%	39.03%	46.74%	53.93%	58.86%
山　西	12.29%	19.27%	24.31%	30.50%	45.33%	64.05%	69.33%	69.28%
内蒙古	16.38%	22.09%	27.41%	30.74%	52.98%	61.11%	64.00%	61.29%
吉　林	17.77%	33.70%	39.43%	43.35%	41.45%	71.87%	79.23%	81.55%
黑龙江	22.26%	32.66%	38.29%	39.85%	50.85%	67.06%	74.15%	73.93%

续 表

	都市化水平				城市化空间集聚度			
	1984 年	1990 年	2000 年	2007 年	1984 年	1990 年	2000 年	2007 年
安　徽	6.94%	10.77%	17.09%	24.53%	44.60%	55.00%	61.14%	63.39%
江　西	7.44%	11.39%	14.90%	21.11%	36.27%	49.17%	53.70%	53.04%
河　南	6.14%	10.40%	15.05%	21.74%	40.58%	58.37%	64.60%	63.32%
湖　北	10.83%	19.87%	31.55%	36.19%	51.02%	67.70%	77.94%	81.69%
湖　南	6.42%	11.72%	17.68%	24.05%	39.46%	56.52%	59.07%	59.46%
大四川	8.58%	9.99%	17.18%	24.24%	53.80%	51.16%	61.07%	62.35%
贵　州	11.94%	12.08%	14.05%	16.44%	55.27%	56.58%	58.76%	58.22%
云　南	5.17%	8.22%	12.26%	16.72%	33.39%	46.58%	52.23%	52.92%
西　藏	4.01%	5.24%	8.28%	12.37%	43.40%	43.44%	43.50%	43.70%
陕　西	9.67%	15.56%	20.39%	26.02%	42.44%	60.84%	62.93%	64.05%
甘　肃	8.06%	14.17%	16.12%	21.33%	46.59%	68.55%	66.89%	67.53%
青　海	12.91%	16.36%	18.83%	21.96%	47.67%	51.04%	53.92%	54.81%
宁　夏	13.07%	19.55%	22.14%	33.22%	54.27%	65.75%	68.05%	75.47%
新　疆	18.39%	19.59%	21.61%	24.73%	57.40%	59.81%	63.82%	63.16%

数据来源：作者汇总计算。

表 11－20　2007 年份省城市化空间集聚与城市化水平分析

	城市化水平	城市化空间集聚度	都市化水平	城市化水平—序 A	城市化空间集聚度—序 B	序 AB 的差值
北　京	84.50%	97.10%	82.05%	2	2	0
天　津	76.31%	94.46%	72.08%	3	3	0
河　北	40.25%	62.11%	25.00%	18	21	−3
辽　宁	59.20%	87.62%	51.87%	5	4	+1
上　海	88.70%	98.09%	87.00%	1	1	0
江　苏	53.20%	79.54%	42.31%	8	9	−1
浙　江	57.20%	77.63%	44.40%	6	10	−4
福　建	48.70%	67.10%	32.68%	11	15	−4
山　东	46.75%	80.38%	37.58%	12	8	+4

续 表

	城市化水平	城市化空间集聚度	都市化水平	城市化水平—序 A	城市化空间集聚度—序 B	序 AB 的差值
大广东	61.83%	85.06%	52.60%	4	5	−1
广　西	36.24%	58.86%	21.33%	24	24	0
山　西	44.03%	69.28%	30.50%	14	13	+1
内蒙古	**50.15%**	**61.29%**	30.74%	**10**	**22**	**−12**
吉　林	53.16%	81.55%	43.35%	9	7	+2
黑　龙	**53.90%**	**73.93%**	39.85%	**7**	**12**	**−5**
安　徽	**38.70%**	**63.39%**	24.53%	**23**	**17**	**+6**
江　西	**39.80%**	**53.04%**	21.11%	**20**	**27**	**−7**
河　南	**34.34%**	**63.32%**	21.74%	**25**	**18**	**+7**
湖　北	**44.30%**	**81.69%**	36.19%	**13**	**6**	**+7**
湖　南	**40.45%**	**59.46%**	24.05%	**17**	**23**	**−6**
大四川	38.88%	62.35%	24.24%	22	20	+2
贵　州	28.24%	58.22%	16.44%	29	25	+4
云　南	31.60%	52.92%	16.72%	26	28	−2
西　藏	28.30%	43.70%	12.37%	28	29	−1
陕　西	40.62%	64.05%	26.02%	16	16	0
甘　肃	**31.59%**	**67.53%**	21.33%	**27**	**14**	**+13**
青　海	**40.07%**	**54.81%**	21.96%	**19**	**26**	**−7**
宁　夏	44.02%	75.47%	33.22%	15	11	+4
新　疆	39.15%	63.16%	24.73%	21	19	+2

第12章

城市化的第二次转型：趋势、机遇及对策[①]

中国城市化发展在改革开放前是受国家严格控制的[②]，以20世纪80年代初期国家对城镇招工限制的放开和1984年国务院发布《关于农民进入集镇落户问题的通知》为标志，中国城市化开始了由计划控制向市场引导的转型之路。2001年“农转非”内部控制指标基本取消，加之全国性的户籍改革试验，限制农村人口城市化的枷锁已经打开[③]；与此同时，伴随城市化转型的行政区划改革在2000年后也趋向于平稳，西部大开发、中部崛起和东北振兴战略与沿海发展一同被写入了国家中长期发展计划，标志着区域全面发展时代的来临；2007年出台的《城乡规划法》不再沿用“严格控制大城市规模、合理发展中等城市和小城市”的城市化方针，这一系列的制度和政策转型标志着我国城市化由计划控制向市场引导的转型取得了很大的成就；国家控制的因素已经弱化，市场的力量开始占据主导。在此期间，经济全球化的浪潮深刻地影响了中国的区域城市化发展，加速了东部地区城市化发展，大量的农村剩余劳动力流入城市、流入东部地区，创造了巨大的财富，为经济发展作出了巨大的贡献。然而，市场并不是万能的，市场可以把农民拉进城市，但是无法使农民真正地融入城市，城市化仅仅从“国家控制”转变到“市场主导”还远远不够。城市化(由计划控制向市场引导的)转型一定程度上缩小了区域城市化的数量差异，但是在缩小城市居民的生活质量差异和公共服务差异——城市化质量差异上取得的进展很小。与此同时，既有的研究普遍认为中国未来一段时间城市化仍将保持高速增长，甚至于加速增长。

---

① 本章主要内容已发表于城市规划2009年第10期，详见张立，2009。

② 20世纪80年代前“农转非”的内部指标1.5‰(万川，1999)，1980年后改为2‰～5‰(Wang，2004)。这些指标主要用于大中专学生、调干、军人转业安置、职工离退休顶替、熬够分居年头的夫妻随调，此外便是通过走后门转的户口等。详细论述参见(万川，1999；Wang，2004)。

③ 虽然户籍改革并不彻底，农民进城落户，在一些大城市还有诸多限制，但就农民进城而言真正的阻力已经不在户籍制度上了。

本章以二元城市化理论为框架，建立城市化人口的二次转换模型，即分别将改革开放后中国城市化发展划分为第一次转型（计划向市场）和第二次转型（数量向质量）。在辨析我国未来城市化二次转型趋势的基础上，讨论二次城市化转型的战略机遇期以及应对政策。

12.1 城市化人口转换模型

12.1.1 趋势与现实

我国在计划经济体制下，1949 年至 1978 年的城市化水平从 10.64%上升至 17.38%，30 年仅提高了 6.74 个百分点；而改革开放后（转型时期）至 2008 年底，全国城市化水平已经达到 45.68%，同样是 30 年却增长了 28.3 个百分点。因此，主流文献都把这段时期定义为城市化的快速发展时期（Kirkby，1985；Chan，1992；周一星等，1998；何念如，2008 等）。喜人的统计数据和近年来快速提高的城市化水平，加之国际城市化研究的经验影响①，使得很多学者和机构以此为依据，以趋势外推而预测中国城市化水平将在 2030 年达到 65%～70%②。

从方法论上讲，趋势仅仅是对历史过程的总结，并不意味着未来的发展一定会按照历史的轨迹简单地重复或外延。必须认识到，中国的社会主义市场经济体制改革具有很大的独特性，是在“摸着石头过河”或不断“试错”、不断修正的过程中求得发展。我们面前没有一条既定的康庄大道，亦没有一条预先设定好的轨道引导我们的城市化走向成熟。另一方面，本书的分析也显示，城市化发展除了数量的增长外，质量的提升和空间分布的优化也同等重要，而且由于转型期制度体系的不健全和城市化的高速发展，已经积累了许多亟待解决的问题。如果一味地以西方城市化经验为托辞、以历史发展趋势作为依据而武断地认为中国城市化水平将继续“加速”提升，在政策制定上以此为基础，将不利于经济社会的可持续发展。

在一片“城市化加速增长”的呼声下，2003 年以来始于珠江三角洲地区的

---

① 主要引用的理论就是诺瑟姆的城市化发展的 S 形曲线理论，即城市化在 30%～70%之间是加速发展阶段。

② 比如《2008 年中国城市竞争力蓝皮书：中国城市竞争力报告》中预测，2030 年中国城市化水平将达到 65%；国家发展改革委国土开发与地区经济研究所副所长肖金成也撰文预测 2030 年中国城市化水平将达到 70%（http://www.howvc.com/Html/economy/macro/china-road/0083470.html），著名咨询公司麦肯锡预测 2025 年中国将有超过 66%的人口生活在城市（http://news.qq.com/a/20080326/011486.htm）。

"民工荒"和"保姆荒"现象至今并没有散去，而农民工工资的上涨和一系列社会福利的改善已如期而至。虽然一些学者认为，这是在二元劳动力无限供给条件下短期的、结构性的现象，不是劳动力总量供给不足(樊纲，2005)。但实际上，改革开放 30 年来，城市人口已经增加了 4 亿多人，无论是城市产业部门还是农村非农经济的发展，都吸收了大量的农村剩余劳动力；而经济增长对劳动力的吸收以及人口(年龄)结构改变对劳动力转变的影响，最终将会在某个时段改变"二元"这个特有的性质，这意味着劳动力无限供给并非是不可改变(蔡昉，2007)。

12.1.2　二元城市化理论

新古典经济学以单一经济结构和生产要素的稀缺性为特征，以现有资源最优配置为研究中心，其基本假设是劳动供给不变。而刘易斯(1989)重新将古典经济学中的劳动无限供给的假设带回了经济学领域中，并创立了经济发展的二元结构模型。与新古典经济学相比，二元经济结构理论模式更贴近发展中国家的现实(陈广汉，2000)。这一模型将发展中国家经济划分为农业和工业两个部门，认为在发展中国家的农村里存在着大量的剩余劳动力，农业劳动力的边际生产率几乎为零，因此现代经济部门增长和扩大的过程中，可以用不变的工资水平不受限制地获得所需要的劳动力供给。因此，发展中国家在很长的一段时间里就呈现出一种二元的经济格局，直到现代经济部门把传统部门的剩余劳动力吸收殆尽，二元经济增长才逐步被合称为一体化的和均衡的现代经济增长，剩余劳动力被完全吸纳的这个时点也被称为"刘易斯—费景汉—拉尼斯转折点"，也称作"商品化点①"(费景汉—拉尼斯，2004)。

在发展经济学界，对刘易斯的模型既有肯定者也有批判的声音。针对刘易斯假设"农村劳动力无限供给"，拉尼斯和费景汉做了进一步的修正和发展②。

---

① 之所以称为"商品化点"，主要是针对农业和农村说的。在转折点到来之前，农业劳动力不能按商业化原则取得报酬，经济租金在运行层面上是不重要的。进入这一点后，农村劳动力与家庭间的关系从传统的或分享式转向城市劳动力那样的商业化关系(洪根兴，2004)，载于"费景汉—拉尼斯著，洪根兴等译，增长和发展：演进的观点，北京：商务出版社，2004，p7"。

② 拉尼斯和费景汉在刘易斯的"0 边际劳动生产力"的剩余劳动力之外，提出了"隐性失业"的概念，将农村剩余劳动力 L 进一步地分为两类，一是"0 边际劳动生产力"的剩余劳动力 L_0，二是"边际劳动生产力大于 0，低于制度工资"的剩余劳动力 L_1。因此与刘易斯将经济发展分为两个阶段不同，拉尼斯—费景汉将经济发展分为三个阶段，即只存在 L_0 的阶段一；只存在 L_1 的阶段二；L 短缺的阶段三。阶段一与阶段二的转折点称为"(农产品)短缺点"，阶段二与阶段三的转折点称为"商品化点"。详细的模型论述参见费景汉—拉尼斯(2004)。在二元经济结构理论中比较著名的还有"托达罗模型"，其主要是针对"城市存在失业"问题做了进一步解释，虽然没有离开二元经济的理论框架，但不是本书分析的重点，篇幅有限，这里不作介绍，有兴趣可参考托达罗的著作，2009。

虽然拉尼斯—费景汉与刘易斯对“商品化点”的经济定义有所区别，但共同点在于，都承认在劳动力剩余的二元经济发展中，农村剩余劳动力转移完成是经济发展的重要转折点，“商品化点”的到来是一个重要的里程碑。其隐含的城市化含义就是，在“商品化点”之前无限供给的农村剩余劳动力要求城市化水平快速增长，而“商品化点”之后，由于劳动力供给不再是“无限的”，农村对城市的压力趋缓，从而城市化水平快速增长的要求不再像之前那么迫切和必需。这个转折点到来的两个标识性变化就是人口出生率的下降和劳动力市场的一体化（蔡昉，2007）。二元经济结构理论对于城市化发展研究的直接贡献在于提供了一个分析经济发展和城市化的理论框架，影响了后来许多发展中国家的经济发展和城市化政策制定。

12.1.3 新时期的第二次转型

如果以达到城市人口的生活质量为城市化的完成标准的话，可以把城市化转型的过程划分为两个阶段，第一次转型可以概括描述为市场引导农村剩余劳动力转化为城市人口，将之称为“城市人口Ⅰ”（能够在城市满足基本的生存需要），这一阶段仅仅是完成了城市化的空间转换和（或）生活方式的转换，第二次转型是“城市人口Ⅰ”由于个人努力和（或）比其他人更加受益于城市经济的发展而转化为“城市人口Ⅱ”（获得等同于当地城市人口的各项社会福利和身份），这一阶段完成了城市化的质量转变。两阶段的城市化人口转换（应该）是同时存在的，但由于我国快速的城市化转型过程，导致“城市人口Ⅰ”向“城市人口Ⅱ”的转化速度跟不上由农村剩余劳动力转化而增加的“城市人口Ⅰ”，从而形成了大规模的“城市人口Ⅰ”的积累；而只要农村剩余劳动力继续保持快速且持续的输入，“城市人口Ⅰ”的规模就会继续膨胀，从而使城市化的质量提升受阻（图 12-1）。

完成“城市人口Ⅰ”向“城市人口Ⅱ”的转化有两种途径：一是经济超常规快速发展，从而政府有能力在农村剩余劳动力不断涌入城市的同时，完成大量的城市人口Ⅰ向城市人口Ⅱ的转换，减少城市人口Ⅰ的积累，这是西方发达国家城市化曾采取的路径；二是“城市人口Ⅰ”的增速减缓，从而在政府能力不变的情况下完成更多的城市人口Ⅰ向城市人口Ⅱ的转换。两种途径的最终结果是提高城市化的质量。显然，我国目前的经济发展水平和能力还不足以紧紧依靠“途径一”来完成城市化的第二次转型，但是“途径二”中所需的基本的条件正在形成，这就为我们提高城市化质量，促进第二次转型提供了机遇。与此同时，由

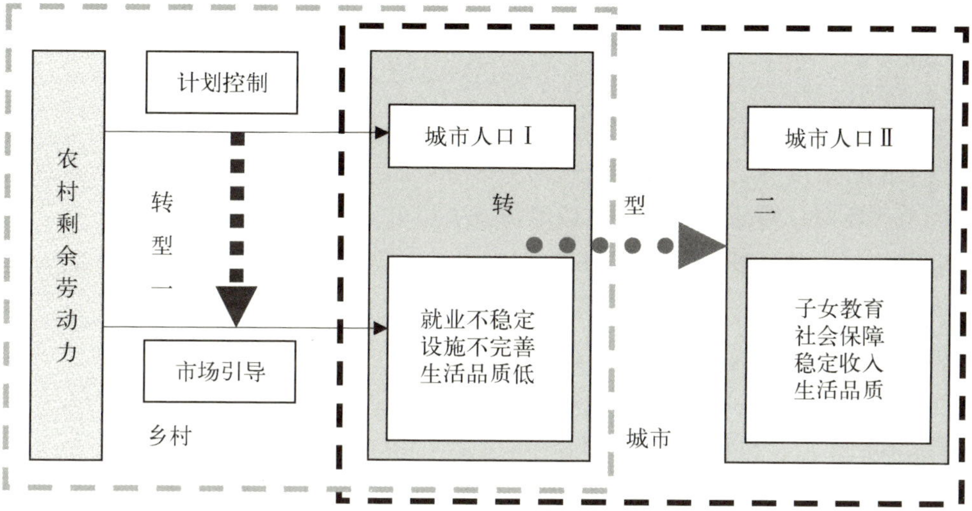

图 12－1　中国城市化转型模型示意

于我国城市化(第一次)转型过程比较激烈、迅速,导致“城市人口Ⅰ”的数量过于庞大,已经引发了一系列的社会问题,从而城市化质量的提升有着内在的迫切需求。

12.2　城市化第二次转型的趋势

考察我国的经济、社会和人口发展态势,可以比较清晰地看到城市化的第二次转型有其内在的必然性和现实的必要性。

12.2.1　经济增长的边际带动作用下降

上文的分析已经证明,城市化与经济发展有紧密的联系,但是历年份省的截面分析显示,提升同样的城市化水平需要的经济增长越来越高,即单位 GDP 的增长所带来的城市化提升越来越有限(图 12－2),或者说“经济增长对城市化的边际带动作用趋于减弱”。

12.2.2 人口红利趋于弱化

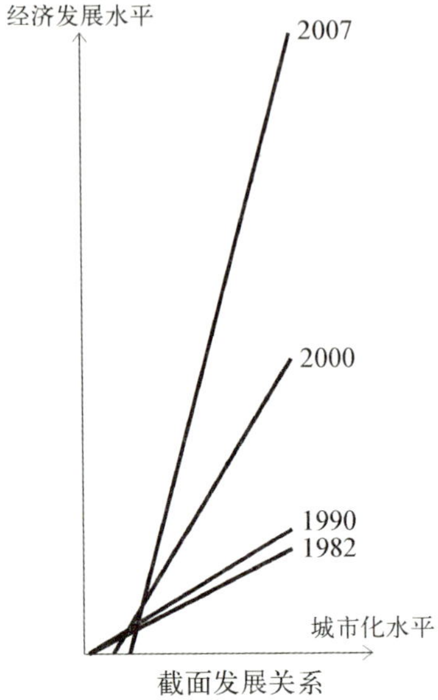

图 12-2 1982—2007 年中国分省城市化水平与经济发展水平的关系演进

人口红利①的经济含义是，处于人口转变特定阶段的高比例生产性人口会使经济增长在正常的增长幅度之上再提高一个部分（Bloom，2002）。我国长期的经济高速增长得益于人口红利，据测算人口抚养比每下降 1 个百分点，可以为经济增长贡献 0.115 个百分点。以此测算，1982—2007 年中国总抚养比下降了 31.41 个百分点，带来经济（人均 GDP）增长速度 3.61 个百分点，同期的人均 GDP 年均增长速度在 8.93%左右，相当于人口转变对人均 GDP 的增长贡献率 40.43%，即 1/3 强②。

表 12-1 的数据揭示：1982—2000 年间我国劳动年龄人口比例从 59.23%提高到70.15%，提高了 10.92 个百分点；但 2007 年仅比 2000 年提高了 2.62 个百分点，增速逐步放缓；另一方面，1982—2000 年间老少抚养比从 68.83%下降到了 42.56%，下降了 26.27 个百分点，但 2007 年仅比 2000 年下降了 5.14 个百分点，老少抚养比下降的速度趋于缓和，且近几年较为平稳。再从少儿抚养比看，多年来一直在持续下降，其中，2000 年比 1982 年下降了 27.90 个百分点，2007 年比 2000 年下降 8.08 个百分点，也呈缓和之势。据分析，我国劳动年龄人口比例在 2015 年左右达到峰值，为 73.86%，之后就开始下降，至 2030 年就会降到 64.08%（这是 1980 年代中期的水平）。上述数据说明，虽然我国目前仍然处在“人口红利”期内，但“人口红利”的峰值正在过去，人口的结构变化将导致“人口红利”逐步减少，由“人口红利”带来的那部分经济绩效将逐步减小。

---

① 国家人口发展战略研究课题组撰写的《国家人口发展战略研究报告》认为人口年龄结构最富生产性的过渡时期通常被称为人口红利期，人口年龄结构对经济增长的这种潜在贡献就是人口红利。我国人口红利最早的提出者田雪原（2006）在其新著中叙述，所谓人口红利或人口视窗，指的是人口年龄结构变动中出现的劳动年龄人口所占比例较高、社会抚养比较低的过程，创造出有利于发挥人力资源和劳动力优势的人口年龄结构变动的“黄金时代”。我国人口的年龄结构正处于这样一个人口红利期，虽然有学者认为中国的人口红利期将会持续到 2030 年左右（韦亚平，2006），但也有学者认为 2015 年这样的人口红利就会逐步消失（胡鞍钢，2007），也有人认为转折点在 2010 年。

② 计算方法参见参考文献 23，第 8 页；人均 GDP 平均增长速度按照当年国家统计局发布的国家统计公报中 GDP 可比增长速度和当年人口进行折算。

表 12-1　1982—2007 年我国人口年龄结构分析(万人,%)

年　　份			1982	1990	1995	2000	2005	2006	2007
总人口 A			**100 391**	**113 051**	**118 913**	**126 583**	128 194	131 496	132 082
分年龄	B	15—64 岁	59 463	75 481	79 160	88 793	91 499	95 115	96 117
	C	0—14 岁	36 000	31 300	31 791	28 979	25 064	24 287	23 609
	D	65—100 岁	4 928	6 270	7 963	8 811	11 631	12 095	12 357
劳动人口比例 B/A			59.23	66.77	66.57	70.15	71.38	72.33	72.77
老少抚养比(C+D)/B			68.83	49.77	50.22	42.56	40.10	38.25	37.42
老年人口比例 D/A			4.91	5.55	6.70	6.96	9.07	9.20	9.36
少儿抚养比 C/B			60.54	41.47	40.16	32.64	27.39	25.53	24.56
老少比 D/C			13.69	20.03	25.05	30.40	46.41	49.80	52.34

注：1982 年年龄段划分为 0—15 岁、16—64 岁、65 岁以上三组。
数据来源：中国统计年鉴 1983,2001,2006,2008,五次人口普查资料。

12.2.3　社会和谐发展对城市化提出了更高要求

2008 年底全国外出农民工达 22 542 万人(国家统计局,2009),占全部非农就业的近 50%①。这 22 542 万人当中有 14 041 万人是跨乡镇迁移的,在统计上只要居住在城市并已离开户籍地半年以上就记入了“城市人口”,但他们的子女就学、医疗、失业、养老和其他社会福利与真正的城市居民相去甚远。2007 年城镇居民收入分组中最高的 10%的年收入是最低的 10%的 8.69 倍(国家统计局,2008)。社会福利和社会分配的不公平已经影响到社会的平稳和谐发展。另一方面,快速增长的流动人口与城市基础设施供给增长之间的矛盾日益尖锐,一些城市的基础设施长期超负荷运转,道路系统不完善、污水处理设施缺乏、基础教育设施吃紧等严重地降低了城市化的质量。

与此同时,中国已经进入老龄化社会②。2007 年我国 65 岁及以上老龄人口占全部人口的比重已经达到 9.36%,60 岁及以上老龄人口比例更是达到了11.60%,老少比③已经到了 52.34%。但是 2007 年我国人均 GDP 仅 2 500 美元(当年汇率

① 2007 年全国就业人口 76 990 万人,其中非农产业就业 45 546 万人,以此推算。

② 按照联合国的划分方法,65 岁及以上老年人口比例在 7%以上或者 60 岁及以上老年人口占总人口比例在 10%以上标志着一个国家已经进入老龄化社会。人口老龄化将引发公共财政压力、私人储蓄行为的“生命周期”效应、资本积累不足以及全要素生产率降低等多种问题。

③ 按联合国的划分标准,超过 30%就进入了老龄社会。

折算)，而 2007 年西方进入老龄化国家的人均 GDP 普遍超过 30 000 美元，如日本(34 313 美元)、意大利(35 770 美元)、西班牙(32 616 美元)和德国(40 331 美元)，均是中国的 10 多倍。而中国的老龄化社会又有自己的特殊性，中国应对老龄化的压力要比西方社会大得多。

面对上述的社会发展需求，需要国家的大力投入，要使这两亿多的农村流出人口“完全城市化”更是一项巨大的系统工程，需要有强大的社会财富和公共财力为后盾。而如果城市化继续以如此之快的速度发展的话，就需要使经济增长保持在更高的水平上，以提供解决收入分配和社会福利所需要的巨大投入。而现实是今天的中国经济增长速度已经是世界经济发展史上的奇迹了。应对国际金融危机，我们不怀疑政府有再创奇迹的可能，但结构优化、环境资源友好的发展模式已是时代的诉求。

12.2.4 健康城市的全球趋势

国际上的最新研究已经关注到了城市发展的健康问题。1986 年世界卫生组织(WHO)首次设立“健康城市工程”项目，至今已经发展成为一项世界性的运动；经过了 20 余年的探索和实践，“健康城市”已经从最初的基本理念发展成了具备一系列基本理论的系统工程，而参与 WHO 健康城市工程的城市也越来越多，并获得了可观的健康效益(许从宝等，2005)。WHO 认为“健康城市”的概念不仅是静态的目标，其达到“健康城市”的过程(城市化)和结果(健康的城市)同样重要。城市化的健康发展对经济、社会、环境的发展起着非常重要的作用①，重视城市化质量、促进城市健康发展已经是世界各国城市发展的趋势②。

① 从国外城市化发展的经验看，健康城市化内涵主要体现在：(1) 健康的城市化过程对经济的良性发展非常有利，可以在适宜的程度上为城市产业发展提供充足、合适的劳动力资源；另一方面也可以促进农业的规模化经营，提高农业生产率。(2) 健康的城市化过程对社会公平具有促进作用。健康的城市化并不是仅仅完成农业人口的空间迁移，而是要从本质上使农业人口和贫困的城市人口达到健康的生活标准，接受健康的教育、从事健康的职业、生活在健康的环境里。(3) 健康的城市化过程对保护生态环境和城市环境非常重要。(4) 健康的城市化过程有利于提升城市形象。健康的城市化并不仅仅是建筑景观的城市化，而是高质量人工环境与优美的自然环境的和谐统一。(5) 健康城市目标的达成，城市化的健康发展是手段之一，创新的规划建设管理是重要的制度支撑。

② 在健康城市发展上，一些西方国家已经取得了公认的成就。2007 年欧洲综合杂志《单片眼镜》联合美国《国际先驱论坛报》推选出了全球 20 个宜居城市：慕尼黑(德国)、哥本哈根(丹麦)、苏黎世(瑞士)、东京(日本)、维也纳(奥地利)、赫尔辛基(芬兰)、悉尼(澳大利亚)、斯德哥尔摩(瑞典)、火奴鲁鲁(美国)、马德里(西班牙)、墨尔本(澳大利亚)、蒙特利尔(加拿大)、巴塞罗那(西班牙)、京都(日本)、温哥华(加拿大)、奥克兰(新西兰)、新加坡(新加坡)、汉堡(德国)、巴黎(法国)、日内瓦(瑞士)。当选“世界宜居城市”的 11 条基本准则是，一、拥有设计良好、有国际长程航班的国际机场；二、低犯罪率；三、国家提供优质的教育；四、高素质的保健医疗服务；五、气候宜人；六、通信系统良好；七、社会容忍度高，能容忍同性恋、不同种族，并让妇女平等就业；八、凌晨 1 时仍能买到酒；九、公共交通包括出租车的收费合理且服务佳；十、当地媒体及国际报纸杂志的有无、多寡及其素质；十一、城市规划可让市民接触到大自然，并尽量避免污染和生态破坏。

马斯洛的“人类需求层次论”认为，人类的需求是无止境的，在拥有了足够的“面包”之后，其他需求就会接踵而至。当前我国社会的城市化进程亦是如此，在改革开放 30 年里，3.3 亿人口①完成了城市化的转变，在城市里基本的生存需求得到保障之后，人民需要更高层次的满足感，包括社会公正、机会均等和实现个人价值的自由等，这是摆在中国城市化发展进程中的一道必须逾越的历史门槛。

12.3　城市化第二次转型的机遇

经济增长的带动作用下降、“人口红利”期峰值的消逝、追求社会的和谐发展和世界健康城市的发展趋势均要求适时调整城市化发展的脚步，以使城市化的“数量”与“质量”相协调。然而在一国快速城市化发展过程中，数量与质量始终是一对互相作用着的矛盾，在数量增长的同时，提升城市化的质量除了要求国家有一定的经济实力，战略时间的选择也十分重要。我国一系列的发展现实表明，这样的机遇期就在眼前。

12.3.1　人口增长率持续下降

在人口从“高出生率、高死亡率、低增长率”向“高出生率、低死亡率、高增长率”转变的阶段，传统经济部门有着“无限的劳动力供给”的源泉。中国 20 世纪 80 年代和 90 年代初正处于这样的人口转变阶段。而随着经济社会的发展，人口转变将进入第二个阶段，即从“高出生率、低死亡率、高增长率”向“低出生率、低死亡率、低增长率”转变的阶段，这一阶段由于人口增长放缓，传统部门没有能力再提供“无限劳动力”的供给。按照中国的经济发展水平，距离理论上的“人口转变第二阶段”还有一定距离，但是由于中国政府较早实施了计划生育的基本国策，使得人口的出生率不断下降，从而使得人口转变的第二阶段提早到来。2008 年底出生率已经下降到了 12.14‰，自然增长率更是降到了 5.08‰（图 12-3）。出生率的下降从人口转变的角度看必将延缓农村剩余劳动力的增长，从而使农村劳动力从“无限供给”转变为“有限供给”的时点提前。

① 1978—2008 年全部新增城市人口 43 414 万人，扣除城市人口的自然增长（假设城市人口自然增长率等于乡村自然增长率，以上年城市人口乘以全部人口的自然增长率得到，因为城市人口自然增长率远低于农村，所以这个数值是偏高估计）10 127 万人，两者相减得到城市吸纳的农村人口 33 287 万人。

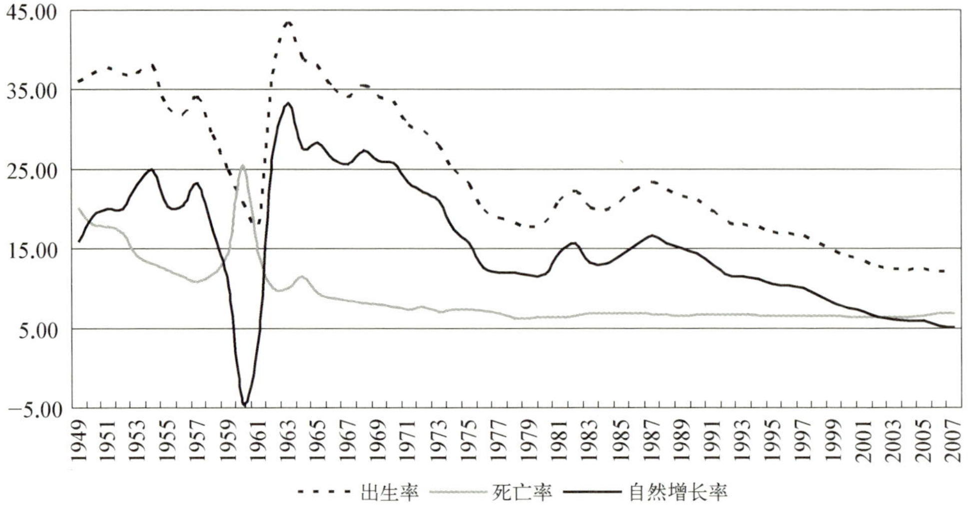

图 12－3　1949—2007 年中国人口增长(‰)

数据来源：新中国 55 年统计资料汇编，中国统计年鉴 2005、2006、2007、2008。

12.3.2　农村劳动力供给趋势的考察

劳动力转变要从供给和需求两方面考察。国家统计局数据显示，2008 年我国乡村劳动力[①] 47 640 万人，外出农民工 22 542 万人（国家统计局，2009），农业发展需要完整的劳动力 22 000 人（赵长保，2007），纯农村剩余劳动力仅 3 098 万人。同期 9.67 亿的劳动年龄（15—64）人口距离专家预测的峰值 10.1 亿（胡鞍钢，2007）仅差 0.34 亿，可以说已经进入了劳动力供给的峰值区间。

为了更进一步说明我国劳动力供给的情况，利用历次人口普查和人口抽样调查的年龄数据来计算各时间阶段的净增劳动人口（表 12－2）。结果显示，1982—1987 年和 1995—2000 年是劳动力供给增加最快的时期，而 2000—2010 年劳动力供给数量有下降的趋势，2005—2010 年供给量增加了 5 269 万人，相比 2000—2005 年减少了约 1 000 万。根据人口的年龄结构可以初步预测 2010—2015 年将新增劳动力 1 179 万人，这个数字不及 2005—2010 年间的 1/4，而从 2015 年之后，劳动力的供给数量将逐步减少，2030 年将比 2015 年减少 6 626 万人。虽然农村劳动力供给的峰值点在 2015 年左右，但是可以认为，现在已经是处在中国农村剩余劳动力供给压力最大的时期。

① 我国农村劳动人口几乎没有完全赋闲在家的，或多或少都参与劳动，因此都纳入了农村就业人员的统计当中，因此可以认为我国乡村劳动力数量与乡村就业人员数量基本是一致的。

表 12－2 1982—2030 年我国劳动年龄人口变化(万人)

年 份	统计期末总人口	统计期末劳动年龄人口	劳动年龄人口比例	增加的劳动人口	减少的劳动人口	统计期净增的劳动人口
1982	100 818	62 003	61.50%	—		—
1982—1987	107 233	70 621	65.86%	—		8 618
1987—1990	113 368	75 662	66.74%	—		5 041
1990—1995	121 121	79 160	65.36%	—		3 498
1995—2000	126 583	88 793	70.15%	—		9 633
2000—2005	130 756	95 068	72.71%	—		6 275
2005—2010	134 058	100 337	74.85%	10 410	5 141	5 269
2010—2015	137 443	101 516	73.86%	8 159	6 980	1 179
2015—2020	140 914	98 979	70.24%	6 978	9 515	−2 537
2020—2025	144 472	98 095	67.91%	7 944	8 828	−884
2025—2030	148 120	94 890	64.08%	8 145	11 350	−3 205

数据来源：2005 年前数据摘自各年份中国统计年鉴，原始数据分年龄人口按照样本数与总人口合计数的比例做了折算。

注：劳动年龄指 15—64 岁，2010 年、2015 年、2020 年、2025 年、2030 年总人口是在假设计划生育政策维持不变的情况下按照 5‰的自然增长率计算得到的总人口数据；这些年份减少劳动力的数量和 2010 年、2015 年、2020 年增加的劳动力数量是假设人口不发生死亡，根据 2005 年 1%人口抽样数据的分组年龄人口计算得到的劳动力数量变化；2025 年、2030 年增加的劳动力数量是假设人口出生率为 12‰计算得到的 2005—2010 年和 2010—2015 年出生的人口。

12.3.3 城市劳动力需求趋势的考察

农村剩余劳动力的趋势还表现在需求方面。根据国家劳动和社会保障部的“企业春季用工需求调查”数据，2007 年春季招工企业能够全部招满的仅占 31.7%，缺工 25%以上的企业达到 36.1%，即使是传统上劳动力丰富的中西部地区，这一数字也高达 35.3%(吴要武，2007)。最新数据显示①，由于出口订单的回暖，珠三角区域的加工型企业再现招工难的情景，东莞提供的岗位数与求职者比例为 1.5∶1.0，劳动力供需的缺口相当之大。虽然蔓延全球的金融危机对

① 《经济回暖引发珠三角再现民工荒》，http://news.sina.com.cn/c/sd/2009－09－09/071318611358.shtml，2009 年 9 月 8 日；《订单回升企业措手不及 珠三角再现“民工荒”》，http://www.xawb.com/gb/news/2009－09/10/content_1504953.htm，2009 年 9 月 10 日。

“农民工”的回流产生了一定的影响，但不可否认，农村的剩余劳动力已经不再像从前那么无限地“剩余”了。

源于劳动力密集行业的新一轮产业扩张是在一种现有产能基础上的同质同构型扩张，没有产业升级，导致对低质劳动力的过量需求，从而提前打破了劳动力的供需平衡。在所谓的“农村剩余劳动力转移压力最大的时期”，新一轮产业扩张带来的巨大劳动力需求，抵消了可能持续的“劳动力供给过剩”，从而使农村剩余劳动力提前从“无限供给”向“有限供给”转变①。

12.3.4 劳动工资的变化

农村劳动力供需平衡被提前打破还可以从劳动工资的变化中看出。表12-3显示，1990—2000年这10年间各行业实际平均工资上涨了1.34倍，呈现稳步增长态势；2000—2007年各行业平均工资再次上涨了1.34倍，但这次仅用了7年时间。从乡村劳动力主要集聚的农林渔牧业、采掘业、制造业和建筑业②看，2000年后实际工资的上涨幅度均远远高于20世纪90年代。再从农民工的人均月工资变化看(表12-4)，2003年以来农民工月工资的增长速度越来越快，与上一年相比，2006年增长11.46%，而2004年这一数字仅为2.69%。

实际工资的加快上升，一方面反映了我国综合国力的进一步增强和收入分配体系的不断完善，另一方面也反映了劳动力市场的供求关系在发生变化。从城乡人均可支配收入看，城市高于乡村达3倍甚至更多，加之劳动工资的快速上涨，应该能够吸引更多的农村剩余劳动力进城务工。但是近年来沿海和部分内陆省区仍然出现了“民工荒”和“保姆荒”的现象，这固然与人们的工作消费理念的改变有关，但也不可否认，农村的剩余劳动力已不再像以前那么“剩余”了，至少是有条件地“剩余”了。

表12-3　我国1989—2007年间主要行业职工平均工资年均上涨幅度

年　份	各行业平均工资	农林牧渔业	采掘业	制造业	建筑业
1990—2000	23.42%	18.05%	16.96%	22.28%	19.51%
2000—2007	33.42%	26.86%	42.74%	29.98%	26.97%

注：可比价格计算。

资料来源：中国统计年鉴2005(表5-24)，2008(表4-27)。

① 2009年5月25日CCTV新闻频道早间新闻显示，深圳市劳动力市场春季企业用工需求59.5万人，求职者却仅有57万人，需求大于供给的迹象已经比较明显。

② 批发零售贸易餐饮业由于统计年鉴数据口径变化，不可直接对比，故舍弃。

表 12-4　2003—2006 年农民工人均月工资水平变化(元)

年　份	2003	2004		2005		2006	
类　别	月工资	月工资	增长率	月工资	增长率	月工资	增长率
月工资	781	802	2.69%	855	6.61%	953	11.46%

资料来源：原始数据来自全国农村固定观察点系统 2003—2006 年的调查数据，详细可参考赵长保等，2007：23。

人口增长率的下降、剩余劳动力供给的即将减少、新一轮产业扩张对农村剩余劳动力的需求和劳动工资的上升都说明，我国人口结构正在发生转变。虽然不能由此断定我国已经进入了二元结构理论所称的“商品化转折点”，但至少可以认为，农村剩余劳动力数量对城市造成的压力或即将趋缓。不妨可以说，我国已经进入了“农村剩余劳动力转折”的区间。这为城市化完成第二次转型提供了极佳的战略机遇期。

12.4　转变发展方式，制定和实施科学的城市化政策

经济社会的和谐发展需要城市化的第二次转型，人口的结构转变为这个转型提供了机遇，但是要使城市化发展的第二次转型变为现实，还有赖于转变思维和转变发展方式，包括在中央层面制定科学的城市化发展政策，在中央部门及地方层面切实贯彻科学的城市化发展政策。

12.4.1　从重视快速增长向关注城市化健康发展转变

理性的城市化发展目标是实现城市化第二次转型的基础。我国现在正处在劳动力供给的峰值区，剩余劳动力正在从无限供给向有限供给转变，城市化的压力将趋于缓解。按照笔者对剩余劳动力发展趋势的观察(表 2)，当前城市化数量的快速增长，在短时间内仍将继续，估计会持续到 2013—2015 年前后，之后将逐步趋缓①。预测 2008—2015 年间的年均增长将会维持在 0.8～1 个百分点，2015—2020 年间的年均增长在 0.6～0.8 个百分点，而 2020—2030 年间的年

① 陈彦光和罗静等(2006)的研究认为，2005 年是中国城市化发展速度的峰值。

均增长速度可能会降低到0.5个百分点左右；由此，我国2020年的城市化水平约在54%～57%，2030年达到59%～62%。认识到这样的城市化背景以及城市化第二次转型的需要，对未来城市化水平的目标制定就不能一味趋势外推①，即不再仅以高增长作为城市化的发展目标，而是要更加关注城市化的健康发展。

12.4.2 从倚重效率向更多追求社会和谐转变

讲究效率是市场经济的精髓，同时可持续的经济社会发展又需要兼顾效率和公平；在社会过于失衡的状态下，效率也将荡然无存。一方面，要靠科技进步来推动经济的持续发展已是现实必然，这就需要高素质的熟练劳动力。提升劳动力的素质，在提升产业竞争力的同时，也将会提高劳动者的工资水平，从而也会间接改善城市化的质量。另一方面，尽管在统计上，我国的城市化水平已经超过了45%，然而只有其中77.8%的户籍意义上的非农人口能够享受国家针对城市人口的各项社会保障，而另外的22.2%的人口(约1.3亿人)虽然在城市中生活和工作，却享受不到城市的相关福利。虽然城市中的"福利差别"是由计划控制向市场转型所必须承受的痛楚，但这样的城市化状态毕竟不是我们所要追求的境界。城市化第二次转型的任务之一就是要减小和消除城市内部的福利差别，使城市化人口的结构更加合理，提高城市贫困阶层和边缘群体的各项社会福利待遇，向所有城市人口提供完善的医疗、教育、养老等各项城市居民户籍人口拥有的福利，缩小城市人口内部的贫富差距，实施有效的住房政策，使没有当地城市户籍的城市人口更好地融入当地社会中去。

12.4.3 从推动区域经济增长向促进产业结构调整转变

国家"十一五"规划纲要中提出了"推进工业结构优化升级"和"促进区域协调发展"的政策目标。据此，未来的区域经济增长必将以产业结构的转变为主要特征，城市化水平较高的省份的产业结构向低劳动力需求的高附加值、高科技方向转化，城市化水平较低的省份的产业结构主要向非农产业转化，通过产业结构的转化提升城市化的质量。实际上劳动密集型产业向中西部地区的转移已经在悄然进行。加强引导劳动密集型产业向中西部区域转移，可以有效带动落后区

---

① 按照1982—2008年的城市化年均增长速度外推，2030年我国城市化水平将达到66.43%；如果按照2000—2008年的城市化年均增长速度外推，2030年我国城市化水平将达到71.70%，这与已有的大部分论述比较吻合。

域的经济成长，促进城市化发展，还可以相应减少劳动力的跨区域、跨省流动；另一方面，东部发达地区通过产业结构的升级和低素质劳动力的减少可以达到快速改善城市化质量的目的。政府要做的是为有劳动力转移（迁出）压力的区域（如贵州、四川、湖北、安徽和河北等省份），提供尽可能多的就业岗位，对于产业空间转移而言，相应的政策支持是必要的。

12.4.4　以大中小城市协调发展为基础，重点推进大都市地区的健全发展

在即将到来的城市化增长缓和时期，虽然总的城市化人口增长有所放缓，但是大都市地区由于其完善的基础设施和大量的就业机会，依然会继续吸引大量的城市化人口集聚。在城市化质量改善为主的时期，要下大力优化调整大都市区的空间结构；以中心城市为主，提升外围次中心的城市环境，改善与中心城区的交通联系，形成多中心的都市区城市网络体系；重视交通网络的建设，在较大范围的区域内合理布局城市化人口。另一方面，部分竞争优势较弱的中小城市可能要面对“人口增长趋缓甚至于减小”的现实，城市管理者和规划师必须提早对此有所认识和判断，这是城市发展战略和规划制定的基础。

12.4.5　从“无差异”的全国城市化政策向分区域的城市化政策转变

除了要清醒地认识全国城市化发展的总体趋势外，还要深刻认识我国存在着的巨大区域差异，不能再沿用“无差异”的全国城市化政策。区域经济发展的差异将长期存在，未来局部区域的城市化增长率仍会很高，从而要差别化地制定区域城市化目标。要根据经济增长和产业结构调整的具体情况，采用城市化的不同模式，因地制宜地推动城市化的转型进程。在经济落后和城市化水平较低的省份，数量提升仍然是城市化的首要任务，要充分发挥跨省城市化的作用，建立和完善省外的就业信息渠道，鼓励和引导省内乡村人口走出去，实现“异地”城市化——在经济发达、就业机会较多的省份完成城市化进程；在经济落后但城市化水平较高的省份，要以经济发展为基础，通过经济发展继续推动城市化水平的提升和城市化质量的提高；在经济比较发达但城市化水平较低的省份，在产业发展上，要重点发展劳动密集型产业，为城市化进程提供充足的就业岗位，同时有重点地培育城镇增长点，提高其公共设施的服务水平；而对于经济发达省份和城市化水平已经较高的省份，则要更加重视城市化的质量的改善，包括提高城市的公共服务水平及城市的生活质量。

12.5 小　结

本章以二元城市化理论为基础，建立了城市化的二次转换模型。将改革开放后中国城市化发展划分为第一次转型（计划向市场）和第二次转型（数量向质量）；在认识第一次转型的基础上，通过对城市化发展的现实观察，认为城市化的第二次转型有其内在的必然性及必要性。人口结构和社会经济发展的趋势表明，二元经济中的"农村剩余劳动力无限供给"在中国正在发生转化，"剩余劳动力转折点"即将到来，从而农村劳动力向城市的流动压力行将缓和。因此，本研究认为尽管未来一段时间局部省区的城市化水平仍然会保持快速提升，但中国城市化水平的总体增长将会放缓；这个缓和期为中国城市化从重视数量提升转向城市化质量改善提供了时间机遇，但是实现城市化发展的第二次转型，还有赖于转变思想观念和转变发展方式。

第13章
结　论

13.1　主要研究结论

城市化是新时期中国发展的趋势。1978 年始于安徽省凤阳县小岗村的家庭联产承包责任制解放了农村生产力，为城市发展提供了近似“无限供给”的剩余劳动力，加之人口流动及劳动用工制度的松动，使得我国的城市化在市场机制驱动下开始了第一次转型之路。改革开放 30 年来，除了城市人口的自然增长外，城市吸纳农村剩余劳动力达 3.3 亿人①，创造了世界城市化史上的奇迹。但是这 3.3 亿人当中，有超过 1 亿人是游离于城市与乡村的“流动人口”②，这些新“市民”已经在统计上纳入了城市化的“成果”当中，而实际上他们与真正的市民还有很大的差距。他们没有真正享有诸如子女教育、医疗、失业、养老等一系列的城市社会福利，他们中的很多人所拥有的只是在城市“打工”和勉强维生的权利。虽然这是由计划控制向市场转型所必须承受的痛楚，但这样的城市化状态毕竟不是我们所要追求的境界。

多年的“以经济建设为中心”的发展改革之路已积淀了大量的经验和教训，城市化发展与经济发展虽然联系紧密，但城市化发展的过程有其自身的规律和特点，需要有针对性的总结和研究。改革开放以来我国社会的城市化发展过程有丰富的内涵，是一场深刻的“社会转型”。另一方面，我国城市化的最大特点是

---

① 1978 年至 2008 年全部新增城市人口 43 414 万人，扣除城市人口的自然增长(假设城市人口自然增长率等于乡村自然增长率，以上年城市人口乘以全部人口的自然增长率得到，因为城市人口自然增长率远低于农村，所以这个数值是偏高估计)10 127 万人，两者相减得到城市吸纳的农村人口 33 287 万人。

② 2005 年 1%人口抽样调查，我国迁移人口中来自外乡镇村委会的为 7 216 万人，而现有的城乡划分口径的城镇人口包括设区城市所辖的所有村委会、不设区城市和城镇紧邻的村委会，把这些人口加起来，远远超过 1 个亿。

区域差异很大，怎样认识和解释区域城市化差异的时空演变是中国城市化研究须关注的基本问题。本书以城市化转型及其区域特征为基本研究对象，应用大量的统计数据诠释了30年来我国社会的城市化转型的进程、动力因素以及区域城市化特征的时空演变及未来趋势。

本书的主要结论如下。

13.1.1 城市化转型

(1) 户籍制度是影响城市化人口增量的核心管理制度之一。通过全面回顾户籍制度形成的历史和演变过程以及户籍制度改革，比较城市化转型前和转型后的人口发展特征，可发现户籍制度的改革还远远未能适应城市人口增长的现实，而且二者之间的差距越来越大。2000年前户籍制度的每一次改革，仅仅带来了短暂的推动城市化的效果，没有带来实质性的城市人口加速增长；2000年后的户籍改革试验并没有在取消城乡人口差别上取得实质性进展，反而在某种程度上强化了户籍制度对城市化人口的控制，使得农村户口向城市户口的转化多了一道“制度门槛”。这说明作为一项国家“基本制度”的户籍制度的转型远远滞后于城市化转型的需求。虽然国家通过户籍制度对城市化进行调控，但是市场导向的人口城市化已经走出了一条新的发展路径。一个必须注意的现象是，2000年后的户籍改革试验又产生了新的户口差别，即城市与小城镇、大城市与小城市、(特)大城市中心区和郊区以及发达地区和不发达地区的户籍(利益)差别。这是新时期户籍制度深化改革需要面对的新问题。

(2) 区域经济政策是影响城市化转型的主要政策。转型期间国家的区域战略对各区域城市(非农)人口增长产生了明显的影响，城市化空间从1982年的“低水平的均衡分布”，经历了1990—2000年间的“沿海—内陆”梯度模式，至2007年形成了“东—中—西”的明显格局。在此期间，东部大部分省份表现出“快速平稳增长”的特征，而中西部有更多的省份表现出“增长加速”的特征。区域城市化与经济增长具有紧密的联系，生产力的发展是这种相关关系维系的必要基础，主动的城市化可以推动经济增长，但必须以区域生产力发展为前提。总体上看，我国各省的城市化增长必须以经济发展为基础，但现时中西部省份的经济增长对城市化的带动作用要强于东部，因此我国今后一定时期的城市化发展的关键在于中西部的发展，大量的农村剩余劳动力向城市居民的转化将主要发生在中西部省份。区域政策的转变对区域城市化产生了重要的影响，经济发展重心的变化引起了城市化重心的东移，但对这种影响需要动态把握，即市场化发展的惯性可能使政策转变的实效滞后，甚至于失效。虽然新的时期国家意图通过均衡的区域政策来调控中西部地区的发展，但是如果没有强有力的、有针对性的、适宜的区域城市化政策，可能未必能够真正填补东、中、西部之间巨大的城市化发展差距。

(3) 我国的城市发展方针贯穿了整个城市化转型时期，是城市化空间制度转型的特征之一。转型前后城市发展方针通过对不同规模等级城市(非农)人口增长的控制一定程度上得到了贯彻施行，影响了中国城市的规模结构。然而大量的城市流动人口存在的现实也表明，市场化的人口城市化进程同样在改变着中国城市的规模结构。分规模的城市增长特征还表现在区域的差异性上；东部地区中小城市长时间保持快速增长，以及 2000 年后西部地区大规模城市的崛起，都是值得注意的现象。如果说继续按照城市规模来讨论城市化发展问题的话，则“促进东部地区中小城市的增长和中西部地区大规模城市的发展”是应该合乎逻辑的指导政策。这一政策隐含的意义是：需要制定区域差别化的城市发展方针，以引导全国城市化的健康发展。

(4) 我国的行政区划制度变革曾对城市化转型产生了重要的影响。我国城市化从计划调控向市场导向的转型需要行政区划制度的改革和创新，行政区划制度的变革是我国社会城市化转型的重要组成部分。“理顺区划关系、精简管理层级、减少政府行政体系内部的制度摩擦，充分调动和发挥各级政府的主观能动性”，是我国行政区划制度改革的主线。实践已经证明，一系列的行政区划调整为我国经济社会发展和城市化的转型提供了必要的制度基础，基本顺应了城市化的快速发展。另外，行政区划调整与城市化水平统计之间有密切的关联性，区划调整影响了城市化水平的统计结果；梳理区划变动后的估算结果显示，由于区划调整造成的城市人口数量变动较大，且各省的分布很不均衡，继而对区域城市化水平统计产生了明显的影响。为更好地反映健康城市化的发展趋势和克服区划调整带来的城市化统计的“失真”，应简化城乡划分的标准，建议以“居委会”和“村委会”作为划分单位比较合适。

(5) 全球化是新时代世界经济发展的主要特征，FDI 和商品出口对中国的区域城市化产生了重要的影响。本书的研究表明，在达到一定门槛值后，FDI 数量越多或者商品出口额越大，能够带动的城市人口增量也越多。但这种影响尚主要体现在东部地区，中西部地区现有的 FDI 和商品出口对推动城市化作用不显著，这与其较小的份额有关。因此，缩小城市化的区域差异，提高落后区域的城市化水平，促进 FDI 和加强国际贸易联系应是政策选择之一。但政策必须有一定的力度，否则较小的份额创造的有限就业岗位只能是被城市的存量劳动人口所吸纳，起不到提高增量城市化人口规模的目的。

13.1.2 区域特征

(1) 在我国社会的城市化转型进程中，人口迁移越来越活跃，总量逐年增加，省际迁移占有越来越重要的地位，跨省迁移已经成为人口迁移的主要形式之一。20 世纪 80 年代末以来，跨省人口迁移开始明确指向东部，尤其是东南部沿海以广东为代表的省份；人口迁移流的集中程度越发明显，迁入和迁出省份也越发地集中，外省人口的大量迁入推动了迁入省份的城市化水平的提高，也提升了迁出省份的城市化水平。省际城乡迁移人口构成分析显示，省际“乡—城”人口迁移是省际人口迁移的主要部分，并且在省际人口迁移中占有越来越重要的地位。其间隐含的政策含义是，各省的城市化发展方针政策的制定不必局限于省内，而是要从全国的宏观层面考虑；尤其是西部经济落后省份，提高城市化水平的有效途径之一是跨省“异地”城市化——通过加强对省外就业的引导，鼓励和支持本省农村人口跨省迁移。

(2) 城市化差异可具体划分为数量差异、质量差异和空间差异。数量差异的分析发现，改革开放以来全国的分省城市化水平的相对差异一直在缩小，无论从相对差异还是绝对差异看，三大区域的差异都占据主导地位。城市化发展差异与经济发展差异的分析显示，在城市化转型比较温和的 20 世纪 80 年代和 21 世纪第一个十年，二者之间关联性紧密；而在城市化转型比较激烈的 90 年代，二者之间的演变轨迹则各不相同。虽然经济发展差异和城市化发展差异的演变趋势在某些时段有着截然相反的轨迹，但整体来看二者之间确是具有比较紧密的联系。

(3) 城市化质量可细分为城市人口的生活质量和享受的公共服务质量。从全国层面上看，城市化水平的提高带来了城市化质量的改善，但分省的进一步统计分析表明，在同一时间断面上，全国各省区的城市化水平与城市化质量之间不存在必然的联系。而对于给定的区域（或省份），城市化水平与城市化质量的历时发展具有不同步性，即城市化水平的提高并非必然带来城市化质量的提升；反之亦然。城市化质量差异的演变分析表明，仅关注于城市化发展的数量，或是单纯地将城市化的增长率作为追求的目标，并不是一种科学的态度。虽然省际城市化数量差异在持续下降，但城市化质量差异并没有明显下降，从发展趋势上看，省际城市化质量差异有扩大的趋势。其政策含义是，中央政府的“转移支付”

力度还需进一步加大，以确保欠发达省份的居民生活质量水准以及使其能够享受到较为均质的公共服务。

（4）“都市化水平”和“城市化空间集聚度”反映了城市化的空间差异特征。研究表明，城市化水平与都市化水平和城市化空间集聚度都具有较强的正相关性，且这一相关性趋于强烈。这一发现的政策含义是，促进人口向都市地区的聚集是提升总体城市化水平的有效手段之一。戴尔指数的计算结果表明，全国的城市人口在空间的集聚程度上的差异日益显著：东部地区城市化人口越发地集聚在设市城市或是大都市；而中西部地区的小规模城市和集镇依然是城市化人口的主要选择空间之一。这给政策制定提供了导向，即应充分注意中西部地区的大都市地区的发展，提升都市化水平，提高城市化的空间集聚度，从而更有效地促进城市化的健康快速发展。

13.1.3　未来趋势

在效率与公平之间，在数量与质量之间，我们太多的时候选择了前者。然而在全党、全社会践行“科学发展观”的今天，在经济社会和谐发展的目标指引下，要求城市化不仅要重视“增长”，还要关注“发展”，要从“提升城市化水平”走向“改善城市化质量”。以二元城市化理论为框架，本书建立了城市化人口的二次转换模型，即将改革开放后中国城市化发展分别划分为第一次转型（计划向市场）和第二次转型（数量向质量）。本书的大量数据和研究证明，我国长期“无限供给”的农村剩余劳动力状况正在发生转变，农村剩余劳动力从“无限供给”到有限供给的转折点即将来临，从而使城市化快速增长的压力趋缓。这段行将到来的城市化相对缓和发展时期，是从单纯的数量提升走向质量改善的最佳战略调整期，或者说是推进城市化第二次“转型”的机会“窗口期”。因而提出：在未来一段时间，尽管局部省区的城市化水平仍然会保持快速提升，但中国城市化水平的总体增长将会放缓；这个缓和期为我国的城市化进程从重视数量提升转向城市化质量改善提供了合适的时间机遇。但是要想抓住城市化发展的第二次转型的机遇，还有赖于转变思想观念和转变发展方式。

13.2　研究的创新之处

西方丰富的城市化发展理论和具有中国特色的城市化实践经验的总结，使得城市化的研究极为活跃。因为城市化的含义十分广泛，以至于任何对该话题有兴趣者都可以介入其间；在广为讨论的同时，这一研究领域的浮躁也较为显见。学术上有闪光点的论述淹没于书山文海，无根据的侃侃而谈也充斥其中，以特殊案例推测总体趋势的文献比比皆是，对数据的轻易使用更是泛滥。在这一背景下，本书最主要的贡献之一就是梳理和应用丰富的资料和统计数据，从区域城市化的角度全面勾画了改革开放后我国社会的城市化转型的全过程，揭示了“我国城市化已经从单纯的‘国家控制’转向‘国家控制’与‘市场引导’相结合，城市化转型和区域城市化差异之间的紧密联系，城市化的转型重构了区域城市化差异的时空格局”。

在城市化转型方面，以人口管理制度、区域经济政策、城市发展方针、行政区划制度等一系列城市化转型的改革和政策变迁为基础，应用详实的历史资料和数据证明了我国城市化已经从单纯的‘国家控制’转向‘国家控制’与‘市场引导’相结合，并且阐释了转型期间区域城市化的时空演进以及经济全球化对我国区域城市化的影响。

在城市化的区域特征方面，把城市化差异划分为数量差异、质量差异和空间差异三个层面，分别测度了区域差异的时空演变，发现城市化的数量差异、质量差异和空间差异的演变轨迹截然不同，提出尤其需要重视“城市化的质量差异”。

应用二元经济理论，把我国城市化转型划分为两个转型阶段，认为关注于数量提升的第一次转型已经取得了伟大的成就，而对其所带来的社会问题需要通过抓住第二次转型的机遇来加以解决。结合我国人口结构转变的现实，论述了我国城市化第二次转型的出现时机。

13.3 研究的不足和后续研究的建议

13.3.1 研究的不足

城市化的市场化转型涉及的内容十分广泛，本书仅就其中的主要制度变革做了初步的探究和论述。必须承认，由于缺乏 2000 年前全国历年可比的分省城市化水平的官方数据，因此本研究所建立的 2000 年前的基础数据并不是实际的分省城市化水平数据，而是在一定假设前提下的修正数据，其权威性显然不足，但这不影响对总体发展趋势的判断。

在方法论上也有一定的不足，包括在分析单一制度转型对区域城市化的影响时，虽然试图尽可能地排除其他影响因素“干扰”，但实际是很难做到的，这可能会造成分析结果的偏差。

本书虽然把城市化差异划分为数量差异、质量差异和空间差异，但是在城市化转型与区域城市化差异的关联性分析上，依然主要是针对数量差异的影响而作较详尽的分析，对于质量和空间差异影响的分析相对薄弱。

13.3.2　后续研究的设想

城市化转型除了本书所论述的人口管理制度、区域经济政策、城市发展方针、行政区划制度的变革外，还涉及城乡土地制度、城市住房政策和城乡居民社会保障制度的改革等，源于后者制度变迁的力度较小或者制度演进方向的不确定性以及研究素材的可获得性等原因，本书未能详细论述，但这依然应被看成是城市化转型研究的非常有意义的组成部分，是深化城市化转型的研究方向之一。另一方面，本书对区域城市化特征的研究仅仅是基于人口城市化(数量、质量和空间)方面的尝试，而城市化发展与社会发展和产业发展有着紧密的联系，城市化的区域差异亦如此。从社会、产业角度来分析城市化的区域差异是值得探索的另一研究领域。因而，社会、经济和产业发展与城市化区域差异的关系如何，以及城市化转型的内在机制是什么，这是未来研究的方向。更为重要的是，本书构建的“城市化二次转换”模型为健康城市化的深入研究提供了基础，以此为依托可以进一步研究新时期健康城市化发展的路径和相关政策。此外，基于本书的研究框架，也可以开展分省的城市化转型与省内城市化发展研究，更微观尺度的考察可能会得出更准确的结论。

参考文献

外文文献

[1] Berry B J L. City Size Distribution and Economic Development. Economic Development and Culture Change, 1960, (9): 573 - 588.

[2] Berry B J L. Urbanization and Counterurbanization. Berly Hills: Sage, 1976.

[3] Berry B J L. Urbanization and Development: Changing Relationships//Thomas M. Leonard. (ed), Encyclopedia of the Developing World. New York: Routledge. 2005, 3: 1641 - 1643.

[4] Berry B J L, Garrison W L. The Functional Bases of the Central Place Hierarchy. Economic Geography, 1958, 34: 145 - 154.

[5] Bloom D E, Canning D, Sevilla J. The Demographic Dividend: A New Perspective on the Economic Consequences of Population Change. Santa Monica, CA, BAND, 2002.

[6] Cannon T, Jenkins A. The Geography of Contemporary China. London, Routledge, 1990.

[7] Carroll G R. National City Size Distribution: What Do We Know after 67 Years Research?. Process in Human Geography, 1982, 6(1): 1 - 43.

[8] Herrmann-Pillath C, Kirchert D, Pan Jiancheng. Prefecture-level statistics as a source of data for research into China's regional development. The China Quarterly, 2002, 172, 956 - 985.

[9] Chan K W. Economic growth strategy and urbanization policies in China, 1949 - 1982. International Journal of Urban and Regional Research, 1992, 16(2), 275 - 304.

[10] Chan K W. Cities with invisible walls: reinterpreting urbanization in post - 1949 China. Hong Kong; New York, Oxford University Press, 1994.

[11] Chan K W. Post-Mao China: a two-class urban society in the making. International Journal of Urban and Regional Research, 1996, 20, 134 - 150.

[12] Chan, Kam. Wing. Chinese Census 2000: New Opportunities and Challenges, The

China Review, 2003, 3(2), 1-12.

[13] Chan, Kam. Wing. Misconceptions and Complexities in the Study of China's Cities: Definitions, Statistics, and Implications, Eurasian Geography and Economics, 2007, 48(4), 383-412.

[14] Chan, Kam. Wing. and Man Wang. Remapping China's Regional Inequalities, 1990-2006: A New Assessment of de Facto and de Jure Population Data, Eurasian Geography & Economics, 2008, 49(1), 21-56.

[15] Chan, Kam. Wing. and Hu, Ying. Urbanization in China in the 1990s: New Definition, Different Series, and Revised Trends, The China Review, 2003, 3(2), 48-71.

[16] Chan, Kam. Wing. and Zhang, Li. The hukou system and rural — urban migration in China: processes and changes, The China Quarterly, 1999, 160, 818-855.

[17] Chang, Sen-dou. Some Observations on The Morphology of Chinese Walled Cities, Annals of the Assosiation of American Geographers, 1970, 53(2), 109-143.

[18] Chang, Sen-dou. The Changing System of Chinese Cities. Annals of the Assosiation of American Geographers, 1976, 66(3), 398-415.

[19] Chang, Sen-dou. Modernization and China's Urban Development, Annals of the Assosiation of American Geographers, 1981, 71(2), 202-219.

[20] Chen, Aimin. Urbanization in China and the case of Fujian province, Modern China, 2006, 32(1), p99-130.

[21] Chenery Hollis & Syrquin Moises. The patterns of development, 1950 - 1970, London, Oxford University Press for the World Bank, 1975.

[22] Cheng, Tiejun. Dialectics of control: The household registration (hukou) system in contemporary China (Ph. D. dissertation), New York, State University of New York at Binghamton, United States, 1991.

[23] Cheng, Tiejun. and Selden, Mark. The origins and social consequences of China's hukou system, The China Quarterly, 1994, 139, 644-668.

[24] Cheng, Tiejun. Review: ORGANIZING THROUGH DIVISION AND EXCLUSION: China's Hukou System, Pacific Affairs, 2006, 79(2), 308-309.

[25] Chiu T N. Urbanization processes and National Development. In C. K. Leung and Norton, Ginsberg (eds.), China: Urbanization and National Development. Department of Geography. The University of Chicargo, 1980.

[26] David, D. Buck. Policies Favouring the Growth of Smaller Urban Spaces in the People's Republic of China, 1949-1979, in Laurenc J. C. Ma & Edward W. Hanten (eds), Urban Development in Modern China, Boulder, Colo, Westview Press, 1981,

114 - 146.

[27] Davis K. World Urbanization 1950 - 1970, in Bourne, L. s. and Simmons, J. w. (ed), Systems of Cities, New York: Oxford University Press, 1978, 92 - 100.

[28] Fan, C. Cindy. Of Belts and Ladders: State Policy and Uneven Regional Development in Post-Mao China, Annals of the Association of American Geographers, 1995, 85(3), 421 - 449.

[29] Fan, C. Cindy. Uneven development and beyond: regional development theory in post-Mao China, International Journal of Urban and Regional Research, 1997, 21, 620 - 639.

[30] Fan, C. Cindy. Migration and labor-market returns in urban China: Results from a recent survey in Guangzhou, Environment and Planning A, 2001, 33, 479 - 508.

[31] Fan, C. Cindy. Interprovincial migration, population redistribution, and regional development in China: 1990 and 2000 census comparisons. The Professional Geographer, 2005, 57(2), 295 - 311.

[32] Fan, C. Cindy. China on the move: migration, the state, and the household, London; New York, Routledge, 2008.

[33] Fan, C. Cindy. and Sun, Mingjie. Regional Inequality in China, 1978 - 2006, Eurasian Geography and Economics, 2008, 49(1), 1 - 20.

[34] Fujita. Masahisa. and Dapeng, Hu. Regional Disparity in China, 1985 - 1994: The Effect of Globalization and Economic Liberalization, The Annals of Regional Science, 2001, 35(1), 3 - 37.

[35] Friedmann J R. Regional development policy: a case study of Venezuela, Cambridge, MIT Press, 1966.

[36] Friedmann J R. A General Theory of Polarized Development, Los Angeles, UCLA Press, 1969.

[37] Friedmann J R. China's urban transition, Minneapolis, University of Minnesota Press, 2005.

[38] Fujita M and Krugman P. When is the Economy Monocentric: von Thnen and Chamberlin Unifield, Regional Science & Urban Economics, 1995, 25: 505 - 528.

[39] Geddes J. Cities in Evolution, Landon, Williams & Norgate Ltd, 1915.

[40] Geogory E. Guldin. Urbanizing China , Contributions in AsiaStudies, Number 2. Greenwood Press, 1992.

[41] Goodman, David. S. G. China's regional development, London, Routledge for Royal Institute of International Affairs, 1989.

[42] Goodman, David. S. G. China's Provinces in Reform: class, Community, and Political

Culture, London; NewYork, Routledge, 1997.

[43] Gottmann J. Megalopolis, or Urbanization of the Northeastern Seaboard, Economic Geography, 1957, 33(3): 189 - 200.

[44] Gottmann J. Megalopolis on The Move, John wiley & Sons. Inc, 1967.

[45] Gottmann J. Megolapolis system around the world, Ekistics, 1976, 243: 109 - 113.

[46] Guldin, G. E. (Ed.), Farewell to Peasant China: Rural Urbanization and Social Change in the Late Twentieth Century, NY, M E Sharpe, Armonk, 1997.

[47] Guo, Fei. and Iredale, Robyn. The impact of Hukou status on migrants' employment: findings from the 1997 Beijing Migrant Census, International Migration Review, 2004, 38(2), 709 - 721.

[48] Harvey D. The Limits to Capital, Oxford, Basil Blackwell, 1982.

[49] Jorgenson D W. The Development of a Dual Economy, The Economic Journal, 1961, 71: 309 - 334.

[50] Khan. Azizur, Rahman. Keith, Griffin. Carl, Riskin. and Renwei, Zhao. Sources of Income Inequality in Post-reform China, China Economic Review, 1993, 4 (1), 19 - 35.

[51] Kiril, Stanilov. Urban Development Policies in Central and Eastern Europe During The Transition Period and Their Impact on Urban Form, in Kiril, Stanilov. (eds) The Post Socialist City: Urban Form and Space Transformations in Central and Eastern Europe after Socialism, 347 - 360, 2007.

[52] Kirkby R J R. Urbanization in China: Town and Country in a Developing Economy 1949 - 2000 AD, Worcester, Billing & Sons Limited, 1985.

[53] Lampard E E. The History of Cities in the Economically Advanced Areas, in Friedmann, J. and Alonso, W. (eds.), Regional Development and Planning, Cambridge, M. I. T. Press, 1964.

[54] Lee J. Changes in The Source of China's Regional Inequality. China Economic Review, 2000, 11, 232 - 245.

[55] Leubg C K and Ginsberg N. (eds). China: Urbanization and National Development, Chicargo, The University of Chicargo, 1980.

[56] Liu, Hui. Changing Regional Rural Inequality in China, 1980 - 2002, Area, 2006, 38(4), 377 - 389.

[57] Liu. Wei. Dong. Assessing Total Regional Development in China, in Sit V F S and Lu, Dadao. (edrs), China's regional disparities: issues and policies, Huntington, N. Y, Nova Science Publishers, 39 - 83, 2001.

[58] Liu, Zhiqiang. Institution and inequality: the hukou system in China: population

movement controlling institution, Journal of Comparative Economics, 2005, 33(1), 133 - 157.

[59] Logan J R. The New Chinese City: Globalization and Market Reform, Oxford, Blackwell Publishers, 2002.

[60] Lin G C S. Red Capitalism in South China, Vancouver, UBC Press, 1997.

[61] Lu, Dadao. and Sit V F S. China's Regional Development Policies: a Review, in Lu, Dadao. and Sit V F S (eds), China's regional disparities: issues and policies, N. Y, Nova Science Publishers, 2001, 19 - 38.

[62] Ma L J C and Edward W H. Urban Development in Mordern China, Westview Press, 1981.

[63] Ma L J C and Lin C S. Development of Towns in China: A Case Study of Guangdong Province, Population and Development Review, 1993, 9(3), 583 - 606.

[64] Ma L J C. Urban transformation in China, 1949 - 2000: a review and research agenda, Environment and Planning A, 2002, 34(9), 1545 - 1569.

[65] Mackenzie, Peter. W. Strangers in the city: the hukou and urban citizenship in China, Journal of International Affairs, 2002, 56(1), 305 - 320.

[66] Mallee, Hein. China's household registration system under reform, Development and change, 1995, 26, 1 - 29.

[67] Mallee, Hein. book review: Organizing Through Division and Exclusion: China's Hukou System, by Fei-lingWang, 2005, China Journal, 2006, 55, 173 - 176.

[68] McGee T G. Industrial Capital, Labor-Force Formation and The Urbanization Process in Malaysia, International Journal of Urban and Regional Research, 1988, 12(3), 356 - 374.

[69] McGee T G. Eurocentrism in Geography-The Case of Asian Urbanization, Canadian Geographer-Geographe Canadien, 1991a, 35(4), 332 - 344.

[70] McGee T G. The Emergence of Desakota Regions in Asia: Expanding a Hypothesis, in Ginsburg, N. etal (ed), Extended Metropolis: Settlement Transition in Asia, Honolulu: University of Hawaii Press, 1991b, 3 - 26.

[71] Myrdal G. Economic Theory and Under-Developed Regions, London, GeraldDuck worth, 1957.

[72] Northam Ray M. Urban Geography [M]. 2th ed. New York: John Wiley & Sons, 1979, 65 - 67.

[73] Pannell C W. Recent Increase in Chinese Urbanization, Urban Geography, 1986, 7(4), 291 - 310.

[74] Pannell C W. China's continuing urban transition, Environment and Planning A,

2002, 34(9), 1571 - 1589.

[75] Pannell C W. China's Demographic and Urban trends for 21st Century, Eurasian Geography and Economics, 2003, 44(7), 479 - 496.

[76] Pannell C W and Schmidt, Philipp. Structural Change and Regional Disparities in Xinjiang, China, Eurasian Geography & Economics, 2006, 47(3), 329 - 352.

[77] Ran M and Berry B J L. Underurbanization Policies Assessed: China, 1949 - 1986, Urban Geography, 1989, 10(2), 111 - 120.

[78] Skinner G W. The City in Late Imperal China, Tanford University Press, 1977.

[79] Shen J F. Modelling regional migration in China: estimation and decomposition, Environment and Planning A, 1999, 31, 1223 - 1238.

[80] Shen, Jianfa. State-sponsored and spontaneous urbanization in the Pearl River Delta of South China, 1980 - 1998, Urban Geography, 2002, 23(7), 674 - 694.

[81] Shen J. Analysis of the trends of urbanization levels in Chinese provinces since 1982, ACTA Geographica Sinica, 2005, 60(4), 607 - 614 (in Chinese).

[82] Shen J. Counting urban population in Chinese censuses 1953 - 2000: changing definitions, problems and solutions, Population, Space and Place, 2005, 11(5), 381 - 400.

[83] Shen J. Estimating urbanization levels in Chinese provinces in 1982 - 2000, International Statistical Review, 2006, 74(1), 89 - 107.

[84] Sicular, Terry, Ximing Yue, Bjorn Gustatfsson, and Shi Li. The Urban-Rural Income Gap and Inequality in China, Review of Income and Wealth, 2007, 53, 1: 93 - 126.

[85] Sit V F S and Lu, Dadao. (eds). China's regional disparities: issues and policies, Huntington, N. Y, Nova Science Publishers, 2001.

[86] Sit V F S and Yang C. Foreign-investment-induced exo-urbanisation in the Pear River Delta, China, Urban Studies, 1997, 34(4), 647 - 677.

[87] Sit V F S. Regional Disparities in China: Background of Related Theories and Previous Studies, in Sit V F S and Lu, Dadao. (eds). China's regional disparities: issues and policies, Huntington, N. Y.: Nova Science Publishers, 1 - 18, 2001.

[88] Todaro M P. A model of labor migration and urban unemployment in less developed countries, American Economic Review, 1969, 58(1): 138 - 148.

[89] United Nations. World Urbanization Prospects: The 2005 Revision Population Database, New York, 2006.

[90] United Nations. World Urbanization Prospects: The 2007 Revision (Highlights), New York, 2008.

[91] UNDP (United Nations Development and Planning), Human Development Report

2009 (Overcoming barriers: Human mobility and development), New York, 2009.

[92] Wang, FeiLing. Reformed migration control and new-targeted people: China's Hukou system in the 2000s, The China Quarterly, 2004, 177, 115 - 132.

[93] Wang, FeiLing. Organizing Through Division And Exclusion: China's Hukou System. Stanford (California), Stanford University Press, 2005.

[94] Weber M and Gerth H. The Religion of China: Confucianism and Taoism. Glencoe IL: Free Press, 1951.

[95] Wei Y H. Development in China: States, Globalization, and Inequality, London, Routledge, 2000.

[96] Whalley, John. & Zhang, Shunming. A numerical simulation analysis of (Hukou) labour mobility restrictions in China, The Journal of Development Economics, 2007, 83(2), 392(9).

[97] Wu F L. Urban processes in the face of China's transition to a socialist market economy, Environment and Planning C, 1995, 13, 159 - 177.

[98] Wu F L and Ma J C. The Chinese City in Transition: Towards Theorizing China's Urban Restructuring, in Ma J C and Wu F L (eds), Restructuring the Chinese City: Changing Society, economy and space, New York, Routledge, 2005.

[99] Wu, Xiaogang. and Donald. J. Treiman. The Household Registration System and Social Stratification in China: 1955 - 1996, California Center for Population Research, University of California, Los Angeles, 2003.

[100] Wu, Xiaogang. and Donald, J. Treiman. Inequality and equality under Chinese socialism: the hukou system and intergenerational occupational mobility, The American Journal of Sociology, 2007, 113(2), 415 - 445.

[101] Yang X. Development Structure Change, and Urbanization, Journal of Development Economics, 1991, 34: 199 - 22.

[102] Yang X and Rice R. An Equilibrium Model Endogenizing the Emergence of a Dual Structure Between Urban and Rural Sectors, Jounal of urban Economics, 1994, 25: 346 - 368.

[103] Yu, Jia. A case study of the household registration system of the People's Republic of China: With a frame of reference of the Canadian constitutional protection of inter-provincial mobility, LL. M. dissertation, Canada, Queen's University at Kingston, 2005.

[104] Zhang K H. What Explains China's Rising Urbanisation in the Reform Era? Urban Studies, 2002, 39, 2301 - 2315.

[105] Zhang L. Chinas limited urbanization: under socialism and beyond, N. Y: Nova

Science, New York, 2004.

[106] Zhang L and Zhao X. Re-examining China's urban concept and the level of urbanization, The China Quarterly, 1998, 154, 330 - 381.

[107] Zhang L and Han S. Regional Disparities in China's Urbanisation: An Examination of Trends 1982 - 2007 International Development & Planning Review, 2009, 31(4).

[108] Zhao, Min. & Zhang, Ying. Development and Urbanization: a Revisit of Chenery-Syrquin's Patterns of Development, The Annals of Regional Science, 2009, 43 (4): 907 - 924.

[109] Zhou, Yixing. Definitions of Urban Places and Statistical Standards of Urban Population in China: Problems and Solution, Asian Geographer, 1988, 7(1), 12 - 28.

[110] Zhou, Yizing. and Ma L J C. China's urbanization levels: reconstructing a baseline from the fifth population census, China Quarterly, 2003, 173, 176 - 196.

[111] Zhou, Yixing. and Ma J C. China's Urban Population Statistics: A Critical Evaluation, Eurasian Geography and Economics, 2005, 46(4), 272 - 289.

[112] Zhu, Lijiang. The Hukou System of the People's Republic of China: A Critical Appraisal under International Standards of Internal Movement and Residence, Chinese Journal of International Law, 2003, 2, 519 - 565.

[113] Zhu, Yu. New paths to urbanization in China: seeking more balanced patterns. Commack. NY: Nova Science Publishers, 1999.

[114] Zhu, Yu. China's floating population and their settlement intention in the cities: Beyond the Hukou reform, Habitat International, 2007, 31(1), 65 - 76.

[115] Zipf G K. Human Behavior and the Principle of Least Effort, Cambridge, Mass.: Addison-Wesley, 1949.

[116] 保罗·诺克斯,琳达·迈克卡西.城市化[M].顾朝林,等,译.北京:科学出版社,2008.

[117] 伊丽莎白·贝金塔."Megalopolis"与戈特曼、芒福德和格迪斯:争论仍在继续[J].李浩,华珺,陈熳莎,译.国际城市规划,2007,(5):17 - 23.

[118] 贝利·布莱恩.比较城市化——20世纪的不同道路[M].北京:商务印书馆,2008.

[119] 费景汉,拉尼斯.增长和发展:演进的观点[M].洪根兴,等,译.北京:商务印书馆,2004.

[120] 霍尔·彼得,沃德·科林.社会城市——埃比尼泽·霍华德的遗产[M].黄怡,译.吴志强,校.北京:中国建筑工业出版社,2009.

[121] 霍华德·埃比尼泽.明日的田园城市[M].金经元,译.北京:商务印书馆,2002.

[122] 刘易斯.二元经济论(中译本)[M].北京:北京经济学院出版社,1989.

[123] 罗兹曼主编.中国的现代化(中译本)[M].上海:上海人民出版社,1989,184 - 210,473 - 498.

[124] 麦克法考尔，R，费正清. 剑桥中华人民共和国史——革命的中国的兴起 1949—1965（中译本）[M]. 北京：社会科学出版社，1990，67.
[125] 芒福德·刘易斯. 城市发展史——起源、演变和前景[M]. 宋俊岭，倪文彦，译. 北京：中国建筑工业出版社，2005.
[126] 珀金斯. 中国农业的发展：1368－1968[M]. 宋海文，译校. 上海：上海译文出版社，1984，185－218，388－395.
[127] 钱纳里. 发展的型式：1950—1970[M]. 李新华，等，译. 北京：经济科学出版社，1988.
[128] 钱纳里. 工业化和经济增长的比较研究（中译本）[M]. 上海：上海三联书店、上海人民出版社，1995.
[129] 沙森. 全球城市：纽约、伦敦、北京[M]. 周振华，译. 上海：上海社会科学院出版社，2001.
[130] 斯金纳. 中国封建社会晚期城市研究——施坚雅模式（中译本）[M]. 王旭，等，译. 长春：吉林教育出版社，1991.
[131] 托达罗. 第三世界的经济发展（中译本）[M]. 北京：中国人民大学出版社，1988.
[132] 托达罗，史密斯. 发展经济学（原书第 9 版）[M]. 余项华，陈雪娟，译. 北京：机械工业出版社，2009.

中文文献

[133] CISSE Djibrilla. Alhadji，丁金宏，COULIBALY Mariam，. 当代非洲城市化的动因与困境[J]. 世界地理研究，2008，(2)：47－55.
[134] 安祥生. 山西省城市化类型的划分[J]. 经济地理，2000，20(4)：50－54.
[135] 白国强. 美国郊区城市化及其衍生的区域问题[J]. 城市问题，2004，(4)：65－68.
[136] 鲍常勇. 我国 286 个地级及以上城市流动人口分布特征分析[J]. 人口研究，2007，(6)：67－75.
[137] 毕宝德主编. 土地经济学[M]. 5 版. 北京：中国人民大学出版社，2006.
[138] 蔡昉. 人口迁移和流动的成因、趋势与政策[J]. 中国人口科学，1995，8(6)：8－16.
[139] 蔡昉. 转轨时期劳动力迁移的区域特征[J]. 中国人口科学，1998，(5)：19－25.
[140] 蔡昉. 中国经济发展的刘易斯转折点，载于“蔡昉主编. 中国人口与劳动问题报告：No. 8，刘易斯转折点及其政策挑战[M]. 北京：社会科学文献出版社，2007，147－169”.
[141] 蔡俊豪，陈兴渝. “城市化”本质含义的再认识[J]. 城市发展研究，1999，(5)：22－25.
[142] 陈爱民. 中国城市化：田野研究与省例分析[M]. 北京：经济科学出版社，2003.
[143] 陈波羽中，郝寿义，杨兴宪. 中国城市化快速发展的动力机制[J]. 地理学报，2004，(6)：1068－1075.
[144] 陈潮，陈洪玲主编. 中华人民共和国行政区划沿革地图集[M]. 北京：中国地图出版社，2003.

[145] 陈成文,孙中民. 二元还是一元:中国户籍制度改革的模式选择——国际经验及其启示[J]. 湖南师范大学社会科学学报,2005,34(2):30-35.
[146] 陈锋. 关于我国城镇化的非主流视角[J]. 城市规划,2005,(12):18-28.
[147] 陈广汉. 刘易斯的经济思想研究[M]. 广州:中山大学出版社,2000.
[148] 陈瑾玫. 我国地区经济差异与城市化水平关系的实证分析[J]. 市场与人口分析,2005,(4):22-28.
[149] 陈林生,李刚. 四川城市化战略选择——一个新经济地理模型的启示[J]. 西南民族大学学报,人文社科版,2003,(11):50-52.
[150] 陈柳钦. 论城市化发展的动力机制[J]. 现代经济探讨,2005,(1):10-15+24.
[151] 陈雄,李植斌. 城市化中行政体制改革与行政区划调整的必要性和面对的问题[J]. 求实,2003,(6):39-40.
[152] 陈彦光,罗静,等. 城市化水平与城市化速度的关系探讨——中国城市化速度与城市化饱和值的逐步判断[J]. 地理研究,2006,(6):1063-1072.
[153] 陈洋,李郁,许学强. 改革开放以来中国城镇化的时空演变及其影响因素分析[J]. 地理科学,2007,27(2):142-148.
[154] 成德宁. 城市化与经济增长——理论、模式与政策[M]. 北京:科学出版社,2004:266.
[155] 城市规划. 小城镇户籍管理制度改革意见出台[J]. 城市规划,2001,(7):30.
[156] 程洪,陈朝娟. 论 20 世纪拉美城市化进程及其对中国的启示[J]. 拉丁美洲研究,2006,(2):35-42.
[157] 崔功豪. 近十年来中国城市化研究的新进展[J]. 地域研究与开发,1989,8(1):1-6.
[158] 戴炳源,万安培. 乔根森的二元经济理论[J]. 经济体制改革,1998,(S2):23-26.
[159] 戴均良. 行政区划应实行省县二级制——关于逐步改革市领导县体制的思考[J]. 中国改革,2001,(9):38-39.
[160] 当代上海研究所. 长江三角洲发展报告 2005——经济增长与城市化进程[M]. 上海:上海人民出版社,2005.
[161] 丁成日,孟晓晨. 美国城市理性增长理念对中国快速城市化的启示[J]. 城市发展研究,2007,(4):120-126.
[162] 丁金宏. 中国人口省际迁移的原因别流场特征探析[J]. 人口研究,1994,(1):14-21.
[163] 丁军. 沿海地区城乡人口流动制度屏障分析[J]. 城市问题,1993,(2):21-24.
[164] 丁平. 美国西部开发与城市化[J]. 内蒙古大学学报(人文社会科学版),2004,(4):12-15.
[165] 董大年主编. 现代汉语分类大词典[M]. 上海:上海辞书出版社,2007.
[166] 董辅礽主编. 中华人民共和国经济史[M]. 上海:经济科学出版社,1999.
[167] 董鉴泓. 城市与城市发展,载于"李德华主编,城市规划原理[M]. 北京:中国建筑工业出版社"2001,1-12.

[168] 段成荣.关于当前人口流动和人口流动研究的几个问题[J].人口研究,1999,(2):48-54.

[169] 段成荣.影响我国省际人口迁移的个人特征分析——兼论"时间"因素在人口迁移研究中的重要性[J].人口研究,2000,(4):14-22.

[170] 段成荣.利用出生地资料进行人口迁移分析[J].人口学刊,2000c,(3):21-26.

[171] 段成荣.省际人口迁移迁入地选择的影响因素分析[J].人口研究,2001,(1):56-61.

[172] 段成荣,孙玉晶.我国流动人口统计口径的历史变动[J].人口研究,2006,(4):70-76.

[173] 段成荣,杨舸,张斐,卢雪和.改革开放以来我国流动人口变动的九大趋势[J].人口研究,2008,32(6):30-43.

[174] 段杰,李江.中国城市化进程的特点、动力机制和发展背景[J].经济地理,1999,(6):79-83.

[175] 段进军,成涛林,宋言奇.对我国城市化进程的再认识——以内蒙古、上海为例[J].城市发展研究,2004,11(6):17-20.

[176] 范剑勇.城市化推进速度的地区差异:基于产业集聚视角的分析[J].江海学刊,2008,(2):77-81+238.

[177] 樊纲.民工荒是一个短期暂时性问题,互联网 http://www.beelink.com.cn/20050910/1928546.shtml,2009 年 5 月 20 日登录.

[178] 樊杰,田明.中国城市化与非农化水平的相关分析及省际差异[J].地理科学,2003,(6):641-648.

[179] 樊小钢.户籍制度改革与城镇化进程的关联分析[J].财经论丛,2004,(5):8-11.

[180] 范力达.人口迁移的均衡模型与非均衡模型评述[J].中国人口科学,1994,(5):1-7.

[181] 冯超英,贾保维.浅谈德国统一对德国近代城市化进程的影响[J].内蒙古大学学报(人文社会科学版),2004,(4):3-6.

[182] 冯春萍.国际大都市行政区划组织与管理模式[J].上海城市规划,1999,(3):39-43.

[183] 冯尚春.中国农村城镇化动力研究[M].北京:经济科学出版社,2004,12-13.

[184] 冯雨峰.发展小城镇是我国城镇化唯一的道路吗?[J].经济地理,1983,(3).

[185] 高佩义.中外城市化比较研究[M].2 版.天津:南开大学出版社,2004.

[186] 高强.日本美国城市化模式比较[J].经济纵横,2002,(3):41-46.

[187] 高强.日本城市化模式及其农业与农村的发展[J].世界农业,2002,(7):28-30.

[188] 高强,王富龙.美国农村城市化历程及启示[J].世界农业,2002,(5):12-14 高岩,浦善新主编.中华人民共和国行政区划手册[M].北京:光明日报出版社,1986.

[189] 戈特曼,李浩,陈晓燕.大城市连绵区:美国东北海岸的城市化[J].国际城市规划,2009,(S1):305-311.

[190] 国家发展和改革委员会产业发展研究所美国、巴西城镇化考察团.美国、巴西城市化和小城镇发展的经验及启示[J].中国农村经济,2004,(1):70-75.

[191] 葛永军，许学强，闫小培．中国城市化水平的综合判断[J]．人文地理，2003，(1)：49－52．
[192] 公安部．《关于处理户口迁移的规定》，1977．
[193] 公安部．《关于城镇暂住人口管理的暂行规定》，1985．
[194] 公安部治安管理局编．户口管理法律法规规章政策汇编[M]．北京：中国人民公安大学出版社，2001．
[195] 谷延方．英国农业生产力进步与农村劳动力转移——兼论对我国城市化的启示[J]．学术交流，2005，(9)：112－116．
[196] 谷荣．中国城市化公共政策研究[M]．南京：东南大学出版社，2007．
[197] 谷荣，顾朝林．城镇化公共政策分析[J]．城市规划，2006，(9)：48－51．
[198] 顾朝林．中国城镇体系——历史现状展望[J]．北京：商务出版社，1992．
[199] 顾朝林．经济全球化与中国城市发展对策——跨世纪中国城市发展战略[J]．城市规划，1999，(7)：8－13．
[200] 顾朝林．中国城市化格局·过程·机理[M]．北京：科学出版社，2008．
[201] 顾朝林，蔡建明，等．中国大中城市流动人口迁移规律研究[J]．地理学报，1999，54(3)：204－212．
[202] 顾朝林，袁家冬，杜国庆．全球化与日本城市化的新动向[J]．国际城市规划，2007，(1)：1－4．
[203] 顾朝林，吴莉娅．中国城市化问题研究综述Ⅰ[M]．城市与区域规划研究，2008a，(2)：104－147．
[204] 顾朝林，吴莉娅．中国城市化问题研究综述Ⅱ[M]．城市与区域规划研究，2008b，(3)：100－163．
[205] 顾朝林，吴莉娅．中国城市化研究主要成果综述[J]．城市问题，2008c，(12)：2－12．
[206] 辜胜阻．中国自下而上城市化的制度分析[J]．中国社会科学，1998a，(2)：60－70．
[207] 辜胜阻．中国自下而上的城镇化发展研究[J]．中国人口科学，1998b，(3)：1－10．
[208] 辜胜阻，刘传江．中国人口流动与城镇化的理论思考和政策选择[J]．人口研究，1996，(3)：1－4．
[209] 管仁林主编．中国入世承诺法律文本解释[M]．北京：中国民主法制出版社，2002．
[210] 郭尚武．湖北省城市化发展问题研究[M]．中国财经出版社，2007．
[211] 国家计委经济研究所课题组．中国区域经济发展战略研究[J]．管理世界，1996，(4)：175－189．
[212] 国家统计局城市社会经济调查总队．中国城市四十年[M]．北京：中国统计信息咨询服务中心，1990．
[213] 国家统计局 a．中国统计年鉴 1983—2009[M]．北京：中国统计出版社．
[214] 国家统计局 b．中国城市统计年鉴 1985—2007[M]．北京：中国统计出版社．
[215] 国家统计局 c．中国人口统计年鉴 1988—2006[M]．北京：中国统计出版社．

[216] 国家统计局 c. 中国人口与就业统计年鉴 2007,2008[M]. 北京：中国统计出版社.
[217] 国家统计局 d. 新中国 55 年统计资料汇编：1949—2004[M]. 北京：中国统计出版社，2005.
[218] 国家统计局 e. 分析报告"2008 年末全国农民工总量为 22 542 万人"，互联网 http://www.stats.gov.cn/was40/gjtjj_detail.jsp? searchword=%C5%A9%C3%F1%B9%A4%CD%B3%BC%C6%BC%E0%B2%E2%B5%F7%B2%E9&presearchword=%C5%A9%C3%F1%B9%A4%B5%F7%B2%E9&channelid=6697&record=2，2009 年 5 月 17 日登录.
[219] 国务院. 国务院关于实行分税制财政管理体制的决定，1993 年 12 月 15 日发布.
[220] 国务院. 国务院批转《公安部关于处理户口迁移的规定》的通知，1977.
[221] 国务院. 国务院办公厅关于制止一些市、县公开出卖城镇户口的通知，1988.
[222] 郝寿义，王家庭，张换兆. 日本工业化、城市化与农地制度演进的历史考察[J]. 日本学刊，2007，(1)：80-91.
[223] 何念如. 中国当代城市化理论研究(1979—2005)[D]. 复旦大学博士论文，2006.
[224] 何念如，吴煜. 中国当代城市化理论研究[M]. 上海：上海人民出版社，2007.
[225] 侯学英. 中国城市化进程时空差异分析[M]. 北京：经济科学出版社，2008.
[226] 胡鞍钢. 中国中长期人口综合发展战略(2000—2050)[J]. 清华大学学报(哲学社会科学版)，2007，22(5)：84-91.
[227] 胡德平. 耀邦同志在"真理标准"大讨论的前前后后[J]. 财经，2008，9，157.
[228] 胡锦山. 美国黑人城市化与五六十年代黑人民权运动[J]. 厦门大学学报(哲学社会科学版)，1998，(2)：51-56.
[229] 胡俊波，竹俊. 现行土地制度是阻碍我国城市化进程的深层次原因[J]. 商业研究，2006，(9)：84-86.
[230] 胡星斗. 废除户籍制度是和谐社会的必然[J]. 东北之窗，2007，(12)：30-32.
[231] 胡星斗. 户改之辩[J]. 小康，2008，(2)：30-32.
[232] 胡英. 从农村向城镇流动人口的特征分析[J]. 人口研究，2001，(6)：9-15.
[233] 华伟. 行政现代化进程中的"新县制"[J]. 中国方域，2002，(4)：2-8.
[234] 华伟. 建制镇的演变[J]. 中国方域，2004，(2)：2-6.
[235] 黄晨熹. 大城市外来流动人口特征与社区化管理[J]. 人口研究，1999，23(4)：53-58.
[236] 黄柯可. 试论近代美国城市化特点[J]. 世界历史，1994，(5)：28-37.
[237] 黄柯可. 关于美国城市化研究若干问题的思考——兼评我国的研究情况[J]. 世界历史，1995，(6)：86-93.
[238] 黄柯可. 人口流动与美国城市化[J]. 世界历史，1996，(6)：29-39.
[239] 黄扬飞，徐月虎，丁金宏. 1990 年代我国人口城市化水平的区域差异模式研究[J]. 人口研究，2002，26(4)：72-78+80.

[240] 惠宁. 农村剩余劳动力转移理论研究述评[J]. 西北大学学报(哲学社会科学版), 2005,35(4): 45-49.
[241] 姬便便,王国军. 论户籍制度改革背景下城乡社会保障制度的衔接[J]. 科技导报, 2004,(11): 60-63.
[242] 计翔翔. 近代法国城市化初探[J]. 世界历史,1992,(5): 86-94.
[243] 季小立,洪银兴. 体制转轨、发展战略转型与中国城市化路径替代[M]. 天津社会科学,2007,(4): 82-85.
[244] 贾绍凤,张军岩. 日本城市化中的耕地变动与经验[J]. 中国人口、资源与环境,2003,(1): 31-34.
[245] 简新华,张国胜. 日本工业化、城市化进程中的"农地非农化"[J]. 中国人口、资源与环境,2006,(6): 95-100.
[246] 姜爱林. "城市化"和"城镇化"基本涵义研究述评[J]. 株洲师范高等专科学校学报, 2003,(4): 46-50.
[247] 姜忠尽,王婵婵,朱丽娜. 非洲城市化特征与驱动力因素浅析[J]. 西亚非洲,2007,(1): 21-27.
[248] 蒋剑芬. 福建省城市化与区域经济协调发展研究[D]. 福建师范大学,2006.
[249] 蒋耒文,考斯顿. 中国区域城市化水平差异原因探析[J]. 中国人口科学,2001,(1): 45-51.
[250] 金卫星. 略论宗教在美国城市化中的作用[J]. 世界历史,1997,(6): 26-34.
[251] 李德华. 城市规划原理[M]. 北京: 中国建筑工业出版社,2001.
[252] 李海莲. 税收经济学[M]. 北京: 对外经济贸易大学出版社,2004.
[253] 李杰. 中日城市化的比较与启示[J]. 地域研究与开发,2006,(3): 47-50.
[254] 李京文. 城市化健康发展的十个问题[J]. 城市发展研究,2003,(2): 37-43.
[255] 李京文. 中国城市化水平之国际比较[J]. 城市发展研究,2004,(3): 1-10.
[256] 李娟文,刘耀彬,白淑军. 湖北省城市化水平特征及影响因素分析[J]. 经济地理, 2003,23(6): 782-785.
[257] 李克强. 论我国经济的三元结构[J]. 中国社会科学,1991,(3).
[258] 李立纲,王志雄. 城市化理论与实践——云南城市化进程的若干研究[M]. 昆明: 云南人民出版社,2007.
[259] 李立宏. 中国人口迁移的影响因素浅析[J]. 西北人口,2000,(2): 37-40.
[260] 李林杰,王金营,王延杰. 河北省人口城市化与三农问题的综合研究[M]. 保定: 河北大学出版社,2007.
[261] 李梦白,胡欣,等. 流动人口对大城市发展的影响及对策[M]. 北京: 经济出版社, 1991, 74-99.
[262] 李山勇,张景秋,章定富. 美国的城市化进程与现代城市规划联系的解读[J]. 城市问

题，2007，(4)：87 - 90.
[263] 李树茁. 中国 80 年代的区域经济发展和人口迁移的研究[J]. 人口与经济，1994，(3)：3 - 8+16.
[264] 李涛. 西藏与内地沿海城市化比较研究[J]. 民族研究，1999，(1)：31 - 43.
[265] 李晓岗. 美国政府对印第安人的重新安置及其城市化[J]. 世界历史，1992，(4)：2 - 11.
[266] 李王鸣，王纯彬. 温台地域城市化机制与转型分析[J]. 经济地理，2002，22(5)：598 - 602.
[267] 李文溥，陈永杰. 中国人口城市化水平与结构偏差[J]. 中国人口科学，2001，(5)：10 - 18.
[268] 李新伟. 我国人口城市化水平与发展方向探析[J]. 人口学刊，2002，(4)：36 - 40.
[269] 李秀霞，刘春艳. 吉林省人口城市化与经济发展相关分析研究[J]. 人口学刊，2007，(3)：8 - 12.
[270] 李迅，许顺才. 21 世纪初期中国城市化发展态势与对策的探讨[J]. 城市规划汇刊，2000，(4)：52 - 56.
[271] 李嫣. 我国城镇居民住房制度：历史变迁及改进对策[J]. 中州学刊，2007，159(3)：134 - 136.
[272] 李永宠. 对我国流动人口制度的探究[J]. 经济问题，1995，(12)：14 - 16.
[273] 李震. 1990 年代我国省区间城市化进程的差异研究——基于第五次人口普查口径的分析[J]. 现代城市研究，2006，(3)：39 - 44.
[274] 李永洁. 珠江三角洲中小城市的城市化研究[J]. 人文地理，2002，17(5)：33 - 35.
[275] 李震. 中国城市化水平省际差异与因素分析[J]. 云南地理环境研究，2007，19(1)：85 - 91.
[276] 梁彗星，陈华彬. 物权法[M]. 3 版. 北京：法律出版社.
[277] 梁茂信. 1860—1920 年外来移民对美国城市化的影响[J]. 东北师大学报，1997，(5)：27 - 33.
[278] 梁明. 中国城市化水平地区差异若干问题研究述评[J]. 理论界，2007，(4)：9 - 11.
[279] 林玲. 加拿大城市化与城市经济的特点[J]. 世界经济与政治，1993，(7)：25 - 30.
[280] 林盛中. 试论市场经济与人口流动[J]. 人口学刊，1993，(4)：31 - 34.
[281] 刘传江. 论城市化的生成机制[J]. 经济评论，1998a，(5)：57 - 62.
[282] 刘传江. 中国自下而上城市化发展的制度潜力与创新[J]. 城市问题，1998b，(3)：11 - 14.
[283] 刘传江，郑凌云. 城镇化与城乡可持续发展[M]. 北京：科学出版社，2004.
[284] 刘海泳，顾朝林. 北京流动人口聚落的形态、结构与功能[J]. 地理科学，1999，(6)：497 - 503.
[285] 刘海波. 法律技术与户籍制度困局[J]. 浙江学刊，2006，(5)：129 - 137.

[286] 刘宏斌. 人口统计应以户口统计为基础[J]. 公安大学学报,1997,(4): 29-30.
[287] 刘婧,赵民. 论城市化发展的影响因素——从经济增长到社会和谐发展的考量[J]. 城市规划,2007,(5): 9-19.
[288] 刘君德. 学习贯彻十六届五中全会精神 推进我国行政区划体制改革健康发展[J]. 经济地理,2006,(1): 3-5.
[289] 刘君德,汪宇明. 制度与创新——中国城市制度的发展与改革新论[M]. 南京: 东南大学出版社,2000.
[290] 刘科伟,刘玉亭. 陕西省人口城镇化的发展与预测[J]. 西北大学学报(自然科学版),2000,30(5): 433-437.
[291] 刘敏. 大都市连绵带: 美国城市化的新舞台——以"BosWash"为例[J]. 浙江学刊,2005,(5): 18-22.
[292] 刘庆和,刘岸东. 经济增长、结构变化与人口城市化——贵州的经验证据[J]. 财经科学,2004,(4): 69-72.
[293] 刘盛和,陈田,蔡建明. 中国非农化与城市化关系的省际差异[J]. 地理学报,2003,58(6): 937-946.
[294] 刘盛和. 中国城市化水平省际差异的成因探析[J]. 长江流域资源与环境,2004,13(6): 530-535.
[295] 刘盛和,蒋芳,张擎. 我国城市化发展的区域差异及协调发展对策[J]. 人口研究,2007,(3): 7-19.
[296] 刘文龙,罗平峰. 近代拉美与美国城市化的不同进程与经济职能[J]. 拉丁美洲研究,2000,(5): 41-48.
[297] 刘小萌. 中国知青史. 大潮: 1966—1980[M]. 北京: 当代中国出版社.
[298] 刘耀彬,陈志,杨益明. 中国省区城市化水平差异原因分析[J]. 城市问题,2005,(1): 16-20+32.
[299] 刘耀彬,李仁东. 转型时期中国城市化水平变动及动力分析[J]. 长江流域资源与环境,2003,(1): 8-12.
[300] 刘育成主编. 中国土地资源调查数据集[M]. 北京: 全国土地资源调查办公室,2000.
[301] 刘自强. 1865—1914 年农业现代化对美国城市化进程的历史影响[J]. 宁夏社会科学,2007,(6): 154-157.
[302] 刘志仁. 日本推进农村城市化的经验[J]. 中国农村经济,2000,(3): 73-76.
[303] 陆大道,薛凤旋. 中国区域发展报告[M]. 北京: 商务印书馆,1997.
[304] 陆铭,陈钊. 城镇化、城市倾向的经济政策与城乡收入差距[J]. 经济研究,2004,(6): 50-58.
[305] 路遇主编. 新中国人口 50 年[M]. 北京: 中国人口出版社,2004,1272-1367.
[306] 罗震东. 中国当前的行政区划改革及其机制[J]. 城市规划,2005,(8): 29-35.

[307] 马福云. 当代中国户籍制度变迁研究[D]. 中国社会科学院研究生院博士论文，2001.

[308] 马立诚. 交锋三十年：改革开放四次大争论亲历记[M]. 南京：江苏人民出版社，2009.

[309] 马清裕. 我国城镇化的特点及发展趋势的初步分析[J]. 经济地理，1983，(2).

[310] 马润潮，吴缚龙. 中国城市空间的重构——多样化的过程与充足的空间，载于"吴缚龙，马润潮，张京祥主编，转型与重构——中国城市发展多维透视[M]. 南京：东南大学出版社，2007，1－21".

[311] 马彦琳. 城乡分治与城乡合治——中国大陆城市型政区发展的回顾与展望[J]. 华中科技大学学报（社会科学版），2006，(3)：54－58.

[312] 马永欢，樊胜岳. 甘肃省城市化发展现状与制度创新研究[J]. 经济地理，2004，24(5)：609－613.

[313] 马玉英. 青海城市化发展水平与全国的比较分析[J]. 青海民族研究，2006，17(4)：151－157.

[314] 马约生. 论日本早期的城市化[J]. 扬州大学学报（人文社会科学版），2006，(3)：78－83.

[315] 宁登，蒋亮. 转型时期的中国城镇化发展研究[J]. 城市规划，1999，23(12)：17－20.

[316] 宁登. 21 世纪中国城市化机制研究[J]. 城市规划汇刊，2000，(3)：41－48.

[317] 宁越敏. 城市化研究的社会理论基础评述[J]. 城市问题，1990，(1)：18－22.

[318] 宁越敏. 城市化原理，载于"许学强，周一星，宁越敏编著，城市地理学[M]. 北京：高等教育出版社，1997a".

[319] 宁越敏. 90 年代上海流动人口分析[J]. 人口与经济，1997b，(2)：9－15.

[320] 宁越敏. 新城市化进程——90 年代中国城市化动力机制和特点探讨[J]. 地理学报，1998，23(5)：470－477.

[321] 潘义勇. 论现行户口制对中国现代化的十大危害[J]. 改革与战略，1995，(4)：20－25.

[322] 彭荣胜，覃成林. 发展中地区农村劳动力转移、第三产业发展与城市化关系分析——以河南省为例[J]. 人文地理，2007，(3)：42－47.

[323] 彭雪辉，王德，顾文选. 城市化率指标的本质与合理目标进度问题[J]. 城市发展研究，2005，(3)：35－37.

[324] 蒲善新，等. 中国行政区划概论[M]. 北京：知识出版社，1995.

[325] 仇保兴. 关于城市化的若干问题[J]. 宏观经济研究，1999，(4)：12－17.

[326] 屈琼斐，钟逢干. 广东省人口迁移区域性态势分析[J]. 人口研究，1997，(11)：59－62.

[327] 沈建法. 中国城市化趋势、模式和战略对策[J]. 地域研究与开发，1989，(3)：24－26.

[328] 沈建法. 城市化与人口管理[J]. 北京：科学技术出版社，1999.

[329] 沈建法. 1982 年以来中国省级区域城市化水平趋势[J]. 地理学报，2005，60(4)：607－614.

[330] 盛广耀. 城市化模式及其转变研究[M]. 北京：中国社会科学出版社，2008.

[331] 石忆昭，顾萌箐. 外资驱动下长江三角洲地区城市化发展[J]. 现代城市研究，2003，(4)：1-8.

[332] 史晋川，钱陈，等. 空间转型(浙江的城市化进程理论篇)[M]. 杭州：浙江大学出版社，2008.

[333] 史育龙，周一星. 戈特曼关于大都市带的学术思想评介[J]. 经济地理，1996，(3)：32-36.

[334] 史育龙，周一星. 关于大都市带(都市连绵区)研究的论争及近今进展述评[J]. 国外城市规划，1997，(2)：2-11.

[335] 舒运国. 非洲城市化剖析[J]. 西亚非洲，1994，(1)：45-50.

[336] 宋嘉革. 中国户籍制度改革与农村人口城镇化转移[D]. 东北财经大学博士论文，2006.

[337] 宋建钢. 宁夏现代城市化研究[M]. 银川：宁夏人民出版社，2006.

[338] 隋笑宇. 浅析美国内战前东北部城市化高速发展的原因[J]. 史学集刊，2009，(3)：118-224.

[339] 孙建丽. 中国西部城市化基本特征分析——以新疆为例[J]. 中国人口、资源与环境，2000，10(4)：54-57.

[340] 孙群郎. 20世纪70年代美国的"逆城市化"现象及其实质[J]. 世界历史，2005，(1)：20-29.

[341] 孙施文. 经济体制改革与城市规划再发展[J]. 城市规划汇刊，1994，(1).

[342] 孙施文. 中国的城市化之路怎么走？[J]. 城市规划学刊，2005，(3).

[343] 唐文进，李峰峰. 城市化的二元结构分析框架与我国农村城市化的模式创新[J]. 经济评论，2004，(3)：62-65.

[344] 唐晓阳. 80年代以来美国城市化发展的新趋势(一)[J]. 城市问题，1994，(4)：53-59.

[345] 唐晓阳. 80年代以来美国城市化发展的新趋势(二)[J]. 城市问题，1994，(5)：60-62.

[346] 天津市档案馆. 近代以来天津城市化进程实录[M]. 天津人民出版社，2005.

[347] 田炳信. 中国第一证件——中国户籍制度调查手稿[M]. 广州：广东人民出版社，2003.

[348] 田雪原. 警惕人口城市化中的"拉美陷阱"[J]. 宏观经济研究，2006，(2)：12-17.

[349] 田雪原. 老龄化——从"人口盈利"到"人口亏损"[M]. 北京，中国经济出版社，2006：55.

[350] 田雪原. 中国人口政策60年[M]. 北京：社会科学文献出版社，2009.

[351] 涂肇庆，等. 替代迁移：解决都市低生育水平人口问题的途径——以天津市为例[J]. 人口研究，2001，(5)：2-8.

[352] 万川. 关于我国户籍制度改革的回顾与思考[J]. 中国人口科学，1999，(1)：32-37.

[353] 汪冬梅. 日本、美国城市化比较及其对我国的启示[J]. 中国农村经济，2003，(9)：

69－76.

[354] 汪晖. 城市化进程中的土地使用制度[D]. 浙江大学博士论文，2002.

[355] 汪明峰. 中国城市首位度的省际差异研究[J]. 现代城市研究，2001，88(3)：27－30.

[356] 汪宇明. 核心—边缘理论在区域旅游规划中的运用[J]. 经济地理，2002a，22(3)：372－375.

[357] 汪宇明. 中国的城市化与城市地区的行政区划体制创新[J]. 城市规划，2002b，(6)：22－25.

[358] 汪宇明. 中国的制度创新与城市变化[J]. 国外城市规划，2005a，(1)：24－28.

[359] 汪宇明. 中国省直管县市与地方行政区划层级体制的改革研究[J]. 人文地理，2005b，(6)：71－74.

[360] 汪宇明，王玉芹，张凯. 1996—2006：中国城市行政区划格局变动与影响分析，载于"宁越敏主编. 中国城市研究[M]. 北京：中国大百科全书出版社，2008，23－32".

[361] 王春艳. 美国城市化的历史、特征及启示[J]. 城市问题，2007，(6)：92－98.

[362] 王储. 19世纪美国西部城市化探析——兼论我国西部城市化发展之路[J]. 历史教学(高校版)，2008，(10)：66－69.

[363] 王德，彭雪辉. 走出高城市化的误区——日本地区城市化发展过程的启示[J]. 城市规划，2004，(11)：29－34.

[364] 王德，叶晖. 1990年以后的中国人口迁移研究综述[J]. 人口学刊，2004，143(1)：40－46.

[365] 王德文，蔡昉，张学辉. 人口转变的储蓄效应和增长效应——论中国增长可持续性的人口因素[J]. 人口研究，2004，(5)：2－11.

[366] 王桂新. 1990年代后期我国省际人口迁移区域模式研究[J]. 市场与人口分析，2003，(4)：1－10.

[367] 王桂新. 中国人口迁移与区域经济发展关系之分析[J]. 人口与经济，1996，(6)：9－16.

[368] 王桂新. 中国经济体制改革以来省际人口迁移区域模式及其变化[J]. 人口与经济，2000，(3)：8－16＋22.

[369] 王桂新. 中日两国人口分布、迁移与城市化之比较[J]. 华东师范大学学报(哲学社会科学版)，2002，(2)：110－117.

[370] 王桂新. 人口迁移与流动，载于"路遇主编. 新中国人口五十年[M]. 北京：中国人口出版社"，2004.

[371] 王红扬. 我国户籍制度改革与城市化进程[J]. 城市规划，2000，24，(11)：20－24.

[372] 王家庭，张换兆. 工业化、城市化与土地制度的互动关系：美国的经验[J]. 亚太经济，2009，(4)：52－56.

[373] 王金虎. 论十九世纪后期美国社会城市化发展[J]. 史学月刊，1997，(4)：60－65.

[374] 王磊，伍新木，Michael Latham. 铁路、人口流动与城市化——略论美国西部开发模式

[J]. 城市规划汇刊,2001,(6): 70 - 75.
[375] 王丽. 我国城镇住房制度的演变及住房市场走势[J]. 石家庄经济学院学报,2001,24(1): 51 - 57.
[376] 王茂军. 中国沿海典型省份城市体系演化过程分析——以山东为例[M]. 北京: 科学出版社,2009.
[377] 王茂军,赵群毅,李传广,等. 改革开放以来中国城市化水平的地区差异变动分析[J]. 鲁东大学学报(自然科学版),2006,22(3): 232 - 238.
[378] 王谦. 全国生育节育抽样调查报告集(迁移卷)[M]. 北京: 中国人口出版社,1993.
[379] 王瑞成. 近世转型时期的城市化——中国城市史学基本问题初探[J]. 史学理论研究,1996,(4): 5 - 20.
[380] 王胜今. 关于我国城市化道路、模式的若干思考团[J]. 人口学刊,1988,(2): 1 - 6.
[381] 王太元. 中国户政制度的演进与改革(一): 中国户口管理制度概述[J]. 人口与计划生育,2004a,(1): 45 - 47.
[382] 王太元. 中国户政制度的演进与改革(五): 户口迁移制度的问题与改革(上)[J]. 人口与计划生育,2004b,(7): 45 - 47.
[383] 王太元. 中国户政制度的演进与改革(六): 户口迁移制度的问题与改革(下)[J]. 人口与计划生育,2004,(8): 46 - 48+43.
[384] 王良健,罗湖平,周克刚,等. 改革开放以来我国城市化水平区域差异的量化分析[J]. 西北人口,2005,(6): 4 - 7.
[385] 王小鲁. 城市化与经济增长[J]. 经济社会体制比较,2002,(1): 23 - 32.
[386] 王小侠. 外国直接投资与美国城市化(1970 - 1990)[J]. 辽宁大学学报(哲学社会科学版),2005,(3): 44 - 47.
[387] 王旭. 从芝加哥模式到洛杉矶模式——美国城市化新论[J]. 经济地理,2001,(S1): 109 - 111.
[388] 王旭. 美国城市化的历史解读[M]. 长沙: 湖南岳麓书社,2004.
[389] 王旭. 美国城市化的区域差异与比较[J]. 扬州大学学报(人文社会科学版),2005,(6): 80 - 84.
[390] 王旭. 美国城市发展模式[M]. 北京: 清华大学出版社,2006.
[391] 王旭. 美国城市经纬[M]. 北京: 清华大学出版社,2008.
[392] 王学真,郭建雄. 刘易斯模型与托达罗模型的否定之否定——城市化战略的理论回顾与现实思考[J]. 中央财经大学学报,2002,(3): 77 - 80.
[393] 王英津. 市管县体制的利弊分析及改革思路[J]. 理论学刊,2005,(2): 84 - 87.
[394] 王志宪,虞孝感. 江苏省城镇化区域差异及发展模式探讨[J]. 城市规划汇刊,2003,147(5): 86 - 90.
[395] 维基百科. http://wiki. mbalib. com/wiki/核心与边缘区理论,2009 年 4 月 7 日登录.

[396] 魏津生. 国内人口迁移和流动研究的几个基本问题[J]. 人口与经济，1984，(1).

[397] 韦伟，赵光瑞. 日本城市化进程及支持系统研究[J]. 经济纵横，2005，(3)：45－48.

[398] 韦亚平. 人口转变与健康城市化——中国城市空间发挥咱模式的重大选择[J]. 城市规划，2006，216(1)：21－28.

[399] 文贯中. 中国的农村土地制度、就业和城市化，载于"陈甬军，陈爱民编著，中国城市化：实证分析和对策研究[M]. 厦门：厦门大学出版社，2002".

[400] 文余源. 中国城市化水平地区差异及其变动[J]. 地域研究与开发，2005，24(5)：25－29.

[401] 吴殿廷主编. 区域经济学[M]. 北京：科学出版社，2003.

[402] 吴晓，吴明伟. 美国快速城市化背景下的贫民窟整治初探[J]. 城市规划，2008，(2)：78－83.

[403] 伍理. 重视城市化过程中的人口分布变化——以上海市为例[J]. 人口与经济，2001，(5)：39－42＋68.

[404] 吴丽丽，段成荣. 北京市市内人户分离人口状况研究[J]. 北京社会科学，2009，(2)：50－55.

[405] 吴莉娅. 当代中国城市化机制研究[D]. 南京大学博士论文，2005.

[406] 吴效军. 城市户籍制度改革与城市规划应对——大潮过后的思考[J]. 城市规划，2002，26(6)：35－39.

[407] 吴要武. 劳动力短缺继续并扩大，载于"蔡昉主编，中国人口与劳动问题报告：No. 8，刘易斯转折点及其政策挑战[M]. 北京：社会科学文献出版社，2007，63－94".

[408] 伍先江. 试论社会经济转型时期的户口迁移制度改革[J]. 人口研究，1998，(4)：1－5.

[409] 夏绪梅. 农村土地制度对城市化的制约及对策研究[J]. 西安联合大学学报，2004，(3)：23－26.

[410] 夏英煌，张家义. 城市化进程中农村土地制度改革的构想[J]. 中国地质矿产经济，2003，(7)：13－15.

[411] 肖海英. 关于我国户籍制度改革途径的思考[J]. 浙江社会科学，2006，(5)：115－119.

[412] 肖六亿，周汉萍. 城市化的地区差异及其演变趋势——一个新的分析视角[J]. 湖北师范学院学报(哲学社会科学版)，2008，28(3)：47－50.

[413] 肖绮芳，张换兆. 日本城市化、农地制度与农民社会保障制度关联分析[J]. 亚太经济，2008，10(3)：64－68.

[414] 肖绮芳. 日本城市化进程中农地制度改革及相关农民社会保障制度演进与启示[J]. 东北亚论坛，2008，17(2)：105－109.

[415] 新中国 50 年统计资料汇编，网友"发哥"2006 年 12 月整理，作者下载于人民大学经济论坛数据交流版，http://www. pinggu. org/bbs/dispbbs. asp? boardid＝55&replyid＝498950&id＝31232&page＝1&skin＝0&Star＝1，2008. 08. 22. 登录.

[416] 邢来顺. 德国工业化时期的城市化及其特点[J]. 首都师范大学学报(社会科学版),2005,(6):15-19.

[417] 熊鹰,文先明,郭娴. 湖南省城市化发展与土地利用关系[J]. 经济地理,2006,26(6):1042-1046.

[418] 熊允发. 户口待定人口状况分析[J]. 公安大学学报,1994,50(4):54-58.

[419] 徐和平. 美国与欧盟城市化政策与模式比较[J]. 城市发展研究,2009,(8):54-58.

[420] 徐和平,蔡绍洪. 当代美国城市化演变、趋势及其新特点[J]. 城市发展研究,2006,(5):13-17.

[421] 徐林发. 区域工业化与城市化的互动发展——以珠江三角洲为例[M]. 广州:广东人民出版社,2006.

[422] 徐玮,宁越敏. 20 世纪 90 年代上海市流动人口动力机制新探[J]. 人口研究,2005,(6):49-57.

[423] 许从宝,仲德,李娜. 当代国际健康城市运动基本理论研究纲要[J]. 城市规划,2005,(10):52-59.

[424] 许可. 美国大都市区化及中国城市化模式选择[J]. 齐鲁学刊,2005,(4):115-119.

[425] 许学强,张蓉. 珠江三角洲的工业化与城市化[J]. 地理学与国土研究,1995,(1).

[426] 许学强,叶嘉安. 我国城市化的省际差异[J]. 地理学报,1986,41(1):8-22.

[427] 许学强,周一星,宁越敏. 城市地理学(第 2 版)[M]. 北京:高等教育出版社,2009.

[428] 宣国富,徐建刚,赵静. 安徽省区域城市化水平综合测度研究[J]. 地域研究与开发,2005,24(3):47-51.

[429] 薛德升,郑莘. 中国乡村城市化研究:起源、概念、进展与展望[J]. 人文地理,2001,16(5):24-28.

[430] 薛凤旋,杨春. 外资影响下的城市化——以珠江三角洲为例[J]. 城市规划,1995,(6):21-27.

[431] 薛凤旋,杨春. 外资:发展中国家城市化的新动力——珠江三角洲个案研究[J]. 地理学报,1997,52(3):193-206.

[432] 言咏. 粮票的故事[J]. 中国新闻周刊,2006,(41):90-91.

[433] 闫小培,林彰平. 20 世纪 90 年代中国城市发展空间差异变动分析[J]. 地理学报,2004,59(3):437-445.

[434] 阎蓓. 新时期我国人口迁移的问题与对策[J]. 经济地理,1997,(3):108-113.

[435] 严善平. 中国九十年代地区间人口迁移的实态及其机制[J]. 社会学研究,1998,(2):69-76.

[436] 杨建荣. 论中国崛起世界级大城市的条件与构想[J]. 财经研究,1995,(6):45-51.

[437] 杨小凯. 经济学——新兴古典与新古典框架[M]. 北京:社会科学文献出版社,2003.

[438] 杨小凯,张永生. 新兴古典经济学和超边际分析[M]. 北京:人民大学出版社,2000.

[439] 杨杨. 关于人口迁移调查设计问题的讨论——对一次人口迁移调查的几点认识[J]. 人口研究,1997,(2):55-61.

[440] 杨子慧,萧振禹. 流动人口与城镇化[J]. 人口与经济,1996,(5):33-38.

[441] 姚秀兰. 户籍、身份与社会变迁[D]. 华东政法学院博士论文,2004.

[442] 叶舜赞. 城市化与城市体系[M]. 北京:科学出版社,1994.

[443] 叶滢,杨梅玲,章定富. 江西省人口城镇化发展水平的空间差异研究[J]. 经济地理,2003,23(6):777-782.

[444] 余斌,罗静,靳军. 城市化与城乡发展:世界不同类型国家比较与启示[J]. 地域研究与开发,2005,(5):17-20.

[445] 俞滨洋,赵景海. 黑龙江省城市化机制与对策研究[J]. 城市规划,1999,23(8):49-52.

[446] 俞德鹏. 城镇户口商品化——现行户籍制度改革的一条歧途[J]. 改革与战略,1994,(4):47-50.

[447] 俞德鹏. 我国现行户口制度的七大弊端[J]. 改革与战略,1994,(6):56-59.

[448] 俞德鹏. 城乡社会:从隔离走向开放[M]. 济南:山东人民出版社,2002.

[449] 于弘文. 从 2000 年人口普查看我国人口状况的几个特点[J]. 人口研究,2001,(4):12-18.

[450] 于蜀华,张茂林. 九十年代以来我国人口迁移新特点探讨[J]. 人口研究,1998,(3):54-60.

[451] 袁政. 市场能否合理调节人口的区域再分布——中国未来户籍政策选择分析[J]. 中国人口科学,2001,(5):40-45.

[452] 张安录,杨钢桥. 美国城市化过程中农地城市流转与农地保护[J]. 中国农村经济,1998,(11):74-80.

[453] 张弘. 开发区带动区域整体发展的城市化模式——以长江三角洲地区为例[J]. 城市规划汇刊,2001,136(6):65-70.

[454] 张京祥. 我国城市化研究的再考察[J]. 地理科学,1998,18(6):555-560.

[455] 张军岩,贾绍凤. 基于中日比较的人口城市化对耕地影响机制研究[J]. 中国人口、资源与环境,2005,(1):26-31.

[456] 张立. 和谐城市与健康城市化:基于一个都市区城市化模型的研究[C]. 2007 年城市规划年会论文集,2007.

[457] 张立. 论我国人口结构转变与城市化第二次转型[J]. 城市规划,2009,(10):35-44.

[458] 张立. 改革开放后区域城市化差异的演变与影响因素分析[J]. 城市规划,2010(待刊).

[459] 张力. 对户口迁移数据的认识[J]. 中国人口科学,1999,(1):42-47.

[460] 张良悦. 美国的土地发展权与农地保护——城市化进程中农地保护的一种借鉴[J]. 经济问题探索,2008,(7):170-174.

[461] 张启成. 城市化与城市质量[J]. 城市发展研究，2001，(3)：18－22.
[462] 张强. 乡村与城市融合发展的选择——北京市城乡一体化发展研究[M]. 北京：中国农业出版社，2006.
[463] 张庆五. 中国流动人口发展的历程与对策[J]. 人口与经济，1991，(6)：13－19.
[464] 张庆五. 户口迁移与流动人口论丛，公安大学学报编辑部，1994(转引自万川，1999).
[465] 张善余. 我国区域城市化发展水平的差异分析[J]. 人口学刊，2002，(5)：37－42.
[466] 张惟英. 拉美过度城市化的教训与北京人口调控[J]. 人口研究，2006，(4)：84－89.
[467] 张艳. 我国国家级开发区的实践及转型[D]. 同济大学博士论文，2008.
[468] 张颖，赵民. 论城市化与经济发展的相关性[J]. 城市规划汇刊，2003，146(4)：10－19.
[469] 张颖，赵民. 论区域发展差异与总体城市化水平滞后的关联性[J]. 城市规划汇刊，2004，(4)：12－19＋95.
[470] 张永庆，王士君. 浙、苏、鲁、川、吉五省农村城镇化发展政策研究[J]. 人文地理，2000，15(6)：21－24.
[471] 赵长保. 农民工工资收入问题分析，载于“蔡昉主编，中国人口与劳动问题报告：No. 8，刘易斯转折点及其政策挑战[M]. 北京，社会科学文献出版社，2007，22－36”.
[472] 赵长保. 农村劳动力转移的新阶段. http://www.rcre.cn/articleList.aspx. 2009年11月28日登录.
[473] 赵民，张宗彝. 知识经济、全球化与城市发展战略[J]. 城市规划汇刊，1999，(3)：8－11＋79.
[474] 赵群毅，周一星，王茂军. 近20年来我国城镇化发展速度的省区间比较——基于“五普”口径的修正[J]. 经济地理，2005，25(5)：632－637.
[475] 赵文远. 1958年中国改变户口自由迁移制度的历史原因[J]. 史学月刊，2004，(10)：76－80.
[476] 赵新平，周一星. 改革以来中国城市化道路及城市化理论研究述评[J]. 中国社会科学，2002，(2)：132－138.
[477] 赵燕菁. 经济转型过程中的户籍制度改革[J]. 城市规划汇刊，2003，(1)：16－20.
[478] 郑勤华，赖德胜. 人力资本与中国城市化的地区差异研究[J]. 中国人口科学，2008，(1)：59－66＋96.
[479] 郑宇. 战后日本城市化过程与主要特征[J]. 世界地理研究，2008，(2)：56－63.
[480] 中共中央办公厅国务院办公厅关于立即制止出卖非农业户口的紧急通知，1992.
[481] 中国设市预测与规划课题组. 中国设市预测与规划[M]. 北京：知识出版社，1997.
[482] 中国城市规划设计研究院，建设部城乡规划司. 城市规划资料集第一分册：总论[M]. 北京：中国建筑工业出版社，2003.
[483] 中华人民共和国户口登记条例，1958.1.9.
[484] 钟水映，李晶，刘孟芳. 产业结构与城市化：美国的“去工业化”和“再城市化”现象及

其启示[J]. 人口与经济,2003,(2): 8-15.

[485] 周皓. 从迁出地、家庭户的角度看迁出人口——对1992年38万人调查数据的深入分析[J]. 中国人口科学,2001,(3): 17-23.

[486] 周牧之. 城市圈: 中国21世纪城市化战略的引擎[J]. 现代城市研究,2001,(2): 3-6.

[487] 周天勇. 托达罗模型的缺陷及其相反的政策含义——中国剩余劳动力转移和就业容量扩张的思路[J]. 经济研究,2001,(3): 75-82.

[488] 周一星. 城市化与国民生产总值关系的规律性探讨[J]. 人口与经济,1982,(1): 28-33.

[489] 周一星. 论我国城镇化的地域差异[J]. 城市规划,1983,(2): 17-21+38.

[490] 周一星. 关于明确我国城镇概念和城市人口统计口径的建议[J]. 城市规划,1986,(3): 10-15.

[491] 周一星. 城市体系规模结构分析的两个误区[J]. 城市规划汇刊,1995,(2): 13-16.

[492] 周一星. 关于中国城镇化速度的思考[J]. 城市规划,2006,增刊: 32-35+40.

[493] 周一星,曹广忠. 中国城市人口可比增长速度的空间差异(1949—1995)[J]. 经济地理,1998a,18(1): 27-34.

[494] 周一星,曹广忠. 改革开放20年来的中国城市化进程[J]. 城市规划,1998b,23(12): 8-14.

[495] 周一星,田帅. 以"五普"数据为基础修补分省城镇化水平数据[J]. 统计与决策,2005,203(3): 11-12.

[496] 周一星,田帅. 以"五普"数据为基础对我国分省城镇化水平数据修补[J]. 统计研究,2006,(1): 62-65.

[497] 周一星,杨齐. 我国城镇等级体系变动的回顾及其省区地域类型[J]. 地理学报,1986,41(2): 97-101.

[498] 周一星,于海波. 对我国第五次人口普查城镇化水平的初步分析[J]. 管理世界,2001,(5): 193-194.

[499] 周一星,于海波. 以"五普"数据为基础对我国城镇化水平修补的建议[J]. 统计研究,2002,(4): 44-47.

[500] 周一星,于海波. 中国城市人口规模结构的重构(一)[J]. 城市规划,2004a,(6): 49-55.

[501] 周一星,于海波. 中国城市人口规模结构的重构(二)[J]. 城市规划,2004b,(8): 33-42.

[502] 周一星. 城市地理学[M]. 北京: 商务印书馆,2007(第八次印刷1995年第一版).

[503] 诸大建. 大都市连面带的基本概念与国内外的典型案例,载"上海证大研究所(主编).《长江边的中国——大都市国际都市圈的建设与国家发展战略》[M]. 上海: 学林出

版社,2003".
[504] 陈桂棣,春桃.小岗村的故事[M].北京：华文出版社,2009.
[505] 朱宝树.转型时期的农村人口城市化与非农化滞后问题分析[J].中国人口科学,2000,(4)：32－38.
[506] 朱传耿,顾朝林,马荣华,等.中国流动人口的影响因素与空间分布[J].地理学报,2001,56(5)：548－559.
[507] 朱传耿,马荣华,甄峰,等.中国城市流动人口的空间结构[J].人文地理,2002,(01)：65－68.
[508] 朱镜德.中国三元劳动力市场格局下的两阶段乡—城迁移理论[J].中国人口科学,1999,(1)：7－12.
[509] 朱佩娴.户籍制度改革与地方政府的职能转变——以郑州户籍制度改革为例[J].理论学刊,2006,153(11)：53－57.
[510] 朱信凯,雷海章.二十一世纪：中国对城市户口说不——对我国户籍管理制度改革的几点思考[J].社会科学,1999,(12)：55－58.
[511] 祝影.城市化的人类学分析[J].城市发展研究,2001,(4)：34－37,50.
[512] 朱中原,包蕴."户籍改革"：统一城乡户口并非终点[J].中国改革,2007,(8)：30－33.
[513] 朱宇.城市化的二元分析框架与我国乡村城市化研究[J].人口研究,2001,(2)：53－60.

主要的网站资源

[514] http://www.xzqh.org.cn/中国行政区划网,中华人民共和国民政部区划地名司主办.
[515] http://www.xzqh.org/行政区划网,民间人士创办.
[516] http://www.stats.gov.cn/国家统计局.
[517] http://www.pinggu.org 人民大学经济学论坛.
[518] http://www.wikipedia.org/维基百科.
[519] http://baike.baidu.com/百度百科.
[520] http://www.undp.org/联合国计划发展署.
[521] http://www.un.org/联合国网站.
[522] http://www.cnki.net/中国知网.

后 记

2019年底中国城市化水平已经达到了60.60%，改革开放四十年来年均增速超过了1个百分点，这可以说是在世界城市化历史上取得了伟大的成就。城市化这个话题从20世纪80年代以来就一直是国内学界的热点，一大批地理学、社会学、人口学、城乡规划学等领域的学者对此展开了讨论，已经形成了堪称丰富的成果。但是，较为系统性地去阐述中国城市化的历史性进程的论述却较为缺乏。主要是因为这个话题过于庞大且复杂，涉及要素太多，总结提炼着实较为困难。对于年轻学者而言，经验、阅历和相关知识相对不足；对于大部分高级学者而言，国内的学术环境又很难让其有足够的时间来做这些庞杂的系统性工作。所以，目前的城市化研究文献，编写较多，著述较少，即便已经发表的若干著作，视角基本停留在某一领域，尚难说是系统性的研究专著。

本书的内容是一篇博士论文。研究工作和撰写之初并没有设定多么宏大的目标。实际上，最初选题是"我国区域城市化差异的统计研究"，在进行了大量的数据搜集和整理统计后，逐步意识到在"区域城市化差异"演进的背后是我国经济社会的城市化转型过程，遂扩展了自己的研究内容，从最初的统计研究转向与制度和政策变迁的过程相结合，从而拓展了研究范畴。研究内容的扩展无疑增加了大量的文献工作，使文献阅读扩展到城市化研究的几乎所有领域。同时考虑到研究对象是中国，应该要有国际的视角，因而又增加了对西文文献的阅读。幸运的是，论文写作期间，作为第一批国家留学基金委派出国的联合培养博士研究生，我赴墨尔本大学留学，这为西文的阅读和安静的写作提供了理想的环境。

论文涉及与我国城市化发展演进相关的纵深三十多年的改革开放历程，涉及经济体制改革、财税制度、土地制度、户籍制度、人口政策、行政区划政策、区域政策、城市发展方针以及全球化进程的影响。虽然内容较为全面，但也有遗憾，当时未能全面关注到小城镇和乡村对我国城镇化的影响，而这正是中国城镇化区别于西方城镇化的关键要素。也正因此,博士毕业任教十年来,我的大部分时间都聚焦在村镇研究领域,不仅仅对国内的村镇进行了大量的田野调查,而且持续地赴境外考察村镇建设与发展,试图在全球视野中从村镇视角去进一步阐释中国城镇化的恢宏图景,并尝试建立中国自己的城镇化理论框架。

时至 2020 年,可以说取得了初步的进展,《Understanding Chinese Urbanization》一书已经于 2016 年在纽约和伦敦同步发行,其中包括了专门阐述中国乡村和小城镇的章节,以及初步提出了两个双轨转型的理论框架。以这篇学位论文作为起步,囊括了我十年来对城市化的思考的新作《中国城镇化的理论建构:两个双轨转型》已经撰写接近完成,预计 2021 年可以付梓出版。对城镇化话题感兴趣的学者,不妨关注这本新书。

回顾学位论文的写作和自己十年来的科研工作,我深刻体会到:博士学位论文的阅读和写作,不仅仅是创造了一篇学位论文的成果,而是一项持续影响作者多年研究和教学的工作。甚至于说,十年工作中发表的每一篇论文、每一本著作,都与这篇学位论文(奠定的基础)有不可分割的关系。

本书的出版是经历了再三的犹豫后,才同意了同济大学相关部门的要求。一是因为这篇论文曾经获得了中国百篇优秀博士论文评选的提名奖,算是得到过一定认可,可以初步作为一本博士学位论文写作的参考文本;二是经过这么多年的进一步的研究思考,回望十年前的一些观点,基本不过时,尚可受用。在本书出版前,我的最大彷徨在于“是否要对文稿进行修正和更新,毕竟近十年过去了,有些数据确实已经过时”。但作为一套博士论丛的系列丛书,十年后再由一位从事科研教学工作的中年学者加工修改,似乎与这套丛书的初衷不符。因此,书稿除了对一些明显的错别字和语法等进行了修正外,最大程度上保留了十年前的写作原貌。文中的一些不严谨、不完整、不准确之处,或许可以让正在写学位论文的博士研究生们对学位论文有一个更加清晰的定位,而不是每位同学都要去创造新理论,洋洋洒洒最后却不知所云。

回首当时的写作过程,必须表达诸多感谢之情。首先,要感谢恩师赵民教授八年来在学术上的教诲、培养和在生活上的资助关心,使我不仅顺利完成了学业,还得以在上海安居和工作,先生的宽容让我受益终生。先生严谨的治学态度和强烈的社会责任感始终影响和感染着我,并引领我走上了科研和教学的工作岗位。其次,要感谢澳大利亚墨尔本大学韩笋生教授和 Nigel Flaneggan 研究员,他们为我在澳洲的留学生活提供了很多无私的帮助。还要感谢崔功豪、宁越敏、顾朝林、俞忠英、彭震伟、唐子来、孙施文和耿慧志等诸多教授在学位论文评阅和答辩期间提出的宝贵意见，以及对后续研究工作的积极建议。

当然，书中所有的疏漏和差错等，文责自负。也希望读者以一篇学位论文的要求来阅读本书，对作者些许包容和谅解。

张立，同济大学城市规划系

2020 年 4 月 20 日